迈克尔·达米特的哲学语义学研究

王航赞 著

科学出版社
北京

内 容 简 介

本书探讨了英国当代著名哲学家迈克尔·达米特在语言哲学方面的语义思想，认为他对语义形成的论述其实是对人类思想的一种解释和对哲学问题的一种解答。在语义学发展的大背景下，把他的语义学观点放在以证据理论为基础的认知语义学框架下，分别就其具体内涵、理论架构、构成原则、逻辑基础、核心论题、基本特征及应用性进行了系统的考察，给出了刻画当代认知语义学内容的一个良好示范。这对我们把握达米特的哲学思想内涵，以及分析语义学研究的当代走向和方法论意义是大有裨益的。

本书适合哲学专业及相关专业的师生及研究者阅读，也适合对哲学感兴趣的读者阅读。

图书在版编目(CIP)数据

迈克尔·达米特的哲学语义学研究/王航赞著.—北京：科学出版社，2012.5
（山西大学建校110周年学术文库）
ISBN 978-7-03-034008-5

Ⅰ.①迈… Ⅱ.①王… Ⅲ.①达米特，M-语言哲学-研究 Ⅳ.① H0

中国版本图书馆CIP数据核字（2012）第 065668 号

责任编辑：郭勇斌 邹 聪 程 凤 /责任校对：钟 洋
责任印制：赵 博 /封面设计：李恒东 无极书装

科 学 出 版 社 出版
北京东黄城根北街16号
邮政编码：100717
http://www.sciencep.com

北京科印技术咨询服务有限公司数码印刷分部印刷
科学出版社发行 各地新华书店经销

*

2012年5月第 一 版 开本：720×1000 1/16
2025年4月第四次印刷 印张：16 3/4
字数：328 000
定价：128.00元
（如有印装质量问题，我社负责调换）

总　　序

　　2012年5月8日，山西大学将迎来110年校庆。为了隆重纪念母校110年华诞，系统展现近年来山西大学创造的优秀学术成果，我们决定出版这套《山西大学建校110周年学术文库》。

　　山西大学诞生于"三千年未有之变局"的晚清时代，在"西学东渐，革故鼎新"中应运而生，开创了近代山西乃至中国高等教育的先河。百年沧桑，历史巨变，山西大学始终与时代同呼吸，与祖国共命运，进行了可歌可泣的学术实践，创造了令人瞩目的办学业绩。百年校庆以来，学校顺应高等教育发展潮流，以科学的发展理念引领改革创新，实现了新的跨越和腾飞，逐步成长为一所学科门类齐全、科研实力雄厚的具有地方示范作用的研究型大学，谱写了兴学育人的崭新篇章，赢得社会各界的广泛赞誉。

　　大学因学术而兴，因文化而繁荣。山西大学素有"中西会通"的文化传统，始终流淌着"求真至善"的学术血脉。不论是草创之初的中西两斋，还是新时期的多学科并行交融，无不展现着山大人特有的文化风格和学术气派。今天，我们出版这套丛书，正是传承山大百年文脉，弘扬不朽学术精神的身体力行之举。

　　《山西大学建校110周年学术文库》的编撰由科技处、社科处组织，将我校近10年来的优秀科研成果辑以成书，予以出版。我们相信，《山西大学建校110周年学术文库》对于继承与发扬山西大学学术精神，对于深化相关学科领域的研究，对于促进山西高校的学术繁荣，必将起到积极的推动作用。

　　谨以此丛书献给历经岁月沧桑、培育桃李芬芳的山大母校，祝愿母校在新的征程中继往开来，永续鸿猷。

郭贵春

二〇一一年十一月十日

前　　言

　　20 世纪哲学中的"语言学转向",使关于语言及其表述对象间关系的语义学研究流行起来。在这里,陈述的意义问题是语义学必然要涉及的。因此,语义学可以被称为关于意义的专门研究,这方面的讨论已成为语言哲学研究的主要内容。它不但决定了语言哲学研究的合法性,而且成为 20 世纪乃至当前哲学研究得以展开的重要基础。语义问题是哲学研究的起点这一信念合理性的确定,在语言学转向后似乎是非常容易的。

　　随着语义学研究的兴起,一系列的语义论题和语义理论形成,这些观点既有通俗的,也有专门的。一般来讲,在语言哲学中,语义学和指称被密切地关联在一起。这样,语义学就包括了对含义和示意性指称的研究,真值条件的研究,论证结构、话语分析及所有这些句法间关系的研究。所以,语义学的研究和很多其他的相关研究领域相互交织在一起,形成了复杂多样的语义学的形式研究,如形式或真值条件的语义学、概念语义学、程序语言语义学、模型理论语义学和计算语义学等。

　　目前,在语义学理论的建构上表现出两种趋向。一种是自弗雷格以来的那种语义学理论,主张把陈述的语义看成是它成真时那种状态下所表达的内容。塔尔斯基对真理问题做出了一种语义学的表述,从而形成了一种形式语义学的观点。后来,这方面的论述和主张经过戴维森的综合,演变成一种系统的真值条件的语义学理论——着眼于把每个自然语言语句和对那种在其之下它将为真的条件的一种元语言表述相关联。换句话说,这种观点把语言表述的语义看成为由它在成真时所涉及的那种客观对象来决定。在语义学的探讨上,这样的语义理论观点一直占据主导性的地位。其内容体系的不断丰富、完善,论证方法的不断发展、进步,决定了 20 世纪语义学研究的整个格局。然而,真值条件的语义理论在其具体的发展过程中也存在着一些困难。一种针对它的常见挑战是:对于任何语句来说,要从指派给单个词的固定意义和如何把它们结合在一起的固定规则中获得它们的真值条件。也就是说,这种语义学提出对语言进行形式化刻画和理想化研究的要求与自然语言的多样性、复杂性的具体现实形成巨大反差;它从语言和语言表述对象间的表述性来处理语义及对言语者在语义形成解释上的忽略。这都具体表明了这种语义理论的不足之处,从而给一种超越真值条件语义理论的新语义理论的出现提供了可能和必要。尤其是随着人们对维特根斯坦后期哲学思想的发掘,对因果指称理论的研究及对语言行为的关注,到 20 世纪 80 年代,语义学的研究逐步形成了一种认知语义学的发展方向。

认知语义学具体地从言语者的语言活动、话语交流层面来探讨意义的形成问题,从而克服了传统的真值语义理论在阐述语义形成方面把陈述的真值条件当成其语义的苛刻要求。从语义尤其是意义上看,语义的产生和语言的交流密切相关,这就使得真值条件语义理论的缺点更加明显。因为它并没有关注言语者在语义解释上的重要作用。毕竟,语义论题其实是对什么样的东西使得话语成为思想表述的刻画。在这里,言语者及其在语言使用中对话语进行的意义处理是非常重要的。由于这些往往具有主观性、个体性的明显特征,这就决定了思想交流过程中的意义发生情景并不一定严格地遵循着真值条件形式的语义刻画。所以,对哲学上语义学的讨论,有必要依照言语者的理解、认知及使用等形式来进行。当代英国著名哲学家迈克尔·达米特在这方面的研究性论述是非常值得关注的。本书着重探讨了达米特的这一思想,深入考察了他是如何通过对语言语义的形成论述来解释人类的思想及解决哲学上的问题的。

本书的主要思路如下:首先,依据达米特在语言哲学上的核心论点,把他的语言哲学研究定位为一种语义论题的探讨。其次,把达米特的语义思想作为刻画当代认知语义学的一个个案,通过对它的内涵的具体分析,给出了一种把握认知语义学内容和建构证据理论语义学的范例。这一研究的意义在于:提出了把握达米特思想内涵的一个新视角;分析了语义学研究的当代走向;探讨了语义学论题对当代科学哲学研究的意义。

本书共 8 章。引论部分简要地阐明了语义学的内涵、语义学研究的内容、达米特哲学思想的地位、研究现状及核心论题,表明了对其语义学思想进行研究的必要性。

第一章讨论了哲学语义学的传统及其当代发展,具体地从语义学研究的背景及表现论述了语义学的兴起,阐明了哲学语义学研究的相关性问题;给出了分析达米特语义学观点的具体背景;阐明了达米特的语义学思想是当代认知语义学观点的主要体现。

第二章论述了达米特语义学思想的概况。第一节考察了他的语义学思想的形成背景及目标,认为其语义思想在形成上受到了数学中的直觉主义和柏拉图主义间的论争,以及语言哲学上关于真值、含义、指称等方面的语义论题讨论的影响。依据达米特的论述,笔者认为,他的语义学目标着眼于解决形而上学问题。第二节分析了达米特语义学思想的理论构架,阐明了他的语义学思想包括两个理论部分,即语义理论和意义理论,并对这两种理论之间的关系给予了分析,提出了意义的形成基础在于言语者的理解及语言的社会属性。

第三章论证了达米特语义学理论的构成原则。第一节阐明了达米特的意义理论包括三个部分，分别为指称理论、含义理论和语力理论，并从指称和含义、含义和语力等之间的关系方面表明了这些理论成分的主要任务。第二节主要论述了达米特在一种规范语义学理论的建构上所坚持的原则。这些原则成为他在其语义学理论建构方面的重要指导，同时也是我们把握和评判一种意义理论合理性的重要依据。

第四章阐明了达米特语义学思想的逻辑基础。第一节论述了达米特所建构的那种语义学观点，有其独立的逻辑基础。达米特受直觉主义的影响，提出了自己阐述语义问题的方案。第二节论证了他在反驳逻辑上二值原则的过程中，以直觉主义逻辑为基础确立了自己的语义论题。表明了这种直觉主义的构造性逻辑在对陈述的语义值及意义的阐明上具有更普遍的适用性。以这种逻辑为基础的语义学理论在反映我们的思想世界方面更符合实际。

第五章讨论了达米特语义学思想的核心论题，即真值问题。第一节分析了达米特在真值论题上提出的 C、K 原则；第二节阐明了达米特在其语义学核心论题的论述上所体现的语境特征。

第六章着重对达米特语义学思想的实质进行了界定。第一节认为可把他的语义学思想的主要观点概括为一种意义的理解理论，它具体表明了言语者在知道一门语言时知道了什么，从而提出把达米特语义学思想的实质归结为一种思想理论，并分析了达米特在论证意义的理解理论方面所坚持的显示性观点。第二节分析了达米特在论述意义的形成上所体现的构造论特征。

第七章分析了达米特对实在论论题的语义刻画情形。第一节具体分析了达米特对实在论的语义表述。第二节分析了他对反实在论做出的语义刻画，并探讨了他在语义反实在论上的主要论述，阐明了达米特的语义反实在论并不意味着他是一个普遍、彻底的反实在论者。第三节论证了达米特在实在论论题上进行语义刻画的哲学意义，并分析了针对这种刻画而提出的批驳。

第八章着重考察了达米特的语义学思想对时间问题的分析。第一节论述了达米特从语义学的角度对古典时间模型提出的批驳。第二节考察了他在时间模型上的语义建构，认为他着重依据时态给时间做出解释。第三节对达米特在时间论题上的语义分析进行了评价，指出了它的意义与不足。

结束语着重概括了达米特的语义学思想对当代哲学的重要影响。在笔者看来，达米特的哲学语义学思想包含了当代语言哲学所讨论的主要话题。他在语义学研究方面对意义、真值等语义核心论题及相关问题的表述与主张是非常有影响的，不但引起了人们对意义问题的思考与回答，有效地推动了当代语义学朝着认知的方向发展，而且在当代实在论这一重要的哲学论题上提出了重要研究进路，这在方法论上对深化人们的哲学思考及思想观念产生了重要的启示。

目 录

- i ▶ 总序
- iii ▶ 前言
- 1 ▶ 引论
  - 一、达米特哲学思想的当代地位 …………………… 5
  - 二、达米特哲学思想的研究现状 …………………… 15
  - 三、达米特哲学思想的核心论题 …………………… 26

- 31 ▶ 第一章　语义学的传统及其当代发展
  - 第一节　语义学的兴起 ……………………………… **31**
    - 一、语义学兴起的背景 ……………………………… 32
    - 二、语义学兴起的表现 ……………………………… 38
    - 三、哲学语义学的相关性问题 ……………………… 46
  - 第二节　哲学语义学的当代发展 …………………… **57**
    - 一、哲学语义学的研究划分 ………………………… 58
    - 二、哲学语义学的当代形态 ………………………… 63

- 69 ▶ 第二章　达米特语义学思想概述
  - 第一节　达米特语义思想的形成背景及其目标 …… **69**
    - 一、达米特语义思想的形成背景 …………………… 69
    - 二、达米特语义学的目标 …………………………… 77
  - 第二节　达米特语义学思想的理论构架 …………… **80**
    - 一、达米特语义思想的理论构成 …………………… 80
    - 二、意义的形成基础 ………………………………… 91

第三章　达米特语义学理论的构成原则　96

第一节　达米特意义理论的构成 ……………………… 96
一、指称与含义 …………………………………… 97
二、含义与语力 …………………………………… 101
三、含义与语义理论的关联 ……………………… 105

第二节　达米特语义学理论的构成原则 ……………… 107
一、反二值原则 …………………………………… 108
二、彻底性 ………………………………………… 110
三、显示性 ………………………………………… 112
四、反整体论 ……………………………………… 114
五、组合性 ………………………………………… 118

第四章　达米特语义学思想的逻辑基础　122

第一节　直觉主义的达米特个案 ……………………… 122
一、直觉主义及其对达米特的影响 ……………… 122
二、达米特的方案 ………………………………… 127

第二节　达米特语义学的直觉主义论证 ……………… 130
一、直觉主义逻辑 ………………………………… 130
二、达米特的反二值论证 ………………………… 133

第五章　达米特语义学思想的核心论题　141

第一节　达米特真值论题的 C、K 原则 ……………… 141

第二节　达米特语义学核心论题的语境特征 ………… 151
一、语形真值论 …………………………………… 151
二、语用真值论 …………………………………… 154
三、语义真值论 …………………………………… 158

162 ▶ 第六章　达米特语义学思想的实质

第一节　达米特的意义理解理论 …………………… **163**
一、理解的意义理论 ………………………………… **163**
二、对语义规则的分辨 ……………………………… **174**
三、对隐含知识的显示分析 ………………………… **176**

第二节　达米特语义学思想的构造特征 …………… **184**
一、意向：意义的本质设定 ………………………… **185**
二、确证：意义的构造图式 ………………………… **188**

196 ▶ 第七章　达米特对实在论论题的语义刻画

第一节　达米特的语义实在论 ……………………… **196**
一、实在论是有关问题类陈述的论题 ……………… **196**
二、实在论是有关陈述真值概念属性的论题 ……… **199**
三、实在论的语义分析 ……………………………… **203**

第二节　达米特的语义反实在论 …………………… **205**
一、反实在论的语义学挑战 ………………………… **206**
二、对语义反实在论的论证 ………………………… **210**

第三节　对实在论语义刻画的哲学意义及其批驳 … **217**
一、对实在论语义刻画的哲学意义 ………………… **218**
二、对实在论语义刻画的批驳 ……………………… **220**

224 ▶ 第八章　达米特对时间问题的语义分析

第一节　达米特对古典时间模型的批驳 …………… **224**
一、对古典时间模型的阐述 ………………………… **225**
二、对古典时间模型的批判 ………………………… **227**

第二节　达米特的时间模型 ………………………… **231**
一、构造的时间模型 ………………………………… **232**
二、"当前"的实在论 ……………………………… **233**

第三节　对时间论题语义分析的评价 …………………… **238**
　　一、达米特对时间论题语义表述的意义 …………………… 238
　　二、达米特对时间语义阐述的不足之处 …………………… 242

244 ▶ 结束语

255 ▶ 后记

引　论

　　自 20 世纪哲学的"语言学转向"以来，有关语义学的探讨变得非常重要。在这一时期，"语义"如同 18 世纪的"原子"和 19 世纪的"进化"，成为一个非常流行的概念。同时，很多学科领域内的研究都形成了它们自身的语义论题。例如，在数学领域，人们开始关注"数学断言"的意义问题，关于证据的直觉主义语义学探讨就是例证；在分子生物学领域，出现了像"密码"和"刻录"这样具有特定语义性的问题；在科学哲学领域，对科学理论的研究，出现了把"证实"作为确立科学陈述和科学命题意义标准的语义学讨论。因此，可以概括地讲，"语义"、"语义论题"及"语义学"已成为当今文本中频繁出现的术语。

　　语义学概念和语义问题的提出并非偶然，它与语言学研究的进步密切相关。语义学作为语言科学研究的一个重要领域，关注的主要问题就是语言的意义，讨论意义的形成、变化、结构、表达等。自布雷尔（Breal）在语言学的研究中引入语义学概念以来，语义学的探讨就成为语言学研究的一个合理组成部分，得到了语言学家的普遍关注。可以说，当今的语言学研究已进入了语义学时代。

　　语义学的论题在哲学上也得到了确立。20 世纪，哲学的"语言学转向"，尤其是 30 年代兴起的逻辑经验主义运动，促进了语义学在哲学上的兴起和发展。毕竟，对世界的哲学解释与语义学的研究密切相关。甚至可以这么认为，如果没有解释世界的动机，就不会有语义学的产生。作为"语言学转向"重要表现的逻辑经验主义及其新近变种的新实证主义思潮，把对陈述的意义分析作为研究的主要内容。其中的一个重要缘由在于，在科学中，随着研究对象的日益微观化和宇观化，出现了远离经验县全借助仪器观察也无法刻画的困境。这种现实促成了这样的尝试，即要获得一种高于自然探究的理解，或者更简单地说，要想理解科学是什么，就得进行某种超越于科学自身内容的研究，通过哲学的某种分支来获得对这一问题的理解。其中，以弗雷格、罗素为代表的一批哲学家提出，只有通过独立于科学内容的形式研究，尤其是对诸如"意义"、"指称"等概念的形式研究，才可能更好地理解像数学这样的科学探求。这样，语言哲学——或者说哲学的"语言学转向"就作为理解科学探究及其结果的重要特征的一种研究战略出现了。

　　哲学的"语言学转向"导致的一个必然结果就是哲学研究路径上的语义选择。

从某种意义上讲，哲学的"语言学转向"的实质可以归结为一场哲学的语义学运动，这给我们理解科学本质的哲学研究提出了一种具体要求——从语句的意义获得来着手切入。因为就"语义"这个概念来看，它具有"语词语义"、"话语含义"、"语句意义"、"陈述意味"之意。这样，我们就可以合理地把有关语义论题的探讨确定为其是从语言学和哲学的边界上发展起来的。毕竟，关注语言表达意义研究的语言学在意义本质的探讨上无法回避对决定语言意义的那种对象的哲学考察。可以概括地讲，语义论题及语义学的研究着重考察语言与其所刻画对象间的关联。这种研究已成为探求思想、陈述、事实及世界结构的一种手段。通过研究对象与其语言表述之间关系的语义问题，就能反映和语言密切相关的实在的结构，达到让人们深入理解世界的目的。因此，夏佩尔指出，"语义学"是一种专门的理论，它试图通过考察指称概念来说明实在方面的问题。

然而，语义论题对语言陈述及其所刻画对象之间关联的考察，并不是一件容易的事。因为它们本属于两类不同的问题。这样，首先要解决的一个问题就是对连接两者的概念进行选择。在这方面，必然要涉及话语意义及其正确性（真值）等关联性概念。这一点得到了语言哲学家、逻辑学家及科学哲学研究者的重视与讨论。尤其对于语言哲学家来说，要在当代证明他们关于语义论题中所涉及的意义和真值是整个哲学研究的正当起点这一信念的合理性，似乎是不怎么费劲的。

哲学上的语义学运动所带来的一个直接结果就是，有关语义学的研究替代了认识论，并进而成为全部哲学研究的基础。因此，在当前哲学的研究中，强调对语义学问题的探讨是非常必要的。首先，正是语义论题确立了当代语言哲学的合法性和价值性。语义论题涉及的是语言意义的表述问题，这就使得意义如何形成以及语言如何作用的语义学探讨成为语言哲学研究的基础论题，确定了语言哲学研究的对象。其次，语义学对意义本质、意义内容的确定和探讨，反映了语义论题与哲学的本体论问题及认识论问题之间的关联。这种关联最为明显地表现在语义学和形而上学的关系上。波普尔指出，对语言意义的反思促成了哲学上的一种形而上学图景。例如，对命题陈述中理论术语如何获得意义的探讨，往往涉及那些实际上不可观察的抽象实体。另外，只有搞清语词和陈述的意义，才有可能解决像实在论与反实在论这样的形而上学争论。这样，语义学方面的研究对哲学问题的理解与探讨是有益的，它会给哲学问题的解决带来特定的方法论启示。即使语义学和哲学上的形而上学具有不同的研究对象，但语义学试图给出一种与给定形而上学相一致的理论，能够成为形而上学的彻底验证。因此，从语义学得出的训诫常常就是一种哲学上的形而上学训诫，它们往往会给哲学问题的解决提供良好的策略。

对语义实质的探究及类别的把握，是当代语言哲学及其研究者所着力解决的一个问题。如上所述，语义学着重关注语词、语句等语言形式和世界的关系，语词和语句的意义是它的主要任务。基于此，语义学的核心就可以被看成是命题陈述的意义如何形成的问题。依据语义学对意义的不同论述，我们可以将其归结为两类。

第一类被称为"理论语义学"，因为这种类型的语义学强调对语义事实的理论描述，着眼于语义内容的精致性。它具体包括两种情形：①"指称论"，这是一种原子论的语义观点，也是最为简单的意义观点。它认为语词或专名的意义就是它所指称的事物；②"真值条件语义学"，这是基于指称论而发展起来的一种意义观点。它认为语义是属于陈述的，陈述所表达的语义就是该陈述成真时的那种条件，从而强调了陈述为真时需要的条件，表述了语句的意义。从本质上看，由于对语义学的上述刻画着重凸显陈述与外在对象的形式关联及在意义的处理上所采取的形式化原则，所以，这样的语义学研究又被称为"形式语义学"。在意义的整合与表述上，这种形式语义学具有非常明显的作用，因为这种"形式语义学"的直观性及其在意义表述上对意义内容实质的规范把握，给它的合理性以强有力的辩护。

第二类可被称为"普通语义学"，因为这种语义学强调语义形成的常识性，认为语义学属于经验科学，注重对语义系统的构造，着眼于语义描述的方法。这类语义学具体包括三种情形：①"证实说"，认为语言表达的意义取决于含有这一表达的语句或陈述的内容是否具有可证实性及证实的方法；②"理解说"，认为意义就是理解某种语言表达的人在头脑中所产生的同该表达有关的想法和概念；③"使用说"，认为意义在于使用——陈述的意义和对该陈述的使用密切相关，陈述的意义就体现在它被使用时所发挥的效用中。普通语义学往往是针对自然语言而言的。这种观点的坚持者认为，自然语言是非常完善的，它能够胜任意义表达的任务。例如，日常语言学派和实用主义的观点就表明了这一点。普通语义学在意义内容和形成方式的刻画上，考虑了意义产生的多样性特征，从而具有较强的随意性、灵活性及广泛的适用性。这类语义学的最大特征在于从内容上把意义的形成和人的认识、使用意向密切关联，自觉地从心理理解上来关注和解释语义的形成。因此它又可被称为"认知语义学"。

在语义学的研究上，侧重于言语者这一话语主体方面的认知语义学突破了形式语义学的严格形式限定，显示了特定的优越性。与形式语义学不同的是，认知语义学研究的目标不再局限于对理想的人工语言的追求，而是强调对日常语言的语义分析，体现了语义学研究对象的自然化趋向及内容的丰富性要求，避免了形式主义语义学在刻画和表述意义方面存在的不足与困境。首先，因为形式语义学在描述意义时具有太高的本体论要求，从而在具体的应用和操作上并不是非常方便。这一困难在后来的发展中非常明显，如罗素提出的"摹状词"理论就是这种语义学的局限性的明显表现。其次，有关自然语言的认知语义学观点具有更强的方法论意义。它提出了有关日常语言语句意义方面的成真性条件或断定性条件的明确预见，不但在内容上能够包容传统的形式主义语义学，而且弥补了形式主义语义学在研究方法上存在的不足。同时，它把"断定"、"证实"等有关认识的概念纳入对意义形成的表述，这种对意义的刻画方式不仅丰富了语义学的相关论题，拓展了语义研究的手段，而且在知识的形成上产生了很强的方法论启示。最后，就认知语义学的作用机制而言，它强调在语义分析过程中对言语者主体性的坚持，试图将"理解的主体"和"被理解的主体"都嵌入语义分析的过程，以便把语义分析的形式规范性与言语者的心理自然性有效地统一起来。因此，这种语义学能够更加确切、合理地反映意义的形成与产生，它必将在一种更高的层面上把语义学的研究推向精致化。探讨这种语义学观点对深化语义学的研究来说是必要的。

当前，作为认知语义学类别中一种重要形态的语义学观点就是"证据理论的语义学"（proof-theoretic semantics），这种语义学是从言语者的"理解"层面来讨论"意义"问题的一种重要观点。证据理论的语义学主张建立在这样的基本设想上——能使意义被指派给我们语言表达尤其是逻辑常项的主要概念是"证据"而非"真值"。也就是说，证据理论的语义学是一种替代真值条件语义学的观点，在这种语义学中，证据是能让意义和逻辑结果得以解释的实体。在笔者看来，这种语义学观点是一种不同于逻辑经验主义的现代证实主义意义理论。因为与逻辑实证主义把语句的意义等同为它的证实方法不同的是，证据理论的语义学观点认为，语句的意义由证实该语句为真时的东西所给出——知道什么算做语句为真的证实对于知道该语句的意义来说是非常充分的，而知道原则上证实或否证该语句的方法则是无关紧要的。从这种意义上看，证据理论的语义学是连贯的，因为就像人类的推理活动那样，这种连贯性能在证据中显示出来。

在证据理论的语义学研究中，当代英国哲学家迈克尔·达米特（Michael Dummett，1925~2011）是非常杰出的代表。从20世纪70年代开始，他就给出了这种语义学的主要哲学基础，对体现语言表达及其所描述对象之间关系的真值、意义及它们所赖以形成的逻辑基础等问题做出了深刻的论述。在达米特看来，人对语句为真证据的掌握对意义的分析至关重要。在这方面，它已超出了陈述的真值条件。语言陈述的意义就在于言语者对体现其意义的证据的掌握。他的著名论断就是"意义在于理解"，坚持认为对语言意义的探讨只有在与人的理解相结合的情形下才能进行。达米特的主张在很多方面依据的是数学和逻辑中颇具影响的理论成果，因而表现出特定的理性品质。它的重要之处在于，不但超越了传统的语义学观点，弥补了传统语义学研究中的不足与缺陷，而且推进了当代的语义学研究，确定了语义学研究的新方向。同时这种语义学的研究内容还对哲学问题尤其是当代实在论争论的具体求解产生了重要影响。因此，非常有必要对达米特的这种哲学语义学思想进行全面的考察和系统的研究。

一、达米特哲学思想的当代地位

迈克尔·达米特，英国著名哲学家，20世纪分析哲学阵营中的杰出代表。曾担任牛津大学曾维克汉姆教授，并先后在斯坦福大学、普林斯顿大学和哈佛大学任教。达米特是当今英国哲学家中为数不多的不时出现在哲学百科全书中的人。作为发出世界上极具影响力和鼓舞性哲学声音的活跃者之一，他在阐述20世纪"语言学转向"这一历史性趋势及对其内容的具体分析与建构方面做出了卓越的贡献。就像彼得·司密斯所描述的那样，"达米特那卷帙浩繁、充满争论的著作已成为当代哲学中最能给人以深刻印象和启发的论著的主要组成部分"[1]。他在语言哲学、数学哲学、逻辑哲学、形而上学，以及认识论、元哲学等领域的开创性研究，尤其是他对弗雷格、维特根斯坦著作的解释，以及基于对直觉主义和柏拉图主义之间的争论来给实在论和反实在论做出区分的研究，有关分析哲学起源的研究，引领和支配了分析哲学领域相关话题的当代讨论。因此，2010年5月26日，在瑞士的伯尔尼，分析哲学中的杰出著作奖——劳尔（Lauener）奖颁发给了达米特，以表彰他在分析哲学方面的突出贡献。

达米特作为当代最有创造性和影响力的欧洲哲学家之一，他的学术地位及其思想影响日益为人们所认可和重视。20世纪80年代，澳大利亚的著名学者约翰·巴斯摩尔就曾指出，达米特是一个值得关注、值得研究的哲学家，他在哲学上的贡献使他的名字"十年以前就为人们所熟悉"[2]。巴里·斯特劳德在《时代文学副刊》中更是给予达米特极其崇高的评价："这个务实的哲学家满怀激情、竭尽全力地追索人类理智的基本问题，他探索的问题至少接近了思想的极限。"所以，回顾20世纪至今的整个哲学尤其是分析哲学的发展，我们就不能不注意达米特哲学思想的重要性。

概括地讲，达米特在哲学上的地位的奠定主要归功于他对哲学的本质尤其是当代语言哲学有关论题的探讨并提出的独到的见解。达米特对哲学表达了一种值得注意的乐观主义态度。在他看来，哲学能帮助我们正确地理解这个世界。它就像科学那样，是有关实在的，涉及对外部实在本质的探讨。但与科学不同的是，哲学是无须观察和实验操作的，它并不着眼于观察得更多，以发现有关实在的新事实；而是着眼于阐明我们对所看到的东西进行的幻想，以改进我们对已知事物

---

[1] Smith P. 1988. History and Philosophy of Logic, London: Taylor & Francis Ltd: 8: 109.
[2] 约翰·巴斯摩尔.1996.哲学百年 新近哲学家.洪汉鼎,陈波,孙祖培译.北京：商务印书馆：600.

的理解。面对当代物理学和神经科学的侵占趋向，达米特对哲学的持续适当性给予了热情拥护和辩护。哲学的雄心在于澄清人类思想的结构。因此，它需要的只是思想。用维特根斯坦的话来讲，哲学只在于阐明我们已从其他的来源那里知道什么，它的目的在于帮助我们正确地去看这个世界，改进我们对已知事物的理解，从而使我们用不被智力上的混乱遮蔽的眼睛来看它。

哲学具有数学的特性，它并不诉诸任何新的信息来源，而只依赖基于我们的所知进行的推理。不管哲学家认为已解决了一个问题还是把它作为一个假问题而予以消除，它都可以通过合理的论证来进行。这样，哲学就只依赖那些基于我们的所知来进行的推理——在这里，推理的基础是我们现存的固有理解。对这种理解的诉求，表明哲学上的活动是在一种已经变得精确的概念框架下进行的。因此，对于哲学家来说，问题不在于我们能否获得知识，而在于让我们获取知识的条件与工具——语言与逻辑如何变得更加精确和可靠。于是，对已有的、让我们困惑的概念进行分析，来消除我们思想上的混乱就显得非常有必要。至于哲学家是通过对我们语言表达的一种分析来完成这一点还是以别的方式来进行的，其实只是他的哲学方法问题。尽管方法上的差异可能很明显，但目标却是一样的，即建立一种自然化的知识理论。

这样，哲学就通过阐明那些我们用来构想实在的概念方式，关联到我们对实在的观念和思想。因此，哲学始终都是一种概念上的努力。对于着眼于分析思想的哲学而言，其目的的实现有必要从对语言的考察开始。达米特指出："思想的结构是哲学的首要关注，因为正是在思想中我们理解了实在。"[①] 分析学派的哲学家无挑剔地接受这些有关语句或其他语言表达逻辑形式的论题都是哲学的恰当关注。所以，他把自己的研究集中在通向思想的语言问题探讨上，尤其是集中在意义和真值问题这一语义学研究核心的探讨上。通过对这些论题的探讨，试图给拥有一种语言是怎么回事的相关情形做出理论上的建构。

首先，达米特通过对弗雷格思想的解释，提出了"语言学转向"这一著名主张，并在理论上明确提出了语言哲学的研究方向和研究形态。达米特的专业兴趣集中在弗雷格身上，这种研究使他在哲学领域内闻名遐迩。普特南指出，在对弗雷格的思想进行的解释和捍卫方面，达米特的工作表现出"非常了不起的合格性"。这种合格性成就决定了他是世界上公认的弗雷格研究专家。在弗雷格思想的研究方面，达米特把弗雷格推崇为"语言哲学之父"，认为他是哲学史上"最为重要的哲学家"之一，可与古希腊的亚里士多德和18世纪的康德并驾齐驱。因为在他看来，如果弗雷格的贡献能被充分理解，那么就有可能形成一种为人们所普遍

---

① Dummett M. 1978. Truth and Other Enigmas. London: Duckworth: 485.

接受的、解决有关哲学基本问题的方法。通过对弗雷格思想的研究,达米特提出了这样的认识:研究语言是研究思想的正确方式。弗雷格在算术上的概念文字研究,让有关语言的论题替代了近代的认识论论题,从而成为全部哲学的基础。这样一来,哲学研究所关注的重心就逐步地从获得观念的心理过程转变为分析观念的呈现——语言的表述及使用上。达米特认为,这样的工作促成了语言哲学研究的兴起,从而引起了哲学方法上的变革。

在研究数学的基础问题时,弗雷格认为逻辑实际上可被看成是数学的一部分,从而提出了使用逻辑手段来研究数学的思路,他的最终想法就在于阐述所有的算术真值都能从纯粹的逻辑前提中推导出来,相信逻辑学家能发展出完全用逻辑符号来表达语义学意义的方法。在这方面,弗雷格写了一系列关于"思想"、"意义"和"真值"的本质的论文,并把它们归并到有关逻辑的论述中去。他的这一主张常常被称为数学上的"逻辑主义"。在把握弗雷格的这一思想时,达米特倾向于把弗雷格的观点称为"语言哲学"或"分析哲学",因为这些哲学都是建立在弗雷格的洞见之上的。他指出:"弗雷格使哲学的正确目标最终得以确立:首先,哲学的目标在于分析思想的结构;其次,严格区分对思想的研究和对思维的心理过程的研究;最后,分析思想的唯一正确方法就是分析语言……接受这三个原则对整个分析学派来说是一致的。"[1] 因此,语言哲学也常被称为"后弗雷格哲学"。在达米特看来,弗雷格更倾向于从研究推理原则的那种狭义的亚里士多德式的意义上使用"逻辑主义"这个术语。[2] 弗雷格在对他的"逻辑主义"进行辩护时,提出了一种语言并主张这种语言能很好地作为具有完美可靠性操作的演绎推理工具来阐明逻辑原则的必要性。[3] 同时,在这种语言中,可以用一种更原始的逻辑词汇来对"数"这个概念进行定义,以此来证实或反驳算术陈述。达米特所提到的弗雷格所说的语言其实就是形式化语言,它通过使用变量来处理包含大量全称性的陈述,从而能够表明"所有人都喜欢某个人"和"存在着某个人,所有人都喜欢他"之间的区别,并且能清楚地表明如何从其中之一来得到不同的结论。达米特认为,弗雷格的这一认识成就重大,当前所有的形式语言都依赖于他的方法。除此之外,在回答"数词意味着什么"这个问题时,弗雷格提出了语境原则。达米特将这一原则概括为"只有在一个语句的语境下词才有意义"。[4] 所以,通过对弗雷格思想的解读和研究,达米特指出,弗雷格在逻辑本质上的研究策略无不凸显出一种

---

[1] Dummett M. 1978. Truth and Other Enigmas. London:Duckworth:485.
[2] Dummett M. 1981. The Interpretation of Frege's Philosophy. London:Duckworth:37.
[3] Dummett M. 2006. Thought and Reality. Oxford:Clarendon Press:47.
[4] Dummett M. 1993. Origins of Analytical Philosophy. London:Duckworth:5.

"语言学转向"的特征和要求,开辟了语言哲学这一全新的领域,使哲学家适应和接受语言论题在哲学研究上的那种重要地位,从而成为分析的哲学家。达米特从弗雷格的方法中得到启示,在分析哲学上提出了这样的认识,即只有通过对语言的哲学研究才能达到对思想的哲学研究。① 通过语言哲学,哲学家就可以通过对语法和语义学的分析来阐明思想。他的这种论断,在一定意义上把语言哲学研究看做一切哲学的基础,客观地推动了当代语言哲学研究的发展与成熟,使之逐步地成为一个独立的哲学研究领域。

其次,达米特第一次确定了语言哲学的主要任务。在《分析哲学能成为体系吗?》一文中,达米特指出,建立一种体系性的意义理论"是现在哲学家需要做的事"。这一点不但是当代语言哲学的紧迫任务,也是未来哲学的一种思考。对语言表达如何有意义的哲学探究特别具有优越性的理由之一可能在于:必须清楚语词的意义,才能从事哲学研究。如果对这种观点信以为真,那么似乎就必须对有关语言的各种哲学问题做出解答,只有这样才能进一步涉足哲学的其他内容。于是,构建一种能够有效阐明意义的理论就非常必要。这正是某些哲学家尤其是那些致力于意义研究的分析哲学家有时持有的自我形象。在这方面,达米特提出了一种哲学图景,在这种图景中,哲学的各种分支都隶属于意义理论。他指出:"意义理论是作为其他哲学基础的那种哲学的基本内容。理由是如果哲学的任务不是唯一的话,那么它的第一任务就是分析意义,因为随着这种分析的深入,它更多地依赖于对意义的普遍正确说明,一个表达理解的形式是什么,寻求这种形式的意义理论就成为所有哲学的基础……"②

在探讨意义时,语义值是要涉及的一个重要概念。因为就其内涵来讲,语义值是语言表达式所具有的一种属性,它能刻画表达式及其所表述对象之间的那种描述关系。因此,语义值常被认为体现了一种类似于数学上的映射状态。它可以具体地表述语句的真值、谓词的外延或一个命名的所指。由于真值、外延和命名的所指等都是体现表述的意义的重要概念,这样就可以在这一层面上把语义值看成呈现意义的一种方式。或者说,一个语言表达式的语义值其实就是对该表达式意义的一种表述。真值作为语义值中的一种常见形态③,常常被看成表述意义的一个核心概念,在意义的阐明上发挥了重要的作用。于是,在对一个陈述的意义进行解释时,应先解决的就是真值的恰当概念到底是怎么回事的问题。在这里,旨

---

① Dummett M. 1993. Origins of Analytical Philosophy. London:Duckworth:4.
② Dummett M. 1973. Frege:Philosophy of Language. London:Duckworth:669.
③ 在这里,语义值并不等于真值,因为还存在着一些不可判定的陈述,从这一意义上讲,语义值这个概念要比真值更宽泛些,它是表述真值的一种途径。在《形而上学的逻辑基础》一书中,达米特明确地看到了这一点。

在对一个陈述的真值如何按其内在的形式结构或构造而得以确定做出解释的语义理论是需要的。由于它对构成陈述的每个部分都做出了分析,所以有效地说明了陈述的真值。也就是说,对一个陈述真值的阐明可由它的组成部分结合而成的特定意义来进行的看法是合理的。达米特指出:"为了得到对真值概念的解释,我们必须使我们的研究部分地阐述意义这一概念。"① 依照达米特的看法,真值和意义是密切关联的,对其中一个的说明必须依赖于另一个来进行,在两者相分离的情形下就无法给它们各自以解释。"就像我在很多著作中所强调的那样,真值概念和意义是不能分开来解释的。只能把它们结合在一起才能明确地阐明它们。"② 达米特的这一主张源于意义、真值以及有关实在本质的形而上学论题等语义问题间的密切关系。从这一层面看,对语句为真时所具有的情形或者所能表现出来的情形进行讨论的语义论题就决定了有必要建构一种意义理论。毕竟,它给出了让意义理论得以可能的基础。

另外,在真值的阐明上,也是需要意义理论的。按照弗雷格的理解,"表达的含义是决定其语义值的具体形式"③。语句的语义值是由它的含义决定的,语义值就是我们必须当做由含义所决定的那种东西。之所以这样,并不在于我们不确定我们语言表达所具有的真值,而是我们不确定意义是什么。

什么是意义?这是达米特所追问的问题。在意义问题的回答上,弗雷格等人所倡导的真值条件的意义观点,把意义看成语句的真值条件,即赋予语句以真值时的条件是语句内容的表述。而达米特则认为,以真值条件为基础的意义理论并不能确切地告诉我们意义的实质内容。因为传统的那种基于成真条件的意义描述只能是一种循环性解释。"一个表达的含义一定能够让心灵获得,而所获得的并不仅仅作为一个对象或者功能。"④ 也就是说,一个表达的内容是超越于表达本身的。因此,在建构那种能给意义以合理阐明的意义理论时,就要有所注意。知道我们希望这种意义理论能够做什么,这是确定意义理论正确形态的必要考虑。达米特确信,在意义理论被期望着能做什么这一点上迈出的正确一步是把说话者的意图和听话者的理解这些方面看做是基本。这就表明,有关意义的哲学问题最好能被解释成有关语言含义的形成和理解问题。这样一来,我们的寻求似乎就应成为对一门语言的言语者所具有的那种理解进行解释,即寻求回答"话语是如何可能的"这一问题。于是,在达米特那里,把意义理论的任务确定为对"知道了一门语言时究竟知道了什么"进行解释,就给语言哲学的一个基本论题进行了确定。

---

① Dummett M. 1993. The Seas of Language. Oxford:Clarendon:118.
② Dummett M. 2004. Truth and the Past. New York:Columbia University Press:107.
③④ Dummett M. 2006. Thought and Reality. Oxford:Clarendon Press:46.

意义的内涵必须在"理解"这一概念下去考察，在语言哲学的研究上产生了重要的影响。其所带来的一个直接结果就是把真值条件的语义观变更为"直觉主义"或"构造主义"的语义观。这样的意义理论把一个语句的意义确立在什么能算做是它的一个"证据"或"证实"这一基础上，而不是传统的真值条件之上。从本质上看，达米特的这种意义理论其实对应于某种语言的知识理论。因为当言语者掌握了一门语言的意义后，他就具有了特定的知识。这种知识，能够具体地通过他的语言能力表现出来。也就是说，如果一个人获得了具体语言的意义理论知识，那么他就拥有了在那种语言中进行活动的能力。从这一点上看，意义理论似乎就成为对一个人理解语言时所具有的那种技能的解释和描述。这样的描述是非常有必要的。因为作为语言的使用者，我们在现实中常会遇到以前从来没有遇到的语句，但我们却可以正确地对这些语句进行使用。所以，在这些语句意义的形成上，似乎存在着一些我们对其拥有特定隐含知识的规则，诉诸这些规则，我们就能演绎出新语句的意义来。在这里，一个语句如何被正确使用的所有属性都一致地由它的意义知识来确定的原则就应当被看做一种方法论的原则。

达米特对意义内涵的相关表述，给语言哲学的很多领域指明了新的方向。例如，他对意义理论的形式规定其实反映了语言哲学的研究应当以什么样的方式出现及怎样进行的问题。在意义理论的建构上，他竭力地强调意义的理解性要求，强调在理解的基础上进行意义理论的建构，赋予语言使用者以某种认识能力，指出意义理论的使命就在于把理解语言表达的人所知道的那些内容揭示出来。这种依据理解来刻画意义的操作具有特定的认识论色彩，因为这种表述把意义的产生与言语者的认知活动和认知能力密切关联。所以，从这一意义上讲，达米特在意义形成上的看法似乎就成为一个有关于表述知识形成的论题，这必然给当代认知哲学和心灵哲学的发展带来特定的启示与影响。威尔斯指出，"达米特的意义理论试图对我们自身以及我们如何表述世界给予解释，它使用了我们认知结构中最强有力的要素"[①]。

再次，达米特在语言哲学尤其是语义论题上的主要观点，促进了当代哲学中不同看法间相互争论的层次与方式的形成。尤其在实在论和反实在论的研究上，他从语义和逻辑上对实在论与反实在论分别给出了新颖的刻画，这为当代实在论和反实在论的研究做出了重要贡献。在一些哲学争论的研究上，达米特采取了这样的方案，即从形式上寻求确立一系列争论的共同点，以此来找到解决这些争论的方法。在他看来，各类形而上学的争论虽然具有不同的主题，但彼此却拥有共

---

① Weiss B. 2002. Michael Dummett. Chesham: Acumen: 10.

同的形式。具体来讲，在每一争论中，都存在着一种实在论的立场和与之相对峙的反实在论立场。这两种不同的立场分别运用不同的语义解释和逻辑方法。它们之间的争论其实就在于把什么样的逻辑原则应用到有争论的陈述类——像算术陈述、有关过去和将来的陈述、有关物理世界的陈述及有关可能世界的陈述上去。例如，在有关过去事件陈述的争论中，实在论认为不可判定的陈述也必然具有为真或为假的值。就蕴涵式而言，给出证据，某陈述 P 的真必然蕴涵陈述 Q 的真；给出另一证据，陈述 P 的假也必然蕴涵陈述 Q 的真。因此，实在论者据此得出结论：即使在我们不能证明陈述 P 为真或为假的情形下，陈述 Q 都会为真。达米特对弗雷格的实在论及哲学上的柏拉图主义给出了一种语义学的表述。在他看来，按照语义学的观点，可把实在论看成这样的论题，即对于任何一类给定的陈述句来说，都存在一种独立于我们认识之外的实在，这种实在决定着这些陈述的真假，而与我们能否发现它们的真假值无关。或者说，一个陈述因一个独立于心灵的实在而成为真的或者不成为真的。达米特认为，接受每一陈述都是确定为真或者假的二值原则是实在论的必要条件。也就是说，只有二值原则成立时，实在论才成立。而承认陈述句的真假均由指称来决定的二值语义学，则成了实在论观点的充分条件。反实在论者拒绝二值原则，他们认为陈述的真值是一种证实它或者推翻它的证据的情形。

在对实在论和反实在论争论的刻画上，达米特一方面把实在论和逻辑上的二值原则相关联，认为二值原则就是实在论的逻辑基础；另一方面，他又把反实在论和数学上的直觉主义逻辑相关联，认为应把反实在论的逻辑基础归结为直觉主义逻辑。在语言哲学的研究上，达米特明显受到了维特根斯坦的影响。他从维特根斯坦的著作中获得的最为重要的观点就是"意义在于使用"，认为知道一个词的意义就是理解了这个词，而理解这个词的标准就是能够正确地使用它。正确地使用一个词或表达中所包括的内容是达米特在语言哲学中致力研究的一项任务。在他看来，语言哲学的研究首先要告知我们对语言的掌握是怎么回事。对意义的任何解释都必须阐明言语者对意义的掌握是什么，并且阐明言语者如何能获得那种理解，以及是如何把它传播给其他人的。在这一问题上，那种实在论观点似乎是有缺陷的。因为，现实中存在着大量我们无法判定的语句。例如，在某个特定的阶段，对有关微观和宇观对象的科学陈述以及理论假设的证实中就往往存在着这样的情形。既然语言哲学中的实在论观点无法对我们掌握一个语句是怎么回事给予解释，那么它的合理性就有点让人怀疑。基于此，达米特就对实在论提出了挑战，并对语言哲学中一种被称为"反实在论"的理论特别感兴趣。从本质上讲，他对实在论的这种挑战其实是对古典真值条件意义理论及古典逻辑的挑战。在论证上，他依据数学上的直觉主义观点。把这种观点应用到语言哲学中，给这一领域的研究带来了很大影响,从而奠定了他在当代哲学中的重要地位。就像卡伦·戈林(Karen Green)描述的那样,"在 20 世纪后半期,达米特的名字集中地表现了实在论者和反实在论者之间的争论,他对这个论题的提法在分析的传统中产生了深刻的影响"[①]。

最后,达米特与分析哲学阵营中其他哲学家相比,值得注意的地方还在于他保留了对哲学中形而上学的探讨,坚持形而上学的重要性。这具体地表现为他提供了一种贯穿各种形而上学问题的方法,为形而上学提供了一种"逻辑基础"。20 世纪以来,分析传统拒斥形而上学的旗帜是非常鲜明的。例如,逻辑实证主义和逻辑经验主义依据证实原则在分析陈述和经验陈述之间划出了严格的界限,并指出形而上学陈述是一些毫无意义的伪陈述,从而对其予以"搁置"。然而,随着后来日常语言学派及社会-历史学派的兴起,斯特劳森、赖尔、波普尔、库恩、奎因和普特南等人的坚持与批判,形而上学的地位逐渐地得到复兴。达米特对形而上学的强调正是这种复兴中的一例。他一方面坚持把形而上学作为哲学的基础,另一方面又把它当成哲学研究的最高形态。尽管达米特在意义问题上持一种"证实主义"(verificationism)及后来作为其变种的"确证主义"(justificationism)观点,但他并没有像逻辑实证主义那样通过排除形而上学陈述来消解对形而上学问题的研究。也就是说,他并没有把形而上学排除在自己的研究之外,反而认为要解决它,强调哲学的进步将会解决形而上学问题。从某种意义上讲,他在哲学研究上的动力就在于试图通过语言哲学,尤其是语言哲学中的语义学探讨来寻求对形而上学问题的确定和解决。[②] 所以,在他这里,语义学和形而上学的问题是一致的。在通过指出形而上学教条与其他我们参与的活动之间的确切关系来解释形而上学陈述的内容这一挑战面前,达米特提出,通过关注数学哲学中直觉主义和柏拉图主义之间的争论来应对。

在形而上学问题上,达米特要比维特根斯坦更激进些,因此他总是用一副乐观主义的姿态来看待形而上学问题的解决。维特根斯坦在他的后期著作中断言,哲学的任务并不完全在于提高人类知识的总量,而是通过让我们注意有关意义的特定事实,从而把我们从令人烦恼的形而上学概念中解放出来。哲学应当把它限制在描述我们在生活的其他领域内做些什么,而不是试图改变我们的实践。而达米特则强调,他"从来都不能对那个观点报以同情"[③]。他对形而上学。争论的本质及解决它们的方式给出了最为完整的论述:所有的形而上学争论都可以被恰当

[①] Green K. 2001. Dummett: Philosophy of Language. Cambridge: Polity Press: ix.
[②] Dummett M. 2006. Thought and Reality. Oxford: Clarendon Press: 15.
[③] Dummett M. 1993. Origins of Analytical Philosophy. London: Duckworth: 174.

地归结为有关逻辑法则的争论。在这里,达米特并没有错过机会批判他认为过于抽象的现代标准逻辑。现代标准逻辑只是从形式上来看待命题,而忽视了命题的内容。相反,他认为命题的逻辑形式是由内容规定和确定的。因此,要找到解决形而上学争论的方法,就必须找到如何证明一种逻辑的办法,即一套推理的原则。逻辑是对有效性的研究。一个推理是有效的,当且仅当前提的真保证了结论的真。逻辑学家想通过它们的结构来识别这样的保真推理,因为以一种形式系统来表述推理就能得到更多的确切性[①],如果在相互竞争的逻辑体系间进行选择,确切性就显得非常重要。最终,在达米特这里,形而上学问题的解决被合理地归结为语义学层面所涉及的逻辑手段。

概括地讲,达米特在哲学研究上,所表现出来的明显特征是:通过语言来研究对象和存在问题,依赖于语义学概念把真值、意义问题及我们使用语言的知识全面地结合起来,由此展现了一个独特的语义学的形而上学景象。他在这方面的研究成果被看做是当代哲学中最具有洞见的思想。例如,普特南等认为这是"20世纪哲学中真正具有高水平的成果之一"。在推动当代语言哲学的发展上,达米特的影响是非常大的。尽管在这一领域内所取得的研究成果与许多哲学家的共同努力密不可分,但达米特在其中的工作被看做是很有代表性的。他作为当代语言哲学阵营中相当敏锐的哲学家之一,不但对该领域的基础问题给予了充分的讨论,而且还提出了颇具特色的研究视角和解决方案。他对语言哲学研究核心论题的定位与研究方法的规范,以及在真值、意义、逻辑等这些作为语言哲学元理论观点上的看法,都是当代分析哲学中的主要话题。有人认为达米特的哲学并不是分析哲学,因为他没有提出具体的分析方法。即便是这样,却可以把它作为对分析哲学的一种回应。他只想就分析哲学所触及的一些哲学问题作一番探究。首先,达米特提出的语言哲学是分析哲学主题的基础这一认识复苏了有关分析哲学的起源争论。其次,他对分析哲学的定义或许最好被理解为不是一种把握历史现象的试图,而是一种规定,其目的在于把他认为的有价值的哲学划分出来。例如,他在《分析哲学的起源》中的工作,不仅会把我们带向那些为分析哲学与现象学所共享的思想根系,还会将我们带向对某些极为重要的一般哲学问题的探索。最后,探讨了让分析哲学的讨论得以展开的那些哲学问题本身所具有的逻辑进路。总之,他的那些观点,很好地确定了当代语言哲学研究的主要对象和基本进路,给后来哲学家的研究提供了重要的指向。因此,在当前,凡对语言哲学感兴趣的人都不能忽视达米特的重要工作。

达米特在语言哲学上的观点和研究方法还影响了与语言哲学相关的许多领域。

---

① Dummett M. 1995. The Logical Basis of Metaphicysics. London: Duckworth: 185.

克里斯品·赖特（Crispin Wright）认为，达米特提出了 20 世纪最富有成就的哲学研究纲领。他提出的问题开辟了新的领域，使得传统的东西得以继续。仅就作为世界哲学重镇的牛津这个学术圈而言，他的影响就已经很大了。在其他领域，这种影响正在凸显。例如，在科学哲学领域内，1994 年的拉卡托斯奖（第七届）就被颁发给了达米特，以表彰他对科学哲学的杰出贡献。另外，当代一些一流的语言哲学家，如西蒙·布莱克本（Simon Blackburn）、约翰·迈克道尔（John McDowell）、克里斯托弗·皮考克（Christopher Peacock）、蒂莫西·威廉森（Timothy Williamson）、尼尔·坦南特（Neil Tennant）、赖特和加雷斯·埃文斯（Gareth Evans）都受到了他的影响。正是在达米特的反实在论思想的启示下，赖特和坦南特研究了给经验语言提供一种反实在论语义学的可行性问题。

尽管在如何解决语言哲学的争论上，似乎因分析哲学属性的规定而并不存在一种共识和约定。然而，达米特在以意义理论和语义理论的建构为目标的那种语义学的表述上，却有着自身的价值与意义。首先，他把自己的重点放在当代哲学的基础研究上。在达米特看来，思想的实质在于它是对语言语义的反映，思想的结构只是句子语义结构的镜子。"在理解语句的语义属性中被理解的思想是这样的：探讨思想的结构就是探讨语句那部分的语义解释。"① 所以，语言是优先于思想的。达米特把这一点称为"优先性论题"。这一论题已成为语言哲学及心灵哲学是否具有合理性的重要基础。可以看出，这一论题的背后蕴涵着这样的信条，即实现对思想进行分析的唯一方式就是分析语言。这一点被达米特描述成为"分析哲学的基本公理"②。在对这一信条进行分析和论述的过程中，许多人都从他那里享受到了他所提供的某种便利。即使那些不认同语言哲学的人，至少也从他那里知道了他们应从哪里着手展开他们的批判。就像皮考克指出的那样，达米特最为深刻的认识之一就是：一种被恰当论证的哲学观点只能从和它完全相反的概念来源的深刻理解中得到。其次，就达米特对实在论争论的刻画而言，有着特定的充分性。如果他对实在论争论的阐述是普遍可接受的，那么意义理论中的反实在论论证对它们解答的潜在意义就是显而易见的。因为这样的论证将增强一种普遍的反实在论立场。但达米特并不认为他的刻画适合于可被描述为"实在论观点保存性"的所有争论。这种刻画的合理性不仅对元哲学问题的发展产生了重要的推动作用，而且还对数学和逻辑等领域内具体问题的求解产生了重要影响。尽管他的反实在论论证在其现实性上并不一定完全科学，但它还是给有关实在论的形而上学争论中重要问题提供了正确的解释，并给有关基本逻辑法则争论的解决提供

---

① Dummett M. 1993. Origins of Analytical Philosophy. London：Duckworth：7，8.
② Dummett M. 1993. Origins of Analytical Philosophy. London：Duckworth：128.

了一种正确框架。

二、达米特哲学思想的研究现状

鉴于达米特哲学的重要影响，现在越来越多的学者开始研究他的思想，并取得了一些重要成果。其中，国外出版的有关这方面的著作有内尔·坦南特的《反实在论与逻辑》（1987）、安赖特·马塔尔的《从达米特的哲学观点看》（1997）、戴雷尔·岗桑的《达米特与意义理论》（1998）、M. Q. 伽德内尔的《对实在论的语义挑战：达米特与普特南》（2000）、卡伦·格林的《达米特：语言哲学》（2001）、勃恩哈德·威尔斯的《迈克尔·达米特》（2002）；论文集有 B. 忒勒尔编的《达米特：对哲学的贡献》（1987）、B. 玫格内斯与 G. 欧理弗雷合编的《达米特的哲学》（1994）、理查德德·哈科编的《语言、思想与逻辑：致达米特的文集》（1997）、J. 玻兰道尔与 P. 苏理范合编的《有关达米特哲学的新文集》（1998）、兰德尔·E. 奥克赛和刘易斯·埃德文·哈恩编的《达米特的哲学》（2007）等。除了这些著作、论文集以外，还有大量探讨达米特哲学思想的论文，如 B. 哈勒的《抽象对象》一文对达米特反柏拉图主义的分析，麦克道尔（McDowell）的《标准、可废除性和知识》一文对达米特的反实在论及其与维特根斯坦的"标准"之间联系的探讨等。这些论文分别就达米特的某个具体观点进行了深刻的阐述和翔实的分析。就国内的情况来看，这方面的工作也日益兴起。首先，有一支对达米特思想进行译介和研究的专业队伍。徐友渔、王路、江怡、张燕京、任晓明、李国山、胡洪泽、徐向东、叶闯、张汉生、夏国军等都是这方面的代表。其次，对达米特的思想进行着不同层面的思考和研究。其中值得一提的是，在达米特著作的译介方面，《形而上学的逻辑基础》（任晓明和李国山翻译）和《分析哲学的起源》（王路翻译）的中文版已出版，而张燕京则以"达米特的意义理论"为研究论题，较为系统地探讨了这一理论的内涵及其相关性问题。这些成就为我们理解达米特在哲学上的具体论述提供了某种便利和启示。

就对达米特哲学思想的当前研究来看，可将研究的主要论题归结为以下三个方面。

1. 达米特的意义理论

达米特曾指出，如果说他对哲学有所贡献的话，那么一定在于他阐明了"有助于解决形而上学问题的意义理论"。他的这一概括已成为当前引导人们去对其思想重点给予关注的一个有效理由。目前，张燕京教授就在达米特的意义理论方面进行了比较深入的研究。具体表现在：探讨了达米特和弗雷格之间在意义问题上的差异与关联，系统阐明了达米特意义理论的内容、规范原则及其价值等。然而，这一研究其实只是对达米特在语言哲学方面主要论题的一种把握。虽然这种把握是比较得当的，完全符合达米特在 20 世纪 70 年代对自己思想情形的那种判定。但在笔者看来，简单地根据达米特的这一判定来把他的全部哲学思想等同为他自己概括的"意义理论"这一问题是否完全合理，值得我们思考。毕竟，"意义理论"是他在语言哲学研究上的一个核心观点而非唯一观点。也就是说，对达米特的"意义理论"研究只是对其哲学思想中一个重要观点的探索。这种探索是否完全涉及达米特后来在具体哲学问题上的分析、研究，似乎还需要进一步的研究。

构造一种合理、得当的"意义理论"固然是达米特努力的目标。但这一目标并没有完全涵盖他在语言哲学上的所有论断和全部构想，从他新近的两本著作就能明显地看到这一点。① 因此，要对达米特的哲学思想给出一种系统的考察和合理的定位，我们还需要一个更广泛的论题。从总体上看，达米特的主要想法在于提出一种系统的语言哲学，从而为语言哲学的研究提出恰当的方法和标准。他认为，这种做法可能催生出语言哲学的一种体系或大量理论来。同时，在这种哲学上，他的研究把语言意义的实质和形成问题作为起点，提出了与传统的真值条件意义观点并不相同的反实在论意义观。显然，这和他对哲学的态度有关。因为在他看来，哲学的功能在于让我们获得语言活动的清晰观念。达米特指出，"意义"的哲学问题包括三个方面：①最好能被解释成有关于人的"理解"问题，陈述的意义必须被解释成为"知道它的意义"；②阐述当我们懂得一种语言时我们究竟知道了什么，就必须把意义与理解联系，把理解与行为联系；③通过构造一种理论来实现对语言作用的清楚认识。所以，达米特对意义问题的理论建构的实质在于把意义和认识相结合，认为"意义"是认识的一种结果，并通过体现那种结合的语义论题来考察人类的思维。

在达米特那里，有关自然语言的意义理论最好要描述言语者在理解一个语句或一个语言片段时所获得的内容。于是，有人便基于此而认为达米特在意义理论方面提出了语言的功能论思想。笔者认为，"意义"一词的功能并非达米特研究的重点，他并不满足于"X 意味着 Y"这种形式的意义考察，而是更强调意义的形而上学问题，即语言意义的本质及其意义的来源。就达米特在语言意义问题上的认识而言，他是从言语者的语言使用开始而通向理论本身的。对含义和指称间区分的重新解释，表明了他的这一看法——指称与那种古典的真值概念并不能成为正确意义理论的有效基础。

意义理论的形式是当前达米特语言哲学思想研究上的一项重要内容。所谓意

---

① 这两本著作为《思想与实在》（2006 年）和《哲学的本质及其未来》（2010 年）。

义理论的形式是指一种意义理论在有效阐明意义时所具有的形式构想。这种构想表明了什么样的语言单位会更适宜于意义的表达。在这一点上,目前的探讨主要集中在分子论、原子论、有机论上。在《什么是意义理论》一文中,达米特似乎提到了一种语言的分子论观点。这一观点认为,每个独立于语言其他部分、拥有意义的语句,只依赖于在陈述中起重要作用的表达。然而,在这一问题上,马塔尔认为达米特并没有坚持分子论或原子论的观点,因为就功能来看,分子论对应于朴素的证实论,而原子论则对应于表征论。相反,他所坚持的是一种有机的层次论,而不是一般的整体论,因为有机的层次论更易于成为分析自决化的基础。换句话说,为了理解某个句子,就必须得理解某种语言的框架,以便在框架中寻求理解。与马塔尔对达米特意义理论的有机层次论分析相类似,威尔斯认为,达米特坚持的是体系性和组合性。从语句意义与语句形式的关系看,体系性、组合性是更为重要的,毕竟一个陈述的语义内容及真值条件在体系上依赖于组成它的那些表达的语义内容。但与马塔尔不同,威尔斯承认达米特坚持了分子论。他坚持分子论的原因在于:一方面是为了归属知识的需要;另一方面,分子论确保了断定的一致性要求。坦南特也赞同这一点,承认达米特的观点是建立在一致性之上的。而岗桑在这方面的研究则突出了达米特的意义理论具有的组合性特征。他认为,达米特是拒斥整体论的,因为整体论的抽象性往往会掩盖语言的交流性。所以,岗桑强调,达米特更倾向于分子论和原子论,它们更能说明言语者对他们概念知识的显示。

尽管在对达米特的意义理论所采取形式的讨论上还存在着分歧,但从目前的研究来看,可以确定,就达米特要求意义理论要富有成效地说明言语者形成语言的意义,实现观念上的清晰这一点而言,他至少坚持了分子论的观点。因为分子论非常明显地体现了对意义的内容表征。在意义的阐述上,分子论有助于确立对意义证实论的坚持,它能清楚地表明言语者对语句意义的掌握。忽视分子论的这一属性,我们就会无法理解那些表述及反映事物属性的陈述,从而无法更好地给事物以认识。在意义问题上,尽管达米特认为"意义理论与内容表征的形式有关,但整体论则拒绝这种表征"[1]。后来,他又提出语义理论的事业并不与语言的整体论观点完全和谐的看法,从而对整体论予以了反驳。但在笔者看来,他对整体论的批判只是试探性的,其效果并不彻底。首先,达米特认为整体论观点对于科学来说是正确的,但它不能延伸到自然语言,而表述科学研究的语言有相当一部分是自然的。其次,他只是要求我们实现语言作用及思维过程的清晰,从而用那些

---

[1] Dummett M. 1987. Replies to Essays. // Taylor B M. Michael Dummett: Contributions to Philosophy. Berlin: Springer: 251.

含有体系性、组合性、协调性、有机性含义的概念来替代整体论。显然，这些概念实质上是弗雷格语境思想——一个表达的意义不能孤立地确定，而要取决于语句整体，只有与整个语言的其他部分一起才能被确定——整体论观点的一种再现。在这里，可将其称为"体系化的语境论"。所以，我们可以认为，达米特在语义阐述上容许了一种弱的整体论。毕竟，他主张的意义构成论——认为一个词的意义在于它在语句中的位置或者说在于对整个语句所作的贡献是整体论的观点。再有，体系、组合、有机等概念都是对整体思想的一种体现。与此相关的是，他对意义理论中"体系"形式的规定，直接产生了修正主义。例如，坦南特认为，协调性要求是达米特提出修正主义主张的关键；而赖特则反驳说达米特的修正主义源于他对意义理论形式中的体系概念的含糊规定。[1] 另外，对意义理论相关性问题的探讨也是当前研究的一个突出表现，但这些讨论都是非常琐碎的。

2. 达米特的真值论

"真值"是达米特哲学思想体系中的一个重要概念，就像达米特的讣告中概括的那样，"这是一位关注语言中真假的哲学家"。他对陈述真值的有关论述构成了陈述意义分析的核心内容。达米特认为，要理解"真"，我们就需要掌握意义，通过意义来阐述真值。解决意义问题的目标就在于最终要对真值问题予以解答。这样就可以说，达米特在语义论题上的所有阐述其实就是基于真值这个概念进行的。因此，要全面把握他的语义思想，就有必要对贯穿于其思想发展始终的真值问题进行考察。对经典意义上的那种"真"值概念，达米特是有所保留的。他指出："真值概念的本质在于它反映了所属陈述的客观特征。"[2] 尽管如此，但从他在意义的构造上所坚持的观点来看，由真值条件所决定的那种客观的真值并不是把握他在真值上看法的唯一概念。同时，还有必要考虑真值的形成及真值的内容与人的判定和识别有关。在真值上，达米特的一个信条就是真是不可超越是可证实的，认为"句子为真恰恰在于成真证据的存在"[3]。证据的功能在于证实，成真证据对真值的那种作用，决定了对语句真值的任何谈论都有必要和证实关联起来。正是在这一意义上，达米特的真值主张被概括为"真理是证实的产物"[4]。与此相关，马塔尔把达米特在真值上的观点看成是这样的，即它应是一种被"普遍接受"的概念——一个陈述是否为真，就在于它是否能为人们所普遍接受。[5] 就马塔尔对达

---

[1] Wright C. 1986. Realism, Meaning and Truth. Oxford: Blackwell: 341.
[2] Dummett M. 1978. Truth and Other Enigmas. London: Duckworth: 456.
[3] Dummett M. 1978. Truth and Other Enigmas. London: Duckworth: 155.
[4] 徐向东. 2004. 达米特：意义、真理和反实在论. 外国哲学, (16): 179.
[5] Matar A. 1997. From Dummett's Philosophical Perspective. New York: Walter de Gruyter: 20.

米特的真值概念的这一评论来看,"普遍接受"不能被看成是一个事实陈述,因为真陈述被理解成为那种普遍接受的形式并没有体现出给我们提供与给定的客观存在相一致的东西。所以,达米特的真值论点并没有反映一种彻底的表征性情形,而是在很大程度上体现了行为上的普遍接受情形。就马塔尔把达米特的真值概念等同于"普遍接受"这一点而言,可以看出,他对达米特的真值论的理解带有特定的概率论色彩。

达米特一直坚持使用"真值"、"理性"等概念,但从未对它们的内容给以说明和证实,原因在于它们给我们承诺了某种目标和框架。因而他在形成自己思想的过程中把真与理性结合了起来,坚持一种体系性的原则与方法,把真看做是理性研究的成果。客观地讲,他这里的"合理性"着重指通过体系性思考来达到观念上的清晰。例如,戴维特·帕品尼(Devitt Papineau)就曾指出,达米特坚信理性的原因在于,"我们用与众不同的模式来接近我们自己的心理状态"[①]。达米特有时把"真"看做是断定的"结果",意在把它与逻辑相联系,以突出它的纯概念特征。在达米特那里,真值被看成是内在于我们语言的——内在于语言的合理语法中的。达米特的这一认识完全出自他对逻辑的关注而形成的一种逻辑上的真值观点。在这里,达米特似乎比较赞同第一代分析哲学家的基本概念。但与第一代分析哲学家不同的是,达米特并不想逐个地检查命题的逻辑形式,进而用形式逻辑的一套方法来进行改写活动。所以,达米特使用的方法并不是逻辑分析,而是体现命题间复杂作用的语法分析。在笔者看来,达米特这里的"语法"概念与维特根斯坦在"论确定"中的观点是一致的,但维特根斯坦对"真"这个概念给出了实在论的解释,而达米特则从认识的层面上强调了"成真"的重要性。

哲学中的"真"是否是不变的?我们能否在原则上得到它?达米特对此持肯定的态度。而戴维森则对达米特在"真"这个概念上所持的观点给予了批驳。在他看来,按照达米特的理解,"真"是依赖于人的能力的,而人的能力是彼此不同的。这样,"达米特就把真作为一种内在于主观的标准而将其予以剥夺"[②]。帕努·赖梯坎恩从直觉主义的角度指出,达米特的真值概念是不断变化的。一开始,他赞同现实论(actualism),认为超验的真并不存在,主张真的形成是需要确证的,强调应把陈述的真看成是成真证据的实际存在;后来他接受了可能论(possibilism),这种观点与实际上拥有证据有所不同,它强调的是证实上的可能性。也就是说,一个陈述为真,只要求我们有获得其证据的途径就可以了,而不

---

① Papineau D. 1987. Reality and Representation. Oxford:Blackwell:121.
② Davidson D. 1990. The Structure and Content of Truth. Journal of Philosophy, 87:308,309.

管我们是否意识到作为证据的事实的存在。这一认识明显弱化了现实论提出的对事实的直接意识这一要求，因而赖梯坎恩将这一点称为"自由的现实主义"。在这一点上，布莱维兹提出了这样的看法，"达米特的真即是证实上的可能，他那里的证据是独立于我们的知识的"。戈冉·桑德郝默（Goran Sundholm）对达米特真值概念的分析是着重从数学上的构造主义进行的。在他看来，在逻辑和认识的相互作用中，有两个传统的原则一直在起主要作用。一个是客观的二值原则；另一个是可知性原则。一般的观点认为两者的关系是这样：要保留真值的可知性，就必须限制二值原则。桑德郝默指出，如果陈述为真，那么就存在着"为真物"，这在知识上表现为能通过构造来证实陈述，而陈述为真的情形则表明意向能够实现。这样，断定陈述为真的证据就不是对象，而成了行为。

一般来讲，"真值"体现着客观性，实在论是完全认同这一点的。而反实在论则不坚持客观的"真值"。它把真值和断定能力相关联，认为言语者对一个陈述句的理解恰恰就在于对其断定条件的把握。伽德内尔认为，那类真值条件不能得以有效断定的语句就是其真值条件的获得不能被识别的语句。这就意味着，如果一个语句是可断定的，那么它的真值条件的获得将是可被识别。这种情形可被简单地还原为语句有真值条件，并且这种真值条件的获得可被人们识别。但反过来，如果识别一个语句的成真条件能够得以满足，那么它是可断定的，就不合理了。因为还存在着这样的情形，即使语句不可断定，但它的真值条件的满足也是可被识别的。反实在论在非有效断定的语句上就持类似的看法。

3. 达米特的反实在论和实在论论题

达米特的哲学探讨涉及颇受人们关注的实在论论题，并以语义论题及其逻辑基础的独特方式给有关实在论的争论进行了刻画，正是这种刻画奠定了他在哲学思想史上的重要地位。达米特主张把对句子意义的探讨与它的断定条件或证据条件联系起来，强调理解一个陈述的意义就是对支配这个陈述能够完成思想表达或使之有价值的证据予以掌握。他的这一挑战要解释的是如何通过我们对语言的使用，能授予它的语句以那类在支持世界独立于我们及我们知识的实在论概念上的意义。由于达米特在语义问题上的看法与那种柏拉图式的实在论语义观有所不同，所以，人们就常常依据他的这一论述将其看成是反实在论阵营中的一员。马塔尔指出，要完全了解达米特的哲学，就应着重去研究他的反实在论主张。[①] 这足以反映出反实在论的观点在达米特哲学思想中的突出位置和重要分量。

当前，有关对达米特在实在论论题上的研究主要集中在他到底是一个什么样

---

① Matar A. 1997. From Dummett's Philosophical Perspective. New York: Walter de Gruyter: 8.

的反实在论者这一问题上。有学者认为,达米特并不是一个彻底的反实在论者。例如,桑德郝默从构造的观点出发,指出达米特的思想中有着实在论的痕迹。① 马塔尔认为,达米特的反实在论并不是一种思想,而是一种态度。② 首先,他坚持的客观主义与实在论密切相关。③ 其次,如果考虑到达米特坚持真的客观性这一点,就可以把他看做是实在论者,因为对真的客观性的强调所透露出来的一个信号就是——语句的真值由具有客观属性的东西来决定。这样,就像伽德内尔(Gardiner)所说的那样,"达米特并没有主张我们放弃真值的实在论概念"④。因而,考虑到达米特的实在论内容,马塔尔指出,一种更为合理的态度和适当的做法就是把达米特看做是一个幼稚的实在论者。⑤ 而罗森则更进一步认为达米特根本就不是一个反实在论者。⑥ 在笔者看来,以上这些研究是着重从达米特在坚持实在论观点的程度上而言的。在这个问题上,有些学者倾向于把达米特归结为一个反实在论者,但这种反实在论主要是一种语义上的反实在论,而非纯粹的本体论意义上的反实在论——它只是从语义层面上讨论了作为证据的东西无法寻求到的情形。威尔斯提出,最好在语义学层面上来把握达米特关于实在论的形而上学争论的描述。首先,只有在语义层面上,我们才能把握实在论的形而上学争论的特征;其次,关于实在论争论的失误很大程度上在于反对的一方缺乏清晰性,而语义方法承诺将能给予其清晰的内容。一般地,对语义实在论论题的把握有必要依赖语义学的观点,因为语义学的理论详述了语义实在论论题的可接受性。所以,要对达米特在实在论问题上的描述进行讨论,就不能离开特定的语义思想。达米特在语义问题上的思考,否定了实在论的逻辑基础。这一点招来了很多批评,例如,麦克道尔就曾指出,达米特对实在论核心论题的概括并不确切,接受二值原则并不重要,重要的是接受认识上不受限制的真值概念。

　　伽德内尔认为,基于语义描述的实在论是一种在认识上无所限制的观点。在这里,一个语句的真值独立于言语者,因而证据能否适用于它都是无关紧要的。可以说,"超越识别"是对这一点的最合适表述。而语义反实在论则不同,认为只有对真值予以认识的概念才是充分的。这样,语句的真值至少在原则上表明了证据对语句的适用性。在达米特那里,当我们考虑到言语者不能理解有效判定的语

---

① Sundholm G. 1994. Vestiges of Realism. // McGuinness B, Oliveri G. The Philosophy of Michael Dummett. Netherlands: Kluwer Academic Publishers: 137-165.

② Matar A. 1997. From Dummett's Philosophical Perspective. New York: Walter de Gruyter: 47.

③ Matar A. 1997. From Dummett's Philosophical Perspective. New York: Walter de Gruyter: 19.

④ Gardiner M Q. 2000. Semantic Challenges to Realism: Dummett and Putnam. University of Toronto Press: X.

⑤ Matar A. 1997. From Dummett's Philosophical Perspective. New York: Walter de Gruyter: 20.

⑥ Rosen G. 1995. The Shoals of Language. Mind, 104: 599.

句时，这一点——没有"有效判定程序确定它们的真值条件是否实现"明显就成了一个问题。① 这种句子的典型就是数学。但达米特提出，不能有效判定的句子这一概念应被概括成以覆盖特定是有经验主体的句子，如有关过去的、无限数量的及具有反事实条件的句子。当前，在语义反实在论运动中所形成的有关语义反实在论的思想主张被伽德内尔概括为"消极的方案"和"积极的方案"两个方面。"消极的方案"就是攻击实在论；而"积极的方案"则探讨当不用实在论的真值条件形式时，如何解释言语者对语言的理解，如有关这方面探讨的"达米特原则"。这就意味着达米特在语义问题的讨论上给出了一种具有建设性的观点。坦南特把达米特看成是一个彻底的语义反实在论者，并从进化论的角度对他的语义反实在论给予了辩护。在他看来，反实在论赖以存在的四个论点之一就是"达米特原则"。它的核心主张就是获得性和显示性。这在具体阐述、显示意义理解的规范方式——运用认知能力时得以显现。另外，坦南特还把达米特的反实在论与科学的反实在论进行了区别，提出"把语义学作为自然科学分支的科学实在论者一定会认为他的研究是一种语义反实在论"②。他指出，语义实在论与反实在论解决的是语义学中的问题，而科学实在论与反实在论讨论的则是本体论上的问题，它们之间的争论在于对理论科学的一种令人满意的阐述是否要求我们把它看做为描述了不可观察或理论实体的属性。科学实在论的教条是"存在是毫不含糊的"，这在语义上可被表述为"存在变量是毫不含糊的"。从本体论上看，科学实在论认为，科学术语、科学理论所描述的实体及其拥有的属性独立于我们的知识或思想，同时还和表述它们的语言或任何其他符号体系无关。而语义实在论则声称，我们对世界的陈述是确定的真或确定的假。

当前，人们更多地把划分实在论和反实在论的标准归结为二值原则，这虽然体现和贯彻了达米特在这一问题上的认识，但这一点很大程度上简化了达米特的思想。情况甚至是相反的，即对二值原则的反驳或许不构成他抛弃全部实在论的充分根据。③ 就达米特本人而言，他实际上也无法确定究竟实在论和反实在论哪一方的观点正确，因此他反对将他的反实在论看做是经过很好定义而形成的理论。这样，就可以认为，把达米特简单地归结为一个彻底的反实在论者实际上是一种误解。威尔斯指出，要把达米特的哲学方案推向前进，就必须消除这种误解。④ 也就是说，我们不要把达米特看成是一个完全的、彻底的反实在论者，他只是指出了

---

① Gardiner M Q. 2000. Semantic Challenges to Realism: Dummett and Putnam. University of Toronto Press: 56.
② Dummett M. 1993. The Seas of Language. Oxford: Oxford University Press: 277.
③ 徐向东. 2004. 达米特：意义、真理和反实在论. 外国哲学，(16)：189.
④ Weiss B. 2002. Michael Dummett. Chesham: Acumen: 68.

所有反实在论的共性在于持有"拒斥实在论的强动机"。在人们的印象中，反实在论一般都具有这样的特点，即否定和抛弃了独立的实在。但达米特所提出的那种语义反实在论并没有放弃现实的客观存在性，他"很少探讨存在是什么，而更多地关注应当是什么存在以及为什么存在"①。这一点的原因在于，"语言学转向"以后，实在就成为指称的领域。尽管我们常常对语义值及它们如何被确定感兴趣，然而需要指出的是决定语义值的依然是世界。因此，我们认为，达米特并没有否认实在的存在性。

另外，有关达米特哲学的研究，还进行着有关他的思想与其他相关流派关系的探讨。达米特一方面努力地将自己的哲学放置在自弗雷格以来哲学的分析传统中，另一方面他又强调自己的哲学与其他哲学流派不同。因而在研究达米特的哲学思想时，有必要对那个时代的哲学运动进行翔实的考察，以揭示他和这些哲学运动之间的关系。比如，就达米特的哲学和日常语言学派之间的关系这一点而言，其实他对日常语言学派通过对"语用"方式的经验观察来解决哲学问题这种观点的排他性并不满，认为日常语言哲学家的实践与他们的方法相悖。达米特强调对自然语言的研究，与日常语言哲学中的"可感性"相比，他的深刻之处在于突出了对语言的体系性研究这一要求，强调语言和掌握语言具有内在的关联，并指出这种关联能被体系地表示出来。

达米特的哲学主张，尤其是他在陈述意义阐述上的方法和逻辑实证主义之间的关系也成为当前研究的一个重要话题。我们知道，逻辑实证主义者在构造一种旨在消除物理学中的传统形而上学问题或导出具有科学特征的方法论过程中，展开了关于"意义"方面的研究，认为意义形成就是一种方法。毕竟以"经验证实原则"作为判断命题意义的标准，本身就是保证科学理论合理性的一种方法。因为，在逻辑实证主义中，观察术语被用来定义理论术语。理论概念的全部意义都来自能够从它们推出的经验命题。对于一个科学命题来讲，它的合理性是指依赖于演绎和归纳规则能从纯粹的事实中得出它所提出的结论。而达米特也致力于从证实上来刻画"意义"的本质。因此，有人就把达米特看成是一个证实主义者。例如，密柴尔、罗蒂和哈肯等以达米特坚持证实方法、以证实形式给出句子的意义为由，主张把他归属到逻辑实证主义的阵营中去。当然也有人持相反的观点，如威尔斯就提出了不同的看法。因为在他看来，尽管达米特在《形而上学的逻辑基础》中，提出了一种通过对语言的逻辑分析来解决形而上学问题的方案，这听起来像是对逻辑实证主义者使用的方法的一种复苏。但实际上他并不像实证主义者那样，强调形而上学的空洞，从而想通过语言的逻辑分析把形而上学问题当成是假问题而予以消除；而是认为我

---

① Tennant N. 1987. Antirealism and Logic. Oxford: Clarendon Press: 7.

们应努力概括在形而上学问题上争论的实质及其内容,并且能通过逻辑的正确使用来解决形而上学问题。他也不像逻辑实证主义者那样认为自己拥有判断推论为真的标准,也不怀疑陈述意义的有无,而是着力于寻求对陈述意义的正确概括是怎么回事。这样,在达米特的观点和逻辑实证主义者之间就有了区别。最为明显的是,对于逻辑实证主义者而言,拥有证实的方法是判定陈述有意义的标准。而对于达米特来说,它只是该陈述拥有真值这一假设成立的标准。所以,达米特会对纯粹的逻辑实证主义观点有所保留,或者说他并不完全认同逻辑实证主义的观点。事实上,意义不能被等同于证实上的方法,因为这将无法刻画意义所对应的具体内容。意义的有无不仅在于能否证实,更重要的是还决定于进行证实的东西。陈述可以表现成有证据的状态,也可以是无证据的状态,还可以处于不可判定有无证据的状态。马塔尔非常明确地表示,达米特与实证主义者有所不同。他指出,达米特把"证实"作为意义理论的中心概念是非常遗憾的,因为它隐含着与实证主义的趋同性,给人们带来了许多误解。达米特本人也意识到了这一点,他在《语言之海》中使用"确证"(justification)一词的意图就在于消除这种误解。在语言哲学有关问题的阐述上,达米特的观点和逻辑实证主义观点确实有一致的地方,但也有区别之处。实际上,达米特强调的是一种认识论意义上的证实主义(verificationism)。这种证实主义的主张在阐述对意义的理解——运用认知能力时被具体地表现出来。这一认识深受维特根斯坦后期哲学的影响。从达米特反对试图通过逻辑的"理想语言"来处理一切可能的案例这一意义上讲,他的证实主义其实是对逻辑实证主义的一种超越。因此,我们可把达米特称为后实证主义者。

达米特的哲学包含了很多问题,有些问题是非常难的,甚至他通过自身的努力也没有完全解决他思想中的那些问题。首先,从总体上讲,20世纪的分析哲学,处理的都是与数学、逻辑学以及意义有关的各类专业问题。这些问题不仅对于门外汉来说毫无兴趣,而且常常也是以一种非哲学人士无法理解的文体形式写出来的,让公众敬而远之。其次,达米特著作背后的研究旨趣在于探索各种各样的观念,提出各种各样的进路,而不是在展示一件完成了的作品。例如,达米特试图探索一种他曾称为"反实在论"或后来被他改称为"确证主义"的立场,以作为除实在论以外的另一种可能选择。他说:"我对如何成为一名反实在论者的问题进行过一番探索,这在很大程度上并不是由于我想要采纳反实在论作为我自己的哲学……而是想搞清那究竟是不是一种切实有效的观点,不仅在语言哲学中,而且在形而上学中,它又会产生什么样的结果。"[1] 再次,达米特反对以往哲学家

---

[1] Dummett M. 1993. The Seas of Language. Oxford: Clarendon: 78.

建立一种体系的传统。他在告别演说中,提到他的目标:"被误以为鼓吹一种庞大的、条理分明的哲学之时,便是受挫之日。"因此,他的哲学思想完全以一种新颖的面孔出现,它所凸显出来的特征是建构性。达米特在哲学上的思维过程其实就是一种立论过程。例如,在评价《形而上学的逻辑基础》时,普特南就曾指出:"大胆和论战性在这本书中是非常明显的。"为了让人们确信他的思考和论断是正确的,达米特的论述是相当机敏的,具有很强的挑战性。最后,在其哲学思想的论述上,达米特所表现出来的另一个突出特点就是修正性。尽管"我对自己在一两个重要问题上想法的改变并不保密"原本是一种司空见惯的自白,但对于达米特来说,改变想法却具有一种独特的力量。他常常会在同一个话题的论述上,不断地修正他以前所持的观点,以使他的认识更符合实际或者更具有说服力。这样,就常常会出现这样的情形,即在对达米特的思想进行研究的人看来,达米特的思想是有所变动的,在我们还没有明白他的思想是怎么回事的情形下,他又提出了新的修正。因此,就他的有关著作而言,不称做"达米特哲学"似乎显得更为中肯些。从这里也可以看出研究者普遍认为达米特的著作不易懂的一些原因。毕竟,一个人在探索一片与各种相关的领域有如此之多的模糊不清界线的地带时,就很容易迷失自己的方向。达米特的著作冗长而晦涩。因此,他的哲学思想让人感觉非常难。另外,人们对他的哲学话题的多样性及他对哲学问题的论证方式存在很多的争议。尽管如此,这并不有损于他在分析哲学阵营中的良好口碑,以及他在哲学阐述上的思想价值和方法启示。当前,有关达米特思想研究方面大量成果的出现,以及人们对他所提出的一些主张的逐步接受就是对这一点的最佳阐释和印证。

当然,在达米特哲学思想的研究上,目前还存在着一些不足。这些不足在于,对达米特哲学思想的研究比较零散,主要表现为对其关键论题的单一把握及对多个相关主题的研究。尽管这一情形是由达米特哲学论题的多样性决定的。然而,客观地讲,这并不利于我们对达米特哲学思想的系统理解和全面把握。虽然国内外也出现了像格林及张燕京等的有关达米特语言哲学和意义理论方面的研究专著,但这些研究存在着各自的不足。首先,格林的研究重心在于探讨达米特语言哲学思想的来源问题。在论述中,格林具体地阐明了达米特与弗雷格、维特根斯坦、奎因及直觉主义者等之间的关系,而对达米特语言哲学的核心论题给予的具体提炼和详述不够充分。张燕京对达米特的意义理论进行了考察。尽管这一理论是达米特所探讨的关键论题,然而,它并没有涵盖达米特语言哲学思想的所有内容,尤其对达米特近来在语义学方面提出的一些论述没有涉及。这样,对达米特的哲学思想进行系统的发掘与审视,以推动对其哲学思想的研究,充分利用他的思想资源,在一种更为合理的平台上形成一个能够统摄其思想内容的论题就显得非常必要。特别是在达米特逝世后，从事一项深入发掘其哲学思想遗产并给其以合理定位的研究工作，自然而然就有了它的重要性和可行性。在笔者看来，一种更能确切地涵盖达米特在语言哲学上有关论述的论题就是目前在其思想研究中还没有得到充分讨论的语义学论题。尽管对这一论题的相关问题，如真值、意义上，人们已做出了一些探讨，然而一种系统的研究和刻画还不曾拥有。毕竟，在对其语义学观点进行简单交流时存在的那种不可避免的困难，影响了它应获得的广泛关注。因此，确立和研究这个贯穿达米特在哲学论述上全部内容的论题，对于把握他的思想来说非常必要。

三、达米特哲学思想的核心论题

客观地讲，达米特在哲学研究上的主要贡献与他对语言问题的哲学探究密切相关。在他看来，任何一种针对思想的研究只有通过研究语言才能得以进行。这就意味着，只能通过语言哲学来处理思想哲学。因为语言是言语者思想的表达形式，离开语言就无法阐明思想是什么。说话者在交谈、思考时，话语就是其思想的透明所指——这是对人类思想交流景象的一种深刻描述。这样一来，有关语言的研究就给我们提供了一条能够通达思想的路径。正是在这样的意义上，语言哲学构成了一切哲学研究的重要基础。

从本质上看，对什么让语言成为思想表述的探讨其实就是对"意义是什么"及"意义如何形成"这一问题的分析。在对这一问题的处理上，达米特提出了"意义在于理解"的观点，从认识的层面对"意义"进行解释，并指出可以从"理解理论"的角度来建构一种合理的"意义理论"。由于任何针对意义的阐述及解释陈述的意义如何产生的探讨都可以被语义学这一论题下展开的研究涵盖。所以，笔者认为，就达米特语言哲学思想的整体内容尤其是他在实在论和反实在论问题上的阐述来看，这其实是对"语言学转向"所提出的哲学语义学问题的具体思考。这一点最为突出地表现在他在《直觉主义的要素》《形而上学的逻辑基础》《语言之海》以及后来的《真与过去》《思想和实在》《哲学的本质及其未来》等著作中给出的语义阐述上。

语义学是对语言意义、真值、指称的专门研究。按照达米特的理解，这种研究的重要内容之一就是确定一种合理的语义理论，而这种理论的主要目的在于解释一个语句的组成部分如何决定了那个语句的真值。[①] 在语句的真值讨论上，达米特概括出了"语义值"这一概念，并在语义值的解释上，给出了一种概要的看法。对此，我们可以从他的论述中概括出以下三点来：①所有的语言表达都有语义值；

---

① Dummett M. 1995. The Logical Basis of Metaphicysics. London: Duckworth: 23-25.

②一个复合句的语义值由它的组成部分的语义值来决定；③一个语句的语义值决定着它的真值。达米特的语义值概念，反映的是语言表达的一种属性。具体地讲，它是指称概念的有效组成部分，体现了指称的结果。因此，语义值受到它所表示的那种语言的外在相关事实的决定和影响。语义值的最简单例子就是古典逻辑下的外延（extensional）语义学。在这一点上，弗雷格认为，一个表达的语义值由它指向它的所指的那种方式来决定。比如，一个指谓性术语的所指物就是它的语义值的一种表现。这样，从符合论的意义上来讲，一个语句的语义值就被看成是它的真值。除此之外，表达的语义值在弗雷格这里还被看成对那个表达的意义予以了表明。而达米特的看法有所不同，从他对语义值的论述来看，并没有表现出直接把陈述的语义值看成其真值的倾向。语义值并不一定意味着真值，因为从"语义值是什么"我们无法确切得知该如何说明一个复杂语句为真是怎么回事——并非所有的语义理论都会把某一解释下的语义值看做是真的或假的这两种中的一个。正是基于这一点，达米特把弗雷格的上述看法称做一种语义问题上的实在论主张。在这里，真值是一个主要的概念。从形态上看，这样的真值概念包括了两种情形：首先是得到或未得到其成真条件的真值；其次是与成真条件的获得无关的真值——即使在我们不能识别一个陈述的成真条件的获得是一种什么样情形的情况下，它也具有成真条件所决定的真值。

把语句的语义值当成它的真值，并把语句的真值条件看成其意义形成核心概念的那种语义学观点是一种客观主义的观点。它把语句的真假看成与言语者在对其真假的断定中所拥有的根据无关，因而这种语义学观点并没有从言语者的层面上明确说明语句为真的情形是怎么回事。达米特指出，我们可以接受一种拒绝客观主义的语义学理论。需要指出的是，在这一点上，他并不认为那种真值条件的语义学是明显错误的，而是提出我们必须要考虑到这一问题，即任何把意义的说明建立在这种观点上的尝试可能都会面临我们无法克服的困难。

把陈述的意义等价为它的成真条件的做法并不具有普遍性。因为有些语句的意义可以用真值条件来表述，也有些并没有真值或对于特定的言语者来说其真值无法确定的语句，它的意义无法使用真值条件来表述，如关于过去的语句、正反两方面都没有证据的不可判定语句。达米特尤其注意到了后一种情形。这样，任何把对意义的解释单纯地放在真值条件基础上的做法，必然在阐释表达的意义如何形成这一问题上遇到困难。所以，就有必要寻求确立一种能够替代真值条件的语义学理论，以及具有广泛性和普遍性的意义观点。在达米特看来，就陈述的意义而言，它应是言语者所知道的一种东西，反映了人的知晓状态。也就是说，意义的产生是离不开人的理解的。这样，在"意义"的阐述上就必须要体现出能力层面上的人对意义进行认知的那种属性，表明意义的形成必须和人对语句所表述内容的证实相关联。

传统的真值条件语义学观点是以古典的二值逻辑为基础的。现在要重新确立一种证实主义的语义学观点，把语句的意义建立在对语句进行证实的基础上，那就要对原来的语义学的逻辑基础进行修正。因为在达米特这里，对逻辑的处理是通过语义问题来进行的。受数学上以布劳维尔和海汀等为代表的直觉主义思潮的影响，达米特提出了这样的建议：可以把语句的语义值看成由它所表达的直觉主义陈述。① 这就意味着，对"语义值"这个概念的把握，必须从直觉主义的观点来切入。因为语义值是对体现语词或语句能够表达它所表达的方式的一种确定。如果就像弗雷格那样，把语义值单纯地看成是对象，那么在 n 元谓词的语义值是什么这个问题上我们就没有了选择的余地，它必定只是从 n 元对象向陈述值的一种映射。在这一点上，经典的语义学家容许任意的映射，而直觉主义者只认可能行的映射——表达式的语义值是对它所具有的某种功能以及状态的反映。比如，谓词的语义值是一种从对象到真值的函数，它体现了从对象到语句语义值的构造功能；短语的语义值在于它对确定它作为其中一部分的、复杂语句真值上所作的贡献。

尽管达米特提出，"没有任何先天的理由认为在一种意义理论中真概念将发挥非常关键的作用"②，但在意义问题的具体探讨上，他还是涉及了真值问题。在他看来，如果知道游戏是怎么回事，就会有判定什么是"赢"的标准。反过来讲，如果不知道游戏是怎么回事，那么就不会拥有"赢"的标准。在这一点上，科拉·戴蒙德（Cora Diamond）指出，达米特主张规则决定了游戏，规则不同，游戏也不同。如果不知道游戏及这个游戏的规则是什么，那就不能判定怎么算"赢"。与此相类似，除非知道一个陈述意味着什么，才能断定它在某种环境下的真值情况。为了知道它意味着什么，即它表达着什么样的内容，就必须明确地被告知在什么样的环境下，能把它看成是真的。因此，如果知道这个句子意味着什么，那就有了它能为真的标准，如果不知道它意味着什么，就无法形成并应用它为真的标准。这一情形表明了真值概念和意义概念是相关联的，并且应该以语句的意义形式来分析它的真值属性。所以，为了对真值概念有真正的阐述，那就必须使我们的研究部分地成为对意义概念的阐述。也就是说，按照达米特的理解，就必须回答陈述拥有意义这个问题是怎么回事，这是回答一个陈述具有真值是怎么回事这个问题的先决性条件，并在一定的意义上颠倒了真值条件意义理论对真值和意义关系的那种描述。

---

① Dummett M. 1995. The Logical Basis of Metaphicysics. London：Duckworth：29.
② Dummett M. 1995. The Logical Basis of Metaphicysics. London：Duckworth：32.

依照"意义在于理解"的原则,真值就成了这样的东西,即它的内容一定能被理解是怎么回事。对一个陈述的真值情形是怎么回事的把握就可被看成表述了这个陈述的意义。因为如果我们知道是什么事情使一个语句被发现是真的,那么我们也就知道了这个语句的意义是什么。这样,就可以说,寻求真值的过程其实就是确立意义内涵的过程。依据在意义理论确立中所根据的不同真值概念,达米特把意义理论分成将传统的真值看做是核心概念的理论和将像"可证实性"或"有保证的断定"等真值的其他概念看做是核心概念的理论。他显然偏向后者,即把通过"证实"和"断定"而获得的对真值条件的掌握看做是意义掌握的关键。

就把真值作为主要概念的语义论题而言,达米特做出了强弱意义上的区分。他认为,从"强"的意义上讲,真值概念与古典逻辑中的二值原则相匹配,陈述的真值决定着陈述的意义。从"弱"的意义上看,真值和意义相互依赖。两者都受到这一要求的限制,即把对意义的掌握放置在一种识别真值条件获得的可显示能力中。达米特按照我们如何能理解句子的真值条件这一要求来规范他所寻求的那种语义学观点。在他设想的框架下,关键的问题不在于什么是真值条件,而在于是什么构成了一个有能力的言语者对一种真值条件的掌握与识别。也就是说,在达米特这里,最为重要的是,使言语能够表达思想的那种东西是什么。由于一个语句使用的所有属性都应以它的意义形式给出,所以,对这一问题的解决有必要通过对言语者所服从的使用模式来达到,通过一个言语者正确地使用一个语句,来得出他必须知道的东西。在这里,对意义的把握依然可用"真值"概念来进行表述。但这种"真值"概念不能按照古典的那种方式理解,而是必须理解成以"证实"或"断定"为主要内容的一种观念性活动。因为,从使用上看,真值是需要识别和确定的。这样,达米特就把"真值"与"可证实性"联系起来,并在它们的联结基础上提出一种新的语义学观点。

达米特提出的这种语义学观点的可能性取决于其能以更合理的方式构造它的真值属性的可能性。简单地讲:首先,这种语义学不是把语句为真的客观条件作为其意义表述的要素,而是把谋取语句的成真证据作为表述其意义的主要概念;其次,就是把什么算做是一个语句证据的知识解释成为一种识别某个东西是那个语句证据的能力。因为对一个语句的正确使用,必须被具体为知道或掌握正确使用它的属性和规则的能力。由于一个断定的内容就在于那个被断定的语句已被证实或者能够被证实,所以,就可以按照到底是什么样的东西能算做一个语句的证实来解释它的意义。达米特指出,这就是一种意义理论的恰当任务,也是建构一种可称为基于证实主义的语义学的重要规定。这种语义学思想的提出,体现了达米特着重从言语者的知识论或认识论维度来对语义学进行阐述的倾向。所以,在这里,可以认为他提出了一种内在语义学(intentional semantics)或认知语义学

（congitive semantics），强调人的心灵活动构成了意义现象的重要组成部分。

概括地讲，达米特哲学思想的主要内容涉及形而上学、我们对实在构成的概念及解释陈述如何按照作为它们构成部分表达的组合方式而被确定为真的或假的语义学探讨。在他看来，作为哲学基础的形而上学问题的主要内容就是实在性问题，而对这一问题的探讨能通过语义分析的方法来达到。因为语义分析所涉及的"意义"和"真"这两个基本概念使之与实在性得以关联。通过对言语者的那种以"意义"和"真"为主要内容的语言知识的讨论，就能实现对有关世界及我们对其进行语言表征的分析。这样，就可以认为语义学是达米特探讨形而上学的基础——有关形而上学争论的解决可通过语义学的研究得以实现。毕竟，语义学能为采用什么样逻辑的形而上学问题进行辩护。在对语义学意义和真值问题的探讨中，达米特是着重从"可知性"进行的。这就意味着，在独立于我们有办法识别一个陈述真值的情形下，我们无法知道什么使它为真，因而无法获得它的意义。陈述的真值与意义取决于我们对它的理解能力和认识能力。所以，在意义和真值问题的讨论上，就必须放弃那种传统的根深蒂固的实在论观点。

综上所述，在笔者看来，达米特探讨意义和真值的语言哲学观点明显地贯穿着一种语义学的论题。他对形而上学、真值、意义等问题的哲学阐述，都涉及探讨世界与语言之间关系的、作为对应于语言的现实世界中的事物所具有的概念含义及这些含义间关系的总体表述的语义学的具体方面。因此，可以合理地把他那种哲学思想的主要内涵概括为一种哲学语义学。由于达米特对 20 世纪的贡献不是在当下这个意义上所能探讨清楚的，就像离开弗雷格无法评价罗素和维特根斯坦的贡献那样，所以，要考察达米特的语言哲学思想的实质，就有必要把它放置在语义学研究的传统下进行。

第一章 语义学的传统及其当代发展

20世纪初以来,英语国家的哲学研究都表现出对逻辑分析方法的重视。因此,这样的哲学又被称为分析哲学。它所继承的是一种悠久的"思想哲学"传统,即强调通过对我们思想结构的厘清,来让我们达到对世界的认识。从亚里士多德的《范畴论》到黑格尔的《逻辑学》,一直存在着通过把握我们思考世界的那些概念和表达方式,来为其他的哲学思考去创造条件的努力。随着现代数理逻辑的建立与发展,分析哲学将这种思想哲学的分析进行得比以往任何时候都更全面、透彻。它背后的信念是:对思想的哲学分析只有通过对语言的语义分析才可能得以实现。这一信念带来的将思想哲学转变为语言哲学的尝试,让我们在审视形而上学的各种难题时耳目一新。这种尝试在当代的发展,已让人们越来越清楚地看到,语义研究在语言哲学及全部哲学研究中具有重要地位。因为如果不弄清语义提供的信息,就无法正确描述语言内部的结构属性,以及语言与外部世界的确切关系。这样,语义分析方法在推动当代哲学的发展上就具有了重要的意义。

随着语义分析的发展及其研究方法的进步,语义学对语义本质的探讨逐步地从语言学研究的边沿深入语言哲学研究的核心。当代语义学的哲学研究核心是探究陈述的意义问题。对意义及其相关性问题的探究,使语义学的当代发展出现了不同的分化。这种分化主要表现在意义形成及其辩护形式上所坚持的不同看法和主张等方面。达米特在意义的探讨上提出了一种不同于古典真值条件意义解释的直觉主义意义观念,这给当代语义学的探究带来了重要影响,从而成为当代语义学论题研究上的一个主要代表。

第一节 语义学的兴起

在陈述尤其是数学陈述逻辑必然性问题的探讨上,存在着一条卓有成效的研究路线。这一研究认为可以用逻辑概念来对数学概念进行定义,并且可以通过形式逻辑的原则来对所有的数学真理进行证明。这种主张数学概念可以用逻辑概念来定义的观点涉及分析的手段,即通过分析,包含"数"的命题就可以被转化成包含逻辑概念的命题——如同我们把关于"方"和"不存在的事物"的命题解析为关于"方"和它的属性的命题。这一"路线"被 A.寇法描述为"语义学的传统"①。这一传统经由弗雷格、希尔伯特等的发展,在石里克和卡尔纳普那里达到了高峰。这些哲学家提出的许多工具和概念现在仍然在使用。这种使用尤其表现在数理逻辑中。在数学中,语义学的传统论题是这样的,即阐明至少有一些数学的基本原理是分析的。换句话说,那些陈述因为意义而成为真的。比如,我们一旦理解了"自然数"、"后续函数"(subsequence function)等概念的意义,我们就会明白一些基本的数学原理,如皮亚诺公设是正确的。这样,数学理论和数学陈述的语义内容就决定了我们的数学知识。这一点表明了语义方面的研究和探讨已成为揭示语句的真值如何由其构成来决定的一种有效手段。因此,真理就可以由在定义上是真的语句来刻画。例如,在 20 世纪科学哲学的发展进路上,就明显地体现着这样的特征。在语言问题作为哲学探讨的核心论题与主要对象上,语言和其所描述对象之间的关联被看做这一时期哲学研究的一个重要内容。这种情形兴起了以讨论有关语言陈述的对象及其意义之间关系为主要内容的语义学探讨。

一、语义学兴起的背景

当我们回顾 20 世纪西方哲学的发展历程时,我们或许会说,这一时期的哲学发展确实经历了一场"康德式的革命"。自波尔查诺、弗雷格开始,并经希尔伯特、罗素、维特根斯坦,以及维也纳学派的石里克和卡尔纳普等逻辑经验主义者的努力推动,哲学领域内的研究显现出一种新的动向,这就是:现代数理逻辑的发展成果被日益广泛地应用于对语句结构的科学分析上,从而在陈述尤其是数学陈述逻辑必然性问题的探讨上形成了一种富有成效的研究方法,即强调把逻辑的必然性根源定位在对语句的语义分析上。之所以这样,原因在于语言表达拥有特定的语义色彩。所谓语义色彩,在这里着重是指对逻辑形式系统中的符号做出的定义和解释。把表述世界的语言符号在逻辑上进行分析的那种运动,使得哲学的研究对象明显地朝着语言学的领域挺进。G.博格曼把在哲学领域中出现的这种景象概括为哲学的"语言学转向"。

从本质上看,哲学的"语言学转向"就是把哲学的论题集中在语言上,通过分析语言本质、形式、意义及功用的语言学研究来揭示和解决哲学问题。语言问题成了解决哲学问题的基础。就像伽达默尔描述的那样:"语言问题处于本世纪哲学的中心地位。"② 当然,这种情形的发生并非偶然。实际上,从某种意义上讲,

---

① Coffa A. 1991. The Semantic Tradition From Kant to Karnap. Cambridge:Cambridge University Press:i.
② 洪汉鼎. 2010. 当代西方哲学两大思潮. 北京:商务印书馆:2.

自苏格拉底以来，哲学家都在努力把握他们所用的语言，总是或多或少地把哲学思考和他们所使用的为数不多的某些字眼和概念的意义确定相联系，甚至还将整个哲学活动放在概念产生的过程中。因为，在哲学活动中，我们常常会提出各种各样的思想观念，而对这些思想观念的形成及表述是需要诉诸语言的。当思想混乱，出现争论时，就要对思想进行分析。但一种卓有成效的研究不能在思想内部来进行，而只能超越思想，走向语言——从表达思想的语言上去反思，因为离开思想的表达就不好阐明思想是什么。这就是达米特描述的，"对思想的描述是通过对语言的一种哲学描述而得到的"，并且，"对思想的全面描述只有通过这一方式才可得到"[①]。同时，语言作为承载信息、实现交流的工具，对人类思想、情感的表达，以及在信息传递和功能发挥上都起着重要的作用。可以说，语言成了我们日常实践中把握世界的一种重要形式。这样，主张通过对表达思想的语言进行分析或通过研究恰当地表达思想的语言是怎么回事来实现对世界的有所探讨的要求似乎就成为可能。"在某种程度上，我们将语言问题获有中心地位，归功于对实践的生活世界的重新认识。这种认识，一方面发生在现象学研究中，另一方面也发生在英语国家的实用主义思想传统中。随着语言因其坚定不移地属于人的生活世界而成了主题，看来就可以为有关整体的古老的形而上学问题提供一个新的基础了。"由于我们一开始就生活在语言这种中介中，并且这种中介展示了我们生活于其中的那种整体性，所以，当哲学越出每一个在科学上可对象化的对象领域，探讨它的严峻问题时，哲学就可以由语言来指导了。[②]

另外，近代以来的认识论问题仍没有得到最终的有效解决，这也是促使20世纪的哲学转向语言研究的一个重要因素。从哲学的发展史来看，哲学发展的一个重要目标就是对必然性及其基础的寻求。就这一点而言，我们可以将其本质看成是对一种知识的表达。那么应把知识的形成放在什么样的层面上呢？是经验层面还是理性层面？对此，理性主义和经验主义给出了不同的回答。就像罗素指出的那样，自毕达哥拉斯以来，哲学中就一直存在着两派对立的局面。一派的思想主要是在数学的启发下产生的，如柏拉图、斯宾诺莎和康德等人；另一派受经验科学的影响较深，如德谟克利特、亚里士多德及洛克以后的经验主义者。然而，不管是其中的哪一种，似乎都是片面的，从而有着特定的缺陷。这样，从一种能兼顾两者的视角来确定必然性——尤其是从语言结构所具有的逻辑性及语言交流的主体间性层面上来把握必然性就成为非常合理的一种选择。

---

① Dummett M. 1993. Origins of Analytical Philosophy. London: Duckworth: 4.
② 洪汉鼎. 2010. 当代西方哲学两大思潮. 北京：商务印书馆: 2.

哲学的"语言学转向"带来了一种分析哲学的景象。① 哈克曾在《20世纪分析哲学的兴起》一文中指出，20世纪是语言和逻辑的世纪，对这些论题的探讨任务由分析哲学来完成。究其实质，分析哲学这一术语通常用以指称20世纪初以来主要在英语国家进行的与语言分析有关的哲学研究。在这里，"与语言分析有关"是一个较为笼统的表述。这样的表述意味着分析哲学并没有提出为该学派所独享的特殊问题——它只是在"语言学转向"的框架中重新发现了一些具有相当普遍性的哲学问题。就像达芬·福尔斯达尔（Dagfinn Føllesdall）指出的那样，分析哲学与大陆哲学的各种流派，如现象学、新康德主义、新马克思主义不同，因为它不能通过诉诸具体的教条而被定义。所以当人们对分析哲学进行考察时，最引人注目的就是分析哲学的目标、观点和方法的多样性。然而，尽管在分析哲学家之间可能存在着倾向、理论和实践方面的分歧与差异，如在罗素的摹状词理论和维特根斯坦的语言游戏理论之间，卡尔纳普的逻辑句法和20世纪70年代发展起来的关于自然语言的形式语义学之间，维也纳小组的反形而上学论断和关于必然性、偶然性、可能世界、身心关系等争论之间，毫无共同之处。但它们仍由共同的信念结合在一起，即哲学的主题是人类的思想，处理哲学问题最重要的方法就是必须以它们在人类语言中的那种根基为出发点去看待它们。因为对语言的分析就是对通过它而得以交流的思想的彻底分析。达米特认为，对思想的一种哲学理解能够并且必须通过对语言的阐述来给出。这是他定义分析哲学时所依赖的观点。分析哲学的信徒们表示，不仅在哲学思考的预备阶段，而且在哲学思考进行的整个过程中都要确保语言这一作为完整地理解现实的工具的良好作用。甚至有些人相信，通过支持这一信念，他们真正继承了康德对人类知识的伟大限制——语言起着感知形式和知性范畴的作用。

分析流派的核心主张是哲学的任务并不是增加人类的知识总量，而是通过对语句的逻辑分析来阐明我们已得到的知识。在哲学领域，长久以来就有一批哲学家认为，正是语句及我们对语句的把握与理解使我们对哲学大失所望。因而只能在我们有能力将这些问题弄清楚后，事情才会明朗。在维特根斯坦看来，哲学的目的是使思想在逻辑上明晰。哲学不是理论——它的结果不是某些数量的哲学命题。哲学是活动——是使命题明晰的活动。这就决定了分析哲学是琐碎的。然而，这却是一个优点。因为人们想得到的知识是一些零碎的成果，而那些大型的、体系性的成果则是人们怀疑的。当然，分析哲学并不反对普遍理论，因为在理智的生活中，不应当仅仅满足于支离破碎的信息及理解。对此，福尔斯达尔做出了这样的表述：分析哲学是非常强地关涉到论证和确证的，它强调接受或拒绝一种哲

---

① 语言哲学并不完全等同于分析哲学。Dagfinn Føllesdall 分析了把分析哲学等同于语言哲学的缺陷。

学观点的理由。分析哲学是有关知识的哲学。就像罗素主张的那样，哲学应为世界及我们有关世界的知识所占有。在知识的表达和阐明上，分析哲学明显把经验主义和人类知识中的演绎部分结合起来，从而超越了理性主义和经验主义。与过去的经验主义相比，分析哲学的优越之处在于它主张一种客观中立的方法，以摆脱思想家的个人因素。因此，它强调知识的逻辑必然性，与数学相结合，发展了一种有力的逻辑技术，从而能够对某些问题做出明确的回答。罗素认为，逻辑分析给哲学提供了一种可靠的研究方法，就像数学给物理学提供了一种可靠的方法那样。在《意义的理论》一文中，赖尔把分析哲学家的活动和化学家的活动、侦探的活动和地图绘制者的活动进行了对照。在他看来，哲学活动应不同于化学家揭示物质最终构成的活动，也不同于侦探破案的活动，而是一种与地图绘制者类似的分析活动——必须以最大的精确度来描述概念的轮廓，精确地定义对概念开放的域和禁止的域。与化学家和侦探所面临的问题不同，哲学问题不可能确定地得以解决。对于哲学家来说，处理的方式显然不是早晨解决问题 A，中午公布答案，下午再去着手解决问题 B。因为哲学问题以各种不同的方式相互交织在一起，这些问题间的关系产生了逻辑问题，所以需要用逻辑来解决哲学问题。

  在分析哲学看来，分析方法是一种最适当的哲学方法，哲学家的首要任务就是进行语言分析或逻辑分析。这一点是众所周知的。因为，语言分析是一门值得关注的科学或技巧，它用具体的技术来处理离散性的问题，以使其有明确的结果。哲学是研究思想的，它被称为对我们思想的逻辑分析，这种分析在于把思想剖析成它的最终逻辑要素。[①] 思想完整性的常规标志则是使用技术语言或符号语言。这样，就要用标准的符号系统来改写语言陈述。具体来说，就是以现代数理逻辑为手段，着重从形式方面来分析有关日常语言和科学语言的命题，以求得出准确的逻辑结论来。自弗雷格以来，就一直存在着这方面的乐观认识。尤其是许多英国的哲学家曾认为，自己处在一种精确的形式化哲学即将取代老式的、含混不清的形而上学的边界上。这种新哲学的核心主张就是把一切模糊不清、难于理解的概念从哲学术语中排除掉，以建构一种除变幻莫测的日常话语以外的在逻辑上完美无缺的语言。所以，这种用逻辑的标准来改写语言的操作常常又被称为"句法矫正"。它的功用可看做是语言意义的揭示者，就像摄影术意义上的显影剂或化学意义上的试剂那样，以显示潜在的、平时看不见的东西。毕竟，这种矫正是我们用来检验我们的直觉真理和精神构造物最强有力的工具。同时，分析意义、阐明意义，有助于哲学问题的解决。因为分析意义的哲学活动并不是提出新的哲学命题，

---

  ① Waismann F. 1968. How I see philosophy. // R. Harre. How I see Philosophy. New York: St. Martin's Press: 1-38.

而是要消除哲学问题。这样,逻辑改写的方法一旦将各种哲学问题都从日常语言转换成纯形式化的逻辑语言后,对各种哲学问题的解决方案就自然而然地形成了。正像实证主义所强调的那样,如果语言的意义得到清楚小心的界定,语义偏移情况就会得到有效控制,就不会让我们陷入所谓形而上学的讨论而影响我们对真理的一心一意的追求。哲学问题之所以长期不能解决,不是因为它们相当复杂,难以解决,而是因为通过对它们的意义的分析可以看出它们根本就不是问题。于是,哲学上的争议就得以平息。

逻辑的解决办法是分析哲学的一个基本成果。所以,可以把现代逻辑的发展作为研究分析哲学的一条线索。毕竟,现代逻辑及其变化形式已成为分析哲学所经历的各种发展和变化的一种镜像。也许今天人们不再认为逻辑研究能够提供解决哲学问题的办法,然而逻辑研究在哲学问题的解决上依然是必需的。因为,正是随着逻辑的发展,我们加深了对语言功能的认识,才有了其他的分析方法,如语义分析的方法等。语义分析是哲学"语言学转向"的一个直接结果。经过这一转向,哲学研究的主题就被转换成对语言与世界关系的探讨及对语言意义的探讨,对这些探讨的最佳表述就是语义论题。由于能对语义学论题所涉及的语言及其对象之间的那种关系给予最好体现的中介就是陈述的意义或者陈述的真值,所以,语义学的研究就常被看成是对语义和真值的研究:研究语言的意义是什么,意义如何形成及意义和真值有什么样的关系。或者概括地讲,就是研究语言表达如何可能的问题。所以,关注意义问题的求解探索,试图在意义的本质及其形成上给出一种原则或纲领来,就成为当前哲学研究的主要任务。戴维斯指出,"在语言哲学中,语言意义的研究是主要的"[1]。对此,达米特也给出了这样的概括,"哲学的第一任务就是分析意义,因为随着这种分析的深入,它更多地依赖于对意义的正确说明,表述理解的形式是什么,寻求该形式的意义理论就构成了全部哲学的基础"[2]。在这里,哲学的任务被看成是阐明语言的本质从而给一种充分的意义理论形成铺平道路。概括地讲,由于语言学的转向,在哲学上就开始了以解释"意义"为主要任务的语义学研究,这已成为当代语言哲学研究的重要组成部分。许多研究者都对这一问题进行了探讨,正是在他们的共同努力下,最终促成了语义学研究的兴起。

就"语义学"(semantics)这个概念而言,它最早出现于法国语言家布雷尔1883年的一篇论文中。他将语义学看做是语言研究的一个重要分支,认为语义学

---

[1] Davies M. 2006. Foundational Issues in the Philosophy of Language. // Devittm M, Hanley R. The Blackwell Guide to the Philosophy of Language. Oxford: Blackwell Publishing Ltd: 19.

[2] Dummett M. 1981. Frege: Philosophy of Language. London: Duckworth: 669.

着重探讨词汇方面的问题。后来,又有许多学者对语义学的内涵给出了不同的理解和规定:布拉霍夫斯基认为,"语义学是研究词语和表达式的意义及其意义的变化";而维托尔德·多罗采夫斯基提出,"语义学是研究语词意义的科学";约翰·里昂斯则非常概括地认识到,"语义学就是对意义的研究"[①]。语义学对意义的研究使得它与其他学科的研究息息相关。因为意义是一个非常综合的概念,它不但属于语言学,还涉及哲学、心理学、人类学、历史学、社会学、心理学、逻辑学、数理科学、翻译学等学科。单从对意义的理解和定义看,哲学家、逻辑学家、心理学家、人类学家、语言学家就有几十种论述。因此,可以说,语义学是多门学科的一个汇合处。

语义学的发展存在三种趋势。①语言学层次的语义学。这种语义学主要研究各种自然语言单位的意义及其相互关系,探讨在一种语言中具体表达的意义及它们如何组合在一起构成了更大表达的意义。例如,"琼斯希望天使存在"的意义是如何与"天使存在"的意义相关联的。因此,可以把这种语义学的核心概括成"如何形成意义"的问题。②逻辑学的语义学。它着重对逻辑形式系统中符号解释进行研究,或者说对语词和语句的逻辑关系在意义上如何确定给予分析。这种形态的语义学强调,语义学不是经验科学,而是分析科学。前期维也纳学派对科学语言的逻辑分析就可被合理地理解为逻辑的语义分析。逻辑语义学的发展是与语义学研究的纵深化密切相关的。例如,二值逻辑和直觉主义逻辑的语义学形态就明显地表明了这一点。③形而上学的语义学。它通过对"指谓"、"含义"、"真值"、"满足性"等基本的语义学概念,以及一个人给予他的话语和思想以含义是怎么回事进行分析,以此来研究意义的本质。当前,这种语义学已成为语言哲学中的主要研究内容,因而也常常被称为哲学语义学。

就语言哲学中的语义学研究而言,其观点与理论建构不断表现出多样化的特征。比如真值条件的语义学理论、实证主义的语义学理论、直觉主义语义学理论以及因果指称的语义学理论等都是这方面的具体表现。除此之外,还有语义整体论及探讨意义是否能独立于一个思想的环境而被表明的理论、以进化形式解释意义的目的论理论及把意义解释成一个人的思想状态并由这些状态所挑出的世界上的现象之间的共变关系的理论等。这些研究不仅仅是语言层面的问题,实际上也反映着人类的理解与认知等,对这些问题的思考与回答,体现着不同的语言观和世界观。尽管语义学研究的上述理论在研究上都有其侧重点,但毫无疑问,它们都给不同层面语义学问题的解决做出了重要贡献,使得哲学的语义学理论在最近

---

① Lyons J. 1981. Language and Linguistics, An Introduction. Cambridge: Cambridge University Press: 136.

二三十年间得到了蓬勃发展。

哲学语义学把表述世界的语言、符号的语义本质作为研究的对象,强调语义分析的方法探讨。这种语义学探究的重要特征就在于研究对象的普遍性及研究方法的横断性。正是这样的特征决定了人们认可这种语义学的研究是合理的。就哲学语义学来看,它有两种含义。一种是弗雷格式的,认为语义学就是对语词的意义如何决定了它们所组成的语句意义的系统研究。另一种是莫里斯(C. Morris)提出的,认为语义学是研究语言和其表达对象、符号与它可适用对象之间关系的一门学问。"意义"是语言表达所意谓的东西,它表明了语言对对象的承载与包容,同时也体现了言语者或话语表达者所意欲表达的东西。在意义的阐明上,莫里斯曾试图把指号与人的旨趣这两方面的研究结合起来。在《意谓和意旨》一书中,意谓被看成是指号所指的东西,而意旨则是所指者的旨趣,两者相结合构成了意义。人的行为既有意谓,即有所指向的一面;又有意旨,即有所偏好的一面。可以看出,对研究语言和其对象之间关系的哲学语义学予以关注的哲学家的兴趣主要表现在认识论的层面上。莫里斯的语义学观点表明了意义问题的哲学依据,因为它把语义学看成是研究表达和其所表述对象之间的关系,尤其是符号与符号所指客体之间的关系及符号在各种指代关系中的意义。

语义学的论题表现了自身的重要性,因为"指谓"作为接近意义这一信息领域的重要形式,能用语言学的相关工具对其进行很好的解释。在这一点上,经验语言学家的研究一般侧重于对语言事实的分析和归纳,但这也不可避免地展开了对意义的哲学考察。分析哲学家所涉及的主要就是这些问题,尽管他们探讨的主要是有关认识论、真理论等方面的问题,可他们探讨这些问题的立足点是追问意义的本质。由于对意义的科学研究被看成是语义学的核心任务,所以,总体来说,凡是涉及语词意义和语句意义问题的研究都可被概括到语义学的范畴之下。这样,我们就可以清晰地看到这一事实,即 20 世纪以来,在"语言学转向"这一背景下进行的有关"意义"的哲学研究,始终体现着语义分析的传统,这一点是任何人也无法否认的。

二、语义学兴起的表现

综上所述,对意义问题的哲学讨论所带来的一个直接结果就是使哲学语义学的研究得以兴起。首先,出现了像弗雷格、罗素、维特根斯坦、塔尔斯基等一批具有重大影响力的代表性人物,并进而形成了语义学研究上的不同景象;其次,提出了有关这方面的系统观点和论题,使得哲学上的语义学研究成为一个独立的领域。

在哲学语义学的研究上,弗雷格做出了重要的贡献。按照达米特的理解,弗雷格可以被认为"是提出语义学理论的第一人"①。弗雷格之所以被这样评价，有三个方面的原因。首先，与当时流行的看重事物、事实、世界意义的现象学所不同的是，弗雷格看重的不是事物的意义，而是语言的意义，即语词、语句的意义。哲学上的争论是因为语言出了问题，这种争论是词语的争论而不是实在的争论，为此有必要改写语言，消除哲学上的争议。正是弗雷格才使哲学的正确目标得以确立。② 分析哲学从而成为后弗雷格哲学。这一方面表明了弗雷格对语义形式方面的历史贡献；另一方面表明了语义论题自形成以来，都与弗雷格流传下来的现代逻辑有关。其次，他引入了含义（意义、内涵）、指称、真值等有关哲学语义学的概念，初步形成了哲学语义学研究的概念基础。再次，他通过"专名"这个例子，表明了含义和指称之间的关联与区分，规定了哲学语义学研究的核心内容和基本框架。最后，他提出了语境原则，表明单个语词的意义无法确定，而只能在一个句子的语境下才有意义，因为单个的词汇或只言片语无法表达复杂的含义。这样，要使陈述的意义得到充分的表达，就需要借助特定的语境。对语境原则的强调，使弗雷格提出了哲学语义学研究上的一个基本方法。

客观地讲，弗雷格在语义学上的研究始于"我们是如何得到数的"这一问题。对这个问题的回答可通过不同的方式来进行。比如，可以像柏拉图主义那样承诺数的本体论地位，认为数虽然不像现实世界中的实物那样存在，但在理念世界中却具有实在性，从而给出一种康德式的回答——通过描述我们是如何具有了数的思想来对数加以把握。而弗雷格依赖语境原则给出了这样的回答，即看我们如何确定含有数词的语句的含义。因此，弗雷格在语义学研究上提出的语境原则是一种研究语言而非研究思想的模式。他的语义学思想最终导致一个基本结论就是从句子来探讨意义形成的逻辑体系，认为句子或者陈述能够根据它的语法被构造出来。③ 一般来讲，当句子有相同的真值时，整个句子就可以被转换；当单称词指称同一个对象时，单称词就可以被转换；当谓词是相同东西的真时，谓词就可以被转换，从而给出了语言表达如何可能的解答。

弗雷格以后，罗素、维特根斯坦在语言哲学的研究上做出了重要贡献。罗素对哲学的兴趣源于他想对"数"和"数学"做出一种令人满意的描述来。在这方面，他的具体想法如下。首先，他要求确认，数学中不可定义的、绝对基本的实体是什么，有哪些数学命题是最基本的、无法证明的。在他看来，那些貌似关于

---

① Dummett M. 1993. The Seas of Language. Oxford：Oxford University Press：130.
② Dummett M. 1978. Truth and Other Enigmas. London：Duckworth：485.
③ Devitt M，Sterelny K. 1999. Language and Reality：an Introduction to the Philosophy of Language. Cambridge，Mass：MIT Press：152.

"数"的命题,其实只是在语法上是关于"数"的而已。因此,这样的命题,在逻辑上可从更基本的命题推导出来。于是,在"数"的描述上,就可以用逻辑概念来进行。罗素认为,这样的方法适用于整个哲学。1910年前后,他试图把在数学领域尝试过的方法运用到认识论上:在我们对于永恒的物理世界的知识中,确认绝对基本的、不可定义的实体,确认最基本的、无法证明的命题。基于此,罗素提出了这样的观点:命题是事实的记录,语言是世界的记录。这样,整个语言或语句的意义就被看成在结构上与实在相对应,语词的意义也被看成同实在的个体相对应。例如,他的原子论哲学,就主张逻辑上的原子陈述,对应于不可再分的原子事实。罗素的这一观点其实是把事物关系还原为语言关系,从而通过研究语言来获得对世界的研究。毕竟,事实和语言间的描述关系包括两个方面。①语句的形式对应于或代表事实的形式或结构。这里的语句形式与其说是语法形式,毋宁说是一种逻辑形式。②语句的内容对应于或代表事实的构成要素。事实或命题的内容并非必然是通常的名词、代词或通常认为的它们的实际关联物,而是某种更基本的东西。维特根斯坦继承了弗雷格和罗素的观点,认为逻辑和数学本质上都是语言的。在语义问题的基本看法上,前期维特根斯坦坚持"语言是世界的图像"和"语言是世界的界限"观点,语言的意义就在于它给世界提出的那种表述和解释。在这里,他提到了命题的意义条件和真值条件。所谓意义条件就是命题是事态的逻辑图像,即命题和事态间具有一种形式结构的统一性。真值条件就是命题成真或假的条件,即看它所描述的事态是否存在,如果事态存在,命题就是真的,否则就是假的。为了知道图像的真假,我们必须把它和实在作比较。只有作为实在的图像,命题才有真假值,为了能说明命题是真的或假的,我们必须确定在什么情况下我们说它为真或为假。这就是说,我们必须确定该命题的意义。而后期则认为,"意义在于使用",一个表达的意义依赖于它的用法。因而这种意义观点又被称为"概念或功能作用的语义学"。认为每个词——w的意义,由它的"基本接受性属性"——即w这一事实造成,w的全部使用源于对包括它的阐明句的接受。这一提议的唯一优点是我们有一种可能的模式,即指称,与其他的因素一起解释了一个词的全面使用。例如,如果我们用"猫"这个词去指称狗而不是猫,它就会有一种不同的意义。把语言的意义看成是由理解和思维所赋予的——这其实是针对自然语言研究的一种表述。在后期维特根斯坦这一观点的影响下,语言实际使用的分析方法得到了兴起。从而形成了从语言意义的现象层面来给"意义"的本质进行解释的现象学描述。

依照达米特的理解,在语言与对象之间的关系上,弗雷格和罗素使用了"语义值"这一概念,从而使语言与对象得以连接起来。在他们那里,"语义值"是一种指谓,也是对指谓的表述。它集中表现在那些与它相对应的实体或应用条件上。

后来，这一观点在维特根斯坦的《逻辑哲学论》那里得到了发展，强调语言中的每个表达都指称着一个具体的实体。这一观点在语言哲学上产生了重要影响。最明显的表现是，在语义学的研究上，很多人都受到了这种观点的影响。他们依据意义具有的那种表述性，把自己的主要目标看成是对语句的真值条件给出系统的解释，并把这样的相关现象解释为谓词的正确应用条件和各种名词的指示以及指称条件。这样，真值条件和指称就成为语义学观点的恰当主题。比如，"在锡拉库扎有很多小帆船"这一语句的意义就可以通过刻画事物如何必须这样来得以阐述。基于这一点，达米特认为在弗雷格那里形成了一种实在论的语义理论。

尽管可以把弗雷格、罗素、维特根斯坦等在意义问题上的哲学探讨归属到哲学语义学的研究之下，但在他们这里，还没有实现哲学语义学理论的真正成熟。笔者认为，哲学语义学的真正成熟始于塔尔斯基及哲学上的逻辑经验主义运动。其原因在于，这一阵营把意义的谈论确定为自身研究的主要论题，并围绕这一点给出了审视意义的基本原则。而且，塔尔斯基和作为逻辑经验主义运动代表的克维斯特科（Leon Chwistek）、卡尔纳普等还曾多次使用过"语义学"这个术语。这一点是非常重要的，因为对语义学概念的使用，为语义学的内容陈述提供了可能。在对真值的探讨和解释上，塔尔斯基受弗雷格、罗素的那种指称论语义学思想的影响，想给真寻求一个实质上、恰当、形式上的正确的定义，以此来给所有可以断定为真的句子提供一个恰当的标准。塔尔斯基的真之定义是语义学的，因为这个定义是从形式上给出的，体现了语义学定义的特征。它把真之问题归结为语言的表达形式问题，而与语言之外存在的事物无关。[①] 就语义学方面的研究而言，塔尔斯基的这一定义，客观地提出了一种基于真值的语义学观点。根据这一观点，对语义概念的完满解释能够依据真值来进行。

塔尔斯基把他所提出的这种基于真值的语义学观点称为"科学的语义学"（scientific semantics）。1935年，在巴黎召开的"国际科学哲学大会"上，他首先使用了这个术语。后来，他又提出了"科学的语义学的原则"（the principle of scientific semantics）这一表述。从而在哲学上确立了"科学的语义学"这一术语，进一步为这方面的探讨提供了可能。客观地讲，笔者认为，塔尔斯基这里所谓的"科学的语义学"，主要是指一种研究有关真值问题的语义学，即在什么样的条件下语义学的语言对给定体系真值的充分定义的构造是足够丰富的。在他看来，语义学是有关那些概念，即能表述语言中的表达及其所指称的对象与事态之间特定关系的总体看法。在这里，最基本的语义概念就是"定义"、"满足"、"指代"

---

① 塔尔斯基．1988．真理的语义学概念和语义学的基础．//涂纪亮．语言哲学名著选辑．北京：生活·读书·新知三联书店．

等。比如，方程"$x^2=2$"定义了 2 这个数的平方根是什么；"雪"满足了"是白的"这一条件；"中国改革开放的总设计师"指代了邓小平。这样，我们就掌握了引入语义概念的重要形式。从这些形式上看，"科学的语义学"其实反映了一种关系型的语义内涵，能充分、合理地涵盖和刻画这种关系的恰当概念就是"真值"。在塔尔斯基看来，一个语句的真值就是该语句"和实际相一致"。他从语义学的情形上对真值的这种属性进行了表述，表明了这种语义学的实质就是关注对象和符号之间的关联性与一致性。塔尔斯基的这一认识既是对语义学的实质性规定，也是确定其科学性的前提。

塔尔斯基对科学的语义学建构做出了重要贡献。首先，在他的那种语义学中，最重要的观点就是通过我们判断语句的真来给语句的真做出一种归纳定义。在真值问题的阐述上，塔尔斯基通过把语言区分为对象语言和元语言，提出了元语言与对象语言之间的意义差距，并用元语言来定义对象语言的语义概念，在对真值的具体问题解决上做出了贡献。其次，在给自然语言提供语义学理论这一点上，塔尔斯基的积极作用也是相当突出的。具体表现是，他不但向我们表明了如何形成各种语言的公理化的真值理论，同时也证明了这样的理论是连贯的。他指出，可以做到像哥德尔表明的——能在算术中研究句法那样，通过把科学的语义学作为一种具有类似于句法体系那种逻辑结构的演绎科学，我们就能在集合理论中研究语义学。再次，尽管他承认语义学具有的演绎属性，但他还强调了语义学理论的经验方面，认为科学的语义学其实是一种方法，可以把它当做一种经验科学的方法来用。最后，塔尔斯基给真值的语义定义，客观上促成了一种恰当、合理的语义理论形成，这就是真值条件的语义理论。按照这种理论，我们凭借语句的真值条件而获得其语义。现实中的许多语言探讨——尤其是对陈述句的探讨都向我们表明，要把握一个语句的语义，就应了解和掌握与它的描述相对应的情形，即通晓使它为真或为假的那种事态和状况。尽管目前在这种语义观点上存在着一些争议，但它的科学性、合理性还是被人们认可的。因此，塔尔斯基的观点比较体系地阐明了科学的语义学的基本要素、形态、特征以及功能，这为后来的语义学研究指明了方向。

塔尔斯基对真值进行定义的这种语义形式作为一种方法首先受到了卡尔纳普的欢迎。在卡尔纳普看来，引入其他语义概念的起点就是"真"这个概念。对"真"这个问题，卡尔纳普作了逻辑真和事实真的区分，认为逻辑和数学中的知识是在逻辑上为真的，经验基础上的知识则是在事实上为真的。尽管逻辑和数学没有陈述事实世界中的任何东西，但它们对任何可能的事实都是有效的，是依然成真的。在语义学的论述上，卡尔纳普指出，意义问题与证实问题是认识论中的两个主要论题。意义问题关注语句的意义条件，它所指的是认识的或事实的意义。而证实问题则表明我们如何知道一些情形及如何发现一个给定的语句是真的还是假的。从某种意义上看,这两个问题的答案是相同的。也就是说,如果我们知道什么使得一个语句被发现为真时,那我们也就知道它的意义是什么了。于是,就形成了"意义在于证实"这一口号。由于真值常常被看做是连接语言与其所表述对象的中介,这样,在相同的条件下,如果两个语句都为真,那么它们就有同样的意义,所以,一个语句的意义和决定它的真假方式是一致的。同时,只有在这样的一种决定可能时,语句才会有意义。反过来讲,如果没有确定一个句子真假的方法,那么它就是无意义的。威金斯(Wiggins)认为,在意义问题上,每个人都必须接受这一看法,即任何令人满意的意义理论都意味着:知道一个表达性语句 s 的含义就是知道当且仅当 s 为真时的条件 p(p 是指派给 s 真值的条件)。斯特劳森对语句意义这一问题的看法则显得有些间接。他认为,知道一个陈述性语句的意义就是知道在什么样的条件下某个人使用它将给出一个正确的陈述来。这就表明,对意义的解释就成为表明陈述被正确使用的那种条件是怎么回事。

　　塔尔斯基和卡尔纳普等提出的基于真值的语义学,给有关语义学的研究做出了这样的规定,即语义学的探究就是围绕真值而对语句的意义形成进行一种逻辑形式的研究。在逻辑实证主义那里,甚至哲学的唯一任务都被看成是对人工语言进行语义分析。像维也纳学派,认为不精确的日常语言容易引起混乱,因而提出用逻辑符号来建构一种理想语言,并按经验主义的观点来阐述其语义。在这方面,卡尔纳普曾试图使科学语言的规则更加严密和系统化。这一点主要表现在他对语言形式规则和语义系统规则这两个方面的认识上。其中,前者是指逻辑句法,后者指语言成真条件。在语言形式规则方面,卡尔纳普区分了"对象语言"和"元语言"。其中的对象语言是指研究对象的语言,即通常人们使用的语言;元语言是指表述对象语言的理论,即关于语言本身的讨论,也就是元逻辑。他认为,研究逻辑句法就是要使元语言精确起来,为元逻辑构造一个精确的概念系统,从而使哲学表述更清楚。卡尔纳普提出两种逻辑句法规则:形成规则和变形规则。前者规定什么样的语句是适当的,后者是逻辑推理规则。按照这两个规则构造出的语言,可以精确地完成知识的逻辑建构。在使用这两个规则时,人们可以在规则范围内自由选择不同的表达方式,从而以多样的逻辑和语言表达出相同的意思。在语义系统方面,卡尔纳普提出了两种语义研究,即描述语义学和纯粹语义学。描述语义学是对一切历史地形成的语言进行语义的描述和分析,是对语义事实的描述,因而是特殊的描述,属于经验科学;纯粹语义学则是撇开事实内容对语义系统本身的构造和分析,是对语义的普遍性的研究。这两种语义学的规则组成了语义系统。语义系统决定着我们使用的语言的语句是否为真,决定着语句的意义。逻辑经验主义对人工语言的研究,不但深化了自然语言的研究领域,而且开创了形式语义学的新纪元。人们普遍地开始对一种科学的语义学形态到底是什么样子进行了不同的阐述。这其中最为突出的就是乔姆斯基，他使用数理逻辑的方法，提出了转换生成语法的语义学理论，对自然语言的句法给出了体系性的解释。按照这种解释，说某种语言的任何人都掌握着一种明确的语句结构规则。其中的语义部分能对句法所生成的语句进行语义解释。这种语义学观点推动了形式语义学的发展，使得越来越多的学者对哲学语义学产生了兴趣。从某种意义上讲，用逻辑的方法使语义研究形式化已成为乔姆斯基以后语义学研究的一个重要特征。自20世纪50年代中期以来，形式语义学这一趋势在可能世界语义学那里得到了回应。后来，它在日常学派那里被延伸到了对自然语言的研究上，从而使语义分析的形式化经由可能世界演变为一种自然化的形态。以至于到20世纪后期，"语义学已经从句法理论的边缘地位转变成语言学研究中的核心"[①]。

大卫·刘易斯（Lewis）、蒙塔古（Montague）和克里普克等在语义学的研究上，提出了把语句具有真值时需求的要素看做说明其意义的重要形式这一主张。他们在不同程度上指出，通过使用或模仿"可能世界"的概念，一个陈述的意义就由它所排除的或许可的那种可能性来给出。因此，可将他们的语义学观点称为"可能世界"的真值条件语义学。

刘易斯一直从事有关语义学正确方法的研究与讨论。他的"普通语义学"理论其实就是探讨在语言把意义指派给一系列记号或声音时，是什么构成了这样的指派。在他看来，这种指派一定是某种让我们判断一个语句为真或假的东西。另外，他还对那种主张不提及真值条件的意义理论给予了批判。他在关于意义本质上的观点，并没有遵从那些把语义解释看成是指派给语句以及它们语义标记（semantic markers）的组合成分以语义值的语言学家的期望。在这里，语义标记就是符号，人工语言中的词汇就是语义构成者。通过它们而给出的语义解释就等于把运算法则从对象语言翻译成附属的语言标记。尽管我们在不知道有关英语语句的情况下也可以知道一个英语语句的标记翻译，即那种在其之下它将为真的条件，但刘易斯指出，不涉及这一点的语义学就不是真正的语义学。成为标记（marker）的翻译充其量只是真正语义学的一种替代，它依赖于我们作为标记的言语者的隐含能力或依赖于我们处理至少是标记那种语言的真正语义学的能力。

蒙塔古作为一种新语义学的倡导者，提出了一个发展自然语言规范的语义理论模型。在这一模型中，对自然语言语句的理论解释，是通过与生成其结构表征的句法操作严格一致的规则来进行的。在语义学的分析上，他提出了这样的想法，即我们是否能够在不诉诸弗雷格的含义和指称之间那种区分的情况下，就可以构

[①] Lappin S. 1996. The Handbook of Contemporary Semantic Theory. Oxford: Blackwell: 3.

造一种令人满意的语义学观点。根据这一思路,他把"可能世界"作为一种技术手段,以此来承诺一种本体论。同时,在对自然语言的形式化问题上,蒙塔古还对乔姆斯基的做法提出了批评,认为他没有认识到"语义学的基本目的在于构造真值理论"。

克里普克把"可能世界"概念引进了语义学的探讨,并进而促成了一种独特的克里普克语义学的出现。这种语义学是模态逻辑系统的形式语义学,它使得逻辑学家对模态推理进行体系化,从而构造一种被很好定义的模态逻辑。从一种技巧的层面上看,这种语义学观点体现了一种重要的进步。它涉及以可能世界的形式来定义真值条件,以此来告诉我们一些有关意义的内容。从本质上看,可能世界在这里其实是一种模型,它由一组实体和一个被称为赋值的函数构成。具体地讲,克里普克的语义观点是围绕专名提出和展开的,其结果是建立了专名的指称理论、因果历史理论。在他看来,专名没有意义,只有所指,专名的语义理论只能是指称理论,其核心就是如何确定专名。克里普克强调,决定专名指称的是一条传递名字的交际链,这种链条既是一条因果链条,也是一条历史链条。在一个社会团体中,人们首先对某一事物进行初始命名,然后一环一环地传下去,所形成的因果-历史环链使该社团的成员都接受这一名称,并始终让它指称当初所命名的那个事物。

然而,正如上面提到的那样,以上的语义学观点都是用形式逻辑的技巧来阐明自然语言语句的意义,因而属于形式语义学的观点。尽管一种形式语言的表达有着清晰的语义学:这些表达的句法形式与那些使得它们为真的情形之间的关系得到了很好的理解。但形式语义学观点自身存在着明显的不足,因为这种语义学的最大特征就在于对语义内容的形式刻画,单从形式上把语言表述的成真条件看做它的意义表达,因而是一种紧缩主义的语义观。从本质上看,这种语义学是一种外延论的语义学观点,强调语义学的研究只在能对语言的意义做出一种纯外延论的说明下才成立。这样的说明因现实中大量的自然语言的明显非外延语境形式而遇到了严重的挑战。试图把形式语义学这种简单的模型扩展到非外延的情形下,常被看做需要弥补过度的本体论重担,它使哲学家去坚持那些似乎和在我们接受其他的认知观点来构想世界的不同形而上学观点。从根本上说,这就划分了观念上赞同本体论简洁性的哲学家和不怕重返包罗万象的本体论哲学家。在这里,对形而上学障碍的克服是对真值条件语义学提出的最基本挑战。加之持有自然主义倾向的哲学家认为,语义学应被还原为经验上的认知科学,从而出现了像戴维斯称做的"认知的科学主义",更加表明了形式语义学的不足。自 20 世纪 70 年代以来,认知语义学的发展对外延论的形式语义学的一些根本原则提出了质疑。比如,对形式语义学规定的意义确定性问题进行了质疑。这种语义学认为,虽然系统的形式运算在以一种精确的公式分析意义是什么的问题上取得了巨大的胜利，但形式语义学并没有给人以足够的重视，尤其没有考虑到人的理解因素及至关重要的心智系统。毕竟，在考虑意义时，一个似乎能够打动所有人的观点就是把一个表达的意义看成与我们将识别这个表达是否应用于某种东西的方式密切相关。于是，整个语言哲学所抱有的那种自我形象在最近的 20 年里开始变得令人讨厌，而研究的重心也转向了心灵哲学。

在有关意义的研究上，认知语义学已成为当代的重要观点和主要趋向，越来越受到人们的重视。就这种语义学对语言中意义的系统理论化而言，它总能促进一种哲学上的兴趣。除了作为一种具有令人感兴趣的基本问题的科学研究外，它让哲学家感兴趣的原因还在于，他们对意义的本质及对特定类型语言意义的兴趣。毕竟，语言的意义充当了表现哲学上有趣概念及思想的主要形式。因此，对它们的理解和把握就只能通过对其意义的形成分析来得以实现。在哲学的"语言学转向"发生以后，对人类思想、思维的把握可通过对语言的语义分析来实现，这一观点受到了语言哲学家的普遍关注，从而形成了对思想的哲学解释通过对语言的哲学解释来实现的看法。这一认识具有广泛的方法论启示，最为基本的一点是，这一研究是非常综合的，能成为各种争议性思潮及研究的汇合处，很多问题的解决都得依赖这样的平台，以至于利奇概括说，"语义学出现在对人类进行研究的焦点上"，哲学、心理学、语言学及具体的自然科学都对语义学的研究持有浓厚的兴趣。所以，当前有关语义学的研究似乎已被看成"时代的标志"。①

哲学语义学的发展过程展现了多样的智力活动。因为，就哲学语义学的性质和对象而言，不同的学派和学者具有不同的看法。在推进这种语义学研究的进程中，不同的语义学观点和语义学看法之间出现了不同程度的争论与对峙，在语义分析方法和论证手段上表现了各自的灵活性与策略性。然而，另一方面，这些争论也不同程度地促进了它们彼此间的相互沟通与理解，从而在哲学语义学的一些重要话题上达成了共识。同时，很多学者也就语义学的相关性问题进行了探讨，从而使语义学拥有了自己独立的研究内容和研究主题，形成了一些科学的语义学理论和完善的方法论体系。

三、哲学语义学的相关性问题

哲学语义学是哲学家对自然语言的语义研究。它着重围绕着什么是意义这一难题展开。这一点使它具有横断性的特征。也就是说，语义学所研究的内容，决定了它必然与其他的特定论题相互交织在一起。当前，在语义问题的探讨上，普

---

① 伍谦光．1995．语义学导论．长沙：湖南教育出版社：1．

遍的看法认为，对陈述的语义进行一种完全的阐释应当包括对语句真值、指称以及正确使用的系统说明。因此，真值、逻辑、指称和意义就成为语义学的相关性问题。对这些问题的探讨，也在一定意义上印证了哲学语义学的兴起。

1. 语义学与逻辑

当代哲学语义学的产生与逻辑理论的发展密切相关。语义学的发展在很大程度上归功于逻辑学的进步，尤其是弗雷格、罗素、前期的维特根斯坦、塔尔斯基等在逻辑句法上的研究。这些研究提供了构造形式体系——符号上的抽象体系以及有严格定义的逻辑和结构关系集合的技巧。维特根斯坦和逻辑实证主义者们发现，这些技巧如此引人注目，以至于他们用特定的形式体系和逻辑体系来揭示所有科学语言的结构。在这一点上，乔姆斯基做出了重要贡献，给自然语言的句法以体系的解释。在他那里，一个人所拥有语言的句法被看成是在获得这种语言时，这种理论是被隐含地掌握的。当代的语义学家认为，乔姆斯基的这项研究非常有用，从而确立了他们自己的任务就在于揭示那种部分的是先天的、在认知上真实的理论。

语义学的形成，需要特定的逻辑基础。逻辑分析即对语言的形式阐明，以试图把必然性的根源定位在语言的使用上。① 强调对语言进行严格逻辑分析的哲学家认为，所有适合于严格科学的语言都必须拥有它的形式根基。自逻辑实证主义以来，这种分析在理论和方法论方面所具有的价值越来越广泛地受到人们的认可。一种很少具有极端性同时又有持久性的观点认为，自然语言的很多方面都非常适当地由逻辑学家提出的或者在表达上被想出来的揭示语言的体系结构来给予模型化。在自然语言上，一个客观的事实就是，自然语言在无限多的语句中具有不同的意义。对自然语言的任何可接受的语义解释将表明它的意义系统地依赖于它的可重复以及可重组特征。能够这样做的方式，表明了自然语言的语义结构是多产的——它能从相对少的词汇中产生大量的语句，并决定了复杂表达的意义如何从简单表达的意义中产生出来。这样的策略可能应用了在更复杂的语句意义产生中指派给简单表达意义的语义值概念。就一个表达而言，语义值概念所表述的是对确定该表达作为其中一部分的复杂语句为真或假时所做的贡献。按照这些解释，给语言表达意义的组合性来源提供答案的那种结构，因为有关意义本质的假设，从而就被称为表达的逻辑形式。因此，意义的研究离不开逻辑学。因为围绕意义这类形而上学问题而引发的争论充满了逻辑论证，基本上是技术性争论。即使这样的研究碰到了具有形而上学外表的问题，它依然是在语言层次上进行分析的，

---

① Coffa A. 1991. The Semantic Tradition from Kant to Carnap. Cambridge: Cambridge University Press: i.

并力图以逻辑范围内的手段来解决问题。能用比较清晰、详尽的逻辑形式来对自然语言给予刻画就表明了当代语义学研究的最新成就。可以说，在语义学的研究上出现了逻辑的形式化趋向。

逻辑的语义分析推进了语义学研究的进步。在语言哲学中，一个主要的问题就是从语句出发来探究逻辑真，这是现代逻辑分析的基本思路。因为，哪种逻辑形式正确以及给定的论证在逻辑上是否有效一定依赖于语句所包含的意义，要由语句的意义来断定。尽管一个语句的真值属性（逻辑判定）和其真值条件的应用（意义阐明）在逻辑关系上是独立的，就像逻辑上的"连贯性"和"蕴涵"那样，然而，对真值条件的解释是语义学探讨的一个重要目标，以解释语言表达中所存在的语义关系。这样的解释，并不排除把语义学建构在形式系统的研究上。相反，从某种程度上讲，就是把语义学和形式系统的研究结合在一起。因为，在具体的语义环境下，有关各种语句的逻辑结构问题常常能够得以合理的讨论。卡尔纳普给逻辑的语义分析以重要的地位，把它作为抛弃形而上学的一种必要手段。他认为"语言分析发展中的重要一步就是用意义和真值概念理论的语义学来补充语形学"[1]。这样一来，语义方法就使抽象实体存在的本体论问题转化成为使用抽象的语言形式问题。要抛弃形而上学，就要用纯粹的语法词项来定义像"真理"、"指称"、"意义"之类的表达式，从而体现了逻辑分析的语义色彩。塔尔斯基用数理逻辑的形式方法来解决语言的意义问题，以此来建立语言意义的逻辑理论。受塔尔斯基的影响，戴维森提出了这一看法，即有关意义的问题部分是逻辑形式的问题。因为和意义相关的语言上的约定包括了那些把语句的表面形式和它们的逻辑形式相关联的语法约定。就像维特根斯坦确信的那样，任何表达的逻辑必然性总是语言约定的直接表述。这样，以探讨有关语句意义为主要任务的语义学就在于探讨和揭示这个语句的逻辑形式，以表明其意义如何依赖于它的结构。除此之外，奎因强调，语句的意义与语词的意义取决于语言整体，这实质上体现了语句之间逻辑关系的重要性。因而，可以这样说，在语言哲学中，"语义学"这个词的使用常常就是逻辑学家在技术上的使用。詹姆斯·梅考雷（James McCawley）指出，"逻辑与语义分析的联结是必然的"[2]，因为对逻辑术语的语义探讨在逻辑真的表述中发挥着重要的作用。真值条件的语义学之所以有时能告诉我们有关意义方面内容的重要原因就在于此。真值条件的观点能告诉我们有关语句结构的逻辑成分的一些内容，在于它能说明这些成分对逻辑真值的语义确定。

---

[1] Schilpp P A. 1963. The Philosophy of Rudolf Carnap. The Library of Living Philosophers，Inc：60.
[2] McCawley J. 1981. Every Thing That Linguistics Have Always Wanted to Know about Logic. Chicago：University of Chicago Press：1.

当然，逻辑目标的实现也离不开语义学的发展。语义学的逻辑本质及语义表述的逻辑建构决定了这一点。一种规范的语义学其实就是包含着特定逻辑的语义学。不管对古典的实在论语义学还是对以证据和测量为基础的认知语义学而言，情形都是这样的。规范的语义学既与逻辑有关，又在一定的意义上超越了逻辑的形式约束，二者之间的合理张力构成了当代语义学发展的可能条件。首先，语义学包括真值理论和逻辑演绎理论。一般地，逻辑学家要想从一组语句的结构来识别另一组语句中的成员是真的，就可以通过关注特定的推理来进行。对陈述来说，哪种论证形式被接受为合理的，由对它们来说是恰当的从而被接受的真值概念来决定，因为真值是确定一种论证合理性的有效备选者和体现者。其次，语义学也包括有关对象和其表述、表述与其意义之间关系的指谓理论。近些年来，对逻辑分析感兴趣的哲学家开始意识到，对语言进行单纯的形式分析存在着一定的困难，而要摆脱这种困难，就要坚持除了在对语言的纯形式分析外，还需要具体分析语言的指谓和使用功能。也就是说，需要有关于意义方面的理论。因为意义也是分析逻辑真值的一个重要手段——意义有助于对正确的逻辑形式进行选择。例如，达米特就提出了通过意义问题来处理逻辑的想法。由于"真值"概念在语义上反映了语言陈述与现实世界的一致性，所以，在《形而上学的逻辑基础》一书中，达米特提出了这样的认识，形而上学问题是采用什么样的逻辑的问题，可以用意义理论去为某个逻辑辩护。这样，确认推理规则合理性的一个有效方法就是借助于以真值探讨核心的语义理论来进行。在这样的理论中，每个表达都被指派了一种语义值，并且需要对一个复杂表达的语义值如何建立在它的组成部分的语义值上进行解释。[①]语义学对逻辑的重要影响正是在这一意义上具体体现出来的——语义理论对语句表达内在结构的逻辑关系研究表明了语义学对逻辑研究的启示。

　　更进一步地讲，在语义学的研究上，除了要揭示一个陈述的简单真值条件外，语义理论还应进一步揭示它的形式内容。由于这种形式内容决定了哪种话语正确描述了什么样的可能情形，所以，就可以用陈述的重要概念来给出一些语义框架，从而在这种框架下使得对给定语言进行语义描述的任务就成为揭示支配一个表达具有语义值的逻辑原则。在卡尔纳普看来，塔尔斯基的语义研究取代了句法逻辑的某些论据和原理。这种方法对逻辑发展的意义无论怎样评估都不过分，尤其对科学哲学中的"意义"评述来说更为重要。当代大多数语义理论对语言中句子形式的体系性说明都是从它们的意义部分来进行的，因此，可以合理地认为，句子的结构和正确的语法与其语义有密切的关系。逻辑问题在语义层面上能很好地得

---

① Dummett M. 1995. The Logical Basis of Metaphicysics. London: Duckworth: 23-25.

以解决。比如,在语义蕴涵关系忠实地反映语法的对应物——推论关系的情形下,语义对逻辑推理系统的研究是非常有用的。可以说,语义学是在逻辑的每一分支中都具有重要作用的学科。艾伦·沃克·理德(Allen Walker Read)指出,逻辑和语义学有着特定的关联,并且两者通过一些交流还相互得到了益处。①

从形式上看,逻辑的处理反映的是我们识别一组语句蕴涵着另一个语句集合中的所有成员因那些语句的结构而成真的能力。在这样的体系下,一个语句中的主要算子表明了其他语句能从那个语句中推导出来,从而可能和别的语句相关联。假如我们以下面的形式把语义值指派给符号:P 和 Q 代表着原子语句,它们具有真值或假值,而不会同时都具有这两个值。符号"¬"代表一个原子语句的相反值;符号"(x∨y)",在这里,x 和 y 都被代表着具有真值的原子语句所替代,至少这些原子语句中的一个具有真值。否则,它就有假值。

下面我们考察这一论证:

(1) (P∨Q)。

(2) ¬Q。

(3) 因而 P。

为了确证这个推理,我们必须表明如果(1)和(2)正确,那么结论 P 就一定正确。如果(2)真,那么 Q 就是假的。如果 Q 为假,那么如果(1)为真,那一定是由于 P 真才会这样,因为如果 P 和 Q 都假,(1)就不能为真。因而我们必须认为 P 是真的,这就是我们试图要说明的东西。在这个例子中,语义值被用来对每个语句被指派以真或假的二值原则进行了概括。如果一旦确立了正确的语义理论,那么正确的逻辑原则就应当变得清晰起来。所以,语义学的研究对逻辑来说是非常有用的。

2. 语义学与真值

对逻辑问题的探讨必然涉及真值问题。实在论意义上的二值语义学和反实在论意义上的确证真值的语义学都对真值问题进行了讨论。比如,二值的真值理论就是有关陈述值的非真即假性理论。尽管真值理论和语义学不相等同,但它们也并不完全分离。真值和语义之间有着密切的关系。

首先,语义学是分析真值理论的有效形式。话语有真值条件这一事实只能为语义学所解释。因为语义学涉及表达的属性,这些属性有助于确定在其之下话语将在字面上为真而非为假的条件。语义是谈论真值的基础,语句的真值常常有赖于这个语句意味着什么,以及对语句所涉及实在本质是什么的语义表述。所以,

---

① Read A W. 1950. An Account of Word 'Semantics'. 4 (2): 78-97.

从这一意义上看，语义已成为揭示语句真值的有效手段。由于这样的密切关系，真值理论的可接受性以及意义理论的成功性就连在了一起。自20世纪以来，语言哲学中的一个普遍共识就是语句的意义与其真值密切结合。弗雷格把意义描述为从语句到真值的一种功能，或者描述成语句和真值条件之间的函数关系。客观地讲，语义学在有关对象及其表述之间关系上的关注所凸显出来的一个主要特征就是要着眼于表明语句为真时是怎么回事。对语句如何被确定为真或假给予解释的情形表明，语义学的核心概念就是"真值"。在卡尔纳普那里，甚至把语义学讨论的真正起点看成就是"真值"这一概念。这样，以讨论陈述"真值"为主要内容的语义学，就构成了对逻辑关联词的意义进行不同说明的基础。反映陈述属性的"真值"这一语义学概念受到了许多哲学家的讨论。比如，弗雷格认为，只有根据真值理论构造起来的意义理论，才是令人满意地接受的语义学观点。塔尔斯基提出了定义真值的语义学方法，表明了在什么样的条件下语义学在对给定体系真值的定义上是足够和充分的。此外，戴维森也从语义学层面入手对真值进行了讨论。他在意义的解释和说明上，把真值看成是语义学的核心概念，坚持认为陈述的意义在于该陈述为真时的那种条件。也可以说，真语句所陈述的对象给出了它的意义。而一个子语句表达的意义就在于它对固定语句的真值条件上所做的贡献。威金斯和刘易斯也承认，对语义学的实质性研究必须采取真值理论的方式，任何不涉及成真条件的语义关注都不能成为真正形态的语义学。当前，达米特进一步确认了真在语义学研究中的地位，他在《形而上学的逻辑基础》中指出，真是一切语义学的核心概念。语义学中的真值，只能和意义放在一起解释。真值问题的最终解决是在语言意义问题彻底得以澄清的基础上实现的。同时，他还从"证据"概念的角度，提出了这样的主张：对一个语句意义的理解就在于对其成真证据的把握。

其次，真值是一个重要的语义学概念，它本身具有语义学的内涵，有关真值的观点是建构语义学的重要因素。从本质上看，陈述的真值本身就是一种语义形态。因为真值这一概念其实是对我们把握语句为真时意味着什么的一种说明，它具有内容上的适当性。真值概念是对陈述及其对象之间关联的一种表述，所以是呈现意义的一种方式。这样，关于一种语言陈述的真值观点就能成为建构其意义理论的基础，这一看法在意义的揭示上超过了翻译。不同的哲学家在这一点上都持几近相同的态度。即使在互相批判的戴维森和达米特那里，也赞同这一点。按照达米特的认识，语义理论着眼于解释陈述的真值如何形成。说的更具体些，就是解释陈述的真值如何由其构成部分的组合与构造来决定。这其实就把真值看成是语义学的构成要素，强调它在意义理论中具有重要的地位。在他看来，真值概念和意义概念是密切相关的，它们的地位是同等的，"以至于对其中任何一个成功的哲学解释均不能事先假定另一个已被理解"①。有关意义的理论和真值的理论是统一的,意义的理论不但规定了意义的形成条件,也规定有关真值的条件。意义并不是一个不关乎人的概念,对于特定的语句来说,知道意义就是把握了它们的真值条件。反过来讲,知道它们的真值条件就是理解了它们的意义。在这一点上,存在着三种论证。首先,对依据知道特定语句的意义就是知道它们的真值条件这个事实而得到的论题的论证。其次,对诉诸意义理论和真值理论所期望的那种内容间类似性的论证。最后,在交流中对语言的规范使用依赖于使语句和真值条件相关联的约定这一背景。

当然,在语义学的研究上,针对真值条件的意义理论,还存在着这样两种回应。一种是可被刻画为有关真值的冗余理论,即任何正确的东西都足以说明这一点——为什么知道意义就是知道真值条件;另一种是,通过表明真值条件来表明意义并不要求一种成熟的意义理论,而只要求一种翻译理论。这种翻译理论在表明一个表达的意义上是通过给出另一个具有相同意义的表达而达到的。这就意味着有人并不认为,语义学一定要包括一种对该理论来说具有重要价值的真值条件理论。或者说,他们并不主张意义理论在外观上必须采取真值条件理论这一形式。例如,斯特劳森、达米特等就坚持这样的观点。

3. 语义学与指称

语义学必须对语言的指谓功能进行研究,以阐明语言表达是如何有意义的。在语义学的探讨思路上,语言哲学家常常坚持这样的看法,即意义的发生与形成一般要在语言中的语词或语句及其所指这两个要素之间进行。这就意味着语义学的研究提出了有关陈述意义的形成框架。这种框架在阐明意义的同时也表明了陈述的指称是如何被确定的。基于此,有人提出语义学是处理指称与意义的学科这一认识。弗雷格认为,一个表达的含义是让其所指得以呈现的方式。因而,含义就成了一种辨识方式,它能给指称以确定。尽管含义本身并不是对象,但它可以通过指称来告诉我们语词以及语句是如何与世界关联的,从而构成了一种把语言中的指称概念和意义概念相关联的方式,使我们易于把含义的概念放进一种与意义概念的结盟中。"意义之所以是可能的,是因为存在着符号意义的'指示'和符号意义的'所指'之间的关联,没有这种关联就没有哲学语义学。"② 因此,传统的观点都把语义学的中心问题归结为对语词、陈述及其所指之间关系的研究,研究语言与事物的意义关联。这个问题主要是有关指称在语义理论中的正确作用以

---

① Dummett M. 1995. The Logical Basis of Metaphicysics. London: Duckworth: iv.
② 郭贵春. 2001. 当代语义学的走向及其本质特征. 自然辩证法通讯,(6): 8-16.

及有关语言词语的具体类别的指称是如何被确定的。反过来，对指称及其规则的关注也成为语义学理论的一个基本任务。就指称而言，它是指语言表达的这种性质，即给定的表达式拥有这些性质，就可以确定语句是否为真。也就是说，我们可以通过确定语句构成部分含义的指称而确定它的真值。这样，在对命名指称的确定上，我们必须首先实现对语句真值的确定。在指称的研究上，人们特别关注的是专名，像"树木"和"蓝天"这样的自然术语，依赖语境的术语（像指示的"这个"和索引的"今天"）以及像"质量"和"氧气"等这样的科学理论术语。讨论的问题是在多大的范围上指称的决定性被言语者认知的固有属性而非言语者的社会和环境属性解决。

"指称"被广泛地看成是语义学所涉及的核心概念和重要内容。在弗雷格看来，"指称"和"语义值"是相等同的，例如，专名的语义值就是专名所指称的那个对象。通过"指称"，能给语义值以确定。尽管语义值和指称有着非常密切的关联。但在阐述时，达米特把语义值概念和弗雷格的指称概念进行了比较。他认为，语义值概念是指称概念的一个组成部分，不能笼统地把一个名称的语义值等同于它的承担者（bearer）。卡尔纳普在《经验主义、语义学和本体论》一文中指出，如果我们从语言使用中抽象并仅仅分析表达式与表达式的指涉，那么我们就可以认为它属于语义学的范围。奎因认为，语义学关心语言表达式的"指称"和"意义"这两个方面。有关指称的理论肯定要作为语义学中的一个"设置"。[①] 一个单称词的指称就是单指，一个通名或谓词的指称是类指。而意义则存在着指称相同但意义不同的情形。因此，在语义学的研究上，奎因就把"指示"、"满足"、"是真的"这样作为外延概念的"指称理论"和包含着像"意味着"、"意思是"等内涵概念的"意义理论"予以区分。20 世纪以来，以皮尔斯、莫里斯为代表的符号学研究，其实质就是一种语义学研究。因为这种研究注重符号在各种指代关系中的意义，它必然贯穿着对指称的关注。所以，在《符号理论的基础》中，莫里斯指出，语义学讨论的是"符号与适用该符号的对象的关系"。夏佩尔的观点则更明确，认为语义学是通过考察指称概念来说明实在领域的专门理论。这样，如果要对语义学的内涵给予刻画的话，我们就可以把它看做是一种对符号指称的方式进行描述的科学。在语言哲学中，弗雷格的含义和指称观点、罗素的原子事实和原子陈述思想以及维特根斯坦的图像理论都反映了语义学的这一属性。

4. 语义学与意义

意义问题是现代哲学探讨的根本问题。语义学的目的就是给出任何有意义表

---

① 奎因.1987.从逻辑的观点看.江天骥译.上海：上海译文出版社.84.

达的意义是怎么回事。在意义问题上，一种常见的观点认为，语言的意义在很大程度上取决于语言和外在于语言的某种东西间的对应。戴维斯指出："语言表达是有意义的。由词和短语组成的语句用以表达有关对象、属性和世界中事件的信息。"[1] 所以，对语句意义或词的意义的把握其实质就是对那种对应的表述。从这一意义上讲，意义实质上就是一种知识。而语义学和有关语义的理论建构则着眼于这种知识的表达问题。这一点使得语义学具有了合理性，"语言与世界之间的意义关联给语义理论以普遍的价值"[2]。

语义学作为研究和表述语言意义以及一切与意义有关的现象的科学，在它的发展中，逐步地形成了语义理论和意义理论两种理论成果。在对意义进行表述时，语义学所涉及的一个重要概念就是语义模型。语义模型本质上是通过构造概念体系来模拟世界，从而将陈述的意义表达出来。也就是说，语义学强调研究用语言符号体系表达的意义。在这一过程中，语义学试图建立一个可分析的语言世界，使得意义的表达以语义内容及语义关系为基础，来提供一种接近自然语言的意义表达体系。在意义表达的语义模型上有两个重点，这两个重点分别是：一是建立表述概念实体和理论实体的语义内容模式；二是建立定量计算概念对象之间关联的模式。

在语言哲学中，"语义"和"意义"是有所不同的两个概念。首先，从日常习惯上看，"语义"常常被看成是语言学的一个术语，而"意义"这个概念的使用则比较随意。然而，在语言哲学中，"语义"概念涉及的内容要比"意义"更宽泛，比如，指谓、含义、语气、意义、真值等都是它的应有之义，而"意义"则相对要简单些。其次，围绕这两个概念而分别形成的语义理论和意义理论的关注点有所不同。语义理论旨在解释陈述的结构或构造如何决定了它的真值，也就是说，语义理论是对确定语句是否为真的语义作用的表述。而意义理论则是要弄清掌握并使用某种语言是怎么回事。在名称上，可以这样称呼它们，即逻辑的语义理论和哲学的意义理论。按照达米特的论述，语义学中的语义理论和意义理论之间的关系是这样的，"语义理论不是完整的意义理论，而只是一种意义理论的初步概要；只有当把语义理论扩展成一种揭示了由该理论所表达的语句的意义与使用这种语言实践之间关联的意义理论之后，它才能被判决为正确的或不正确的"[3]。尽管如此，语义学和意义理论之间也是密切相关的。因为语义学和意义理论是一个

---

[1] Davies M. 2006. Foundational Issues in the Philosophy of Language. // Devittm M, Hanley R. The Blackwell Guide to the Philosophy of Language. Oxford：Blackwell Publishing Ltd：19.

[2] Taylor K. 1998. Truth and Meaning：an Introduction to the Philosophy of Language. Oxford：Oxford Blackwell：305.

[3] Dummett M. 1995. The Logical Basis of Metaphicysics. London：Duckworth：18.

问题的两个方面。语义学涉及语言在成真的情况下的逻辑、指称、意义以及与使用相关的问题。而意义论则涉及语言的意义形成、本质以及如何达到真的问题。因此，语义学和意义论在研究的内容上是相互交织的：意义理论有赖于语义理论，而语义理论需要意义理论的刻画。具体地讲包括两个方面。一方面，语义理论是意义理论的基础。语义理论本身就是基于真值而进行的有关意义的理论表述。因此它可告给我们词是如何与世界关联的，从而给意义被构成指称的真值条件形式所确定以刻画。从这一意义上讲，语义理论可以看成是一种意义理论。[①] 另一方面，语义理论需要在对语句意义的明确陈述中来讨论。对一个表达的意义的探讨，能够确定该表达本身以及组成部分与其所指之间的关系。这样，意义理论就成为探讨语义理论的重要方式。

5. 语义学与形而上学

就"意义"这个词而言，它和哲学上许多引起激烈争论的主题有关，例如实在问题。在这方面，夏佩尔提出了一个非常有代表的认识。他指出，所谓"事实"的东西，其实就是"观察术语"的意义。反过来讲，通过意义，就可以引出实在，描述实在。所以，着眼于确定意义的语义学表现了自己的重要性，它已成为探讨哲学上有关论题的有效手段。

然而，哲学问题常常是一种形而上学的问题。在哲学的所有争论中，形而上学的分歧是最为明显的。在这里，一种典型的形而上学争论就是关于客观性和实在的哲学探讨。所以，研究超验领域是形而上学的明显特征。亚里士多德指出，形而上学是一门理论性的学科，它不同于其他的技术科学，形而上学的目的是为真理而理解真理。作为哲学研究核心内容的形而上学问题，自然而然地就成了哲学家们的关注点和努力所在。比如，达米特指出："要是哲学最终无法普遍解决伟大的形而上学问题，那么它就不会如此吸引我。"[②] 语言学转向以来，形而上学与语言的哲学研究有了紧密的联系。毕竟，对语言的分析常常也是对通过它而得以表达的"实在"的分析。像有关"数学命题描述了自在的对象，还是仅仅是我们理智的构造物"、"道德陈述是客观地有其真假还是人为的主观约定"等这样的表述都表明了这一点。于是，有人主张形而上学主要是有关意义的研究。像达米特就坚持认为，对意义的研究能给形而上学问题的解决提供一个新的基础。因为，在对竞争性观点的澄清上，语言意义的分析方法具有非常突出的表现。很多情况下，这种竞争其实在于语词使用上的误解，是说话方式上的冲突，而不是事实方

---

① Devitt M, Sterelny K. 1999. Language and Reality: an Introduction to the Philosophy of Language. Cambridge Mass: MIT Press: 199.

② Dummett M. 1995. The Logical Basis of Metaphicysics. London: Duckworth: 19.

面的冲突。只有我们在意义上搞清了"实在"这个词的使用标准，我们才能澄清实在论和反实在论在理论真理性和理论实体实在性上的争执。

就语义学和形而上学的关系来看，笔者认为，尽管在不诉诸任何形而上学判断的情况下，确实存在着解决接受什么样的语义理论这一问题的方式。然而，在不诉诸语义学的情形下，形而上学论题就得不到有效的解决。因为形而上学并不能免除语义学的浸染。意义是关涉到形而上学的，使意义和形而上学得以关联的就是真值概念。在意义的探讨上，通过追问真值来解释意义的形成，其本质就是揭示真值的形而上学前提。维特根斯坦认为，世界是事实上的总体，事实是真的命题，没有一种真值概念，就无法拥有一种事实的概念。而拥有什么样的真值观，很大程度上取决于一个人认为哪些命题是真的。对此，达米特指出，这是一个需要由意义观点来断定的问题。这样的关联，揭示了语义学和形而上学之间的通道。另外，达米特对意义形成的详细论述，一定在某种程度上先于任何"形而上学的"假设而被发展。一方面，我们对一个表述形而上学问题的陈述、思想以及理论的理解是通过掌握它的构造及其构成部分的含义而实现的；另一方面，语义学层面上的真值，其实是对形而上学情形的一种反映，因为真值问题的实质是语言与实在的关系问题。这样，我们就可以把逻辑上的求真研究和有关存在、本质等问题的讨论密切联系，通过对语言的逻辑分析来描述形而上学问题。

语义学是优先于形而上学的，因为对形而上学问题的刻画无法离开语义学。首先，形而上学论题的判定有赖于语义学。语义上的分歧是形而上学分歧的基础，"不同的形而上学概念可以为不同的语义理论所反映"[①]。语义分析这一手段使形而上学问题得到了很好的解释，从而能直接地在相互竞争的形而上学概念之间进行裁定。其次，可通过解决更基本的语义问题来使形而上学问题的解决得以实现。语义学能给形而上学问题的解决提供支持，因为每种语言都有表明一个被描述事件和事态的手段，通过语言可以充分地认为实在由陈述所反映。陈述是由宣示性语句（declarative sentence）所表达的，它们可能真也可能假。在这里，我们可以把事实看成是由正确陈述所表述的东西。这种认识对我们对实在的构成上所持的看法产生了影响。所以，任何语言的正确语义理论都具有明显的形而上学含义。

如何能把形而上学建立在语义学上？如何获得所谈论的那种实在的正确概念？如何把实在看作独立于我们对它的探讨以及如何通过对语言结构的研究使我们可对其进行讨论？对这些问题的回答，在于我们如何看待语言。在语言哲学看来，

---

① Dummett M. 2006. Thought and Reality. Oxford: Clarendon Press: 20.

语言是世界的外衣，是对世界的符号化。"思想哲学的成立需要这样一种理论——该理论的内容就是对语言如何作用的一种哲学解释中的语义学理论。"① 首先，由于语义学着眼于解释语言表达如何拥有意义以及有意义是怎么回事。因此，一种可接受的语义学理论必须对意义如何形成做出解释。同时，也要对言语者理解一个词、一个语句乃至一门语言是怎么回事做出解释。因为对一个表达的理解就是知道这个表达意味着什么。这样，语义学理论就得说明什么构成了一个人对那些意义的掌握。如果根据语义学理论能构造出对理解的说明，那么如何获得对语言的掌握就一定是可理解的。就像有关思想研究的哲学家必须阐明思想有内容是怎么回事那样，意义理论必须对语句有意义以及这种意义的本质是怎么回事做出解释。而任何有关意义问题的回答一定和涉及有关意义事实本质的形而上学观点一致。达米特指出："我们必须先提出意义理论，然后建构与之相协调的形而上学，而不是先说明形而上学假设再得出有关意义理论的结论来"② 。这就表明，意义理论有它的形而上学后承和形而上学反响。其次，就像语句有结构那样，由形成子结构的词组合而成，思想也是有结构的，由那些组合着去形成概念上复杂成分的概念构成。这样，思想哲学家也必须解释内容如何由思想的内在结构确定。对语义理论的讨论将很好地适用于这样的结构部分。在所有的语义理论中，具体的语言项都被看做它的基本单元。对任何给定的语义理论而言，作为其基本单元的东西就是语句。它将把一种具体类别的语义值指派给基本单元。按照这种方式，构成语句或基本单元的所有子语句表达的语义值将得到定义，它们的语义值将构成它们在决定任何它们作为其基本单元的语句的语义值。这个理论将解释了一个基本单元的组成部分的语义值如何组合在一起并确定了整个语句的语义值，从而有效地表明了句子的意义如何由它们的组合决定。在这里，语义值的出现，决定了语义学理论的形而上学色彩。

第二节 哲学语义学的当代发展

语言哲学中的语义学问题引起了很大一部分哲学家的兴趣，他们对哲学语义学的本质所作的论述，有效地推动了哲学语义学理论的发展。回顾哲学语义学的发展历程，我们可以清楚地看到，尽管在语义学的外观上呈现着不同的形态，但寻求语义学的一种科学形态，却始终是对语义学进行哲学研究的核心目标和重要内容，这一点决定了当代语义学发展的基本特征。

---

① Dummett M. 2006. Thought and Reality. Oxford: Clarendon Press: 21.
② Dummett M. 1995. The Logical Basis of Metaphicysics. London: Duckworth: 305.

一、哲学语义学的研究划分

在范·科林（Finn Collin）和范·高德曼（Finn Guldmann）看来，20世纪以语言探讨为主要内容的分析哲学，主要从事以意义为主要目标的哲学语义学研究。同时，格赖斯也认为，哲学语义观点的最终目标在于说明什么是意义。我们有必要明确划分说明意义的具体方法，以此来厘清哲学语义学研究的基本思路。

事实上，语言可以被看成是一个三维物体，它有三个维度：句法维度、实际使用维度和语义维度。依据这一点，就可以把语言哲学的研究分成三个阶段，它们分别采用了三种分析方法。第一个阶段着重关注语言的句法方面，优先考虑逻辑，忽视自然语言。在这一阶段，逻辑主义哲学家的表现不同寻常。他们认为，自然语言在表达意义时并不是普遍有效的。所以，在意义的描述上，应注重形式策略，通过对语言进行逻辑分析，用形式语言对日常语言的陈述进行治疗和重新公式化，以形成一种人工语言的研究构想，便于从形式上给意义以精确的表述。例如，弗雷格在语言哲学的研究上就着重关注于理想的人工语言，主张采取数学模型、现代逻辑等手段对语言的句法构造进行研究，提出逻辑分析的语义思想。罗素也提出了类似的主张，把逻辑分析的工具看成是为了科学和哲学的目的而替代日常语言的理想语言——因为它被思想的非语言结构所引导，而没有充分地考虑日常语言和理解世界的日常方式。在这里，他们的共同倾向在于把哲学看成是一种修改，用其他的理解方式来代替对世界的日常理解，也许这是非常科学的。因为这一看法的显著特征就是强调在语义研究上坚持形式理性。有关这方面的探讨不但对语义研究做出了巨大的贡献，而且成为语言学、哲学、数学、逻辑学、计算机科学和人工智能的交汇点。后来，把形式主义语义学明确运用于自然语言系统对自然语言进行形式改造的人是蒙塔古。在语义学的研究上，蒙塔古认为，不用一种形式化的人工语言，我们就无法对日常语言的语义给出令人满意的解释。

在对自然语言进行形式化的发展过程中，出现了由强调围绕语义值来对语句意义进行的逻辑刻画到以真值条件来阐明意义的语义观点的转变。一般来讲，所有的语言表达都具有语义值这一属性。语义值的形成情形：一个以专名形式出现的词语的语义值由它所指谓的那个对象来决定，一个短语的语义值由构成该短语的语词的语义值决定，一个完整语句的语义值由它的构成部分的语义值相结合起来共同决定。这样的情形明显体现出通过语义值来对语义概念进行的形式分析。当然，语义值也是阐明表达意义的重要概念。在某些情况下，可以认为表达的语义值就是表达的意义。例如，从专名的语义值和其意义的关系上，可以非常容易地看到这一点。这样，就可以合理地认为：一个表达的意义是由它的构成部分的意义决定的。概括地讲，上述观点是一种围绕着语义值来对表达意义做出的逻辑刻画。这样的刻画的主要优点在于：首先，它对语言各个部分的语义表现情况给予了说明，使每个表达的语义贡献变得透明；其次，主张能从语句的形式中得出它们的逻辑含义，使语句的逻辑形式变得透明，从而在形式上体现了对意义表述的良好操作。

  基于语义值而做出的上述意义阐明，促成了一种真值条件的语义学观点。人们认为，语义值就是陈述为真或为假的情形。陈述值、语义值和真值其实是一回事。① 这样，就可以认为意义就是真值。在这里，"真值"是由语词和陈述所描述的对象所决定的一种语义属性，它往往也被看成是对对象存在的一种表述。也就是说，表达的意义就是表达的成真条件。在语言哲学中，强调解释意义在很大程度上就是说明真值条件，曾是一种非常流行的观点。这一观点认为，语句的意义将通过把它和在其之下它将为真的环境相关联而得以说明。可以看出，这个解释包括了语句的真和语句中词的指称关系。因而又被称为处理语义学的真值指称解释。这一解释认为，语句的真值条件将以它们的句法结构和满足这些结构的词的指称形式来解释。因此，强调从陈述的真值所对应的条件来表述其意义的语义学观点从而就成为一种外延论的语义学主张。然而，在外观上，这种语义学观点在意义阐述上依然具有非常明显的形式规定。就像达米特给其中的一种情形做出的描述那样，"认为某个词项的语义值是个对象，这是一种纯形式的规定"②。

  在形式主义语义学的坚持上，存在着特定的困难。首先，任何一个想用精确方法来描述日常语言语义学的人将必须首先承担改造这种语言的吃力不讨好的任务。③ 因为对自然语言进行形式化并不是一件容易的事，自然语言非常复杂，形式化并不能施行于整个语言。自然语言的意义复杂性是形式化进程中不可克服的障碍，这种情形曾令一些语言哲学家尤其是后弗雷格学派中的成员对自然语言感到绝望。其次，形式化这种技术的坚持，使命题的内容被忽视了，从而不断制造着琐碎而浅薄的问题，让公众敬而远之。因为，研究语言形式的兴趣超越了对语言哲学中一种语义方法的承诺，这样的分析是一种在构建知识体系方面脱离了经验基础的过分的进取心，基本上每一个新的体系都是完全从头开始的，每一个思想家都追求他自己的坚实基础，而不愿意随着前人人云亦云。他们超越经验的基础而虚构概念体系，这使得他们的哲学论述都成为无意义的语词排列。因此，对真值条件语义学坚持者所倡导的，给予自然语言以形式化的那种尝试与努力，日常语言哲学家表示了极大的反感。他们认为，这种真值条件的语义学形式其实是

---

① Dummett M. 1995. The Logical Basis of Metaphicysics. London：Duckworth：143
② Dummett M. 1995. The Logical Basis of Metaphicysics. London：Duckworth：31
③ 约翰·巴斯摩尔.1996.哲学百年　新近哲学家. 洪汉鼎，陈波，孙祖培译，商务印书馆：650.

"一种把技巧的复杂性和哲学的朴素性令人吃惊地掺合在一起的杂拌"①。因为，真值条件的语义学并不能涵盖自然语言的所有情形，自然语言中有许多有意义的言语，并不具有非真即假的属性。尽管所有语义理论的目标都是要表明一个公式在某种解释下为真是怎么回事，但并非所有的语义理论都会把某一解释下的语句字母或其他的构成公式的语义值看做是真和假中的一个。②像斯特劳森这样的哲学家，并不同意命题的意义取决于其有无真值这一主张。他的立论建立在陈述中句子的表达与句子的用法的区别上。他给出的例子是"法国国王是聪明的"，他认为这个句子是有意义的，但就其本身来说，它并没有真值。它的真值依赖于其使用时的背景情况。因此，问这个句子本身的真假，是一个误解。只有当一个句子被使用时，结合当时的背景情况才能判断其真假。一个句子有意义的条件在于存在着决定它的正确用法的规则、习惯、协定。于是，语义学研究上的逻辑主义就开始衰退，出现了意义分析的其他手段。这便是语义学研究的第二个阶段。

经验主义的代表洛克曾对自诩为逻辑理性化身的亚里士多德提出了批判——上帝并非如此吝啬，让人只长了两条腿，而把赋予人以理性的任务留给了亚里士多德。这就意味着，常识也是一个非常重要的概念。这一情形可以被用来概括语义学研究的第二个阶段，即在意义的探讨上注重从语言在日常生活中的使用方面，优先考虑日常语言，而不关心逻辑。自20世纪30年代以来，着眼于一种经验式建构的"证实论"意义观以及"使用论"的意义观，受到了许多研究者的赞同。这些观点的形成受到了维特根斯坦的影响并由维也纳学派具体提出，它们的核心主张就是主张从日常常识和言语者的经验、认识来分析语义，强调日常语言的使用规则对意义的决定性。不管是想把哲学变成一种科学探讨的逻辑实证主义，还是想把哲学变成一门艺术——一门有关如何交流才更有效的艺术的日常语言哲学，都表明意义形成上的上述规定。在这里，对意义的经验主义态度往往忽视了句法间的联系，逻辑分析的色彩不再那么强烈，尤其是维也纳学派成员后期表达的不同观点更能体现这一点。被他们在前期看作对科学语言逻辑句法分析的哲学研究方案，在后期已被取而代之为逻辑的语义分析。笔者认为，这一转变对语义学的研究产生了重要影响。它不但突破了形式语义学的研究形式，而且扩大了语义学的研究对象，把对人工语言的研究逐步演变为对自然语言的研究，从而改变了舍弃自然语言的那种武断做法。同时，在意义形成的阐述上，它也提出了一些新的看法，推动了语义学研究方法的进步。从表面上看，日常语言分析哲学家似乎没有早期分析哲学家那种构造理想语言的宏大理想，他们宁愿埋头于琐碎的日常字

---

① 约翰·巴斯摩尔.1996.哲学百年 新近哲学家.洪汉鼎，陈波，孙祖培译，商务印书馆：649.
② Dummett M. 1995. The Logical Basis of Metaphysics. London: Duckworth: 32.

义和用法的研究，然而，他们的工作确实表明了语言的日常用法对于澄清重大哲学问题不是微不足道的。特别是到了50年代，奥斯汀、格里斯和塞尔等提出了言语行为理论，明显表明了这种研究的重要性——把人类的语言反思为一种行为体系表明了这种活动的成功条件对自然语言的理解是非常重要的。

然而，就像罗素在批评对意义的日常语言分析时指出的那样，"如果说这种学说是正确的，哲学充其量不过是对于字典编辑人的一点帮助，最坏就成了茶余饭后的一种消遣了"[①]。因此它从20世纪五六十年代逐渐衰落，代替它的是至今仍活跃着并富有成效的语义分析观点。对逻辑主义的怀疑并没有导致逻辑学家活动的停止，恰恰相反。在语义学研究的第二个阶段，当人们用陈述的意义在于对陈述的使用这个主张来替代命题的意义在于对自然语言的逻辑检验这一认识时，逻辑学已经历了一些技术变革和概念的发展，这一切都促成了语义学研究第三个阶段的到来。概括地讲，这一阶段主要关注语义分析方面，利用已超出标准逻辑框架的逻辑体系，力图将意义解释的理论模型应用于日常语言，以形成一种综合的语义分析策略。

尽管形式分析对于意义的阐明至关重要。然而，就像达米特指出的那样，意义分析被还原为语法分析是具有"欺骗性"的，甚至不能进行这种还原。例如，就"月亮是一个指数"这样的陈述来说，用形式分析未必完全有效。因此，要避免这种陈述，就必须超越简单的形式分析。应该进行语义研究，尽管问题仍是逻辑句法，但应把重点转向意义，重视逻辑的内涵方面。卡尔纳普是最早引入语义概念的一位哲学家。按照语义分析的方法，如果人们想避免"月亮是一个质数"之类的陈述，就应先避免将命题函项$N(X)$中的X的所有值不加区别地归入质数的概念。只有那些使陈述具有意义的X的值才能被接受，比如说97，因为"97是一个质数"是一个真命题，或比如说4，因为"4是一个质数"是一个假命题，但绝不应该是月亮，因为陈述"月亮是一个质数"是没有意义的。所以，应求助于真正的语义范畴，来限制变项X的值域。

语义分析提出了能够避免上述困难的策略，这种策略就是语义解释。例如，谓项N"是一个质数"，必须规定物体的域D，使得将"是一个质数"的属性给予物体的陈述具有意义。物体的这个域的规定叫做解释，这个域叫解释域。解释就是说明物体具有某某属性。人们把解释的函项叫做使解释域（记作$I(a)$）的一个元素"a"与每一个个体常项相结合，以及使元素集合与每一个谓项（此处是N）相结合的函项。如果谓项是一个关系谓项，如"是……的倍数"，那么，应求助于元素的有序偶子集。这样，函项就能给出真值。如果让变项对应于域中的一个元

[①] 洪谦.1982.逻辑经验主义.北京：商务印书馆：199.

素，则变项就在域中变现，人们把这种变现所完成的解释叫做规定。现在考察 D 域中的一个物体。我们说该物体满足了谓项"是一个质数"，就是说，它具有上述谓项所表示的属性。可以看出，语义分析参与了个体常项的演算，它要求集合接受个体常项，这一点具有重要的本体论意义。只要语义分析参与个体常项、谓项字母、物体的域、集合一整套逻辑构建的演算，并求助于解释概念，特别是满足概念——近似于亚里士多德真值概念的一个概念，语义分析就完全能够适用于自然语言。这样，就有理由在意义分析的哲学家中划分出对语义分析表现出某种怀疑的哲学家和坚持研究语义分析的哲学家。

语义分析的最大成就是便利了把语境概念引入到对意义的研究上。意义研究的语境设置，克服了意义分析单就一个方面来着手的不足，而是综合了逻辑、语义、语用方面的相关研究，让有关意义的研究走向了一个更为广泛的域面。例如，从奎因开始，语言分析就开始从对语言的逻辑分析转到了对语言的社会-历史探讨。强调意义不能仅从逻辑对应关系去研究，而应深入到时代、文化、说话者、听者的社会历史和心理背景中去。斯特劳森也是远非倾向于形式分析的哲学家，在《分析和形而上学》中，他以下列形式讨论了我们的日常语言实践和分析哲学的工作：就像现代的语法劳动者生产我们在符合语法的说话中毫不费力地观察到的规则的结构的一种系统阐明，因此，哲学家劳动者去生产我们的日常实践表明给我们有一种隐含的和非意识掌握的常见概念结构的体系性阐明。事实上，斯特劳森试图把语言与说话者主体的活动联系在一起，他做的分析非常明快地描述了一种真正的认识哲学的轮廓，这就是《个体：论描述的形而上学》中的哲学。到此，语言分析哲学就展开了语形学、语义学和语用学的全面研究。例如，戴维斯、唐纳兰、达米特、普特南和内格尔等都是这方面的突出代表。

通过以上分析，有关哲学语义学对意义的所有阐述可被具体为两个主要的观点，即以"真值条件"为核心概念的二值语义学和以"言语规则"为主要概念的理解语义学。这两种语义学观点作为语义问题的不同阐述，体现了当代哲学语义学研究的不同趋向，它们分别从不同的层面上推进了意义问题的解决。客观地讲，这两种趋向的形成和语言学转向与对待哲学的两种态度有关。其中一个是形式语言的哲学观，认为所有涉及意义和理解的基本问题都可以通过对语言的逻辑结构分析而得以说明。另一个是日常语言的哲学观，认为大多数的哲学问题都是由语言误用带来的麻烦。这些问题的解决有赖于消除语言上的混乱。这两种观点支配了 20 世纪西方哲学的发展图景。

以上观点尽管在语义学问题的处理上采取了不同的方法，但都涉及了"真值"在意义中的作用。因此，可以把对"真值"的讨论看成是语义学研究的核心任务。真值作为语句属性的一种表述，实际上是和一种事态相关联的。也就是说，真值存在的可能性是依据"为真物"的存在来确定的。而这种"为真物",在对陈述的意义把握上具有明显的决定作用,这一点是非常合理的。可以说,强调真值在意义形成上的基础性作用的做法,囊括了一大批后弗雷格式的哲学语义学家。哲学语义学自形成以来,经由"真值条件"、"使用论"等有关意义观点的推动,越来越深入、丰富,越来越科学、完善,从而有效地促进了语义学的当代发展。

当代哲学语义学在发展的过程中表现出来的一个明显特征就是不断走向开放。研究的论题已逐步地向外拓展,已被泛化为一门研究"意义"的专门科学,以意义知识为主要内容的探讨就是语言的语义学研究。可以说,任何着眼于分析我们被语言搞混以及为语言所误导的尝试都可以被看成是关于语义学的探讨。所以,不管是对语言系统之内意义的研究,还是对属于或源于语言能力那部分意义的研究,都属于语义学的研究范畴。从一定的意义上讲,像"真值"、"意味"、"蕴涵"、"表征"以及"经验上的恰当性"等这些概念也都是在语义学的层次上出现的。我们认为,就一种科学的语义学的确切含义而言,它应当包括两个方面。一方面是科学陈述的语义问题;另一方面是语义的科学形式问题。当前,尽管在科学理论的陈述上,对语言的形式要求越来越严格,同时也需要越来越精致的语义学。但在我们看来,这并不是决定语义学科学性的主要方面,因为语义学的科学形式问题完全可以应对科学表达方面所存在的难题。所以,有关语义的科学形式探讨这一问题将依然是当前以及今后语义学研究和关注的主要方面。同时,不管语义学的发展朝哪个方向演变,只要它始终贯穿着对"真值"这一论题的研究,我们就可以把它看做是科学的。也就是说,凡是涉及追求真的语义讨论都能被称为科学的语义学研究。因此,可以把对真的讨论看成既是建构语义学理论的指导性原则,同时也是把握语义学内涵的一种重要手段。

二、哲学语义学的当代形态

目前,在哲学语义学的研究方面,戴维森和达米特的论述是比较突出的。他们在真值和意义间的结合如何能被用来形成对自然语言语义内容得以构造的解释上,提出了两种不同的看法。这两种看法作为当代语义学研究中意义理论阐述上的范式,可分别称为"戴维森纲领"和"达米特原则"。由于这两个重要的阐述,使他们成为当今语义学研究上的主要代表。

20世纪后半期,语义学中的不同传统首先在戴维森那里以塔尔斯基的技巧得以谈论。他通过论证自然语言的意义分析可以采取塔尔斯基定义真理的那种形式,从而建立了一种通向语义学的方法。在戴维森看来,意义理论不是改造对象语言的,而是描述和理解对象语言的,为具体的对象语言的语句做出语义解释。他认为,在这方面,可以采取一种满足了从塔尔斯基那里借来的"约定T"的形式理论，即"S为真，当且仅当P"这个方案，来给意义以阐明。也就是说，一种给出语句意义的方式就是给出它的真值条件。对于被断定为真的句子都能够提供与这种真相对应的真值条件。语句的意义将通过把它和在其之下它将为真的环境相关联而得以说明。因为按照逻辑实证主义关于语句意义与真值问题上的传统观点，知道一种语言真值的语义概念就是知道一个语句或任何语句为真的情形是怎么回事，语句的真实和意义就在于某些事实的作用。戴维森强调了经验对语言的作用，认为经验是保证语言意义准确性的条件，也是保证理论正确性的条件。同时，他还认为，语义学的任务在于以明确的方式表明句子的意义如何依赖于它们构成部分的意义，这是语义理论的基本要求，他称其为意义理论。这种理论能让人从一个句子构成部分的明确陈述中得出有关这个句子意义的明确陈述来。对于语句的意义，他提出了每个语句的内容随话语环境的改变而改变，要达到语句的准确性，就必须懂得语句本身的组成结构以及语言语境的整体知识。由于戴维森是在塔尔斯基的语义真理论基础上提出了一种语言意义论。于是，在人们看来，"戴维森对语义学问题的解决是靠句子的真值来实现的"[①]。他的那种语义学着眼于给语言寻找一种绝对的"真值理论"。

在对真值进行的具体语义解释上，戴维森提出了一种指称的观点。这种观点是莫里斯意义上的那种指向世界的（world-oriented）语义学。在这里，真值被看成是语义学的核心概念。在对一种语言的真值理论知识和对它的意义理论之间存在着一种重要关联。真值论和意义理论是统一的，把握了真值概念就把握了语义学的全部。因此，对一个言语者而言，可以完全依据语句的真值条件来给出它的意义。从这一意义上讲，真值理论就是戴维森的意义理论。他在这里把陈述的真值条件看成是对其意义表述的原因在于，"真值"是一个给定的、根本不需要理解的术语。而"意义"在他看来并不是给定的。这样，就可以用给定的"真值"来解释未给定的"意义"。所以，戴维森的真值语义学纲领所提出的一个直接要求就是，必须把我们对"真的"这个词的直觉理解作为一种给定的事实带到意义理论中。就像他表述的那样，这种理论并不寻求弄清楚对"真的"的直觉理解是怎么回事，也不寻求详细解释成真条件和意义之间的联系。然而，从本质上看，戴维森提供给自然语言的意义理论却是一种外延理论。首先，它把塔尔斯基的真之定义改变成一种意义理论，从而说明句子的真值条件如何构成了对其组成部分外延属性的解释。[②] 其次，给非逻辑常项在塔尔斯基式真值理论中一种具体的自然语言

[①] Devitt M, Sterelny K. 1999. Language and Reality: an Introduction to the Philosophy of Language. Cambridge, Mass: MIT Press: 239.

[②] 陈嘉明. 2005. 实在、心灵与信念——当代美国哲学概论. 北京：人民出版社：161.

构造的公理是通过外延来进行的，对象语言的单称词被配给以指称，就像谓词和关系表达被配给以外延那样，都使用了元语言的外延单称谓词和关系表达。最后，对象语言的逻辑表述经塔尔斯基的真值定义指派给古典一阶语言逻辑表达的语义规则。塔尔斯基的真之定义是语义学的，它把真的问题归结为语言的表达形式问题，而与语言之外存在的事物无关。但戴维森提出的那种理论，在某种程度上却是把塔尔斯基原本排除的实在问题重新引入他的意义理论。因此，戴维森在把塔尔斯基的真之理论改造成自己的意义理论时，也就把塔尔斯基中立的语义学改造为带有明显哲学倾向的实在论。

戴维森对具体的语义学问题的探讨，是在《真理和解释探究》中进行的。他认为，如果以事件形式来描述一个行为陈述，那么我们就会看到，一些按更常规的表达本不应成立的蕴涵关系就会得以成立。对此，他提出了行动陈述和因果陈述的分析。这种分析可被看成是语义学分析的实例，因为这些讨论常常回归到了真值和意义问题上。从本体论上看，戴维森的语义学是一种非常有节制的理论。他指出，衡量一种好的语义学理论的标准在于它在经验上是可检验的。针对戴维森的语义学观点，有人提出了一些指责，认为他的纲领做了大量的许诺，但从未付诸实施。因为，他的语义学是"在对意义理论做出了积极贡献的伪装下的奎因式的怀疑主义"[①]。其中，达米特就是一个主张给戴维森的语义学理论以坚决批判的坚持者。

在对意义的阐述上，达米特的观点和戴维森是不同的。他并不满意真值条件意义上的那种语义学观点。在这一点上，达米特凭借维特根斯坦等人的"意义在于使用"这一信条给戴维森的真值条件语义学的充分性提出了质疑。在他看来，真值条件意义上的语义学只是对意义形成的一种形式表述。这种外延论的语义学观点并不能说明自然语言的语句构造，因而它并没有实现一种科学的语义学应当完成的任务。我认为，应把达米特在语义学研究上坚持的原则看成是这样的，即强调把对意义的真正实现给予解释看成是语义学的根本任务。从直观上讲，真值条件形式的意义理论似乎在意义的问题上告给我们的只是"翻译方案"就能表明的东西，它并没有表现语义学阐明意义的经验证据。尽管戴维森从行为主义的角度出发，对语言的掌握进行了分析，把语言意义看成是言语者意向的一种表达，同时认为听者能从言语行为来理解意义。但达米特认为，戴维森式的意义理论有它的局限性，因为这种理论只是一种适度的意义理论。他强调，为了知道语言掌握是怎么回事，一个人还必须知道语言使用者实际上是如何从一个目标到另一个

[①] 约翰·巴斯摩尔.1996.哲学百年　新近哲学家.洪汉鼎，陈波，孙祖培译.北京：商务印书馆：688.

目标的。也就是说，在达米特看来，语言作为思想交流工具的作用以及语言实现这种交流目的的条件和能力的研究是重要的，语义学研究的意义理论必须要对语言的实际掌握给予描述。如果单纯地按照戴维森的方案，即我们仅仅使用"真的"这个词来详细说明语言中的语词和句子的意义，"那我们只是不断地复述真的定义，而没有给出一种理论……这显然是很滑稽的"①。按照这样的理解，戴维森的语义学观点并没有给出意义发生的实质性解释。另外，对自然语言来说，真值条件的语义学在可用性上是非常有限的。因为真值条件并不能穷尽意义，存在着很多真值条件的意义理论无法说明其意义的自然语言语句。正是在这样的基础上，达米特提出了一种认知语义学的观点。

在语义学的研究上，达米特的主要目标在于确立一种自然语言的意义理论。在他看来，意义理论不仅要求是正确的，而且也是"彻底的"。意义理论对意义的阐明不能仅仅停留在表明语言的意义是什么这一层次上，还必须对语言是如何工作的即言语者如何通过它进行交流的情形给予解释。一种意义理论是正确的，当且仅当，除了表明每个语句的意义外，它也能解释当一个人知道任何一个语句的意义时他知道了什么。从一定的意义上讲，达米特的意义理论体现了对语言功能和作用的说明。这样，主张人类心灵的活动构成了意义现象的重要组成部分，是语义学所涉及的一个重要方面。而真值条件意义理论的那种规范说明却忽略了这一点，从而被指责为只是盲目地关注于语言对一个独立实在的抽象指称关联，而没有关注心灵处理实在的方式。另外，在阐明所有表达的意义上，需要语义学的原因就在于我们不能确定什么是意义。在这一方面，已有的古典的真值条件语义学，并不能确切地告给我们意义的实质到底是怎么回事。所以，发展一种具有广泛适用性的科学的语义学就是非常必要的。有关意义的哲学问题被达米特和语言哲学中的主要问题，即什么使得一种语言成为了一种语言相关联。达米特对一种语言的真值理论的知识和解释它的能力之间的关联问题进行了探讨。也就是说，他通过意义概念把语言哲学的主要问题和在我们知道了一门语言时，我们知道了什么这一问题相关联。在他那里，让人理解的问题被看成是一个典型的语义学问题。有关这方面的理论应当对那些我们已隐含掌握的、对我们的语言使用有所操作的原则给予阐述。通过语义学，我们就能对有关具体问题的思想以及概念进行分析。通过对语义学的常见形式进行分析，我们就能对我们的语言如何作用的机制给出一种系统的解释，这一观点对传统的真值条件语义学观点提出了挑战。

在达米特看来，对"意义"概念的正确诠释只有通过"理解"和"知识"这

---

① Dummett M. 2004. Truth and the Past. New York: Columbia University Press: 8.

样的概念才能获得。所以他提出了有关自然语言的意义理论应当是一种理解理论的观点。在这一观点的论证上，达米特接受了一种证实论的意义理论。按照这种理论，"真值"依然是其核心。但与以往的真值条件的意义理论有所不同的地方在于，达米特并没有直接地把"真值"和语句所指称的那种客观存在相等同，而是把"真值条件即意义"的模式修改成"对真值情形的掌握反映了语句的语义内容"。也就是说，他着重是从对语句真值证据的真正掌握这一层面上来寻求语句的意义是什么。这样做的原因在于，如果我们连一个陈述如何被知道为真都不清楚，那么我们就不可能理解它为真的情形是怎么回事。就达米特在语义学上的观点而言，我们认为，他在对语言如何起作用这一层面上来对语义学的阐述，着重是从知识论或者认识论的角度进行的。他的这一要求表明，语义学的研究在映射人类的心理世界方面具有重要作用。

当代有关语义学的探讨其实可被归结为对"意义是什么"这一问题的探讨。因为陈述的意义问题反映了语言和世界的关系问题，任何对陈述意义的内容表述最终都必须诉诸刻画世界与语言关系的概念。在"意义是什么"这一问题的探讨上，戴维森认为，不存在直接的答案。而迈克道尔则提出，意义就是那种能让意义理论得以成为一种理论的东西。在达米特看来，陈述的意义是有关一个事物怎么回事的表述问题。表达的意义是言语者在他们的理解中把什么附着在表达上的问题。这样，意义的实质就反映了言语者的内在状态和外在状态之间的连接。所以，有关语义学的探讨就应该考虑意义的外在样式和外在内容，因为意义决定了语言的表征和描述力。同时，语义学的研究也应考虑意义的认识方面，因为意义是被认识的。它需要掌握，需要理解。达米特的语义学观点，应当受到较多的讨论。原因在于这种观点包含了丰富的内容，其中一个最为突出的方面就是从人的理解和认识的层面来阐述意义，把意义归结为人对意义的掌握。除此之外，它还探讨了一些与语义学相关的问题。在阐述这些问题时，达米特基本上是以一种论证和建构的方式来进行的。在这种建构中，他以数学上的直觉主义作为论证的依据，把和真值密切相关的证据、证实作为语义学的核心概念。同时，他提出了意义的形成在于成真证据的构造，从而形成了这种语义学的特定方法，并在体系上给这种语义学观点以合理的内容布置和逻辑基础。使得这种语义学在外观上表现出特定的规范性、科学性和充分性。

达米特在语义问题上的论述，客观地形成了当代语义学向认知方向的发展，从而给一些问题的研究指出了新的方向。所以，皮考克认为，达米特的研究表明了 20 世纪哲学中的最好成就。20 世纪末，哲学家、语言学家和认知科学家大多倾向于借用证据的逻辑理论，基于算法或程序概念来给意义提出一种系统的解释。在达米特的推动下，甚至那些极其关注真值条件的语义学传统学者，也逐步开始着眼于意义的认知和认识方面。刘易斯指出,对语言的语义解释是对指派给语言中陈述的那种抽象功能的正确描述,这种功能给了可能世界中的语言集合以意义。当我们考虑什么构成了语言的实际使用时,我们必然会涉及意义问题。在具体的语言使用中,例如,在参与一个特定类型的习俗活动中,往往就会有意的形成。而意义的这种形成必然会伴随着理解而进行。因此,有些策略就把语义学的研究内容看成更直接地关注对语言的理解是怎么回事这一问题。其他的解释则使用了一个隐含知识概念来解释语义描述如何表示了语言使用者知道什么,如戴维斯(Davies)就提出了这样的看法。还有,就是作为一种在认知方向上的著名范例的乔姆斯基的观点,它把语义学的主要目标看成是发现语言能力之下的认知能力和认知结构。另外,受乔姆斯基句法结构理论的影响,卡茨(Katzz)和福德(Fodor)在《语义学理论的解构》一文中试图对自然语言的语义学理论进行描述。在他们看来,语义学解释的是言语者的能力,即他如何能说出一个语句是另一个语句的意义,以及如何能指出一些异常语句的意义是什么。这样,一些语义学观点就把它们的任务看成为解释语言意义如何由像观念和思想等这些心理的东西来确定。因此,近年来,对意义的研究已被吸纳到心灵哲学或认知科学的范围之中,以作为对理解心理学研究的一个方面。很多研究者现在有兴趣对语言使用的心理学给出一种自然的说明,这种心理学试图解释我们怎样识别得体和符合语法的句子,也就是说,如何识别有意义的陈述。对意义的最终来源而言,这些看法都属于认知语义学的理论。

就当前的哲学语义学而言,笔者认为,有关它的思想越来越趋于成熟。具体表现在以下方面:在研究形式上越来越体系化、规范化;在论证手段上越来越精致化、严密化;在研究精神上越来越理性化、建构化;在成果表现上越来越确切地成为人类语言活动的真实镜像。总而言之,语义学的研究会越来越趋向合理化、自然化、科学化。在语义学研究上所表现出来的这些特征将会在达米特的语义学观点中得以具体体现。

第二章 达米特语义学思想概述

语义学是对思想、陈述、事实及世界结构进行探求的一种反映。通过语义学，人们就能够对有关某个具体对象的思想及概念进行分析，以之来揭示思想和语言的本质内容。这一过程必然要涉及与语言密切相关的实在的结构，从而让人们实现深入地理解世界的目的。从这一意义上讲，语义学已成为理解世界以及进行哲学研究的重要基础。当前，作为语言哲学杰出代表的达米特在真值问题上提出了一种证实论的观点，同时，在基于证实论的真值观点上提出了一种理解的意义理论。这些已成为当今有关语义学观点的重要论述。因而，有必要对能够涵盖达米特哲学思想的及他称之为形而上学基础的语义学观点予以考察。[①]

第一节 达米特语义思想的形成背景及其目标

达米特从语义学层面给形而上学问题寻求解决方案的努力，表现出明显的科学特征和理性精神。首先，在语义学内容的探讨上，他把真值作为主要的研究对象。其次，在有关语义学观点的建构上，他提出了比较规范的体系。再次，在论证方法上，他以科学尤其是数学为范例，把数学上的直觉主义以及直觉主义逻辑作为其哲学洞见的形成基础，从而为语义知识的确定性规定了科学的基础。最后，在对意义本质的阐明上，他着重从自然语言的意义着手，认为意义的形成和言语者的内在认识密切关联。从而有效地协调了语义学所涉及的内容、逻辑、功能以及意向等方面的争论，很好地把握了"建立语义学的科学性的根本问题"[②]。

一、达米特语义思想的形成背景

任何一种观点的提出往往都有其特定的背景，达米特的语义学思想在形成上也有它的具体背景。这种背景可被具体为数学的背景和哲学的背景，其中的数学背景描述

---

① Dummett M. 2006. Thought and Reality. Oxford：Clarendon Press：14-29.
② 郭贵春. 2007. 语义学研究的方法论意义. 中国社会科学：(3)：77-87.

了他在提出语义学观点的过程中受到了数学上直觉主义（intuitionism）和柏拉图主义（platonism）的影响，而哲学的背景则是弗雷格在语言哲学上提出的语义观点。

1. 达米特语义思想的数学背景

数学科学是发展语义学的最有利领域之一。首先，对数学而言，演算是最为重要的，所以主客观之间的差距是最小的。其次，在数学中，经典的数理逻辑和集合论奠定了对数学问题的语义解决途径。最后，在数学中，不同观点在真理、意义等论题上的深入争论及其解决方案，给一种科学形态语义学的建立提供了可能。达米特在语义问题上的阐述，就受到了数学观点的影响。因此，我们认为，他的语义学思想的形成具有特定的科学背景。

在对数学的本质和认识论等问题的回答上，柏拉图主义和直觉主义是20世纪最为基本的观点。它们从数学哲学上给数学对象属性及数学陈述属性提出了不同的看法。按照柏拉图主义的观点，数学的研究对象是客观的数学事实，纯粹的数学事实完全独立于人的智力活动。不仅如此，就连数学陈述、数学研究的手段、方法乃至数学发现的过程及结果都是客观的，和我们的思维领域无关。对一种极端的柏拉图主义，可以做出这样的表述："数学由一批陈述组成，这些陈述讨论由熟知的数学对象（如集合、数、函数和空间）所构成的独立实在……数学对象独立于我们的思考，它们与物理对象不同，不是通过与人体产生相互作用，从而在人脑中引起改变以最终导致对它们的认识。"[1] 例如，在对数学的处理上，逻辑主义者和集合论基础主义者指出，数学家无权创造出新的数学对象或数学概念，同时也无法获得和利用数学的知识。尽管这样，还是有必要对数学对象的客观存在给以假定。因为数学的发展需要有更加"理想"的对象来提供支持，这样才能说明数学知识及其他那些依赖于数学知识的知识之所以存在和增长的原因。弗雷格和罗素作为逻辑主义的代表，提出了把数学还原为逻辑的主张，认为数学这种知识是可用语言表达的。对于数学对象而言，借助于确定事物的真假概念，语言就能给它以表达。也就是说，数学陈述的真假依赖于其所指称的那一领域的状况，而和人的知识状况及认识能力无关。因为与这些陈述相关的、能使它们为真的条件，并不需要进入我们的识别范围内。

柏拉图主义作为对数学科学中一个超现实理念世界的描述，在如何处理数学中的"无限"问题上，似乎提供了一种最为简便的方法。就作为一种建构理论的方式而言，它的影响经常不自觉地渗透在人们的思维和语言习惯中。保罗·贝奈

---

[1] 保罗·贝纳塞拉夫，希拉里·普特南. 2003. 数学哲学. 朱水林，应制夷，凌康源等译. 北京：商务印书馆：34.

斯指出，能够从希尔伯特的几何公理化上清楚地看到柏拉图主义在形成理论方面的具体方式。在希尔伯特看来，点、直线和平面系统一开始就存在着。例如，在对"两点决定一条直线"这一公理性的表达上，希尔伯特会做出这样的表述：对任何给定的两点，总存在这两点都在其上的一条直线。"这个例子已经表明了，我们正在显示把对象与反思主体之间的联系完全割断的意向。"① 柏拉图主义强调，数学陈述往往都是对一个独立于我们的数学实在做出的刻画。这种刻画常常正确或错误地描述了数学实在：数学实在是客观的，它们独立于我们使用的概念和我们的认知能力，而不被我们影响。尽管在某些特定的条件下，人类的心灵能够发现这些事实是存在的。但它们的身份却是客观的，人的活动绝不能产生这些事实。也就是说，按照柏拉图主义的观点，人在数学对象上是无知的，不能在认识和思维上把握它们，因而无法得到数学陈述的真值。所以，柏拉图主义常常被人们称为数学中的实在论观点。

与柏拉图主义相对的观点则采取了多种形式，比较典型的就是数学上的形式主义和直觉主义。形式主义认为，数学根本不是关乎实在的，它所体现出来的那种纯演算，完全没有涉及某一类实体。而直觉主义则坚持数学不能建立在逻辑上，数学对象是依赖于心灵和思维的，它是由数学家在心理上建构出来的。自然数和实数其实就是心灵构造的结果。这种观点的重要特征就在于强调一种个人心灵活动或能力的"直觉"概念，看重创造力在数学中的地位。布劳维尔认为，个体的心智活动是数学起源的重要基础。构造过程在时间中进行，所以，任一时刻，个体都可能创造新元素。在海汀看来，"人们创造了自然中的秩序，计算和测量的法则都以我们自己的活动为基础"②。数学陈述只是对我们思想构造的描述，其真值不能超过我们的证实能力。只在思想构造的相关经验出现时，一个数学陈述的断言才是真的。也就是说，它的真假在于能否找到能给它以证明的经验证据。陈述的真值属性在很大程度上是现实的。布劳威尔指出，"未被经验证实的真在数学中并不存在"③。如果一个断定的内容不在主体的意识中显现，那么它的真就是不能识别的，因而是没有意义的。所以，直觉主义的数学观是倾向于实证主义的。④ 概括地讲，直觉主义的基本观点就是只有在有关数学对象的陈述表明了一些和真值相关联的意识经验时才有意义。数学与物理学等自然科学是类似的，它就像物理

---

① 保罗·贝纳塞拉夫、希拉里·普特南.2003.数学哲学.朱水林，应制夷，凌康源，等译.北京：商务印书馆：301.
② Heyting A. 1975. L. E. J. Brouwer Collected Works, vol. 1. New York：North-Holland：124.
③ Van Stigt Walter P. 1990. Brouwer's intuitionism. New York：North-Holland：204.
④ 保罗·贝纳塞拉夫，希拉里·普特南.2003.数学哲学.朱水林，应制夷，凌康源等译.北京：商务印书馆：26.

学那样，是一门经验的、实证的、可错的科学。因此，直觉主义是数学中一种强有力的认识论观点，它给数学知识的形成以认识上的表述。

在直觉主义者看来，柏拉图主义存在着很多自相矛盾的地方。尽管柏拉图主义者试图诉诸不同的工具，如类型论（type-theory）来保护数学免受这些矛盾的影响，但这些手段本身仍存在一些问题。所以，直觉主义者提出了反驳柏拉图主义的数学观点及修正其数学实践的要求。他们认为，柏拉图主义把数学对象看成真正地独立于我们之外，对数学的这种处理，忽视了对数学概念的把握必须以能读懂形式的逻辑语言和理解其数的语义定义为前提，因此不能解释我们是如何获得和利用数学知识的问题。从而不可能解释我们如何把对有限自然数的理解扩展到无穷集、无穷级数或超限数的理解上去。直觉主义的批判表明，数学哲学的任务之一就是要解释：我们有什么理由相信，具有有限认识能力的人类如何引用并理解代表结构知识的无穷符号。在这一点上，直觉主义引入了"思想构造"这个概念，以表明数学对象不能完全独立于人类的思想和思考。同时，"它们对某种性质的具有只在这些性质能被思想从它们中加以识别的意义上才得以可能"①。也就是说，只在能被思想决定的范围内，数学理论才具有合理性可言。

其次，在数学上，存在着一类"不明确延伸的概念"。像集合、序数、基数、实数和自然数等最基本的数学概念就是有关这方面的例子。围绕这一概念，往往会产生一些悖论。比如"集合论以及语义学的悖论，就源于我们拥有不明确延伸的概念"②。尤其是集合论悖论，揭示了不明确延伸概念的存在。这个观点是这样的，如果我们能对一个其成员都落在某个概念之下的整体形成明确的认识，那我们就能用这个整体来刻画一个其成员都落在它之下的更大整体。不明确延伸的概念和一些确定的范围或者落在其之上的许多对象的范围，使我们被赋予了一种直觉的原理，如果我们对这样的一组对象有充分明确的理解，那么我们就能以它的形式来形成这组对象的更确定概念。也就是说，我们可以对无限的整体进行量化，从而对它拥有一个明确的概念。这其实就是古典的量化要求。然而，就这种情形的本质来看，我们能形成不明确延伸概念的那种延伸的不明确看法，易于使我们陷入矛盾。这反映了我们在悖论经验中的某些问题。出现在一个不明确延伸概念定义中至关重要的，但仍未被解释的措辞就是"一个明确的总体概念"。明确的总体是这样的，即它是对总能产生一个确定的真或假的陈述的量化。如果我们假设它不知是怎样被理解的，那就可从定义中得出：对象的全体明确概念并没有落到

---

① 保罗·贝纳塞拉夫，希拉里·普特南. 数学哲学. 朱水林，应制夷，凌康源等译. 北京：商务印书馆：61.

② Dummett M. 1993. The Seas of Language. Oxford：Oxford University Press：454.

一个不明确延伸的概念上。其原因在于,对象总体的任何明确概念都会落到这样的概念——一个更能产生结论的新的明确概念上。如果和量化相联系,那么对象全体的明确概念的拥有超过变量变化的范围一定就成为古典量化的必要条件。在这一点的阐述上,我们可以这样进行:①古典的量化要求变量的值是一个确定的整体;②古典的量化要求我们拥有变量的值的一种确定概念;③拥有一个量化范围的明确概念,在于拥有一个应用于那个范围要素的明确概念,以及拥有那个范围的界限;④认为存在着特定类型的所有对象的明显整体是有争议的;⑤我们无法对在本质上无限的整体拥有一个明确的概念。所以,"不明确延伸的概念"在论证数学的不完全性起源上具有重要的价值。就像海克(Heck)指出的那样,从不明确可延伸概念而来的论证,"对集合论悖论以及实际上是由算术的不完全性起源的哲学说明需要引起的"①。

达米特在语义的阐述上,受到了数学上对有关数学问题讨论的启发。从而把直觉主义及源自不明确延伸概念的论证放置在对其语义观点的确立上。他论证的关键在于一旦我们知道像集合、序数和实数等这些基础性数学概念对应于不明确地可延伸的概念时,那么我们对它们的理解将如何被影响。对于达米特来说,任何形成不确定地可延伸概念延伸性明确看法的努力与尝试都被使我们形成一个更确定概念的那种直觉原则所挫败。实际上,他引入不明确地可延伸概念的原因就在于以之来作为他对算术基础中逻辑主义方案失败的最普遍诊断,从而在语义悖论的基础上形成一种反古典逻辑的主张。在他看来,一种系统的语义学是可能的,但必须采取一种与古典的模型理论语义学完全不同的形式。也就是说,它必须建立在"形成真"(to be true)而不是"已成真"(be true)这样的概念基础上。就直觉主义和柏拉图主义两者之间的争论而言,这种争论的本质不在于数学对象的客观存在,而在于数学陈述的客观真值,即数学陈述是否有我们无法识别的真值。而语义学的使命就在于它应系统地表明每个表达怎样拥有一个被很好定义的真值,对这一问题的阐明只能在探讨意义的层面上来完成。在这一点上,达米特提出了把一种实证主义的认识论应用到意义形成的具体情形上,从而把意义与证实和证伪的程序以及过程密切地结合在一起。

2. 达米特语义思想的哲学背景

达米特语义学思想的形成和他对弗雷格哲学观点的分析、解释密切相关。正是基于达米特的解释与倡导,人们才发现了弗雷格哲学的价值和重要性。在他看来,弗雷格在哲学上的重要贡献就在于提出了把数学问题还原为逻辑-语言问题的

---

① Heck R. 1993. Rritical Notice of M. Dummett, Frege: Philosophy of Mathematics, Philosophical Quarterly: 233.

观点——通过发明一种新的逻辑语言来贯通数学和哲学上不同关注之间的差异，从而具体地把哲学上的形而上学问题转化为有关语言的问题。弗雷格的上述做法，涉及对哲学本质的认识。

如果要问奎因和当代一些其他的美国哲学家，哲学到底是干什么的呢？那么他们会说，哲学只是科学的最为抽象部分——在这里，并不能做出任何的观察或进行任何的试验，然而它却能并且应当包括科学的发现以建立一种自然化的知识理论和心灵理论。因此，哲学应和自然科学划到一起。对此，维特根斯坦则持相反的观点。他认为哲学和科学是完全不同的：方法完全不同；目标完全不同；结果在特征上和科学完全不同。表明哲学是关于什么的以及通过何种方式让它得以进行的最佳方式，就是考虑一个简单的哲学问题。例如，有这样一个为所有人都认同，在特征上是哲学问题的范例：时间真的会流逝吗？有人持以肯定的回答，认为世界随着新事物的出现而变化——事件将随着时间的流逝从而成为过去。但也有人否认时间流逝。他们认为，在事件中存在着时间关系——有些事件在时间上先于其他事件，但就时间而言，它并没有发生任何变化。这样的问题完全是一种形而上学的分歧。它涉及的不是人的心灵或人的行为的本质，而是外部实在的本质。

面对上述分歧，哲学家的回应有可能通过让确信者在时间的流逝中来阐明他们的观点。他可能要问他们"真的认为有存在吗"，这是否意味着他要问有关什么将会发生或有关事物以前如何存在的陈述是既不真也不假？因为他认为只有存在着某种东西，因这种东西一个陈述才真。这样，如果有回答说存在的就是现在所存在的，那么有关将来或有关过去陈述就没有一个能成为真的。有人可能赞成这一点。他们认为实在是永远变化的。唯一真实的陈述就是那些真实表述实在的陈述，即真实地表述现在情况的陈述，而有关它将如何或它已经如何的真值可以不存在。其他认为时间流逝的人，可能会给出一个更适度的回应。他们可能认为哲学家正在忘记"to be"这个动词是有时态的。如果要问当前时态下什么存在，答案一定被限制在当前的时刻。然而对"什么将存在以及什么已存在"这些问题也是有答案的。一个陈述只有在存在着某种东西时从而因为它而为真，这一原则忽略了动词的时态本质：它应当为真"只要现在存在，将来存在或已经存在某种东西，因为它，陈述才为真"。哲学家所问的就是，什么把这样的观点和那些否认时间流逝的人的观点区分开来？那些人没有考虑他们表述实在的一个根本事实，即某一些为时间次序所安排的事件现在正在出现。

对此，我们无须多言，就足以明白哲学争论的特征，即争论肯定涉及实在。因此，任何关注它的人，就会以或此或彼的方式来构想世界。但这不是一个以经验形式来解决的问题。科学理论可以对它产生影响，但科学不能解决这个争论，因为没有观察能确立哪种方式正确。哲学家将寻求要么在对两种观点的某种更进一步的阐明后，表明争论的一方正确而另一方错误，要么通过表明双方都是某种概念上混淆的受害者来解决这个争议。不管怎样，他都得关注于形成一个确切的概念，在其之下可以合理地认为所有的情形确定地要么出现要么不出现。这样，哲学家的唯一资源就是对我们已有的概念进行分析，分析困惑我们的概念，尝试着去消除这种混乱。因此，哲学家应当问的是语句是否有意义这样的问题。

到这里，哲学已涉及一个在思考思想和语言关系时所出现的论题。这是一个说明上的优先性问题。达米特指出，这方面的经典讨论始于弗雷格。当结合着弗雷格来说"思想"时，可以讲，它是被确定和被判定的，是抽象的实体。弗雷格主要关注的是被看成为抽象的、非心理实体的思想的结构，而不主要关注语言在使用中如何起作用。因此，早期弗雷格只关注符号体系的建构，即形式语言的句法，而拙于语义属性的分析。尽管如此，在弗雷格的思想中，却有一种潜在的层次性，即从数学经认识论到形式语言的句法设计，然后到最终的意义问题。在这一点上，弗雷格提出了著名的语境原则，并把它作为语言研究的一个重要原则。根据达米特的理解，弗雷格的语境原则支撑着分析哲学的指导性观点——对思想的说明只能通过对语言的说明来实现。因为，表达思想是语言的主要作用，对思想所涉及的问题，如本体论问题的表述与解决需要以语言学问题的表述和解决为条件。在这里，弗雷格提出的语境原则暗示了这一点，即可疑实体的存在问题能被转换成有关语句的真值条件问题，因为有关对象的存在问题能被还原为什么样的本体论观点被要求着去支撑语句的真值条件问题。因此，哲学上的"语言学转向"体现了一种新的方法论特征。这样，能否给有关已知的物理空间或体系中的具体语言提出解释，阐明语言在整个智力活动中的地位就成为一个独立的问题。语言哲学作为哲学研究的一种重要形态，被逐步地看作知识论探讨的一个重要分支，在表述知识的形成上发挥着重要作用。因为来自于信念的语言表达使我们对一个人想什么的那种知晓，常常会告给我们有关世界的知识。客观地讲，对语言在人类生活中能够表达思想这一重要作用的考察促成了语义问题的提出。在现实中，语言至少具有这样的作用，即解释行为和告知我们有关世界的东西，而能使语言完成这些作用的就在于它所能产生的意义。总之，哲学的"语言学转向"之后，在有关各具体领域内分支哲学的探讨上，人们开始关注语言问题，尤其是这一领域内相关陈述意义的语义学研究。

语义学的核心就是对意义的哲学研究。尽管"意义"这一术语和哲学上许多激烈争论的主题相关，但大多数科学家都认为语言学的任何部分都代表着一种科学。就像彭加勒强调的那样，语言研究就是一种科学研究，科学家依据事实而创造的一切其实就是他阐述那种事实的语言。语言学家能从事为理性、客观性所指导的研究，来得到有关语言本质的有用结论。在对语言意义的研究上，语义学所提出的、表明语言和其对象的"指谓"概念作为通向意义领域的一种形式，给了意义以很好的解释。我们认为，从形态上看，有关意义的所有研究都可被无一例外地归结为形式主义和功能主义。其中，形式主义着眼于对语言意义的形成形式进行研究。在这一点上，语言哲学家围绕着专名、内涵、外延、指称等一系列问题对意义进行了深入的讨论。他们把话语的内涵和它所涉及指称（对象）的关系看成是语言意义的基础，认为意义与内涵决定的所指是相同的，从而把意义看成是源自非语言对象的。弗雷格认为，就内涵来讲，它具有识别性的特征，决定着外延与指称，通过它就能选择一个对象来。指号的内涵与它的指称间存在着这样的关系：与某个指号相对应的是特定的内涵，与特定的内涵相对应的是特定的指称，而与特定的指称相对应的可能不止一个符号。概而言之，就是具有不同内涵的陈述可以有相同的指称对象，但可以有不同的意义；具有相同内涵的陈述可以具有不同的外延指称，但可以有相同的意义。弗雷格的这一观点体现了米尔的内涵论，即一个词语的内涵就是它的意义，它与其外延指称是有区别的，因为我们对于同一个指称对象可以从多方面加以描述，从而形成不同内涵的指称符号。意义与指称的这一区别突出了意义和指称的不确定性。罗素认为，语言具有意义其实涉及某种与它自身不同的、非语言的东西。这就把一个语词符号的意义与其所指称的对象看成是同一的。意义就是指称，指称就是意义。为了便于对意义问题进行说明，罗素提出了"专名"和"摹状词"这两个概念。他认为，专名对应于简单的个体事物、个别属性，他依据自己的逻辑分析和抽象，将其称为"原子事实"，它们构成了经验世界。从专名的意谓、指称即对象内容就直接引申出其意义来，专名的意义是最为基本的意义单位。专名只具有命名、指称亲知的原子事实作用，被指的原子事实或个体对象便是该专名的意义。而摹状词则具有描述对象属性的作用，并通过这种描述内涵来指称或不指称复杂的对象，由此解决虚构的概念和自相矛盾的陈述，就摹状词的意义而言，其意义仍在于它的指称。有相应指称对象的词语或语句就是有意义的，否则就是无意义的。在这里，摹状词的意义最终是非语言事物的指称，且以语词——原子事实为意义单位。因此，罗素主张词语和句子的意义在于它的思想概念内容，即内涵或指称，或者说就是非语言的经验事实。然而，在寻求意义对象上的困难以及非语言事物逻辑原子化的抽象性和非确定性，使罗素在意义问题的解决上遇到了困境。

而意义研究上的功能主义认为，意义不能只局限于含义和指称间的形式关系，还包含着更为深刻的内容。就弗雷格和罗素在意义上的讨论而言，他们的共同之处就在于坚持逻辑分析的抽象孤立性，强调语词和语句割裂，语句和使用隔离，把意义的最小单位局限在单个原子式的词语层面。这一情形并不符合语言日常使用的实际状况，因而不能从根本上对意义是如何形成的这一问题给以合理的解释。因为意义的实现并不取决于使用者单方面的意谓和指称，而是体现在语言的实际交际中，因为接受方的理解大大地制约着意义的有无及其实际的内容。所以功能主义认为，意义应来自于语言的使用与理解的关系，意义就是在这样的功能实现中发挥作用的，从而把语言交流的功能作为意义研究方面的主要内容。后期维特根斯坦在意义的研究上就坚持这样的看法，提出了"意义在于使用"的观点。在他看来，名称只指称对象，而陈述则描述了事态，意义的单位是语句、陈述，而不是词语。陈述的意义就在于它在使用中能否表述特定的意向内容，从而把自己从寻找所谓"意义"对象的那种束缚中解脱出来。概括地讲，功能主义的观点着重于阐明意义不能靠纯形式的手段来把握，而应靠多样、复杂、广泛的语言使用语境来把握。就语境来看，它包括时间、地点、有关条件境况、说话者的身份、意向等，它的丰富性以及在意义形成中的现实性作用成为提出功能主义意义观点的直接原因。比如证实主义的语义学观点，把意义看成是言语者的一种知识状态，认为意义就是言语者在知道一个语句时所知道的东西。

笔者认为，在意义问题的探讨上，已经形成了这样的趋势，即讨论的主题不断地深入、分化。逐步出现了意义与指称、意义与真值、意义与逻辑、意义与意向、意义与理解、意义与行为等方面的不同讨论。这些讨论促进了当代语义学的理论建构不断地走向系统、成熟，论证的手段不断地趋于精致、完善。这其实构成了达米特探讨语义学问题的哲学背景。

二、达米特语义学的目标

达米特作为分析哲学传统中的一个有重要影响的人物之一，对哲学的范围和限度做出了简明而广泛的考察，尤其对作为哲学情形之一的语言哲学研究做出了一种普遍刻画。他认为，语言哲学是不同于科学研究、心理学和宗教的一个独特领域。这种研究的目的在于分析和阐明我们的日常概念，以对我们的语言实践给出真正的理解和解释。在他看来，对理解的形成进行分析可能会表明被很好掌握的语言活动是怎么回事。他把这确定为语言哲学研究的主要任务。在《形而上学的逻辑基础》和《思想与实在》中，达米特概括了作为他近几十年来在研究上所坚持的方案。这个方案围绕着一种具体的语言学观点而形成。该方案强调，应把有关语义学的理论建构看成是哲学研究的基石，用它来给各种形而上学问题提供答案。我们认为，达米特对语义学的理论优先于形而上学的那种论证，反映了他的讨论是哲学上的一种整体动机而不只是技术上的细节。

形而上学问题是哲学研究的主题。然而，达米特认为，就采取"两军对垒"形式的传统哲学争论，如实体实在论和反实在论的那种争论而言，并没有推动形而上学的研究以及形而上学问题的彻底解决。因为在他看来，实在论是不能用纯粹的形而上学术语加以刻画的。实在论的论题包含着"真"和"假"这两个语义概念，同时也包括像"指谓"、"意味"这样的语义概念，而这些概念的实质都反映的是语言与实在的关系问题。所以，在他这里，形而上学的问题就被归结为"我们推想哪些陈述有确定的真值"这一问题。① 对此，他着重是从陈述的"意义"表述上来阐明的，因为陈述的意义情形决定着它的真值状态。这就使他萌生了构造一种能被用来解决或至少阐明形而上学争论的"意义模型"的动机。从而把形而上学的争论看成在有关争论类陈述意义的正确模型上的分歧。这样，有关形而上学的问题就和语义学相关联。语义学被看做寻求形而上学争论解决方案的一种合理基础。在这一点上，达米特提出了一种"自下而上"而不是"自上而下"的方法。② 也就是说，在他看来，为了达到有关实在论的形而上学争论这一顶峰，有必要先形成一个营地。而为了形成这一营地，我们就必须详述一组有关语义学的法则，即支配意义理论形式化的普遍原则。"自下而上"的方法其实就是在语义学的研究上首先解决意义的正确模型以及恰当的真值概念，然后再从对这一问题的解答中推出我们认为支配着它们的逻辑，以此来解决实在论的形而上学问题。这样做的合理性就在于，我们能找到如何解决这些问题的更有效方式。尽管意义理论的主要概念首先在弗雷格的指称理论中出现，并且这些概念因他对含义和指称之间关系的说明而给了人们以理解。但目前在意义理论应采取什么样的普遍形式这一问题上，依然没有达成一种共识。达米特乐观地认为，如果我们对所期望的意义理论能做什么有一个清楚的概念，那我们就会在全部的哲学问题上取得更深入的进步。因此，他指出，"意义理论"这样的概念，将有助于我们形成一个达到形而上学高峰的营地。因此，有关意义的语义学研究在形而上学问题的确定上具有重要的作用。

达米特的这一看法显然受到了弗雷格的影响。他曾指出："哲学不能将它自身确立为一门'按照一般所同意的探究方法'而进行，并取得'那些按普遍所同意的标准而被承认或反对'的结果，最后成为一种表达清楚的理解系统的研究学问而感到沮丧。弗雷格通过把哲学设想为意义理论向我们指明了前进的道路。"③ 基于这一点，达米特提出了这样的看法，即哲学家的主要目标应当是向我们提供出一种语言如何工作的清楚观点。按照这样的观点，传统的哲学问题能通过对在语言中被表达的思想的分析而得以解决。这样的分析是可行的，因为语言构造往往

---

① Dummett M. 2000. Elements of Intuitionism. Oxford：Oxford University Press：386.
② Dummett M. 1982. Realism. Synthese：52.
③ 约翰·巴斯摩尔.1996. 哲学百年　新近哲学家. 洪汉鼎，陈波，孙祖培译. 北京：商务印书馆：68.

能从对它们进行使用的模式中获得意义。"没有潜在的力量把这些意义赋予它们：它们因我们使用它们的方式来意味它们所意味的东西，而非别的。"①

　　以语义形式来解决形而上学问题的策略是语言哲学的著名传统。维也纳学派、后期维特根斯坦及英国哲学中的日常语言学派等都是这一传统的具体表现。但如果把达米特的观点和这些传统的主张相等同就会有失公允，因为这两种观点之间是有区别的。尽管达米特关于意义的观点主要依赖于特定的形而上学承诺，但他把形而上学论题看成是意义论题的那种处理策略回避了特定的形而上学论题。就承认形而上学问题的研究是有价值的这一点而言，他的思想是后实证主义的，超越了实证主义。因为在他看来，相关的形而上学论题是有关意义本质争论的悬而未决结果，受语言指向的那种方法是为了解决形而上学，而不是丢弃形而上学。同时，这种方法要求对语言的清晰理解要和语言实践相结合。这样，达米特就避免了后期维特根斯坦的语言游戏所产生的那种相对主义，以及卡尔纳普的内外二元论。他把对证据理论的分析作为揭示意义形成上所使用原则的手段和工具。具体而言，达米特的方案是这样的，认为一种成功的意义理论能够给形而上学提出有效的解释。这种解释将会表明什么把真假值赋予语言中的陈述，以及语言构造的作用如何由它们的组成部分决定。至少对于语言的一些部分而言，它表明了作为意义理论基础的语义学类型及与它相一致的逻辑类型，从而最终给我们提供了一条在有关被语言的这些部分所描述的领域内相互冲突的形而上学观点之间进行判定的方法。

　　在论证形而上学的语义学基础方面，达米特探讨了一种正确的意义理论形式以及意义如何产生的问题。他在哲学上的探讨其实是有关语义学问题的，因为哲学语义学研究的本质其实就是解释意义以及对所有表达的意义给予阐明。按照他的阐述，一种科学的语义学必须要在理解一种语言是怎么回事上向我们做出真正的解释，或者阐述那些为我们所掌握的语言使用的操作规则。判断一种语义学是否科学的标准就在于它能否在什么算是理解了一种语言这一点上给我们提供令人满意的解释。认为某个人理解了一个语句的意义，当且仅当在于他知道这个语句是真的，这一点并未给我们提供何为理解了这种语言的一种非循环解释。因为我们想被告知的是，理解这样的语句为真是一种什么样的情形。这样的以真值形式为基础的意义理论被达米特称为"适度的"。同时，达米特还提出了一种"彻底的"意义理论。在他看来，这种"彻底的"意义理论对理解提供了一种解释，但它并不依赖于对像"理解"或者"知道真值条件"这些概念的先在掌握。②

---

① Dummett M. 1995. The Logical Basis of Metaphicysics. London：Duckworth：78.
② Dummett M. 1995. The Logical Basis of Metaphicysics. London：Duckworth：136.

概括地讲，达米特的语义学着眼于给自然语言的意义形成、语言作用等问题以科学的刻画，并把对这些问题的刻画和形而上学的有关问题相结合，从而通过对这一问题的有效解决来寻求对形而上学论题的解决途径。笔者认为，达米特在意义形成问题上的探讨，能为哲学上形而上学争论的解决提供有效的基础和必要的准备。因为，通过对意义及其形成本质的探讨，就能解释那种包括有关世界信息的人类思想，从而透过对人类思想的廓清来解释存在的世界。因此，可把他的论述视为阐明我们谈论语言时所需用到的各种正确的概念和区分的一种尝试。

第二节　达米特语义学思想的理论构架

与应用性科学相一致的是，哲学上的研究也能对那些不同意其潜在公理的人大有裨益。一种自身目标被限定为对语言意义的形式表述以及对语言作用的体系解释的语义学研究，能在揭示语言、思想以及世界之间的潜在机制上发挥出重要作用。对意义的全面分析应当把形而上学问题阐述为有关世界的以及有关世界中的我们这一问题。达米特对意义的分析就是着重从这两种层面上进行的。这两种层面上的分析与论述，表明了他在形成语义学思想上的理论构架。

一、达米特语义思想的理论构成

语义学是探讨意义及其相关性论题的科学，语义学的理论其实就是有关意义和真值的理论。如果这种理论得到充分的发展，我们就会看到它不仅包括真值理论以及逻辑演绎理论，同时也包括意谓理论，即描述表达和它们的意义之间关系的理论。这样一来，人们在语义学的探讨上就习惯地将语义学的理论分为指称理论与意义理论两个部分。指称理论涉及表达的所指、表达的满足性、真值以及陈述所涉及的可能世界等内容；意义理论则试图阐明表达的内涵、意向表征、含义等。在这里，达米特认为，语义理论和意义理论就是对语义学这一研究领域在这方面所取得成果的不同表述。他在语义学上的探究以及理论建构就是着重围绕着语义理论和意义理论的内容架构来进行的。在他看来，语义学的研究首先应该考虑意义的形式表述，这往往通过语义学的外延方面——即指称来体现。例如，真值条件的语义学把包含着指示性表述的语句看做是确定地真或者假的语句，使得指示性表述的指称得到了固定。有关这方面的体系建构是语义理论所涉及的。对指示词的逻辑类别判定，决定了我们的语义理论形态。另外，语义学的研究也应考虑意义的认识方面和内涵方面，有关这方面的理论建构就是意义理论。可以概括地讲，达米特语义学思想的实质就是要建构意义理论和语义理论的科学形态，以便给"语言如何可能"做出一种系统而全面的理论表述。因此,分析他的语义学观点就有必要对语义理论和意义理论的内容与本质给予考察。

按照达米特的理解,语义理论和意义理论是有关语义论题的两种不同阐述,它们所涉及的问题有所不同。从他的论述中,可清楚地分析出这种区分来。首先,就语义理论和意义理论这两种理论的适用性来看,一种确切的表述应当是"形式语言的语义理论和自然语言的意义理论"。就其功能而言,语义理论阐明了语言的任何给定语句为真的那种条件,它"通过那种确定了一种语言的给定语句为真的东西表达了对那种形式语言的意向解释"①。也就是说,它从形式上表明了陈述的语义对象,但在实质上没有表明真值与意义之间的关联是如何发生的。② 它只考虑什么使得一个陈述为真,但没有考虑什么构成了我们对一个陈述的理解。而自然语言的意义理论着眼于解释这种语言是如何被实际理解的。所以,语义理论和那种着眼于弄清掌握并使用某种语言意味着什么的意义理论是有所不同的,它并没有阐明言语者知道什么以及什么构成了他对使用一个表达的掌握。因此,"意义理论是明确的,而语义理论则不然"③。概括地讲,在达米特这里,语义理论可被看成是对语义问题的形式刻画,它关注意义的形式;意义理论则是对语义问题的内容表达,它着眼于意义的使用。这一区分形成了他对语义学研究的总体定位。按照达米特的理解,语义理论寻求的是展示一个语句被确定为真的那种方式。因此,它有益于实现谋求语句的真假这一逻辑目标。从这一意义上看,语义理论就是一种真值理论,着眼于研究语言的构造,以解释一个语句的构造如何决定了那个语句的真值以及一个语句被确定为真的方式如何与它的内在结构相一致。因此,达米特指派给语义理论的任务是这样的,即在已知真值概念和语义值的情况下,表明一个语句的真值如何从它的组成部分以及它的组成部分的语义值中得到。在语义理论的框架下,每个表达都被指派给了一种语义值。这样,就有必要对一个复杂表达的语义值如何建构在它的组成部分的语义值上进行解释,语义理论的实质就是从形式上给语句语义值的确定提供一种理论构架。而意义理论则不是这样的,它的目标被限定为给语言的作用做出系统的解释,以阐明言语者对某种语言的掌握是怎么回事。因此,意义理论涉及的是言语者知道什么,什么构成了他对一个语句使用的掌握以及什么构成了他对这个表达的理解等。也就是说,意义理论侧重于从语言的使用层面来研究意义,表明使用某种语言意味着什么。意义理论的这一主张源于这一点,即对一个谓词的意义知识并不在于它的真假对象是什么,

---

① Dummett M. 1993. The Seas of Language. Oxford:Oxford University Press:131.
② Dummett M. 1993. The Seas of Language. Oxford:Oxford University Press:135.
③ Dummett M. 1993. The Seas of Language. Oxford:Oxford University Press:130,131.

同时，对一个语句的意义知识并不仅仅在于知道它的真值。语义理论由于没有把它和言语者知道什么以及什么构成了他对一个表达的使用的理解相结合，所以它本身还不是一种意义理论。

尽管语义理论和意义理论不相等同，但它们也并不是完全分离的。首先，所有由语义理论和意义理论所涉及的语义现象，都必须在一个统一的语义结构或语义模型下去进行分析。否则，语义现象就是不完整的。其次，这两种语义现象不可分离的原因就在于真值与意义的密切关系——真值是意义的表现，语句的意义要参照真值这一概念。如果真值概念是给我们对某个语句为真意味着什么的那种把握加以说明的话，那么构成语句的那些表达式的意义的主要成分就要被看做是作为确定这些表达式的真值的手段提供给我们的。一个语句的真值依赖于该语句意味着什么以及对实在本质的理解，这样，语义理论的可接受性与意义理论的成功就自然而然地得以结合。达米特在对它们关系的说明上曾指出，"选择一种合适的语义理论是建构意义理论的第一步"①。语义理论应当是这样的，即它能被延伸到一种正确的意义理论上。尽管这并不意味我们首先构造一个真值理论然后在这个基础上再构造一个给定语言片断的意义理论。但如果没有一种语义理论，那就无法知道什么东西将构成对表达式意义的解释，因而就无法知道言语者对表达式的理解与语句如何被确定为真或非真相关的那部分内容是怎么回事。"如果意义理论表明了一个句子如何按照它的组成部分而被确定为真，那就包括了一种语义理论"②，之所以这样是因为人们常常认为真值这一语义值经含义或指称等概念而与意义相关联。这样，语义理论就可被刻画为对复杂语句的意义如何由其组成部分构成和确定的情形给予解释的理论。构成语句的那些表达式的意义成分是作为确定这些表达式的语义值的手段提供给我们的。确定一个语句语义值的形式就给出了这个语句的意义，或者说，赋值形式描述了语句的意义情形。因此，可以把语义值的作用看成它能使语句的意义得以呈现。在语义值上的理解上，弗雷格认为语义值就是真值，只有依据真值构建起来的意义理论才是可接受的。在这一点上，戴维森也提出了类似的观点，认为一种可接受的真值理论应能说明语句的意义，给出陈述的真值条件也就给出了它的意义。在阐明所有表达的意义上，我们需要一种语义理论。"意义理论都必须有某种语义理论作为基础，这样的表述假定了真值概念必须在任何一种意义理论中起关键作用。"③ 达米特认为，必须接受这一点，否则就无法形成有关意义的概念。如果形成了真值理论，那么就有了和它相对应

---

① Dummett M. 1995. The Logical Basis of Metaphicysics. London：Duckworth：148.
② Dummett M. 1995. The Logical Basis of Metaphicysics. London：Duckworth：113.
③ Dummett M. 1995. The Logical Basis of Metaphicysics. London：Duckworth：82.

的意义理论，即理解一个句子——拥有它的意义就是知道它的真值条件。从这一意义上讲，语义理论充当了意义理论的基础。"对理解的解释能建构在语义理论的基础上。"① 语义理论的选择是非常重要的，如果被选择的语义理论是错误的，那么剩下的整个意义理论建构就是错误的。然而，选定了一个正确的语义理论后这个任务还没有完，因为我们在构造一个正确的意义理论中仍面临着许多其他的问题，我们还要构造一种含义理论（theory of sense）和语义理论。语义理论必须给出意义理论的框架，它陈述了表达的指称是如何被确定的。比如，一种科学的语义理论认为，我们通过把握一个思想的构造和其构成部分的含义而理解了这个思想，而确定一个陈述构成部分含义的指称是依据真值概念的。因为陈述的含义由知道在什么样的情形下它为真及什么样的情形下为假而确定。也就是说，我们必须通过确定语句的真值情形来确定命名的指称。这样，语义理论就决定形而上学争论的解决途径，从而使得它以作为意义理论的基础而存在。

另外，语义理论也是可能的，只要它提供了一种构造意义理论的基础，那么它就是可能的。也就是说，语义理论的可能性与意义理论有关。语言的意义理论是一种形式上的演绎理论，它产生了像"S 意味着 P"这种形式的定理，这种定理阐明了语言表达中每个语句的意义。就这种理论来看，它提出了两种限制。一个限制是它应反映语言的组合性本质。这一点可通过两种形式来实现：①预设有限阐明单个词含义的公理，然后表明从构成词的含义中重新获得语句含义的递归规则；②通过递归规则来从构成语句中获得复合语句的意义。另一个限制是同义限制，即在意义表明定理中的 S 的含义不能不同于 P 的含义。但这一限制并没有告知信息。因此，为了避免琐碎性，意义理论应当给出表明意义的定理，这种定理并没有采取像"S 是 Φ 当且仅当 P"这种形式来预设意义概念。这样，构造一种充分的意义理论其实就是给谓词 Φ 找到一种合适的备选者。在这里，达米特接受了弗雷格的传统，把"真"作为最有前途的备选者。在他看来，"所有语义理论的目标都在于，按照一个语句的组合形式，来解释在语句为真时它被确定为真"②。这就意味着，语义理论着眼于表明一个陈述的成真情形是能被知道的。"语义理论应当解释语言表达有其意义是怎么回事，它应当能解释某个人对它的意义掌握是什么。"③ 语义学的主要关注点是语言意义的本质，这使得语言哲学和哲学的其他内容相关联。比如，我们关注于什么能在我们做出一个有关过去或者有关他人思想的陈述上给我们以辩护。对于这些问题来说，我们必须阐明对所讨论问题的陈

---

① Dummett M. 2006. Thought and Reality. Oxford：Clarendon Press：15.
② Dummett M. 1995. The Logical Basis of Metaphysics. London：Duckworth：31.
③ Dummett M. 2006. Thought and Reality. Oxford：Clarendon Press：15.

述的意义是什么。因此，我们必须使用语义学的理论和观点。意义是确定真值的方式，某一语言表达式具有什么样的真值，可用它具有某种特定的意义来说明。如果我们不阐明陈述的意义，如果我们不依赖那种对在一个人知道语句的意义时他知道了什么进行解释的意义理论，那我们就不能得到包含在它们中的真值。有关意义以及理解的本质的普遍考察决定了语义理论的选择。在达米特看来，只有当一个真值概念是构成我们对所讨论陈述的意义理解所需的情况下，它才是这些陈述的恰当真值概念。这样，我们就可以把语义理论和意义理论看成是同一问题的两个方面，它们是相互补充的。

1. 语义理论

语句的语义值，或者达米特称为的陈述值，是一个在语义学中发挥着重要作用的概念。按照他的理解，语义值是一种关系，它常常被看成是一个表达式所具有的属性，这种属性能够决定任何它出现于其中的语句的真值。这样一来，语义值就成为表述语句真值的一个重要概念。有关这方面的论述与研究，便得到了一种有关表达式语义值构想的语义理论。"语义理论要求我们为每一种表达类型做出一种关于那一类型的一个表达或所具有的语义值的类型的构想。"[①] 这种构想着眼于解释一个语句的组成部分如何决定了那个语句的真值。也就是说，语义理论是有关依据一个语句的内在结构来决定其为真或为假的理论解释。尽管在阐述真值的哪个概念正确这一问题上存在着争论，但达米特指出，语义学的主要概念还是真值。每一种语义理论的目标都在于明确说明一个公式在某一解释之下为真是怎么回事。[②] 在语义理论对语句意义的分析和说明上，有必要参照真值概念，因为这一概念其实是对我们把握语句为真时意味着什么的说明。由于引入语义值的方式就是保证一个组合性表达的语义值是由其构成部分的语义值来确定。所以，语义理论的任务就被分为三个部分：首先，它应规定什么样的语义值将被指派给所有类别的示意性字母；其次，它应表明一个组合性表达的语义值如何依赖于它的构成部分的语义值；最后，它应当陈述在一个语句的语义值和在解释下那个语句的真值之间应有什么样的关系。[③] 我们认为，可以把语义理论的这些任务分别称为：语义值的选择、语义值的依赖性以及语义值或陈述值和真值之间的关系。为了把履行这些任务的语义理论和其他不履行这些任务的语义理论区别开来，我们可将前者称为一种规范的语义理论。

作为语义值中一种具体表现形态的真值概念，是达米特语义学思想中的一个

---

① Dummett M. 1995. The Logical Basis of Metaphysics. London：Duckworth：24.
② Dummett M. 1995. The Logical Basis of Metaphysics. London：Duckworth：32，33.
③ Dummett M. 1995. The Logical Basis of Metaphysics. London：Duckworth：35.

核心概念。他对这一概念的论述是从"论证"这一层面上进行的。从一种准理论的意义上讲,我们在有效论证上的基本看法就在于:一个有效论证的根本要求就是能从正确的前提得到正确的结论来。要概括这种合理性,首先,就要关注论证的形式而不是具体的内容;其次,要确定是否能以真值形式或者别的什么形式来概括这种有效性。为了揭示达米特提出的语义理论应当达到的要求,我们将关注于前一种概念,即关注于论证的形式。从逻辑的观点看,要概括论证的哪一形式有效,就应在示意性字母的帮助下把论证呈现出来。在我们研究句法逻辑时,字母被看做是表达了实际的语句。在谓词逻辑中,我们需要用字母来表达谓词、个体常量,用字母表示变量,从而形成量化的语句。另外,当考虑到单称词而不是变量和单数常量,就引入了用示意性字母来形成复杂术语的表示功能。达米特指出,"对论证形式的关注引起了通过替代示意性字母解释的准理论概念,以及按照解释下的真值形式来对论证形式的有效概括"①。如果一种论证有效,那么就意味着它的前提是真的,结论也是真的。通过这种准理论的方式,就可以诉诸某种直觉的真值概念,来概括各种论证形式的有效性。

在达米特看来,尽管语句能被看成是真的或者不是真的,但在这个层面上我们无法解释一个语句的真值怎样依赖于它的构成方式。因为语句的真假必须依赖于它的组合性。"语句被确定为真或不真的那种方式要与它的组合相一致的分析"②,这被达米特看成是所有语义理论的重要任务。一个表达的语义值是对该表达属性的一种反映。任何包含着某个表达的语句,其真值就依赖于这个表达的语义属性或语义值。显然,对语义值的选择、对一个复合表达语义值的确定以及真值概念的形成都取决于其构成部分语义值的表现方式。这样,不是把示意性字母替换为实际的表达,从而指派给它们以语义值,而是语义理论直接把那些选作为对示意性字母来说适当的语义值归属给示意性字母。就像达米特那样,着眼于研究弗雷格式的句法。"如果我们知道语句的语义值是什么以及知道单称词的语义值是对象,那么就可以得出一个 n 阶谓词的语义值一定是从对象的 n 种属性(n-tuples)到能被指派给语句的语义值的映射(mapping)。"③

就语义理论的类型而言,达米特提出了这样的看法:"在语义理论中,我们有两种分类原则。一是古典的语义学,它把一个陈述值等同于真或者非真。另一个是所有其他的语义理论,它们要求使用某个不同于真的概念,也就是说,拥有或不拥有绝对为真的某个概念。我们对此有两个熟悉的模式。一个是从多值逻辑中

---

① Dummett M. 1995. The Logical Basis of Metaphicysics. London: Duckworth: 23.
② Dummett M. 1995. The Logical Basis of Metaphicysics. London: Duckworth: 24.
③ Dummett M. 1995. The Logical Basis of Metaphicysics. London: Duckworth: 27.

得出的语义理论……另一个是为时态逻辑构造出来的语义理论。"① 这就把语义理论分成了古典的和非古典的形态。在古典的语义理论情形下，陈述值被简单地等同为语句的真假。例如，弗雷格的外延论以及塔尔斯基的真值语义学观点，都是对古典语义理论的一种表述。而非古典的语义理论则坚持从多值逻辑中得出的语义学观点和给时态逻辑构造的语义学观点。它的明显特征在于在对一个语句语义值的处理上，把这个语句的语义值和人们的知晓连在了一起。克里普克的可能世界语义学观点以及贝斯（Beth）的直觉主义语义学思想都是这方面的例子。

达米特认为，不赞同把语句的真值和语义值相等价的语义理论就面临着这一任务，即要表明语句的真值如何从它的语义值中得出。在这一问题上，存在着这样的几种情形。首先，是直觉主义对陈述真值和语义值关系的描述。例如，海汀在对逻辑常项的解释上，坚持这样的看法，即在直觉主义的观点中，陈述值被等同为那种把构造分为能证实语句和不能证实语句的原则。这样，就可以把真值概念表述成，如果知道一个构造，那么这个原则按照证实来给那个句子进行分类，从而获得了真值概念。其次，多值逻辑语义学给陈述值和真值之间的关系提供了另一种刻画。在这里，陈述值被认为是某个大于2的基数集合的元素，然而，这个集合的一些元素被选作为是"被指定的"。在某种说明下，如果指派给语句一种被指定的元素，那么这个句子就被看成是真的。最后，真值与陈述值之间的另一种关联被认为存在于那些以相对化的真值而运行的语义理论中。它们设想了一个具有部分顺序的空间，并要求在空间的每个点上，所有的语句或者至少是所有的原子语句，要么真要么假。这种形式的语义理论就是可能世界语义学。它以可能的世界作为点与可及性的一种联系，贝斯树图和克里普克树图把点解释成按照一种包容关系来排序的信息状态，或被自然排序的、有一组时间的时态逻辑语义学。在这些语义学中，陈述的真值总被定义成关于树上的点，即关于信息的状态。现在，如果语句在一些被选的点上为真，那么人们就会认为它是绝对真的。"这可能是真实的世界，即信息的当前状态或者当前的时间。"②

在陈述的语义值与其真值之间的关系上，把达米特所提出的那种情形概括成表明被解释语句的真值可能依赖于那个语句的语义值是更为恰当的。这将会让人受到启发。达米特指出，要求一种语义理论受人欢迎，就得服从两条规定。首先，在不同逻辑的辩护者之间的争论中，一方应能理解其反对者提出的逻辑常项的意义。其次，能给这个争论以解决。如果可能的话，就通过评价参与者提出的这两种语义理论中的哪一个是正确的，即通过比较在这些语义理论基础上提出的两种

---

① Dummett M. 1995. The Logical Basis of Metaphicysics. London：Duckworth：33，34.
② Dummett M. 1995. The Logical Basis of Metaphicysics. London：Duckworth：34，35.

意义说明的优缺点，最终使正确性得以判断。这实际上就表明了在选择一种正确的语义理论中我们应受什么样原则的指导。例如，在古典逻辑学家和通过诉诸古典真值表来试图支持他们有关一些语句逻辑法则有效性观点的直觉主义者之间存在着争论。古典逻辑学家认为他的反对者接受了真值表的所有条款。比如认为他接受了只有在 a 真或 b 真的情况下 a∨b 才会为真这一条款。类似地，直觉主义者并不反对只有在 a 不真时非 a 才是真的。这样，如果直觉主义者的反对者问他为什么在接受古典真值表的情况下，还拒绝双重否定的消除原则，即排中律。那么直觉主义者会给出这样的回答，他理解否定和选言的方式并不允许他去确定这些原则的一些例子。这样，有关逻辑中什么样的法则被看做是有效的断定就有赖于那种被认为在元语言中成立的逻辑法则。如果在元语言中支配逻辑常项的法则是古典的，那么真值表就使得古典逻辑有效，并能表明它们的路线穷尽了所有的可能情形；如果元语言中的逻辑常项是直觉主义的，那么作为结果的逻辑也将是直觉主义的。在语言中坚持的逻辑法则依赖于在元语言中被预设的法则。在元语言中，"被陈述的语义理论是由通过说出语义理论对元语言中已接受的逻辑含义而被表达出来的"①。在一种含义的语义学理论情形下，有关一些逻辑法则合理性的争论就变为这些法则在元语言中是否成立的争论。我们可以用"意义"或者"理解"形式来表示这一点。古典逻辑学家可能对坚持某种其他逻辑的人为什么在被说服去接受逻辑关联词的古典真值表的同时拒绝这种或那种法则感到困惑。然而，在试图找到他的反对者为什么否定一个在语言中成立的逻辑法则时，古典逻辑学家不可避免地会揭示他反对这种法则在元语言中成立，"当然这并没有给他提供任何有关他的对手否定所探讨法则合理性原因的信息"②。

　　给出两种逻辑的坚持者之间的争论，如果争论双方对在元语言中成立的所有法则没有异议，那将有助于解决这个争论。这样，不管有争议的法则是否被认为在元语言中成立，都应与这些法则是否在这种语言中能被表明为合理无关。贝斯树图或克里普克的语义学非常接近于这种理想。不管元语言的逻辑是古典的还是直觉的，相同的规则和逻辑法则都是有效的，而且这些都是直觉主义逻辑的规则和法则。这样，只要古典逻辑学家被说服偏向于超越于古典语义学的贝斯树图，那么直觉主义者在这场争论中就将有很大的取胜机会。上述的争论双方将提出了不同的语义理论。假如 A 辩护一些为 B 所激烈反对的逻辑法则的有效性，那么在对这些法则的证明中，A 将在他的语义理论中使用的只是 B 所接受的那些法则。这一理想并没有在模型论语义学那里实现，因为从直觉主义的观点看，对这些有

---

① Dummett M. 1995. The Logical Basis of Metaphicysics. London：Duckworth：55.
② Dummett M. 1995. The Logical Basis of Metaphicysics. London：Duckworth：36.

争议的法则，比如说排中律的证明，将利用了相同或者其他作为这个争议主题的法则。另外，如果 A 试图让其对手确信一种逻辑法则的无效性，那么他应在一种通过只诉诸那些为其他人所接受的逻辑法则使这一点得以完成的语义理论中来完成。显然，在多数情况下，B 并不接受他的反对者所提出的语义理论。然而，这种理论将有助于使他明白他的反对者拒绝有争议法则的理由是怎么回事。这样，在理想的情形下，双方在一些逻辑法则有效性的争论中提出的语义理论就满足了上述两个规定，从而使争论成为给定语言的意义问题，如数学推理在其中被表达出来的那种语言的正确意义是什么样的情形。就像每个被提出的语义理论应最终给那种语言的意义说明以基础一样，通过把表达的意义等同为对它们的理解以及验证这些说明是否符合语言交流的事实，或者是否符合一些加给意义解释的普遍要求，就能确定它们是正确的还是不正确的。

　　以上的语义理论由于预设了一种真值理论，所以就被看成是正式的语义理论。按照达米特的理解，所有正式语义理论的目标都在于表明在一种解释下一个公式的正确性是怎么回事。当一个正式的语义理论被指向了某种逻辑体系后，相关的真值理论就被看成是当然的。因此，在所有被归入一类正式形态的语义理论中，真值都是主要的概念。达米特通过在绝对的真值概念和在一种解释性的真值概念间做出区分使这一点明确起来。他对陈述所对应的真值考虑，表明了他在意义的阐述上，注意到了在意义的内容形成中，外在的实在所具有的重要作用。因为，语义学是在解释的情形下使用真值概念的，一种语义理论关注的是作为语句属性的真值概念，以真值所对应的情形和状态来给意义进行表述。这样，不理解包含在这种语义学中的真值概念，就不能把握语义学的内涵。因此，语言哲学家在真值概念上表现出浓厚的兴趣。当达米特的理论能被延伸到意义理论的语义理论时，他所讨论的真值理论就被包括在正式的语义理论之中。一般地，不管是古典的二值语义观点，还是对二值语义理论给予否定的直觉主义语义理论，都是对语句真值的阐明。对真值的阐明解释了一个陈述句的意义如何按照其内在结构而得以确定，给出意义形成的形式表述或逻辑表达，就阐明了语义学的逻辑基础，从而能够为一种意义理论提供形式保证。这样，语义理论通过给逻辑常项的意义以表述，提供了一种让语言使用者借以判定某种形式化是否可靠的标准。

　　在选择一种正确的语义理论上，达米特规定了一些原则。在他看来，一种可接受的语义理论必须是这样的：第一，"它本身应是一种连贯的理论"[①]；第二，它必须给出我们陈述的正确真值条件是什么；第三，它必须对言语者对一个词、一

---

① Dummett M. 2006. Thought and Reality. Oxford: Clarendon Press: 15.

个术语以及一个陈述的理解是怎么回事给出一种可能的解释;第四,假如对"理解"的说明能根据那种语义理论而得以构造,那么我们如何获得对我们语言的这样一种理解就一定是合理的。依据这些原则,达米特提出了坚持明确性、避免模糊性的要求,提出了把内在的解释看成是通向自然语言语义理论的正确途径这一观点。从本质上讲,内在解释其实是一种直觉主义的语义学。这样一来,直觉主义语义学就被他看成为正确的语义学形态,从而能被扩展成自然语言的一种普遍可行的语义学观点。尽管有人认为在古典语义学和直觉主义语义学之间存在着一些相似性。像范·道恩(Van Dalen)在这一点上就持这样的看法。在他看来,古典的语义学和直觉主义的语义学并非完全不同,它们具有实质上的类似性。比如,就"范围"这个概念而言,古典的语义学解释把它看成不是一个非空集合,而直觉主义解释认为它是一个被占据的类别。但达米特认为情形并非是这样的。从本质上看,他选作为正确的语义理论并不是弗雷格式的句法语义学,即认为语义理论必须解释一个语句如何被依据着它的构成而确定为真的,给出一种起作用的语义理论在很大程度上依赖于对一种合理句法的先验接受。达米特认为,这对于古典语义学来说是适合的。但对非古典语义学来说就不是这么回事了。因为在古典的语义学中,对逻辑常项的解释是直接的规定。例如,我们可以规定"如果 A 那么 B"只有在如果 A 是真的那么 B 就是真的情形下正确。这种规定是直接而绝对的,因为它只依赖于 A 和 B 的真值,同时也因为包含在这个规定中的真值概念并不是一个相对化的概念。而非古典的语义理论不同于古典语义理论之处就在于它运用的是一种相对化的真值概念。一个时间里的真值、一个可能世界中的真值以及直觉主义语义学中的真值就是这样的情形,真值和一种信息状态有关。例如,在依据克里普克树和贝斯树图而形成的直觉主义语义学中,规定"如果 A 那么 B"在一个节点 p 上是真的,其实反映的是这样的情形,即对每个等于或小于 p 的节点 q 来说,如果 A 在 q 上是真的,那么 B 在 q 上就是真的。

2. 意义理论

对"意义"的实质给予反映是语义学研究的主题。"语义学的研究必须要告诉我们意义是怎么回事。"[①] 语义学对意义的不同理解和界定的一个直接结果就是出现了不同形态的意义理论。在意义问题的研究上,达米特表现了特定的主体性和建构性。这突出地表现在他对意义理论的阐述上。在他看来,作为分析哲学家主要观点的意义理论着眼于给语言的作用以体系性的说明,以之来阐明某个理解了

---

① Prawitz D. 1987. Dummett on a Theory of Meaning and Its Impact on Logic. // Taylor B M. Michael Dummett: Contributions to Philosophy. Dordrecht: Martinus Nijhoff: 118.

不同语言表达和语言构造的人知道了什么。这样，意义理论就不能简单地指出某一专名有什么样的指称，而应揭示该专名的承载者所必须满足的条件。也就是说，它必须阐明为了理解某一表达式的意义，言语者应该知道什么，以及怎样才算知道了这些东西。基于这一点，他做出了意义理论是一种理解理论的定位。

达米特对语言意义的阐述实质上表达了一种语义学的观点。他的这种语义学观点的目标就在于建构一种有关自然语言理解的理论和方法。在形成自己的语义学主张上，达米特的思路是这样的：我们需要一个与语言使用是一种理性活动这一事实相吻合的语义概念。他对语义学的论述着重是从阐述语言如何起作用这一层面上来进行的。在他看来，有必要解释语言表达是如何可能的，或者说，言语者是如何通过它进行交流的。因为对意义本质的把握只能放在语言的使用中来进行。所以，如果把一种语言的言语者和听者的理解这个事实看成意义阐述的基本方面，那就在语义学被期望着能做什么这一点的正确方向上迈出了重要一步。这样一来，就可以把有关意义的哲学问题解释成有关理解的问题。这一点是非常重要的，在"演绎法的证明"中，达米特具体地阐述了这一看法的重要性："除非我们已经取得了对我们语言的理解（我们不正是凭借这种理解而理解世界的吗？因此对于我们来说，没有这种理解也就没有世界），否则我们对任何其他东西的理解都将是不完善的。"[①] 我们需要的是什么能算做对通晓一门语言的解释，我们所寻求的也正是对一种语言的言语者给该语言所形成的那种理解的解释。这样，意义理论就被看成是一种能在我们知道一门语言时告诉我们所知道的东西为何物的理论，它着眼于解释我们在知道了一门语言时到底知道了些什么。给具体语言以意义理论的重要性就在于将此作为获得语言知识的一种途径，而给出这样的意义理论的哲学意义就在于它将获得对意义概念的一种理解。在这里，研究意义、真及确证等概念在意义理论中的作用是非常重要的。由于知道一门语言表达的意义能被看成是从语言的理解中所得到的东西。所以，意义的形成就和我们的意识有关，能被看做为一个表达的意义的东西一定是有关我们能有一种反思意识的东西。就像约翰·坎普贝尔（John Campbell）指出的那样，"那种让我们把理解看成对古典真值条件知识的东西就是对意识在我们的语言理解中作用的恰当解释"[②]。

把意义的形成看成为一种理解活动，即词或语句和它们的言语者的信念，以及意向如何结合的问题，其实质就是把有关在一个人知道一门语言时他能知道什么的探讨纳入语义学的研究范围之下，这就涉及"意义知识"这一概念。在布莱

---

① Dummett M. 1978. The Justification of Deduction. // Truth and Other Enigmas. London: Duckworth: 290-318.

② Campbell J. 2002. Reference and Consciousness. Oxford: Clarendon Press: 193.

维兹看来,"把意义的知识告诉我们,这是达米特意义理论的另一个任务"①。按照达米特的观点,在言语者知道了一门语言时,他所拥有的乃是一种实际的知识,即如何使用这门语言的知识。在他看来,从严格的意义上讲,知识是需要证据的。例如,S 意味着 m,我们对这一点的知晓要求我们能给出证据,从而在证据上说出 S 意味 m 是怎么回事。这样,语义学就关涉到言语者的语言能力。所以,我们在意义理论建构的方向上所必须坚持的一点就是:语义学的研究有必要对言语者理解语言时所具有的那种实际技能或能力做出一种理论性表述。对语义学研究中的意义理论的基本期望之一就是它将给出这样的一种理论表述。在达米特看来,意义理论应当对语句正确使用的所有特征,即"为了能够正确使用那个语句而必须掌握的规则和属性"进行描述。② 意义理论的正确方法论其实就是研究意义理论得以构造的那种普遍性原理。不仅如此,意义理论本身也应被看成是言语者知识对象的组成部分。也就是说,知道一门语言就是知道意义理论对它的隐含性。知道一个表达的意义并不只是被描述为拥有特定的实际能力,而且还要被解释为知识的一种真正情形。这样,对意义的知识在这里就被看成是明确的知识和实际技能之间的一种中介。

有关意义的这种知识最终可被解释为隐含的知识,即能通过某种实际的能力来给予解释的知识。就语言的使用来说,它当然体现的是某种能力。如果一个人获得了一种具体语言的意义知识,那么他就获得了在那种语言中进行活动的能力。尽管知道一门语言就是知道如何使用它,但不应因此得出知道一个表达的意义就等于知道如何使用那个表达。实际上,我们在这里面临着两个问题:一个是描述言语者对一个表达意义的知识;另一个是解释言语者对它的使用属性的知识。对这两类知识而言,都可以某种能力的形式来进行解释。意义理论就是对言语者拥有的那种能力的详述。达米特有时认为"使用一个语句的所有属性"都应以"它的意义形式给出"。这就意味着,一个语句如何被正确使用的所有属性都应由它的意义来确定。因此,就可以在这一层面上把达米特的语义思想看成是有关在语言应用中来探讨意义的理论。他有关意义问题的论述受到了认识论的强渗透,具有明显的认知特征。

二、意义的形成基础

在意义的形成上,存在着特定的基础。首先,意义和意义的发生主体——言

---

① Prawitz D. 1987. Dummett on a Theory of Meaning and Its Impact on Logic. // Taylor, B M. Dummett Michael: Contributions to Philosophy, Dordrecht: Martinus Nijhoff: 120.

② Prawitz D. 1987. Dummett on a Theory of Meaning and Its Impact on Logic. // Taylor B M. Dummett Michael: Contributions to Philosophy. Dordrecht: Martinus Nijhoff: 127.

语者自身密切相关。意义在于言语者的理解，它是在言语者的使用中形成的。其次，语言的社会属性决定了意义的形成，人们因其习惯性使用而约定的那种人为权限在意义的产生上具有重要的影响。

达米特从语言掌握的层面上给意义以定位，这样就赋予意义理论以特定的功能。这种功能由话语，即具体的语言使用表现出来。尽管对一门语言的掌握与知道如何使用它密切相关，但不能以此得出知道一个表达的意义就是知道如何使用那个表达。因为，除了知道使用一个表达外，对语言的掌握还着重在于知道语言中的任何表达所说的内容。所以，当言语者知道一门语言时，他所拥有的其实就是一种如何使用语言的实际知识。这种知识是非常重要的，它能让一个人知道一种语言表达了什么内容，能让一个人形成有关语言中语句表达的意义。在对意义的刻画上，达米特是从把意义与知识及理解连在一起的那种常识出发的。在他看来，一个表达的意义是组成对这个表达的理解的知识的一部分。它是这样的知识，即由于它，人们才认为一个言语者理解了某个表达。换句话说，"那种知识必须被某个算做有能力的语言使用者所拥有"①。在现实中，意义、知识和理解之间的关系是相当直观的，我们常常能依据观察到某个人对与一个表达的掌握密切相关的某些明显事实的无知来否认他知道一个表达的意义。例如，如果看到一个外国人对"鱼是否生活在水中"这一点感到犹豫不决时，我们将很可能从这一点来判断那个人并不知道"鱼"这个词的意义。

在意义的阐述上，达米特注意到了这一事实，即语言是一种社会现象，它具有明显的社会属性。在意义的产生上，语言的那种社会属性具有特定的作用。首先，语言的社会属性决定了语言分工，而语言的分工决定了在语言的意义上存在着不同的判定标准。有的语词只能用专有的技术性意义标准去判别，如"氨基酸"；有的只能用日常意义标准去判别，如"粘"；有的则需要同时使用以上两种标准，如"黄金"。其次，语言意义的产生、形成与语言共同体的使用有关，意义是由整个语言共同体的实践赋予语言表达式的。语言共同体的语言使用对意义的形成具有重要的决定作用。他们的语言知识和使用习惯构成了意义发生的一种人为权威（human authority）。按照在术语的应用上是否存在着人为的权威，我们可把表达分为两类。第一类就像由普特南所举的"黄金"的例子。在这个词的意义上存在着特定的人为权威，这种权威决定了任何人都不能把"黄金"这个词的意义理解成"铁"或者"泥"。"黄金"这个词被各种言语者在日常情况下习惯性地使用，如果一个言语者能把一个金戒指和用其他金属做成的戒指识别开来，或者能把"黄金"解释成一种珍贵的微黄色的金属，那么就容易确定他理解了这个词

---

① Dummett M. 1995. The Logical Basis of Metaphicysics. London：Duckworth：83.

的意义。"黄金"和很多的日常语言表达都具有能很好地在科学论述中起作用的属性,像"温度"、"电"或者"燃烧"等都是这方面的例子。还有少数更清楚的情形,比如像达米特用"陆军上校"这个词的例子所表明的情形也包括在这一类中。"陆军上校"这个词也可以为一个不了解军衔的人所使用。因为,把"陆军上校"这个例子和像"黄金"或"温度"的情形联系起来的东西就是在这个词的应用上存在着那种公认的权威(authority),每个有能力的言语者对这些词的使用都必须服从于它们的权威应用。第二类情形则不同,在这类表达的使用上不存在权威,或者它们至少在没有被任何特定的专门人群所单独使用这一点上有特别的体现。最典型的例子就是那些地理名、历史名或者公共形象。当一个人表现出他理解了某个人说他在布拉格度过了圣诞节,我们就可能会把对"布拉格"的意义的理解归给他,即使他对布拉格的了解仅仅在于知道它是捷克某个地方的一个大的历史城市。然而,就构成某个人对于"布拉格"意义的完全理解的独特而完全的知识而言,这一点显然是不对的。在试图解释使一个人被赋予理解了一个地理或历史命名的意义的最小知识是什么时,也会遇到一个相似的困境。对这类问题的思考使得达米特强调了语言的社会属性。一方面是存在着人们承认在一些词的应用上有人所规定的权威。按照这种权威来使每个语言使用者意识到他说的话是成立的。另一方面是从习惯、社会实践中派生出来的,这对于属于第二类中的词的使用来说非常重要。就这些词的功能来说,它与实际的能力有关。达米特指出,比如获得命名地方或者识别一个人在什么地方的能力,依赖于一种画地图式的实践,包括识别符号、地界碑或路标体系等各种交通方式的能力。而且,在一些命名的情形下,比较典型的就是有历史意义的地方,那种把这个地方放在地图上的能力,或者当看到它时识别它的能力,仍不算是对它意义的一种完全理解。因为除此之外,还需要理解它的历史或文化意义。这表明对这些表达的使用进一步受到收集与这些地方相关信息的那种相对新的机构的影响,如地理字典、旅游中介、导游等,并把它传递给社会。[①]

  承认语言的社会特性,就使意义和理解之间的那种紧密关系有所松弛。这样,我们需要把语言的表达看成是有意义的原因就在于它属于一种公共语言,由外行和有关一些词的应用专家所构成的共同体说出,而不是简单地把意义放置在言语者的头脑中。就单个的言语者而言,他们被看成是理解了或没有理解表达的意义,并且他们对意义的理解是可升级的。理解得越完全,言语者对它们的恰当使用语境的类别就知道得越多。然而,尽管语言的社会属性可能使意义和理解间的关系

---

① Dummett M. 1995. The Logical Basis of Metaphicysics. London: Duckworth: 86.

有所松弛，但有关这两者之间关系的方法论观点，即有关意义的哲学问题最好被解释成有关理解的问题——依然是有效的。对给定表达的意义的探讨最好被看成是理解它的意义是怎么回事。这就给出了概括表达的意义知识是怎么回事这一任务。或者更通俗地讲，就是语言的知识是怎么回事的问题。在达米特那里，这一点被等同为"一种实际的能力"①。因为，有可能存在着这样的情形，即某个人可能在没有意识到拥有一种纯粹的实际能力时就应用了这种能力。按照达米特的解释，尽管一个不会游泳的人，也可以知道游泳是怎么回事，因为他能识别其他某个人是否正在游泳并且甚至会试着去游泳。这样，在语言知识的情形下，"对这种能力是什么的知识和它如何被应用之间的区分就消失了或者至少被弱化了"②。

可以把对语言的知识真正地看成一种实际的能力。如果一个人被赋予知道说西班牙语是怎么回事，那么他一定理解了西班牙语的意义。这同时也预设了他意识到讲西班牙语的国家的母语是怎么回事，以及他给西班牙人和一些讲西班牙语的人所定位的能力。因此，当对某个给定场合下讲的是不是西班牙语有所怀疑时，这个人就能知道如何找到这个问题的权威。所以，达米特指出，在语言的知识和语言的能力这两者之间并不存在着不可弥合的鸿沟。他还进一步认为，语言的知识不只是那种实际的能力。同时，它也包括了"理论知识"。③ 就理论知识而言，它反映了以系统形式来形成有关某个主题的特定陈述的能力，能以表现这些陈述间的逻辑关联，获得它们的结果以及对涉及它们的问题的回答。大多数言语者能以其他的词来陈述一些表达的意义，但如果他们不懂得语法入门，他们就几乎不能形成在使用时态时所接受的规则。因此，一种语言的知识是"明确的"，这一看法应当被看成要求那个言语者能正确地识别对一个词的解释是否正确，或者识别一个语法规则是否正确地把握了他的语言能力。从陈述的能力到识别能力的转变，我们就开始把语言知识概括成一种隐含的理论知识。对语言的这种知识这样就被等价为对那种语言的意义理论的隐含知识。就像达米特指出的，"隐含知识的概念提出了在使一个人认识到给定形式正确地把握了他对语言的使用时需要的帮助这一问题"④。

达米特提出的"隐含知识"概念，其实给出了知道语言模式的范围，即一端是实际的能力，另一端是明确的理论知识。通过解释，从而用我们知道的词来陈述词汇中没有被知道的部分。有关语言知识的这一部分就被归入理论知识的类别中。然而，由于各种因素，我们不能把我们的整个语言知识看成是以这样的方式

---

① Dummett M. 1995. The Logical Basis of Metaphicysics. London：Duckworth：93.
②③ Dummett M. 1995. The Logical Basis of Metaphicysics. London：Duckworth：94.
④ Dummett M. 1995. The Logical Basis of Metaphicysics. London：Duckworth：96.

得到的,所以,它的基础一定是一种实际的能力。这样,这种区分就对意义的解释产生了影响,或者对意义理论的形式产生了影响。尽管对于大量的表达来说,这个理论以不同的话语重新陈述了它们的意义这一点是足够的,但对于其他的一些表达来说,这必须被解释成对它们意义的理解如何被显示出来。在这里,一个人可能认为,表达的这两个类别分别对应于语言中组成理论知识的那部分和形成一种实际能力的那部分。

  这样,从对意义概念的直觉出发,达米特得到了对一种意义理论的形式要求,即在意义的阐述上,必须要考虑到意义和知识、理解之间具有密切的关联。他对意义的社会特征的承认缓和了这种联结,以依赖属于这种社会的语言的有意义表达。笔者认为,达米特在语义论题的探讨上,表现了一定的技巧性,在处理的办法上,他把对意义的询问转化为有关言语者的知识或理解问题。就像伊万斯概括的那样,在达米特那里,对一个陈述的掌握就在于它是哲学家寻求的、显示在他们语言应用中的隐含知识的反思性说明。

第三章 达米特语义学理论的构成原则

建构一种语义学理论的任何尝试都必须考虑到这种理论的构成性问题。达米特在语义学理论的论述上,表明了这一倾向,即就一种合理的意义理论而言,它应由指称理论、含义理论和语力理论三个部分构成。它们涉及的主要概念分别是指称、含义和语力。这些概念在一种意义理论的建构和确立中,发挥着不同的作用。同时,在一种规范的语义学理论的建构上,达米特给出了特定的原则性要求。这些要求构成了语义学理论建构方面的重要指导,同时也成为我们把握和评价一种语义学理论合理性的重要依据。

第一节 达米特意义理论的构成

给出了达米特在意义理论和语义理论上的观点及其关系后,我们有必要看看意义理论的构成。尽管达米特不同意弗雷格以"真"作为意义理论核心概念的做法,但他正是由此确认了弗雷格意义理论整体框架的合理性,即任何一种基于真值概念来建构的意义理论在构成上都应当包括三个部分:指称理论(theory of reference)、含义理论(theory of sense)和语力理论(theory of force)[1],这一点是达米特在其意义理论构成上的重要表述。其中,指称理论是意义理论的核心,它是解释意义的主要部分;含义理论是其外壳,它们共同成为意义理论中的主要组成部分;而语力理论则是对前两种理论的必要补充。指称理论描述了陈述与其对象的关系。它从实在的意义上给语句的真值条件做出了一种详细的归纳说明,因而决定了作为给定意义理论中主要概念的应用,体现着意义理论的主要特征。按照达米特的理解,指称理论由一组支配单个词的指称以及谓词扩展的有限公理组成,它给语言中的每个语句提出了一个阐明其真值条件的定理,表明了那些小的组成部分是如何形成语句的。指称理论外围是含义理论,它通过把言语者和指称理论的特定陈述关联,以这种关联的形式阐明了言语者关于指称理论的知识,

---

[1] Dummett M. 1993. The Seas of Language. Oxford: Clarendon Press: 84.

表明了在把指称理论的知识归属给言语者时包括了什么内容,言语者会拥有什么样的话语能力。因而可以说这一理论解释了什么能算做一个语句的意义,它通过给出言语者关于句子真值条件的知识与对这个句子的实际使用能力之间的关系,阐明了知道一个语句的意义是怎么回事的问题。语力理论则解释了语言中语句表达所实行的不同语言行为,表明了一个句子在表达中可能具有的各种类型的常规意义。

就指称理论、含义理论和语力理论这三个部分而言,它们所涉及的核心概念分别是指称、含义和语力。它们从外观上明确地体现了意义理论所涉及理论部分的主要内容。因此,对这些理论内容的把握就可以从对这些概念的把握上达到。同时,对这些概念的内涵及其相互间关系的分析和探讨,对我们把握达米特的语义学理论具有重要的启示性作用。

一、指称与含义

在指称和含义的论述上,达米特受到了弗雷格的影响。弗雷格有关含义论题的主要内容如下:①一个表达的含义决定了它的指称;②含义是指称的一个"表述模型";③含义是间接的指称。与弗雷格一样,达米特认为含义和指称密切相关但又有所区别。就两者之间的相关性来看,主要表现在两个方面。①含义是确定指称的方式。一个表达常被看成表述了它的含义。在表达时,我们不单是用一个名称去谈论被指称的对象,而是谈论含义,即语句所表达的思想。②含义能被给予心灵,它常作为一种认知概念来被理解,因而和内涵、意谓、意义等概念相关联。在指称和含义的关系上,我们可以打这样的比方:如果说一个词或话语的指称就是它所代表的事物,那么含义则是我们如何去想象它、理解它的方式。例如,"桌子"这个词的指称就是桌子这个东西,它的含义在于我们对桌子性质内容的理解;"亚里士多德"的指称是亚里士多德这个人,含义是柏拉图的学生和亚历山大的老师。在弗雷格那里,含义被看成是对指称的一种透视,类似于从望远镜看到月亮的图像,可以为很多观察者所接受,因而在根本性上是主体间的。在一种直觉的意义上,含义给一个人在把握指称上提出了一种程序,成为让指称得以被认识的方式之一,就像一个特定的无理数由"2 的平方根"这个表达所给出那样。也就是说,含义反映的是一种具有识别性特征的标记,它能产生特定的话语指向。语词的含义可被体现为一些识别方式,通过这些方式,就可以使语词的所指得以确定。这样,通过含义就能选择一个对象,理解语言的意义其实就是弄清楚某个特定的对象在特定时间被某个含义选中。含义对对象的选择涉及给对象以指谓。

然而,尽管含义能给指称以确定,但指称并不是含义。解释一个表达的含义就是部分地解释一个言语者在理解那个表达时他知道了什么。表达的含义一定能被给予言语者，然而给予的那种东西绝不简单地是一个对象或功能，即拥有那个指称。在弗雷格那里，一个专名的所指与它的意义是同一的。也就是说，专名给它的所指以指谓，同时又表达了它的含义。专名或单称词的所指就是使得这个指称本身能够得以发生的那种承担者，即我们用该名称去谈论的那个对象。因此，知道一个名称的含义就是知道这个名称所指谓的特定对象。但达米特并不这么认为，他指出，"语义理论是一种有关按照构词成句的结构来确定句子真假的理论，一个句子中的一个成分凭借其语义值来促成整个句子的真假的确定"。"如果你单单着眼于语义理论的话，那客体也就是你所要的全部，因为一旦你确定了一个单数的词所表示的客体，你也就竭尽了这个词对确定整个句子的真值所起到的作用，但你并非解释了我们究竟是怎样来想象这一客体的，我们又是如何来理解指称这个客体的词的，所以指称和含义的区别本质正在于此"[①]。

在达米特看来，弗雷格在含义上的有关论述及它们的相互作用，构成了一种把语言中的指称概念和意义概念相关联的方式。在弗雷格那里，意义的主要概念就是含义。含义本身是意义的一部分，它和意义相互作用。含义与语句语义值的确定有关，而指称不是意义的成分。因为弗雷格把语句的指称看成是它的真值。这对一个语句的意义来说，几乎不能成为一个备选者。另外，当我们理解语言时，并不需要在所有的场合下普遍地将世界上的某个东西和语词相联系。也就是说，含义影响着语句表述其指称的方式，但和什么是指称这一问题无关。基于此，达米特批判了因果指称理论。如果说传统的指称理论都依赖于含义和指称之间的区分，宣称含义是描述一个词项的意义的基础，指称则由关于意义的描述决定。而因果指称理论是对这样一种观点的反叛。具体地讲，这一理论是回答名称如何指称对象的。它认为用名称指称对象，就意味着存在某种因果链，以连接该名称的使用者与该名称的承担者。根据这一理论，名称指称那些它们被得以关联的东西，使用者不必确定或知道那些所指物是什么。也就是说，专名和自然种类词（如"金"和"水"）通过其最初用法的语言或非语言的因果情景来获得意义，并通过交际的历史链条继续保持这种意义。如果说话者的用法是以一种适当的方式因果地与该交际链条连在一起的话，那么他就正确地使用了这一名称。达米特认可因果指称理论在确定某些专名的指称方式中提出的一些洞见，然而他却认为这一理论并没有给出专名功能的一种普遍阐述。

不同含义的命名有可能具有同一个指称对象。反过来讲，对于同一个指称而

[①] Dummett M. 2003. The Concept of Truth, Truth and the Past. The Journal of Philosophy. Volume C, Number 1 January: 5-25.

言，可以有不同的含义。例如，"a＝b"是一个为真的同一性陈述，任何理解 a 和 b 这两个名称并知道同一性关系为何物的人都会知道这个同一性陈述是真的，因为他知道 a 和 b 均代表着某个对象。如果 a 和 b 表示一个对象，那么任何包括 a 的真陈述都能被修改成这样的一个陈述，在这个陈述中，b 由 a 所代替。在"a＝a"与"a＝b"的情形下，尽管 a 和 b 指称同一个对象，有相同的指称，但它们的含义不同，因为那个对象在各种情形下被以不同的方式表述。因此，在名称的所指（即它指称的对象）与它的所谓（即它的意义）之间做出区分是非常有必要的。"a＝a"与"a＝b"在认识上具有不同的价值，因为从知识的角度看，语句的含义要比语句的指称，即它的真值更重要。如果 a＝b，那么 b 和 a 应是同一指谓，所以"a＝b"和"a＝a"应具有相同的真值。但 a 与 b 的含义可能不同，所以"a＝a"与"a＝b"的含义也就不同。达米特指出，"按照弗雷格的理论，一个表达的语义值并不是它的含义"①。

在理解弗雷格在含义和指称上的研究时，达米特指出，有两个指导性的原则需要我们坚持。第一个就是弗雷格给出了一种语义学的观点。在这里，一个表达的指称就是它的语义值或真值。弗雷格对语句是否有指称这一问题的探讨始于语句表达了一种思想这一想法。思想是一个语句的含义，当改变一个语句任何部分的含义时，整个语句的含义就发生了改变，这就表明一个语句的意义是由其部分的意义决定的。一旦确立了一个语句有一种含义，并且这个语句的含义依赖于那个语句构成部分的含义后，就可以认为，如果一个语句有一个指称，那么这个指称也依赖于其构成部分的指称。如果一个专名的承载者不存在，那么它将不会有一个指称，一个没有其载体的命名是无法实现其指称的。与此类似的是，这样的语句不能成为真的或者假的。也就是说，这样的语句缺乏真值。依据这一观点，弗雷格提出了通过指称来确定真值的看法——把语句的指称看成为它的真值。他认为，真假形成是由对象决定的，所有的语句要么命名真假值中的一个，要么命名所不能命名的东西。由于表达的真值涉及表达的对象，所以，表达的语义其实就是表达式的指称对象。这就形成了一种自然语言的真值条件语义学主张。在这种语义学的基本看法上，弗雷格认为，表达指称了非语言世界中的项，一个语句的指称决定了它的真值。达米特认为，弗雷格那里的"指称"（bedeutung）不应被解释成指称所体现的"意谓"（denotation），而应被解释成"语义值"，即一个表达式对决定它出现于其中的那个句子真假所作的贡献。② 这就表明，在达米特这

---

① Dummett M. 2006. Thought and Reality. Oxford: Clarendon Press: 46.
② Dummett M. 2003. The Concept of Truth. Truth and the Past. The Journal of Philosophy, Volume C, Number 1 January: 5-25.

里，表达式的语义值被看成它的语义作用，而不只是一个对象。因为每个语句都至少有一个术语，即它的逻辑谓词，其语义值是不能成为一个对象的。第二个就是要理解一个词和它的所指之间的语义关系。语词的现实所指物就是这个语词语义的一种承载。同时，语句的语义也由该语句中所涉及术语的现实所指来体现。对一个语句意义的说明可以诉诸这个语句中能指谓存在的那种术语的意义得以实现。这样，就涉及了语句的语义如何由其构成部分的语义来形成的问题。在这一点上，达米特受到了弗雷格的启发，给语义学中的语义理论以这样的界定，即它是对一个语句的真值如何由其组成部分来确定的解释。在一种语义理论中，每个简单的表达都被指派了一种语义值，一个复杂表达的语义值由构成它的简单表达的语义值来决定，而一个语句的真值由它的组成部分的语义值来决定。

通过对弗雷格含义和指称关系的分析，达米特提出了他对意义的看法。一般地，研究符号系统的用途通常是研究语言意义的重要组成部分，因为语言符号在使用中常常是有所指的，这种指称的完成伴随着意义的表达与传递。因此，他认为，作为语义学核心的意义有赖于意谓和指称，但在其实现上又不仅仅只取决于它们。意义的获得并不局限于含义和指称，它还包括其他的内容。我们可在这一点上做出这样的类比性说明：现实存在的月亮本身是"月亮"这个名称的客观指称对象。观察月亮，它投射到望远镜内物镜上的真实影像和观察者视网膜上的影像就可被看成观察的对象。观察者视网膜上的影像体现的是主观的经验和观念，它是因人而异的；而望远镜内物镜上的影像则既因观察角度的不同而带有片面性，又因那是我们共同利用的工具而具有客观的真实性。语言的意义在实质上与这种影像具有类似性，因而可以把它比拟为这种影像。由于语义反映的是语言表达与指称对象的关系，所以像语词、语句等这样的语言表达可能表示着一个指称对象。但这种表示往往并不是唯一的，对于同一个指称对象而言，可能存在着不同的表达式。这就决定了给语词符号的含义与指称对象之间关系予以揭示的语义学所探讨的意义是多样的而不是唯一的，因为对这些表达式的不同意谓与理解就会产生出不同的意义来。在含义和指称的关系上，达米特给出了这样的概括，作为意义重要组成部分的含义处在所指的对象和观念之间，它不像观念那样是主观的，但也并非对象本身。[①] 它可能既是对指称对象属性的客观表述，同时又是片面的主观描写。含义的这种情形表明，意义既是人们实现语言交流的共同的客观内容，又是带有私人主观性的东西，介于纯客观的指称对象和纯主观的观念之间。因此，达米特指出，指称和含义间的关系最终可合乎逻辑地归结为语言的使用和理解的

[①] 在这里，"意义"概念的内涵要比"含义"的内涵丰富一些。意义是陈述的思想和内容，它不仅限于词语或语句的字面意义和表达意义，还包括语句的认识意义等。因此这两个概念不能等同。

关系。指称是通过语言来提及和表述某个事物，而理解则是对语言表述某个事物的情形给予把握。意义和理解是相关的，理解在很大程度上决定着意义的有无及它的实际内容。对一个表达式意义的询问就是要询问达到对它的理解时必须把握什么。这样，就可以把在获得意义时我们到底获得了什么这一问题的探讨看成是对意义实质的分析。对这一问题的回答需要在语言的交流中来实现。

二、含义与语力

要想使用一个表达，如句子，就需要知道和它相关的各种东西。其中的一点就是在给定话语的内容和参与表示该话语所具有的约定意义的那种东西，即该话语的语言行为是什么之间进行区分。前者表达了话语的具体含义，而后者则刻画了包括在语言使用中的各种语言行为所决定的断定、命令、提问、愿望的表达等。在这里，达米特把意义的第一个要素称为含义，而把第二个要素称为语力。[①] 它们构成了语言行为意义的两个方面。

含义构成了用于语言行为中语句的具体内容，它是有关语言行动的意义。因此，含义是意义构成的一个要素，对意义问题的探讨很大程度上就集中在对含义这一概念的分析上。这样，就有必要对含义概念或者可能的含义理论给予关注。达米特认为，在用一些概念或某种给定语言表达的含义来说明意义理论的内容上，应依赖把对含义的理解和可能的知识连在一起的原则。所以，从一个言语者对含义的说明以及对所涉及原则的知识中，就能得出他对给定论述的理解来。一般来讲，一个表达的含义能被看成为它参与"确定它在其中出现的那个语句为真或非真相关的部分，这就是所有表达式意义的重要成分"[②]。笔者认为，尽管不必把这里的真值概念等价于古典二值语义学下的真值，但就这个真值的提出方式而言，它完全是弗雷格式的。

在含义问题上，对于某个着眼于给含义以系统说明的人来说，遇到的一个自然问题就是含义的最小语言单位是什么？常见的回答都强调词是论述的基本单位。然而，如果一个人反思整个语言对象，就会发现这是不可能的。这样的反思使我们在语言的使用中会有所进步。另一个有益的反思就是如何解释表达。例如，在字典或者百科全书条目中给出的这些解释所具有的形式是什么。我们在论述上的进步受到了句子的影响。人或字典对含义做出的解释，常常表明了一个给定的词在句子中所起的作用，并由词如何出现在一个典型的语句中这一例子展现。这一点很好地与弗雷格的语境原则匹配。这样一来，就应从语句的含义开始来得到含义的形式，然后以一种系统的形式得出那些并不比语句复杂的表达的含义来。在

[①][②] Dummett M. 1995. The Logical Basis of Metaphicysics. London: Duckworth: 114.

这里，一种导向性的观点认为，表达的含义就是它对它所出现于其中的那个句子含义的贡献。因此，语句的这种优先性似乎与这种看法相对立，即对于一个语句的实质性部分来说，我们对它们的理解——对它们含义的掌握是从我们对其构成部分的意义及它们的结合方式的理解中得到的。这种能力对那些我们以前从来没有听过或读过的表达的理解来说是必要的。这样的观点成为含义形成方面所坚持的那种组合性原则的基础。① 因此，为了理解一个语句，我们就需要掌握它的构成部分的含义。对那些后来语句的理解预设了我们对作为它们构成部分的表达的含义是熟悉的，这再一次建立在我们对它们出现于其中的那个语句含义理解的基础上。如果这样，那么对任何已知表达的理解将需要对整个语言的掌握。所以，要避免这个结果，就有必要对语句的复杂性予以限制。为了得到一个给定表达的理解，就必须理解这些语句的含义。这样，理解一个给定语句的含义，一个人需要意识到比所考察的那个语句有更低复杂性语句的含义。这一限制产生了两个效果：一方面，理解这个句子假设了熟悉语言的某个恰当部分；另一方面，理解一种语言并非是要么全有要么全无的，因为对一个语句的理解并不预设对每个可能复杂语句的理解。假如我们在自然语言中对语句的复杂性有所看法，那么这个观点就成为，存在着语句的等级，这种等级能按照它们的复杂性来进行划分。这样，"对其中一些语句的理解就预设了对其他语句的理解"②。也可以说，对一个语句含义的理解蕴涵着对整个语言的理解。

与含义问题不同的是语力概念，它表示的是那种具有约定意义的语言行为。对于属于某种（如断定类的所有语言）行动来说，语力是都普遍具有的一种成分。因此，从某种意义上讲，语力决定着话语的表达效果。在达米特看来，必须在含义和语力之间做出区分，同时，它们间的区分必须隐含在任何一种意义理论当中。因为这种区分对意义理论十分重要，不做出这样的区分，就很难想象如何确立一种合理的意义理论。因为如果没有含义和语力间的区分，我们就无法知道如何去着手构造一种关于语言意义的系统解释。威尔斯认为，把含义和语力，以及语句内容与语句的约定意义区分开来是达米特坚持意义构造论的前提。③ 没有这种区分，就会在把对一个语句意义的理解归属给言语者的同时，也把对这个语句的可能使用的每种特性的了解都归属给言语者。对这种区分的其他支持来自这一倾向，即与这个表达是否出现在诸如一个断定、命令、愿望或疑问等这些具体形式的话语中的变化相对的是，在一个表达的意义中存在着某种不变的东西。也就是

---

① Dummett M. 1995. The Logical Basis of Metaphicysics. London：Duckworth：137.
② Dummett M. 2000. Elements of Intuitionism. Oxford：Oxford University Press：368.
③ Weiss B. 2002. Michael Dummett. Chesham：Acumen：17.

说，含义体现了作为意义中那种不变的东西。例如，就"茶"这个表达而言，不管这个表达出现在像"你的茶在桌子上"这样的断定中，还是出现在一个如"你能给我一些茶吗"这一愿望的表述或者命令中，"茶"这个表达的意义中总存在着某种不变的东西。一旦人们认为在语力变化时表达的含义没有发生变化，那么我们就面临着解释含义和说明语力的双重任务。就像达米特希望从断定的实际应用上得到真值概念那样，提炼真值这个概念的担子就落在了对话语力量的研究上。和意义的其他要素相比，语力是一个多变的概念，它更多的是异质性。它的主要功能就是对一种给定语言的表达的使用方式负责。如果我们把意义理论看成涵盖了语言知识的所有方面，"那么它处理语力的那部分就将使这种理论和语句的实际应用相联系"①。在意义的阐明上，语力具有重要的作用。因为，尽管对表达式含义的掌握与理解使一个人理解了话语的内容，但这种掌握只是部分的，它并不意味着言语者对它们在所有特定环境下的意义都有了充分的理解。所以，为了表明在特定使用语境下话语的意义，就需要语力这个构成意义的概念。

为了更明确地分析语力和含义的关系，我们有必要诉诸维特根斯坦和达米特的有关论述。达米特认为他辩护和发展了后期维特根斯坦的观点。首先，他认为意义理论是一种理解理论。其次，理解理论无须是一种给语言掌握以承诺的心理过程或机制的理论。最后，他从后期维特根斯坦那里接受了一种麦克道尔称为"理解的认识论"的洞见，认为理解一定是公开可显示的。达米特的策略是坚持语言掌握是一种抽象的实际技能，对它的应用一定遵从弗雷格式的体系限制。然而，维特根斯坦却反对弗雷格的看法。② 这种反对被达米特看成是统一上述三种观点的一种威胁，于是他提出了这样的方案：破坏维特根斯坦对断定形式首要性的反对，而保留意义在于使用。

首先，弗雷格想通过含义和语力间的区分来确立一种意义理论。但维特根斯坦拒绝这种尝试，认为把含义和语力间的区分这一事实用于所有陈述是肤浅的。这种批判给维特根斯坦对任何意义理论的反驳以根据。达米特认可弗雷格的观点，认为把含义和语力区分开来是一种深刻的认识。但他却反对这一看法，即一定存在着某种具有与语言结构一样的心理机制或过程。由于维特根斯坦的批判一开始就把一种复杂但却隐藏的心理语言生活归属给人工语言建造者，所以维特根斯坦的拒斥是错误的。实际上，达米特的这一认识和他坚持的语言第一的观点有关。按照这一观点，不仅语言哲学优先于心灵哲学，而且它也是"这一主题其余内容

---

① Dummett M. 2000. Elements of Intuitionism. Oxford：Oxford University Press：115.
② 参见维特根斯坦，《哲学研究》，22 节。

的基础"①。所以，对语言意义本质的一种哲学阐述，不用放置在思想的意向性情形下就可以给出，一个人的思想是有关并能在哲学上以语言的使用形式被解释的，这肯定不能公然是心灵主义的。在这里，达米特和维特根斯坦之间的区别就在于关注语言意义的不同规范，尤其是对意义理论的看法。对于达米特来说，最为重要的语言规范是告知真值，正是这一点使断定形式在语言结构中优先化，从而认可一种实质性的真值条件语义学——知道意义一定能使我们回答认识论上的问题。意义理论应告诉我们："我们的一种理解是什么样的模型，这种模型在说明讲一种语言的整个实践中是充分的。这种模型要有作为补充的含义理论和语力理论。"②维特根斯坦则认为，语言的规范性以参与者和文化遗传性之间的调和形式来理解。在他看来，语言的混杂妨碍了给所有语言提出这样一种模型，并且这样的模型不能给想要说的以解释。

"对于语言的一种阐述来说，关键的是对一个言语者掌握其语言的说明。……按照这种观点，言语者对他的语言的掌握在于知道该语言的一种意义理论：是这赋予了他的话语以含义，并且由于两个言语者认为语言由相同的或近似相同的意义理论所支配，所以他们能彼此间进行交流。"③达米特认为，意义理论是对使用和理解语言的那种能力的理论表述。在他看来，被限制于以真值和指称形式来说明的意义理论不能算做是一种充分的语言理解理论。这样，作为指派语句到真和假范围规则的含义理论，就需要由一种语言的使用理论来补充。达米特接受了维特根斯坦的这一主张，即对于任何语言理解的阐明来说，使用是重要的。因为，意义理论不只是说，为了知道一门语言，言语者必须知道什么，而是他有的那种知识是什么，这就是说，什么构成了对它的一种显示。诉诸使用就是诉诸这种显示性要求：知道意义一定要公开地显示。这是维特根斯坦带给意义理论的东西，但达米特认为他错了，这种错在于他未能识别这对我们真值概念的意味。知道一个语句的真值条件是一种识别能力，对这种能力的运用辩护了断定那个句子。

弗雷格的论点表明，含义理论和指称理论对于一种意义理论来说是不充分的，必须被一种点理论（theory of point）补充——在这里，断定的形式起着至关重要的作用。达米特认为，弗雷格的这种体系性主张对语言理解的所有阐明都至关重要，他辩护了弗雷格提出的认为存在着一种普遍作为断定力的东西这一观点，明确反对维特根斯坦试图缩小断定力的重要性。含义理论必须被加上一种语力理论——不存在无断定力的含义，就是达米特的论点。对他来说，内在于语力的是

---

① Dummett M. 1978. Truth and Other Enigmas. London: Duckworth: 441.
② Dummett M. 1993. The Seas of Language. Oxford: Oxford University press: 84.
③ Dummett M. 1993. The Seas of Language. Oxford: Oxford University press: 85.

正确地或错误地说话，即说话的点（point）或恰到好处。而话语在一个语境下拥有点需要一种真值条件的语义学，因为，一个话语有力量，它必须有可评估的真值。这两者相互补充，表明一种语言行为能有一个点（一种使用）当且仅当它有一种含义。获得这一认识并不是循环的，因为它以一种说某物为真的语言的基本使用的常见习俗形式被理解，言语者正确或错误地说话的意图并不起解释的作用。这些论点着眼于表明含义当且语力，有语力时才有含义，不存在无断定力的含义。

另外，达米特还阐明了这一点，即不存在无含义的语力。语力当且含义，一个语言行为有含义当且仅当它有语力。在阐明这一点时，达米特分了三步。第一步，他认为任何语言要成为一种语言，一定能在一个话语的语力和点之间做出区分。一旦承认这一区分，就得出了含义和语力之间的区分。这如果正确，就否定了维特根斯坦的论点。要获得维特根斯坦和达米特之间的那种深层论题，就需要他的第二步论证。在这里，达米特的论证目标是确立在对语言意义和理解的所有充分解释中起说明作用的断定概念。之所以要引入断定概念是因为它在确切的语言理解结构中有一种特别的地位，对于说明语言的掌握来说至关重要。对于达米特来说，断定是特别的语言形式，因为它和告知真值有关，存在于逻辑和散漫的理由空间中。对于语言理解来说，给出理由是重要的。但达米特不是只强调把断定放置在理由空间中，还通过我们对有关真值的挑战和其他的挑战间差异的强烈直觉，强调我们给真值而非其他的值以额外的重要性。他想表明，对含义、语力和点的解释一定要以真值形式给出，强调真值的说明作用。表述世界是我们与世界的基本的认知关系。一旦把告知真值作为我们基本的认知观点，就以它们的断定性条件形式给出了断定的含义。同样，真值的含义就成了真值条件。第三步，就是诉诸使用来帮助意义理论。理解一个语句的含义一定能公开地显示。意义作为含义与公开的可显示的使用有关。达米特这样就诉诸维特根斯坦式的使用来支持他对真值的可断定性解释。以这种方式，达米特认为他建立了语力和含义的关系。在这里，可用康德的话来把他的观点概括成：没有语力，含义就是随意的联想；而没有含义，语力则只是动物的信号。

三、含义与语义理论的关联

在语义理论的目标和含义的定义之间存在着特定的关系，给定语言的含义概念将使用该语言的语义理论。为了使给定语言的含义理论在这种语言的语义理论基础上建立起来，我们在这里不妨考察一下达米特在含义上提出的条件。这些条件可看成是对弗雷格原则的一种推广。弗雷格的立场在于，把专名的指称等同于它们的承载物，并把语句的指称等价于它们的真值。然而，他认为，在构成一个陈述的词的含义与那些词的指称之间存在着一种绝对的区分。同时，被语言表达出来的思想，是实在的一个特殊领域①，我们可用语言来理解这个领域，并把它传达给他人。所以这个领域可称为"含义领域"，它包括陈述、思想而不管它们是否为真或假。思想的存在并不等价于它的真值，而在于它的意义信息，这样就和使得思想为真的东西相关联的"指称领域"区分开来。指称领域包括与我们思想相关及使它们成为真或假的东西，即那些我们能得以谈论和思考的东西，这种东西就是事实及事件。

在语句含义和其真值的关系上，达米特给出了自己的看法。他对反映语句属性的"语义值"的谈论是在中立的层面进行的。在这一点上，可把他的观点概括为下列五个原则。

（1）给出一个表达的含义就是给出言语者对有关它的知识的一种完全刻画。

（2）给出世界是怎么回事，含义就决定了语义值。

（3）已知原则（1），属于含义的东西就不能代替在确定指称，即语义值时需要什么样的东西。

（4）一个复杂表达的含义由其构成部分的含义形成。

（5）只有在句子的语境下一个表达才有含义。②

原则（1）把有关一个表达含义研究的方法论原则表述成：言语者为了理解那种含义而需要的知识。原则（2）反映了一种直观的看法，即一个表达的含义及世界存在的方式这两种因素共同决定了这个表达所具有的语义值。我们能给原则（2）以一种更具有认识性的解释，因为含义和知识是相互关联的。这样一来，就可把它等价地认为言语者对一个表达含义的掌握应有助于他确定那个表达的语义值是什么。原则（3）描绘了进入某个人理解含义的那种知识，从含义归入到有关表达的信息，对那个表达的语义值的确定来说是无关的。原则（5）是含义的组合性要求，即一个组合性表达的含义应被系统地从它的构成部分的含义及它们的结合方式中获得。就一个组合表达的含义而言，这一点是基本的，即它能以它形成的方式及从它实际拥有的那些构成部分来形成。因为，要理解一个组合表达的含义，一个人就需要意识到它的组合方式以及它的构成部分的含义。如果一个人认识到了这一点，即一种不同组合的其他表达，和原来的那种表达具有相同的含义，那么他一定意识到，这里所探讨的含义"能被其句法组合是原先那种的一个表述所传达"③。最后这个原则就成为弗雷格语境原则的一种情形，它在这里只涉及

---

① 弗雷格认为的实在被分成了三个领域：第一个是我们所处的外部物质世界；第二个是感觉的内部领域；第三个是思想的领域及其组成。

② Dummett M. 1995. The Logical Basis of Metaphicysics. London：Duckworth：137.

③ Dummett M. 1995. The Logical Basis of Metaphicysics. London：Duckworth：137.

含义。

　　这样，对含义的阐明经过原则（2）、（4）和（5）就和语义理论有了关联。按照原则（5），它对于出现在语句中的表达来说是根本的，结合在一起的表达的含义就形成了作为结果语句的含义。在这里，如果原则（4）加上语句构成部分的意义以及它们的结合方式共同决定了这个语句的含义，那么，从语义值的层面上看，与原则（4）相类似的这一观点显然就认为组合表达的语义值由其组成部分的语义值以及它们的结合方式决定。这两个层次由原则（2）贯通起来，也就是说，表达的每个构成部分的含义决定了这个表达的语义值。类似地，作为结果语句的含义就决定了它的语义值。因此，产生组合表达含义的那种含义结构和参与确定该表达语义值的那种语义值结构的不一致，就被保证已知表达的含义一定被看做为具有特定句法结构的表达而拥有的原则（4）所排除。如果一个人认识到某个给定的含义等价于这个表达的真值，那么他一定知道这一点可通过这种句法组合的表达传递。这样，语义理论就对意义理论做出了下面的贡献。首先，通过对可归属给表达的每个类别的语义值进行选择，就给这个观点，即对一个表达的含义的知识确定了它的语义值以内容。例如，它描绘的这种确定是怎么回事及它是如何被间接地影响的。其次，它表明了如何把一个表达的含义看成是由其组成部分的含义组合而成的。最后，承认意义说明的任务就在于阐明一个句子的含义如何与它的真值有关，答案一定是应用了表明句子的语义值如何与它成真有关的语义理论的内容。

第二节　达米特语义学理论的构成原则

　　语义学当前被期望着去阐明或者解决有关实际上存在着什么、真值的本质是什么、表达的意义是什么等诸如此类问题的争论上。因此，在语义学的研究上，具体坚持的原则，将会对这些基本问题的回答或阐明产生影响。也就是说，通过反思一种语义学理论建构时所采取的可能形式及坚持的原则，将会有助于哲学上争论的正确解决。除此之外，语义学的原则也会给具体的科学难题形成一些解释，从而有利于为这些问题的具体解决提供方法。因此，审视达米特在语义学理论的构成上提出的原则，不但对我们理解和把握他的语义学观点及语义学论证的思路具有重要的认识论意义，而且对我们厘清和阐明当前的哲学争论具有特定的方法论启示。我们认为，在对其语义学理论的建构上，达米特依循了一些这样的具体原则。

一、反二值原则

在意义的探讨上,一种传统的做法认为真值概念天然地能给意义以解释。在这一点上,达米特也是把对"真值"的论述作为意义阐述的起点。可以说,他在语义学上的所有看法都是他对"真"这一问题系列看法的理论后果。达米特认为,在弗雷格和戴维森那里,"真"是一个不可定义的"语义学概念",因为它是一种无法被追问的东西。尽管如此,他们还是以此为基础,提出了一种基于真值的语义学观点。尤其是戴维森,认为一个语句的意义就是它的真值条件。根据这种看法,不管言语者在现实性上是否理解了一个语句,语句的客观真值都肯定必然地存在着。即使无法判断一个过去陈述的真假,它也是有真假可言的。也就是说,真值条件的意义理论所赖以形成的逻辑基础就是坚持一种二值原则。就经典语义学的所有特征来看,其最大的形而上学反响就是对二值这一逻辑原则的坚持。所以,达米特承认,可以把"真"作为定义意义的一种手段,但他反对单纯地通过真值条件来给陈述的意义以规定。他坚持这一点的出发点就在于人类讨论"真"、"假"的实际语言操作状况。在达米特看来,语句的"真"、"假"应当是这样的,即它本身应是可判定的,和言语者对语言的实际用法密切相关。所以,语句的"真值条件"是为言语者所知晓和把握的。而传统的真值条件意义理论则将陈述的真假看成是与人的意向活动及现有的举证能力无关的自然存在。这种观点并没有透过语言的实际使用来表明对语句的真值条件知识,从而完全等价于通过上帝之眼来看待语句的真值。我们认为,达米特对真值条件意义理论批判的实质就在于揭示经典逻辑所隐含的有关真值的形而上学预设,并通过这种揭示进一步为植根于人类现有经验有限性中的新逻辑进行辩护。

达米特指出,"把陈述区分为真或假的分类活动并不存在于真空中,它总与我们所具有的某些兴趣相关。这样,将某些东西归入此类或彼类,就是产生于这一兴趣的相关后果。明显的例子就是如何去证明一个演绎论证或归纳论证的形式合法性。从演绎的角度或从归纳的角度将论证分为有效的与无效的两类,并不是一种为了分类而进行的活动"[①]。这就表明,有关意义的问题应当涉及我们在区分真和假这一活动上的意向、目的及旨趣,使得对陈述的真值条件知识的解释与我们语言的实际用法相联系,而不满足于对真假二元性的天然假定。也就是说,不能只从无法阐明的真概念出发来刻画意义,否则就无法表明在日常生活中给真进行断定的语用目的。一种完全的、有关意义的理论应当包含我们对真假分类活动目

---

① Dummett M. 1978. Truth and Other Enigmas. London: Duckworth: 3.

的的关涉。另外，按照达米特的看法，真值条件的语义学还存在着它的局限性。当面对自然语言时，这种局限性就明显地表现出来。例如，在自然语言中，有些语句的真假是难以判定的，我们无法用真值条件把它们的意义表示出来。包含有过去或将来时间的语句就是这方面的例子。所以，对于自然语言而言，真值条件的语义学观点并不具有普遍的适用性，作为真值条件语义学逻辑基础的二值原则也就不能成为支配整个自然语言的逻辑法则。

在对真值条件语义学观点的论述上，达米特的独特之处在于把这种语义学刻画成一种实在论的语义学。在他看来，按照实在论的解释，语句的真值条件和我们对这些真值条件的识别是毫无关联的。实在论语义学在外观上以像"'地球转动'这个句子意味着地球转动"这一形式表现出来。也就是说，它把对一个语句的判定等价为这个语句中主词项的存在，如"p是真的"等价于"p"。这一形式的意义阐述并没有告诉我们任何有关"地球运动"意味着什么的内容，除非我们对"地球运动"这个表达的意义有所理解。否则就使所有的意义阐明最终都成为循环的。[①] 因此，达米特指出，不能按照实在论的那种方式来解释真值与意义间的关系。尽管真值条件的语义学观点能被看成是对我们在语言中所理解和表达的思想的直觉概括。但它也面临着一些重大的挑战，如果它不能给针对它而提出的挑战予以充分的回应，我们就必须承认我们在这一问题上的直觉是错误的。就我们的语言活动而言，我们的一般直觉是认为二值原则是有效和合理的，所以二值原则得以广泛的应用。也就是说，在意义的阐述上，二值是一个未经反思而被普遍接受来给意义以解释的逻辑法则。在这里，二值原则的可接受性依赖于我们直觉的正确性，如果这些直觉是错误的，那我们将不得不对我们的语言实践进行修正。

意义是属人的，是人们在使用语言时所知道的东西。因此在意义理论的阐述上，必须要体现出人对意义的掌握这一内容。二值原则并没有涉及这一点，因此，在意义的形成上坚持这样的原则就是不合理的。这样，就必须对二值原则这一逻辑形式进行反驳和修正。在这一点上，达米特提出了一种证实主义的意义观点。这一观点强调，对意义的探讨不能与理解，以及对具体语句使用的证明、证据相分离，"一个陈述的意义是通过知道它在何种环境下为真以及在何种环境下为假而得以确定的"[②]。任一自身意义清楚的陈述都会涉及一些与它有关的证据，其中有些证据支持它，有些反对它。而这个陈述最后的真值状态就取决于这两类证据间的力量对比。如果有证据反驳某个陈述，并且反驳超过了辩护，那么这个陈述就

---

① Prawitz D. 1987. Dummett on a Theory of Meaning and Its Impact on Logic. // Taylor B M. Michael Dummett: Contributions to Philosophy, Dordrecht: Nijhoff: 118.

② Dummett M. 1978. Truth and Other Enigmas. London: Duckworth: 8.

是假的。如果所有的证据都支持这个陈述，且我们确信不会再有新的证据出现，那么这个陈述就为真。如果现在我们得到的证据都支持这个陈述，但我们并不确定将来是否还存在着反对它的证据，那么这个陈述就不能被确定地看成是真的，当然也不能被确定地看成为假的。这样一来，证实主义的语义学观点就可被概括为：陈述的真假由我们所获得和具备的证据来支持，这种支持的程度决定了陈述的真假程度，而对陈述的真假情形给予确定的过程其实就是人对陈述意义的一种把握。而传统的二价性真值观却忽视了这一点或者对这一点的强调不够。

需要指出的是，达米特依据他对意义的观点而提出的对真值的看法，并不是想彻底地否定非真即假这种二值逻辑的合理性和充分性，而只是想指出在语言语义分析上这种逻辑效力的有限性而已。显然，只要满足达米特的意义理论对"真"、"假"的条件限制，作为多值逻辑特例的二值逻辑的相对效力就没有被否定掉。他在这里想表达的是，尽管一个陈述可以是真的或假的，但它并非必然地非真即假，因为在陈述的真值问题上，还有一个基础性的证据层面在起作用。我们认为，将达米特的观点和传统观点间的分歧看成是多值逻辑和二值逻辑间的分歧还不够深刻，而应将这一分歧具体为"强调决定陈述之真值条件的证据"和"强调陈述的真值条件自身"之间的分歧。①

尽管达米特在语义的刻画上非常强调证据在意义形成上的作用，但不能将他的这种意义观看成是我们通常所理解的那种实证主义的（positivist）意义观。达米特在这一点上是明确的，他更倾向于将自己的立场说成是证实主义的（verificationist）。概括地讲，达米特这里所谓的证实主义指的是证实的可能性观点，即认为必须存在着一种现实的可操作性。也就是说，将一种由上帝来操作的实证主义转变为一种由凡人来操作的实证主义，这种转变必须以牺牲排中律的普遍有效性为代价。② 为了使自己的观点变得更明确，避免一些不必要的混淆，达米特后来提出他更倾向于用"确证"、"证明"（justification）来代替"证实"（verification）。③

二、彻底性

在语义学的核心之———意义理论的属性上，达米特提出了"适度的"（modest）和"彻底的"（full-blooded）两个概念。我们认为，他提出的"彻底的"这一主张也是给语义学理论提出的一种原则性规定。在他看来，意义理论必须要对一种语言的表达表述了哪个概念这一问题做出解释。那种"适度的"意义理论

---

① Dummett M. 1978. Truth and Other Enigmas. London: Duckworth: 23.
② Dummett M. 1978. Truth and Other Enigmas. London: Duckworth: 24.
③ Dummett M. 1993. The Seas of Language. Oxford: Oxford University Press: 475.

被他看做为那种实现了把概念和表达连在一起这一任务的理论。但他指出,一种恰当的意义理论所为必须突破这一点。也就是说,要坚持把意义理论确定为一种理解理论,只强调一种"适度的"的意义理论还不够。它还必须体现出对在语言中可表达概念的解释来。在这一点上,意义理论必须对拥有语言中的可表达概念是怎么回事做出解释,即必须对当言语者在知道或理解一门语言的意义时他知道了什么进行解释。这一要求不但要回答概念和语言表达是如何关联在一起的,而且要说明言语者对概念的掌握是怎么回事。能对这两个问题给予阐明的意义理论就被达米特称为"彻底的"意义理论。在一种科学的语义学理论的建构上,"彻底性"就被他看成为必须坚持的一种原则。

达米特对古典真值条件的意义理论提出了反驳。其中的一个依据就在于认为它是一种"适度的"意义理论。因为这种意义理论的核心概念就是按照塔尔斯基的真值定义模式来形成的真值理论。这种理论缺乏一种明确定义的工具,从而不能用来阐述真值概念。在达米特看来,戴维森式的意义理论就是一种适度的意义理论,因为"成为一种语言意义理论组成部分的真值理论的公理,将陈述了语言专名的指示,给出了满足简单谓词的条件。如果语言的简单谓词表达了特定的概念,那么认为这种意义理论或者支配着那个谓词的真值理论的公理给出了那个概念的任何解释就是不得体的。相反,这种理论只对于已理解了这个概念的人来说将是可理解的"[1]。同时,戴维森式的"适度的"意义理论遭受着与奎因的翻译手册相类似的困境。"翻译手册"和"适度的"意义理论间的相似性由达米特以下面的形式得以解释:"翻译手册所提出的对被翻译语言的理解只是经过了对在其中给出翻译的那种语言的理解,而它本身并没有被提供一种翻译。因此我们可以说它并没有直接地表明对被翻译语言的理解是怎么回事。'适度的'意义理论,同样只通过对它的简单表达所表述概念的理解来构成对对象语言的理解。因此,我们应能比照地说这样的意义理论并没有完全表明对对象语言的理解是怎么回事。"[2] 概括地讲,语言的"适度的"意义理论依赖于这一假定,即我们理解了某些基本概念,而其他概念的意义形成则依赖于这些已被理解的基本概念。所以这种意义理论是一种只有在一个人已知表达意义的情况下,能把含义附着于给定表达的语义学理论。也就是说,它是那种并没有为语言的原始术语表达的概念所阐明的意义理论。

按照达米特的解释,一种令人满意的意义理论,即意义的理解理论一定是"彻底的"而不是"适度的"。其内容应当是充实的,它不只在于指出某一表达式

---

[1] Dummett M. 1975. What is a theory of meaning? Mind and Language, Guttenplan S. Oxford:103.
[2] Dummett M. 1975. What is a theory of meaning? Mind and Language, Guttenplan S. Oxford:104.

与另一表达式有相同的意义,而且要发现该表达式的独立意义。这种理论着眼于给被赋予表达的概念以一种解释,这种解释是在不应用这些概念的情况下进行的,它是那种对附着于表达之上的含义给出解释的理论。一种"彻底的"意义理论将归属给一个知道专名意味着什么的言语者以某种有关一定被负载该专名的所有对象所满足条件的知识,或者归属给他一种在碰到该专名的负载者时对其予以识别的能力。"彻底的"意义理论的彻底性就在于它把概念和语言的词或表述连接在一起,从而把语言向那些已经掌握了一些概念的人解释,同时也把新的概念向那些没有掌握它们的人解释。

如果简单地给予概括的话,就可把达米特在语义学理论上的"彻底性"原则看成为:在意义的表述上,我们不用诉诸言语者和一个概念内容之间的被预设关系。也就是说,无须在他的表达中使用类似于"概念的掌握"、"概念的理解"等术语,无须有像间接引语那样的引用性概念。例如,考察一个人用两种条件来概括对"红的"这个词的理解的解释。①一个人应当掌握"红的"这个概念;②当一个对象属于"红的"这个概念之下时,一个人应当知道"红的"对于这个对象来说是正确的,可断定的。第一种解释是"彻底的",因为它没有诉诸对"红色"的掌握。而第二种解释明显地诉诸对"红色"的掌握,所以是"适度的"。另外,"要理解'红的',一个人应知道'红的'应用于红色的对象",这一个解释也是"适度的"。因为在这里,对"红色"的掌握诉诸包括了"红色"的概念。相反,一种"彻底的"解释应表明把这个词正确地应用于恰当的外部语境下的能力,即言语者在标准的发光条件下,按照所指示的对象是红的或者不是红的来接受或拒绝"这是红的"。在这里,并没有在言语者和概念之间预设什么关联。简言之,就是在不掌握"红的"的情况下,言语者也能合理地使用"红的"这一概念。

如果用"彻底性"原则来刻画语义学,坚持认为意义理论就是理解理论,那么就应得出,这样的意义理论必须解释一个人在为了知道语言的每个表达的意义时他必须知道什么,同时也要对拥有在那种语言中被表达的概念是怎么回事做出解释。如果陈述的意义形成伴随着对它的理解而发生,那么知道它的意义就是拥有某种知识。这样,"彻底性"原则就成为一种如何概括言语者语言知识的原则。这种知识通过那种对已获得真值条件的语句进行识别的能力显示出来。

三、显示性

主张意义理论就是理解理论的观点具有两个方面的要求:首先,令人满意的意义理论必须解释我们在理解了意义时是如何获得意义的知识的;其次,意义理论必须解释意义的知识如何被显示出来。在对理解的探讨上,达米特接受了后期维特根斯坦的提议,认为我们能按一种实际的能力来思考理解。在他看来,解释我们对意义或者语句真值条件的理解的唯一有效途径就是把我们对意义的知识和我们判定语句真值的那种能力结合在一起。可以说，理解一个表达就是能够使用它，对一个表达的意义的掌握就在于表现出那种知道如何正确地使用它的能力。因为对一个表达的意义的知识是由一种能力的应用显示出来的。这就是达米特在建构语义学理论上所坚持的"显示性"原则。概括地讲，这一原则认为，对一个句子意义的隐含知识必须完全地以一种实际能力显示出来。对一个句子的理解应当是公开的、可验证的，或者说，能在原则上发现两个言语者之间的理解差异。因为就像戴维森指出的那样，"意义完全由可见的行为来决定"[①]。拥有一个表达的意义知识的人和不拥有这种表达的意义知识的人的行为或能力之间肯定存在着一种可观察的差别。

达米特指出，语义学的研究应坚持这样的原则，即它们能使我们对我们所使用的语言本身并没有明确表达出来的那种知识得以明确，使我们在实践中所表现的知识明确起来，以便表明这些原则确实恰当地反映了这种实践。在语言使用的实践中，对语言的理解更多地表现为一种知识形式，这种知识又常常在于一种能力并被这种能力的有效应用显示出来。如果我们显示了一种能力，那么这种能力一定依赖于一种有关那些原则的隐含知识。例如，会下棋的人能以对下棋这种游戏的合理知识形式向别人显示他在这方面的技能。我们对物理学上的原理有一种隐含的知识，这种知识可表现在我们有能力骑自行车。对显示性的论证关键在于对一个陈述的真值条件的知识就是当真值条件获得时把它们识别出来的那种能力。布莱克本认为，显示性是合理的，并且显示性论证是有力的，因为它隐含地把要显示的东西限定成生物在认知的界域内能够观察到。由于能被显示的是我们的知识或理解，而不是我们谈论的对象；理解是一种能被显示出来的能力，这种能力是一种能产生可观察表现的能力。所以，在达米特对其语义学理论的建构上，我们会看到这样的规定性。①意义理论的目标着眼于从理论上对一种实际的语言能力进行表述。这样的理论表述应当解释某个不知道任何语言的人为了知道这种语言而必须学些什么。②言语者能明确地陈述一些语句的真值条件。然而，一种语言的意义理论必须包含一种并未被明确知道的原始部分，否则对意义的解释将是循环的。为了避免循环，语言中原始部分的那种意义就必须被隐含地知道。这一点充分地表明了达米特在语义学问题的研究上所坚持的理性主义色彩。

达米特在显示性上的论证依据是把意义理论看成是一种理解理论。他并不完全拒绝真值条件的意义理论，而是在把真值条件方案接受为意义理论结构的情形

---

① Davidson D. 1990. The Structure and content of Truth. Journal of Philosophy, 87: 314.

下，试图寻找一个限制性的真值概念作为意义理解理论论证中的主要概念。因此可以说，显示性原则是一种限制真值概念的原则。这些限制被放置在真值概念上，以作为意义理论中的主要概念。这样做的原因在于，任何形态的意义理论都必须说明对一个陈述的真值条件知识是什么。[①] 如果一个意义理论并未阐述陈述的真值条件知识是什么，那么它就回避了所有的哲学问题。对陈述的真值条件知识进行阐明的要求给意义理论提出了这样的限制，即强调对一个语句意义的知识应当在使用中是可显示的。这样，显示性论证就催促意义的真值条件理论的坚持者应当用一种类似于"确证"或"断定"等这样的更基本的认识性概念来对真值概念进行解释。

达米特在意义理论上提出的显示性原则，其实是他向那种与其对立的古典真值语义学观点提出的挑战。在他看来，在意义问题上坚持古典的真值条件观点就是在意义上坚持一种实在论的观点，而这种观点是站不住脚的。意义实在论所面临的最大困难在于，无法显示对其语言的"实在论"理解。而对意义形成做出的显示性规定，强调意义必须在实践中是完全可显示的这一看法，恰恰就是给实在论的意义观以及这种观点的坚持者提出的一个不可回答或不能成功地予以回答的挑战。从无法对实在论者如何显示这种理解给出一种解释中获得的教益是非常重要的。这具体地表现在：必须放弃对意义的实在论解释，修正所坚持的古典逻辑，寻求一种新的意义观。在这一点上，达米特转向了一种为直觉主义者所接受的语义学观点。

四、反整体论

在语义学的研究上，有关意义的整体论观点受到了人们的关注。就"整体"来看，它具有这样的属性：如果有某物拥有它，那么很多其他的东西也一定拥有它。把这用于对意义的讨论，就形成了意义的整体观点：在许多其他表达没有意义的情况下，单个的表达不能有它的意义。这是对意义整体论的一种弱概括。这种观点认为，一种语言表达间所有语义上的内在关联都是语句的组成部分。这些关联对表达形成它的意义来说至关重要，而不只是从能被指派给每个表达的意义中独立地得出。它们中的每一个部分都意味着它们所意味的内容，所意味的内容源于它们在其中作为一部分的整个语言结构中所处的位置。意义的整体论观点是随着科学研究的进步而形成的。在整体论的论述上，奎因指出，从语义上看，科学理论的本质就在于它们的整体论特征。因为一种给定的科学理论并不是逐个地

[①] Dummett M. 1993. The Seas of Language. Oxford: Oxford University Press: 115.

受经验的独立支持,而是被整体地验证的。这一点得到了很多人的认可。同时,奎因认为,语言在本质上就像一种科学理论那样,其目标在于对感觉刺激进行系统的追踪,从而根据过去和当前的刺激来预见将来这样的刺激。语言体系的每个要素,即每个语句的意义就在于它给这个作为整体的体系在其功能形成上所作的贡献。有关科学理论的整体论本质对意义整体论争论的影响在于,使那些竭尽全力主张整体论的人认为,在科学语言和日常自然语言之间存在着连续性和相似性。就像奎因主张的那样,我们的日常语言囊括了我们对世界所形成的基本理论,而科学理论则是对这种理论的延伸与提炼。奎因把孩子童年时获得世界和语言知识的情形比做科学家获得知识和语言的情形。另外,在意义问题上,戴维森也坚持了一种整体论的观点。他认为,如果我们缺乏对整个语言的知识,我们就无法理解任何东西。由于对语言意义的很多解释都被描述为整体的,所以意义整体论是当前被广泛接受的一种观点。

然而,达米特在意义的形成上却对整体论观点提出了质疑和批判。

第一,在他看来,整体论认为表达的意义在于我们对它们的完全使用。奎因的整体论可被概括如下:理论语句不能规范地面对经验被逐个地证实,而是以组的形式被整体证实。这样,整体论就不能是普遍有效的。因为对于科学来说,这个观点是正确的,我们可把科学的话语看成是整体论的,而自然语言却并非如此,整体论的观点不能延伸到自然语言。对于自然语言来说,整体论的观点并不意味着一种它的表达在语义上是内在关联的。另外,不管整体论赋予科学术语的意义是什么,它都不能转化为日常语言。因为日常语言和科学话语是天然不同的,它们之间并不具有相似性,后者并不足以和前者连续,从而否定了奎因的观点。

第二,整体论瓦解了意义理论的解释性主张。如果整体论是正确的,那么就不会有一种探讨语言应用认知基础的意义理论出现。在达米特看来,"整体论图景"是这样的,"按照这一观点,探问任何单个陈述的意义都是不合理的,甚至问任何一种理论,比如数学或者物理学理论都是不合理的。所有陈述或所有在演绎上被表述的陈述集合都由它所具有的和其他领域陈述的大量关联体现出来,不知道整个语言就无法充分地理解一个陈述"[1]。这就表明,在知道一个语句的意义问题上,整体论除了要求拥有对它的构成词和它们次序的知识外,还要求拥有对整个语言的知识。达米特用多米诺游戏阐述了整体论观点。他认为,对单个多米诺骨牌意义的掌握,不只由知道它是什么来达到,还必须知道这个游戏的所有规则。只有这样,整体论才是可能的。尽管达米特承认我们对任何一个语句的理解"通

---

[1] Dummett M. 1978. Truth and Other Enigmas. London: Duckworth: 220.

常将不仅依赖于对构成该语句的语词以及可以由这些语词构造的其他语句的理解,而且也依赖于对语言的某个部分,通常是相当大部分的理解"①。但他明确反对那种为了理解一个语句,就必须要理解整个语言的整体论主张。

第三,整体论和我们的语言实践是不相符的。如果把意义的知晓看成是在每天的应用中,那么整体论这个观点看起来就是相当极端的,甚至是错误的。达米特认为,按照整体论的观点,"理解语言中任何语句的条件就是我们能够理解该语言的任何其他语句"②。这就意味着:为了理解一个语句,就得理解整个语言。在达米特看来,尽管一种彻底的整体论可能提供了语言的一种抽象的可理解模式,但它在我们如何把语言作为一种交流的工具或我们如何获得了对这种语言的掌握这些问题上并不能给出一种合理的解释。③

第四,整体论的逻辑结果必然使得所有体系的语义学观点都不可能,因为整体论不能对传统逻辑进行有效的修正。达米特在批驳整体论的同时表现了对直觉主义的偏好。在他看来,就数学陈述而言,整体论的坚持者认为我们对数学陈述的理解在于我们完全理解了它,这存在于我们拥有的对整个数学的知识之中。但对直觉主义者来说,情形并非是这样的。他们的解释假设我们可能被赋予了一种有效运算的概念,在没有识别每个有效运算的情况下,我们就能理解这一观点。我们对条件式陈述的理解就在于我们理解了那个观点及我们掌握了什么构成了那两个子语句中每一个语句的证据。在理解具体的条件式陈述上,直觉主义并没有预设整个数学的背景知识。这就是整体论不能修正传统逻辑,而直觉主义却能批判特定形式的古典推理的原因。所以,达米特指出,在直觉主义那里,能提出特定推理形式的证明问题,但在整体论中是不可能的。

第五,整体论排除了语言的可习得性和可交流性。语言学习是可能的,但意义的整体论观点,即每个表达的意义依赖于整个的语言体系,排除了意义的可学性这一可能。如果坚持整体论的思路,那么自然语言就会变得不可学。一般地,学习自然语言的唯一方式就是一点一滴地进行,而意义整体论认为,在一种语言的获得上并不能呈现出进步性来。J. 福德(J. Fodor)和 E. 莱普(E. Lepore)指出:"整体论具有这样的属性,即如果某个东西拥有它,那么其他的东西也一定拥有它。"④ 在意义的讨论上,整体论坚持的就是这样的普遍看法。按照意义整体论的看法,语言表达和它们的意味是彼此独立的。在没有其他大量有意义的表达情

---

① Dummett M. 1995. The Logical Basis of Metaphyiscs. London:Duckworth:225.
② Dummett M. 1995. The Logical Basis of Metaphyiscs. London:Duckworth:224.
③ Dummett M. 1973. Frege:Philosophy of Language. London:Duckworth:597.
④ Fodor J,Lepore E. 1992. Holism. Oxford:Blackwell:2.

况下，单个的表达不能拥有它们的意义。因此，福德等认为："如果整体论正确，那么我就不能理解你的语言，除非我实际上能理解它。"①

第六，整体论蕴涵着组合性不可能这一结果。达米特指出，应当把"整体论刻画成对组合性的拒绝"②。他的可学性反驳（learnability objection）就是从诉诸每个表达的意义都依赖于整个语言系统这一整体论假设开始的。在《什么是意义理论（Ⅱ）》中，达米特这样概括整体论的观点："在不知道整个语言的情况下，就不能理解任何语句。"③ 这一点已成为当前把戴维森和达米特在意义问题上的观点区分开来的主要论题。按照达米特的理解，从表面上看，一个独立语句的意义可以从一组有关词语的公理和构成该语句的构造中推导出来。但公理的意义到底是什么，从整体论这里我们是找不到答案的。整体论的意义理论不能做到这一点，即一个语句的意义由它的组成部分来决定。因为意义整体论的观点并不坚持认为所有的语义内在关联都是意义的组成部分，整体论者也没有阐明哪类语义的内在关联是意义输入（meaning imputing）。"它只能表明对整个语言的知识将使我们知道对一个语句的使用依赖于它的组合，就像多米诺游戏的知识能使我们知道每个具体的多米诺骨牌如何被使用一样。"④

我们认为，达米特对反整体主义认识论的守诺源于这一点，能显示言语者对S理解的唯一行为是这样的：让他进入这种状态——如果条件获得了，那么就在结论上证实了S的断定，并且他认识到事实就是这样的。概括地讲，这种观点要求存在着一个具体的可识别条件，在那种条件下，信念被S表达并在结论上是可证实的。然而，近来认识论和科学哲学上的研究表明，这是一个不可能的要求。因为世界上的条件和一个合理的信念间的关系要比这个条件所预想的更复杂。这就意味着，达米特在语义问题上并没有坚持一种严格意义上的整体论，或者说一种强整体论观点。在他看来，一种强整体论的意义观点在告知我们什么构成了言语者对一门语言的理解上，无法具体到什么构成了言语者对一个语词或语句的理解这一层面。达米特认为，如果一个意义理论涉及对个别词语的理解，那么它将是原子的，或者是分子的，而不是整体论的。坚持一种彻底的意义整体论观点，就会排除在形式上提供给意义的分子论安排。他这里提出的"分子论"，其实是为了反对彻底的整体论而对意义理论所施加的那些常见限制中的一种。他认为："分子论的意义概念考虑了在一种局部次序下语言的语句和表达的安排，这样，对一

---

① Fodor J, Lepore E. 1992. Holism. Oxford：Blackwell：9.
② Dummett M. 1995. The Logical Basis of Metaphicysics. London：Duckworth：231.
③ Dummett M. 1993. The Seas of Language. Oxford：Oxford University Press：79.
④ Dummett M. 1995. The Logical Basis of Metaphicysics. London：Duckworth：225.

个表达的理解就不依赖于对另一个表达的先在理解。"[1] 这就是说，如果我们考虑到语言的那种进步性获得，那么就需要一种局部的次序，这就是达米特所谓的意义的组合性问题，而整体论则认为这种依赖性是不对称的。

需要指出的是，尽管达米特在语义学上对意义的整体论观点提出了批判，但从一种客观的立场上讲，在意义问题上，达米特对彻底的意义整体论的批判，并不意味着他没有在实际上保留一种合理、适度的语义整体观。在这一点上，存在着能表明他从认识上的反整体论那里退却的迹象。首先，尽管他常在表达他的证实主义中谈论结论的合理性，但他现在认为这是错误的。因为不存在完全合理的结论，结论都必然地和一组条件连在一起。其次，他对奎因的"两个教条"的认识整体论予以认同。达米特在意义形成上提出的理解观点，直接导致了一种证实主义的认识论，就像对心灵的功能主义理论的具体化那样，需要一种整体论的伴随。他对强整体论的反驳，以及在分子论、组合性等方面的坚持，只不过是为了让有所限制的分子论等弱整体论更符合我们的自然生活。因此，在这一点上，有人误解了达米特。例如，布赖恩·劳尔（Brian Loar）和阿克尔·贝尔格莱米（Akeel Bilgrami）认为，达米特完全否定了整体论，他对实在论的挑战就是基于反整体论这一预设的。尽管整体论的证实主义不能使实在论真值的相信者感到舒适，但在我们看来，这并不一定是达米特所想的。

五、组合性

如果我们能找到一个形式表达，即和一个自然语言语句"意味着同样的内容"，那么我们就这个语句的意义能学到很多东西。对语句的形式解释常常被称为它的"逻辑形式"。找到这些解释的关键就是组合性原则，即认为整个语句的意义由它的构成词的意义及它们组合在一起的方式确定。对语句的意义如何依赖于其组成部分进行解释，这是分析哲学的主要传统，同时也是指导语义学研究的一个重要方案。例如，戴维森指出，完整表达的语句的意义如何由它的构成部分的意义决定，不是一个可被看成是否弗雷格或罗素给出了令人满意答案的琐碎问题。针对术语的弗雷格式含义如何产生了一个语句的含义，显然并没有一个正面的回答。因为一类算做意义的组合性并不能在指称的层面上找到。所以，在弗雷格的理论中，语义组合性显然不能得以阐明。达米特也探讨了句子的意义如何确切地依赖于它的组成部分意义的问题，把这看成是他描述语义理论的一个重要原则。在他看来，语义问题的组合性（compositionality）或分子性（molecularity）原则强调一个词的意义在于它在语句中的位置；或者说在于对整个语句所作的贡献。

---

[1] Dummett M. 1995. The Logical Basis of Metaphicysics. London: Duckworth: 79.

由于这个原则体现着明显的形式性,所以爱德温·马雷化(Edwin Mares)指出,这个原则与达米特坚持的逻辑第一的观点密切相关。①

我们对知道一门语言所持的常见看法是:由于这种组合性,如果一个完全新颖的语句由熟悉的词以熟悉的方式形成,当第一次听到它时,我们就可以理解。这样,意义的组合性就为如何理解拥有潜在的无限多语句的一门语言这一认识上的问题给出了一种解答。这种答案的常见形式肯定是:有限多的词和把它们放在一起的有限多的方式决定了无限多语句的意义。然而,给这个答案以实质并非小事。发展意义组合性观点的最令人信服的方式就是给所研究的语言或习语提供并非仅仅一种语义描述,而是形式的、公理化语义理论的特定类别。这种理论的公理应阐明词的意义属性及把词放在一起的方式的意义属性。这种理论背后的逻辑应当允许从这些公理导出阐明完整语句意义属性的定理。对于任何具体的语句来说,导出意义阐明的定理应明确地利用针对于词和把词放在一起的那种方式的公理,这些公理包括在那个语句的构造中。而且,这种导出,应当遵循一种能被规范的证据程序所详细说明的自然路线。在这种公理化的语义理论中,对于一个语句来说,意义阐明的定理的规范导出表明了语句的意义如何由它的构成词及这些词被放在一起的方式决定。所以,这样的语义理论能被称为是组合的。假如我们能提供这样一种语义理论——在其中,某种语言的无限多语句的意义阐明定理,能从有限多的、阐明词的意义属性和阐明把词放在一起的那种方式的意义属性的公理中导出来。这将构成理解一种无限的语言是如何可能的这个问题的一种相对确切的答案。也就是说,给出一种开展逻辑导出的能力,由这种理论的公理所陈述的有限多事实的知识对语言的任何语句的意义知识是足够的。正是这一原因,语言哲学家参与受一种有限公理化限制的形式语义理论的构造。

达米特认为,那种使得语句的主要属性得以解释的概念,一定是这样的,即对一个组合语句属性的表明应当由构成语句的组合方式决定。比如意义理论中的含义理论就以句子组成部分的意义形式表明了每个句子的意义,通过这种形式,对一个句子的意义知识,应当假定了对这种语言的一部分的理解,而不是对整个语言的理解。在这一层面上达米特要求意义理论是分子的。② 它应该和分子论的语言观一致,给语言行为以系统的、有层次的说明。对分子论的引入,达米特是通过与强整体论相比较的形式来进行的。依据他对整体论提出的——"不知道整个语言,就无法理解一个陈述"的这一刻画,探问任何单个陈述意义的尝试都是不

---

① Mares E. 2010. Logic and Metaphysics:Dummett Meets Heidegger. // Reynold J, et al. postanalytic and Metacontinental. Continuum:55.

② Dummett M. 1978. Truth and Other Enigmas. London:Duckworth:222.

合理的，甚至对具体科学理论的探问都是不当的。而分子论者坚持语句或者由语句构成的陈述"拥有确定的单个内容"①。也就是说，分子论认为可把单个的语句看成具有它们自己的内容，这和整体论是不同的。分子论的观点仅仅反映的是我们对那个特定陈述的构成部分的理解，而不是对一部分背景知识的掌握。在任何一种科学的语言中，一个语句可能包括其意义通过更大复杂性的公理来给出的术语。这个语句本身或者分享它的形式的某些定理，可能会以一种恰当的成分出现在这些公理中。

达米特在对一个语句或者由它们构成的陈述"拥有确定的单个内容"这一分子论观点的阐述上，试图通过诉诸一个语句的意义被表述成依赖于它的组合性来进行。组合性原则是弗雷格首先提出的，他认为，表达式的意义是其各组成部分意义的函项。达米特在这里把组合性看成是这样的情形，即对一个语句的理解要求对它的正确分析及对它的组成部分的理解。"整体的"和"组合的"之间是有区别的，达米特明确地阐明了他对这种区别的理解。"组合性原则并不是唯一的真实情形，甚至整体论者也肯定承认这一点，即一个语句的意义由它的组成部分来决定……但整体论的意义理论不能做到这一点。"② 为了知道一门语言的语句意味着什么，言语者必须知道它是什么样的语句。也就是说，他必须知道它由什么样的词以什么顺序构成，因为一个语句的意义依赖于它的内在结构。按照整体论的图景，从语句到语句是恒定的；按照组合性的图景，从语句到语句是变化的。按照整体论的图景，额外的知识在于对整个语言的理解。这样，如果语句 A 和 B 属于同一语言，为了知道 A 意味着什么，必须知道：①组成 A 的词以及它们出现的顺序；②那种语言本身。就②来讲，它对理解 A 和 B 来说是共同的。而按照组合性的图景，②表明 A 和 B 是不同的。例如，要理解 A 或 B，我们就必须知道 A 或 B 的组成成分。"组合性原则要求的实质是表达式和语句形式之间的依赖性关系并不对称。也就是说，它要求存在一组共同依赖的表达式，这种关系应当是一种相当范围的表达式之间的关系，而非单个表达式之间的关系。"③

从组合的观点看，对特定词的集合必须一起来理解。"最大普遍性的颜色词，像'红的'、'蓝的'、'绿的'和'褐色的'，形成了一个可能的例子；就像'男'、'女'的配对，'父亲'、'母亲'和'孩子'的组合。"④ 在这里，对一个词的理解就是理解包括着它的特定类型的语句；我们可以把它看成是这样的，即要理解"红色的"这个词，就要求理解像"这是红的"、"那是红的"这样的语句。知道这

---

① Dummett M. 1978. Truth and Other Enigmas. London：Duckworth：220.
② Dummett M. 1995. The Logical Basis of Metaphicysics. London：Duckworth：225.
③④ Dummett M. 1995. The Logical Basis of Metaphicysics. London：Duckworth：223.

个语言片断，就得依赖于对"这是"、"那是"、"红的"、"蓝的"这些术语的理解。一个语句可能包括特定的词，对这些词的理解先于对这个语句的理解。"对像'我怕我忘记了它是易脆的'这个语句的理解依赖和要求对'易脆的'这个词的先行理解，但这并不是理解它的一个条件。"① 进一步扩展开来，就可以认为对一个语句的理解可能要求对别的语句的先行理解，因为有些短语可能在概念上依赖于其他概念。要理解"约翰是一个报复性的人"这一语句，就应当知道"报复性行为"的意义是怎样的一种情形。

达米特指出，按照直觉主义的观点，可以把组合性原则看成是这样的——它要求，对于每个逻辑常项而言，在什么算做是陈述的证据这一点上存在着统一的解释。在这个陈述中，逻辑常项是主要的算子，按照它的子语句的证据形式来进行理解。就逻辑常项而言，达米特的观点仍和以前一样。例如，要理解"A 或者 B"，一个人就必须做到：①确定这个句法结构；②知道"或者"的意义；③知道 A 和 B 的意义。也就是说，必须要知道一个陈述的具体词项的意义是什么。就上面的"A 或者 B"这一类型的语句而言，其意义能通过证据理论的形式来得以说明。这样，就可以把达米特在意义上的观点概括为"分子论的"证实主义。我们认为，这是一个实质性的限制，因为它意味着对证据的直觉主义限制。例如，一个人不能以纯粹的逻辑形式从 ¬¬A 中推出 A 来，而只能从证实主义的认识论来推出 A。

达米特用"组合性"这个概念来表明他在语义学上的非整体论纲领。在他看来，就像语义学能接受那些在科学理论中使用的方法论那样，在解决形而上学的实质性问题上也能够接受语义学的方法。在语义形式上，达米特对整体论方法的反驳与他在确立解决形而上学问题手段上提出的语义组合性议程是一致的。笔者认为，达米特在语义学的观点上坚持的逻辑和形式原则就是要得出他所欲想的形而上学结论。他对那种"自下而上"方法的坚持就反映在他对语义问题的看法上，即意义是从语言的小片段和基本的逻辑操作中得出的，而一种整体论的方法则不能产生语言片段所要求的结构。

---

① Dummett M. 1995. The Logical Basis of Metaphicysics. London：Duckworth：225，226.

第四章　达米特语义学思想的逻辑基础

达米特致力于建构的那种语义学观点，具有自己独立的逻辑基础。这种逻辑不是古典的二值原则，而是一种直觉主义的构造性逻辑规则。这种逻辑对陈述的语义值及意义的阐明具有更普遍的适应性。因为这种逻辑的语义情形要比经典逻辑的确定性情形更具有认识价值。所以，以这种逻辑为基础的语义学理论在反映我们的思想世界方面更自然。由于我们思想世界的复杂性，古典二值逻辑的简单性就不能成为反映我们复杂思想世界的逻辑基础。从这一层面上看，直觉主义逻辑奠定了达米特语义学思想的普适性特征，这决定了它的科学性与合理性。我们认为，达米特主张把直觉主义逻辑确立为语义学理论建构之逻辑起点和逻辑基础，为形成一种规范语义学观点指出了可行的方向。

第一节　直觉主义的达米特个案

直觉主义是 20 世纪数学哲学上的一种重要观点，它为数学基础性问题的解决提出了非常新颖的回答。在对直觉主义观点的阐述与发展上，达米特做出了重要贡献。首先，他作为当代直觉主义的主要倡导者，依据直觉主义观点在真值上的看法，把直觉主义的哲学要求概括为限制古典二值逻辑原则的使用。其次，他依据直觉主义逻辑，构造了一种规范的语义学，为直觉主义提供了一种语义研究的框架。因此，可以说，达米特的直觉主义语义学观点已成为直觉主义当前发展的典型个案，这对直觉主义的研究产生了重要影响。由于他的推动，研究者对直觉主义的观点表现出一种持续的兴趣。

一、直觉主义及其对达米特的影响

弗雷格第一次使哲学家和数学家承认，对于数学的本质和认识论基础而言，缺乏任何让人满意的哲学说明。因此，很多人都从一种新的视角对数学上的基本哲学问题提出了解答，如希尔伯特、布劳威尔、哥德尔等。同时，也形成了像直觉主义这样关于数学哲学问题的重要观点。

1. 直觉主义的论题

直觉主义是当代数学与逻辑学中影响巨大的一股哲学思潮。作为这种思潮开创者的布劳威尔所坚持的基本主张得到了海汀、达米特等著名数学家、逻辑学家及哲学家的接受。在直觉主义的发展中，起重要作用的哲学论题可被概括为以下几点。①数学是我们思维的最精确部分，它涉及数学家的精神构造。数学对象，如自然数和实数就是由数学家的心灵构造出来的一种结果。②一个数学陈述的构造意义通过给出条件来获得解释。在这种条件下，一个人拥有该陈述的证据。例如，A→B是一个构造，它使我们把A的证据转变为B的证据，在由A到B的构造中，陈述B的证据表明了B的意义。③直觉主义的基本信条不存在独立于我们或我们知识的对象与真理。数学上的柏拉图主义或实在论是没有根据的，有理由怀疑古典数学的合理性。④我们所做的就是提出似规则的东西，并对可构造对象的次序进行选择。在这里，这个过程不被看做是可以完成的。例如，自然数就是一个似规则的过程。⑤数学并不依赖于逻辑，数学不能建立在逻辑之上。相反，逻辑是数学的一部分。这种观点可被看成是针对逻辑主义而提出的。⑥由于直觉主义涉及精神构造，所以，数学的一些意向方面就在直觉中得到了保留。⑦精神构造不能完全地靠形式体系来把握，同时，精神构造也不能完全地被机械计算把握。从这个意义上讲，直觉主义是反形式主义的。

概括地讲，直觉主义的核心任务就在于回答人是如何获得和利用数学知识的。在当代的直觉主义者看来，人在数学对象上是可知的。他能通过陈述把数学对象表述出来，并且得到这种陈述的真值。数学研究就是思想的一种自由活动，只有在能被思想决定的范围内，数学对象才是存在的，数学本身就是人类精神的产物。海汀强调，不能赋予数学对象以独立于我们思想之外的存在。在任何情况下，数学对象都不能完全独立于人类的思想。它并不是超越于人的真实存在，而是由数学家构造出来的。数学陈述就是一个数学家对他所作构造的一种报告。对数学进行的心理构造能在人的语言实践中体现出来。数学家运用自然的或者形式化的语言，只是为了交流思想，使别人或自己能懂得他的数学想法。"在描述直觉主义数学时，我是把思想传播到我的听众那里去；这些语句不应当在某种哲学系统的意义上，而应当在日常生活的意义上去理解。"① 因此，就数学陈述而言，只有在它实际上能得到证实时才会为真，数学陈述的真假就在于有无证据能给它以证明。这样，数学陈述的真值在很大程度上是现实的。并且，"人们的思想之外是没有数

---

① 保罗·贝纳塞拉夫，希拉里·普特南.2003.数学哲学.朱水林，应制夷，凌康源等译.北京：商务印书馆：88.

学真理存在的"①。

在直觉主义者看来,与数学陈述的真值问题相关的是它的意义问题。数学陈述的意义和它的真值有直接的关联,数学陈述的真值决定了它的意义。因此,对数学陈述意义的探讨有必要和它的真值情形相关联。概括地讲,直觉主义者和其他数学哲学观点的坚持者之间的争论体现为在数学语言的语义学理论形式上的分歧。比如,在直觉主义者看来,数学中的不可判定陈述不会因按柏拉图主义方式规定的那种真值条件而合法地呈现出它的意义来。这种分歧也和其他领域的语言的意义理论有关。因此,这种意义上的争论也可被普遍化,从而对自然语言的所有部分所适用的那种意义理论的形式产生影响。

2. 直觉主义对达米特的影响

对直觉主义的最初推动源于一种彻底的康德式观点。在康德看来,几何和算术都是知识的先验形式,是第一个在外在经验的类别中作为根据的东西,只能通过欧几里得几何学经验到空间后才能对它概念化。但随着非欧几何的发展,它表明了先验的空间直觉并不存在。这一事实引起了康德对数学真理及数学知识的态度转变,从而认为数学上的真是从感觉的类别中获得的。因此,从这一意义上讲,直觉主义就成为数学上的一种认识论观点。直觉主义体现着有关数学知识、语言表述和认知观点的融合。很多对真理、意义及认知领域进行研究的哲学家都从直觉主义那里获得了教益,达米特就是其中的一个。对斯特劳森研究真概念以及如何可能批判基本逻辑法则形成的那种兴趣,使得达米特对有关数学上的真理问题给予了关注。② 虽然他并没有接受那种像布劳威尔式的、依赖于数学家个人脑子里的零件来运行的直觉主义,也不像布劳威尔那样,认为数学完全独立于逻辑,从而为逻辑论证一种形而上学的基础,但直觉主义提出的有关真值本质的看法还是对他产生了重要影响,使他接受了布劳威尔的基本研究方法,认为确立一个数学陈述为真的唯一方法就是证明。一个数学陈述如果要算得上为真,就应当有一个证据来证明它,数学家的工作就是要建构和给出这样的证据。我们认为,达米特在直觉主义观点上的研究主要着眼于考察直觉主义数学的最基本特征,即它背后的逻辑,来为形而上学论证一种逻辑基础。他探讨了这种可能性,即直觉主义逻辑能在后期维特根斯坦的语义学观点和戴维森的语义学观点这两种选择之间给出一种办法。语言的不同领域需要按照它们的价值来思考。在语言的一些领域,像数学领域,对形而上学逻辑基础的确定和选择显然要比在其他领域更可能些。

---

① Van Dalen D. 1981. Brouwer's Cambridge Lectures on Intuitionism. Cambridge:Cambridge University Press.

② Dummett M. 1978. Truth and Other Enigmas. London:Duckworth:220.

因为，数学家必须从事概念分析，寻求像数字上的等值、连续性及维数等概念的定义。他们关注一个确切概念的形成，在其之下可以合理地认为所有的情形确定地出现或不出现。然后，使他们的论证在已接受的定义范围内继续下去。

概括地讲，达米特的哲学与数学上的直觉主义关系非常密切的原因就在于它们对真值的看法是一致的。这一点可以由达米特对弗雷格数学上的那种"真"的处理态度和直觉主义完全一致来表明。在数学问题上，弗雷格提出数学是客观知识的逻辑体系，否认数学家有权创造出新的数学对象或概念。但这种客观的知识能通过语言得以表达，借助于确定事物的真假概念，语言就能表达客观实在的领域。句子的真假依赖于其所指称的那一领域的状况，而独立于人的知识状况和人的认识能力。按照达米特的理解，弗雷格在数学基础问题的处理上，把数学问题看成是有关于逻辑的，他的思想核心就在于使语言的逻辑分析成为阐明数学思想的关键。因此，对他思想给予说明的方式应体现在对逻辑真的本质的理解中，即数学与逻辑上的真存在于客观存在的概念和自然法则之间。对这一点的本质概括就是古典的二值原则。弗雷格从未对古典二值逻辑的合理性提出疑问。他确信，像二值这样的逻辑原则在给予我们有关独立存在的实体的知识方面是非常可靠的，是不会有什么问题的。他对模糊谓词的否定以及对概念必须被严格定义的坚持实际上"都建立在必须坚持二值这一要求上"[1]。因此，弗雷格提出的这种真值与人无关的观点具有明显的实在论特征。然而，在弗雷格把数学还原为逻辑以及逻辑描述实在的结构这一点上，存在着来自直觉主义的反驳。就像达米特指出的那样，"第一个清楚地理解了否定实在论就意味着否定古典逻辑的人是直觉主义者"[2]。他们认为，在数学的选择上一种普遍的依据就是经验。对数学概念的把握必须以能读懂其形式的语言和理解其实质的定义为前提。按照直觉主义者的看法，要把握一个数学陈述的意义，并不需要知道在什么条件下这个陈述是真的，而在于有能力认识到，对于任何一个数学构造来说，它是否构成了这个陈述的证明。对这个陈述的断定并不意味着认为它是真的，而是应被看成可以构造它的证明。数学和逻辑是无关的，数学不能建立在逻辑之上。但大多数数学家却接受了古典逻辑及排中律的使用，用形式上的公理系统来给正确的数学实践以规范化，认为数学上的真值是一种固定形式系统中的真值。直觉主义者则不同，他们认为，数学上的真不只是有关于形式体系的真，数学中的真值标准是证据。这种证据不是一种固定形式系统中的证据。也就是说，它不是形式的，而是一种内在的感觉。假如并不存在证实一个数学陈述的经验证据，那么该陈述就不会有真值可言。"'真'是

---

[1] Frege C. 1984. Frege: Tradition and Influence. Oxford: Basil Blackwell: 148.
[2] Dummett M. 1995. The Logical Basis of Metaphicysics. London: Duckworth: 9.

一种普遍的感觉现象，它通过伴随的现象能或不能与数学的形式研究相匹配。"①这样，直觉主义者就对古典逻辑提出了批判。这种批判表明，人类无法实现对无穷符号的引用和理解，因为人类的认识能力是有限的。在布劳威尔看来，体现二值原则的排中律只是从有穷的情形下概括出来的，要是把它延伸到有关无限集合的陈述上，就会使它成为无效的。这一点可在数学构造活动的具体特征这一基础上得以论证。"假如试图用数学语言来处理一种直觉主义的数学运算，那么古典逻辑原则中的一个运用轮廓就是盲目形成的。"②

当前，在对古典逻辑的批驳上，达米特的观点是最值得人思考的。尽管他在这一点上受到了布劳威尔和海汀研究的影响，然而，他要比布劳威尔和海汀走得更远。因为布劳威尔和海汀只是认为古典数学家提出了一种错误、可疑和无根据的形而上学观点。而达米特则指明了古典数学家作为的不连贯性。因为数学真值在原则上的不可知，让经典数学成为不可理解的。这实际上是一种更严肃的指责。在他看来，数学术语尤其是逻辑术语至少在原则上是能被理解的，它们的意义由用法决定和穷尽。比如，像逻辑上的"合取"这个连接词的用法就决定了自然演绎系统的引入和消除规则的意义，表明了能在数学证据中做出什么样的步骤。就∧I来看，如果一个人知道 A 和 B（有证据支持它们），那么他也知道 A∧B。所以∧I 说明为了得到 A∧B，我们都需要些什么。相应地，消去规则说明，在 A∧B 的证据基础上，我们能主张些什么。如果一个人知道 A∧B，则他知道 A，也知道 B。逻辑术语（"否定"，"如果……那么"，"或者"，"而且"，"存在着"等）决定着推理的合理性，对它们的意义把握不合理，就会影响推理的正确性。达米特认为，古典数学陈述的意义解释上有缺陷，这种缺陷决定了古典数学推理的不可靠。"按照解释数学陈述的所有合理方式，古典数学运用的推理形式都是不合理的。"③ 因此，必须改变古典数学家的方法。这样，达米特就依据直觉主义在重建数学上的影响，提出了对古典逻辑的反驳。

对古典逻辑的反对，促使达米特发展了一种否认排中律普遍有效性和合理性的新逻辑。这一点和直觉主义者在真值问题上的看法密切相关。我们知道，计算是数学中最为基本的证明手段。在对数学中真这一概念的理解上，直觉主义明显地坚持了这一点。直觉主义者把断定的真假看成是有无证据能给它以证明，认为陈述只有在它实际上得到证实时才会为真。这样一来，所带来的一个必然结果就

---

① Heyting A. 1975. L. E. J. Brouwer Collected Works，vol. 1. Amsterdam：North-Holland：451.
② Van Dalen D. 1981. Brouwer's Cambridge Lectures on Intuitionism. Cambridge：Cambridge University Press：5.
③ Dummett M. 1978. Truth and Other Enigmas. London：Duckworth：215.

是:"一旦我们没有理由假定每个陈述或者真或者假,那我们就没有理由坚持排中律。"① 直觉主义对数学上真值概念具体特征的理解,所表现出来的明显特征就是否定逻辑上的排中律。直觉主义的这一真值观点及由此而形成的逻辑看法就成为达米特构建其论证的起点。他认为,只有讲求陈述的语义问题,才能探讨它的真值。那些在语义上合法的、讲得通的命题和陈述,才具有真假可言。与传统的直觉主义观点有所不同的是,达米特依据数学的本质是语言,强调对数学的语义说明是可能的。他以意义问题为切入点,提出了一种意义理论的确立目标,认为这种理论的形成基础就是"使用"。长期以来,人们并没有注意到达米特在语义基础上,在对古典逻辑的批驳上提出的深刻论证。在我们看来,达米特基于"使用"而展开的对意义形成的详细论述,为当前直觉主义的研究提供了一种新策略。

二、达米特的方案

在对直觉主义数学观点的论述上,达米特的看法是非常新颖的。这种新颖就在于他从语言,尤其是数学语言所适合的正确意义观点应是怎么回事这一问题开始,提出了一种赞成直觉主义而反对真值条件的意义理论论证。具体地讲,这种论证就是强调把一个数学陈述的意义看成由证实该陈述的那种精神构造形式给出,而非以那种在其之下客观的数学实在使它为真或为假的事件状态形式给出。达米特从哲学上对数学陈述意义的评述是以克雷塞尔(Kreisel)的元数学形式为基础的。它的特性之一就在于坚持机械计算。这是看待与证据关联的可断定性的正确方式:给出一个符号,一定能够通过关于符号的机械的、综合的计算,来确定给定的符号是否是特定命题的证据。而这种确定活动及为确定所得到的证据恰恰就是命题意义的给出。在已出现的直觉主义传统中,这是一种重大的突破。尽管我们可以把布劳威尔和海汀在直觉主义上的看法视为他们在意义观点上的一种表述,然而他们的论证最终成为像无限性的本质或者集合概念这样的论题,而不是对意义及意义形成的反思。其次,达米特的直觉主义观点与传统直觉主义观点不同,它认为能从形式上对心理构造进行刻画。因此,笔者认为,达米特在意义上的阐述不但使直觉主义的推理原则偏离了古典逻辑,从而提出了否定二值的论点,而且在很大程度上修改了传统的直觉主义观点。他的直觉主义是一种新直觉主义,这种直觉主义具体地表现在对逻辑的接受上,即并不认为数学陈述完全独立于逻辑。

要把达米特放在对直觉主义的论证中,就要注意,他的论证被限制在修正逻辑这一点上。因为在达米特看来,直觉主义数学的最基本特性就是被看成其基础

---

① Dummett M. 1995. The Logical Basis of Metaphicysics. London: Duckworth: 9.

的那种逻辑。① 在古典的数学语言中，研究古典数学陈述的语义学就是探讨什么样的语义理论能被证明适用于古典数学的推理形式或古典逻辑的推理形式。一种常见的看法认为，这种评价体系一定具有布尔代数的结构。在简化的情形下，这种代数变成了为人们所熟悉的二值语义学，一种评价体系被等价为两个元素的代数 Z_2。这两个元素被解释成客观的真值——真的或假的。如果一种数学理论被认为没有人们想要的那种模式，那么就需要把武断的布尔代数普遍化，但作为要求一些同样可许可的模式，人们认为在每个模式下所有的句子要么是真的要么是假的。因此，这个评价取决于指派给每个句子以一套模式，在这种模式下它是否是真的。在达米特看来，这就是把陈述值等同为能被许可的模式体系。二值语义学和作为一种评价体系的布尔代数之间的那种区别对应于有关这一点的两种观点之间的分歧，即一个独立于被设想的数学理论的公理表明的句子是否有绝对的真值。第一种看法的支持者认为，在研究数学时，我们考虑了一个给定理论的单独意向模式。表明这种理论的一些陈述独立于它的公理的结果将被解释成把握我们直觉公理或思考意欲模式的失误。依据这一解释，这样的情形表明了我们公理的失误及形式方法的一种局限。其他的看法认为，一个理论并没有一种意欲的模式，而只有一组同样可被许可的模式，从而否定了那种独立性结果验证了公理化，这一点很可能发生，但这在上面的意义上是不足的。② 从直觉主义的观点看，两个变化具有相同的特点。这一点，表明了直觉主义批评的要点：一个陈述值，不管它是一组许可的模式还是只是一个真值，都会明确地被赋予给每个句子，而无论一个有能力的言语者是否能识别这个句子是否有陈述值。所以，要坚持直觉主义就得对古典逻辑进行修正。在这方面，达米特提出了以直觉逻辑来代替古典逻辑的论证。这一点是最值得让人思考的，因为这是 20 世纪英国哲学的显著成果之一。

  直觉逻辑和古典逻辑之间的差异被达米特看成能在一种非常基础的层面上得以陈述。具体地讲，要使这两个派别在评价逻辑法则和推理规则的有效性上的分歧变得清楚起来，关键就在于确定哪一种逻辑通过数学陈述描述了推理的正确形式。这样，就把逻辑和语言问题结合在一起，从语言哲学内给反对古典逻辑的直觉主义情形找到了一种新颖、明确而普遍的基础。在这里，他的主要论点涉及语言哲学上意义和使用之间的关系对支配逻辑连词的那些推理规则，以及真与其被识别之间的关系的意义。这方面的一个重要评价就是有关断定一个句子的根据的争论。或者说，从一个给定语句中得到什么样的结论，都能从意义上的争论那里得到结果。因此，就有可能确信，在直觉主义对古典数学的争论中，至关重要的

---

① Dummett M. 1978. Truth and Other Enigmas. London：Duckworth：215.
② Dummett M. 2000. Elements of Intuitionism. Oxford：Oxford University Press：370.

就是数学表达的意义问题。说得更具体些，就是逻辑常项的意义问题。如果这个争论涉及一些更高级的数学理论，那么逻辑常项的意义就会和数学表达的意义纠缠在一起。例如，有关实数的正确理论方面的争论将必然诉诸逻辑常项的意义，以及对无限、有理数的次序聚集、顺序关系和实数这些基本概念的解释。在这一点上，直觉主义者认为肯定不可能把那些意义，即古典数学家或逻辑学家试图指派给逻辑常量的意义指派给它们。由于这些意义是不连贯的，所以直觉主义者认为他的古典对手无权使用古典的逻辑连词和常项。概括地讲，我们关注的问题应为数学陈述中的逻辑常项的正确意义是什么。由于正确性问题和论述的语言有关，这样一来，关注的问题就成为一个人如何或者在什么样的基础上论证一个表达有什么意义的观点。显然，为了这个目的，就需要一个能够应用于语句和其组成部分的意义概念。并且，需要提出一个论证，以表明意义并不是极其神圣的，在语言共同体中使用某个表达的事实就使这种使用得到了很好的确立，这种使用并被一些可感觉的规则调节。这其实就是达米特在批驳古典逻辑时从意义层面所进行的深刻论证。探讨这方面的内容对理解达米特的语义学思想是非常有益的。

意义和逻辑推理形式之间的关系，或者更具体地讲，对意义的说明和对推理形式的论证之间的关系，在达米特的方案中是由语义理论来调节的。在这里，语义理论具有两种作用。第一种作用就像逻辑学家所承认的，是作为那种证明推理形式的标准。而另一种作用并不为大多数逻辑学家所接受。对于他们来说，语义理论只是一种数学工具，在通过一些技术概念来刻画逻辑上是有用的。达米特使语义理论充当了一种建立意义相关说明的基础。也就是说，一个给定的语义理论应当给出一些根本的类别，以此来给出意义的相关说明。因此，我们认为，达米特提出的是意义的说明与它潜在的语义理论之间的一种严格关联。通过把意义和知识或者语言的理解联系起来，使得对意义的说明易于接受从经验资料那里得来的批判。例如，对意义的古典说明的一种可能的反驳是这样的，它使得意义从根本上是不可交流的。以类似的形式，有人可能指责一种对意义的说明与当我们学到新的表达或在语言使用中变得流利时获得了新的意义这个经验上的给定事实相冲突。这里的反驳就成为达米特在数学论述中用直觉逻辑来替代经典逻辑的关键。[①] 当然，对于一个并不太诉诸事实而是诉诸描述什么形成了意义的一种令人满意说明的方法论原则的正确性来说，也存在着其他的可能标准，但它们的反驳力度是相当有限的。

上述关于逻辑推理、语义理论、意义的说明及语言的理解之间的关系图景提

---

① 达米特对这一点的论述着重是在 *The Philosophical Basis of Intuitionist Logic* 和 *Elements of Intuitionism* 中进行的。

出了对古典推理实践可能性的批判。首先，从逻辑及它的推理规则或公理开始。接下来，从语义理论来对这种逻辑及其推理规则进行证明。这样，完成这种工作的语义理论就作为意义说明基础的备选者。最后，假如已提出了对意义的一种说明，就像"意义"被认为和"理解"相同那样，就有可能从事实或方法论原则上来对它进行考察和批判。如果这样的批判是非常充分的，那么它就对语义理论提出了怀疑，并间接地给已接受的推理形式的有效性提出了怀疑。所以，经过语义理论，从一种令人满意的意义说明就能得到有关逻辑推理的哪种形式是正确的看法。

第二节 达米特语义学的直觉主义论证

在对数学的探讨上，一些哲学家指出，按照对"纯粹的数学和应用的数学如何可能"这个问题的回答，就可以判断出一种哲学的价值来。尽管哲学和科学之间的关系这个复杂的问题今天已很少有人再坚持讨论，但仍不免有出色的倡导者，达米特就是其中的一个。他不断地给出当代数学理论的很多内容都是错误的及当代数学的很多实践都需要修改的哲学论证。这些论证具体地表现在数学推理方面，即主张否定古典逻辑中的二值规则而赞成那种直觉主义的逻辑规则。就达米特这种论证的本质而言，我们认为，可把它看成是对其语义学理论的一种逻辑论证。他正是在表明古典二值逻辑规则的无效性上，把直觉主义逻辑确立为自己语义学思想的逻辑基础。

一、直觉主义逻辑

直觉主义逻辑是在数学上的直觉主义观点中经常使用的一种逻辑形态。就像上述的直觉主义观点反对经典数学那样，直觉主义逻辑注定也是一种非标准逻辑或异态逻辑，以明确的方式摆脱了标准逻辑。首先，它引入了有异于标准逻辑的规则和公理。其次，它坚持一种不同于标准逻辑的多值原则。哈克指出，异态逻辑与标准逻辑的明显差异是在二值原则方面。就直觉主义逻辑而言，它并不是真值函项逻辑。也就是说，它不按照真值函项理论进行演算。然而，从严格的意义上讲，直觉主义逻辑可被作为一种非常具体的和形式化的数理逻辑来研究。尽管对这种形式化演算是否在实际上把握了直觉主义的哲学特征存在着争议，但从实用性的观点看，它却是非常有用的工具。因为，不管直觉主义逻辑体系离标准逻辑有多远，只要它能够用做有效推理的手段，就是有用的。另外，直觉主义者提出了有效推理的精确规则，这些规则比经典规则更严格。因此，在使用直觉主逻辑方面，存在着强烈的动机。提出直觉主义逻辑的理由在于它能满足哲学、数学或科学方面的一些要求。

传统的直觉主义者认为，数学绝对独立于逻辑。然而，后来的直觉主义者比传统的直觉主义者持有一个更积极的逻辑观点，认为逻辑和数学是应用内在相一致的方法，去认识更加复杂的心灵计算。这样，对心灵计算这种精神构造能力的关注，就催生了一种依赖于直觉主义逻辑的构造论数学。实际上，当代直觉主义或构造主义在很大程度上，都是把数学简单地看成是在直觉主义逻辑的帮助下从直觉上可接受的公理中导出定理来的过程。就像布里奇斯概括的那样，当代构造主义数学家的实际所为其实就是"以直觉逻辑来处理数学的"。构造论数学的显著特征就是强调有效的计算过程。其背后的观点就是把数学和逻辑看成是一种"构造性"的精神活动，这种活动的有效性依赖于它与它的上下情形在知觉上的一致性。因此，有必要诉诸意向性和意识概念来正确地理解关于意义和心理构造的直觉概念，有必要直接和详细地论述我们的数学意向，即与我们的数学活动相关的意义或内容。数学意向必须被直觉主义地考虑，因为这是一个基本的事实，即意识表现了特定的意向性。海汀认为，直觉构造就是已完成或能完成的数学意向。他指出，对一个陈述的断定就是一种意向的实现。同时，这个断定又是一个事实的断定。这样，构造就一方面指由主体为实现意向而展开的认知过程，另一方面又涉及通过这个过程所得到的对象。和认为数学陈述具有确定真值的经典观点所不同的是，构造主义的数学陈述本身只是对计算内容的表达。这就意味着，数学陈述中的基本事实和证据条件有关。而这种证据条件是通过计算来得以确定的。达米特把这一看法延伸到了自然语言并把证据概念弱化为证实。按照这种观点，在对"存在"的解释上可以证实和构造地进行。"证实一个满足条件 C 的对象 O 存在"就可被解释为具有显示或构造 O 的方法。也就是说，能找到伴随着 O 满足 C 的一个构造证据就行。这样，直觉主义逻辑在它的逻辑演算中，就用"正当性"这一有关理由与根据的表述替代了"正确性"这种有关真理状态的表述。因为，逻辑演算跨越生成导出陈述的变换只保持了正当性，而不是正确性。当前直觉主义中的流行倾向源于克雷塞尔，它强调当一个人看到证据时应当识别它。更确切地讲，它由证据关系必须是可确定的那个要求所表达。这和海汀提出的"数学构造对于心灵来说应当是立即的，其结果如此清楚，因而根本不需要基础"的看法非常一致。

就直觉主义逻辑而言，它具有两重含义。首先，它是逻辑推理典范的一种逻辑形态。在经典逻辑中，我们经常讨论一个公式可能接受的真值，如公式 A 断言 A 为真。这样，我们就有了一个有用的定理，一个公式是经典逻辑的有效断定，当且仅当它的值对它的变量的任何指派都为真。而在直觉主义逻辑中，这个公式只有在可被"确证"或者说在找到证据的情况下才能被看成是真的。可以经典逻辑所接受的排中律为例来说明这一差别。按照经典逻辑的观点，在不需要知道 P∨¬P 这个析取式中的哪个析取项为真的情况下，我们就可以知道 P∨¬P 是真的这一状态。因为二值原则决定了这个析取式的成立。但对于纯粹的直觉主义者来说，由于放弃了真与可断定性之间的差距，所以他们认为直觉逻辑不会接受排中律。这一论证是非常直接的。如果逻辑常项的意义以可断定性概念的形式来规定，那么就没有理由断定 P∨¬P，因为这个公式的很多例子将是不可判定的。从结果上看，在直觉主义逻辑中，P∨¬P 说明 P 或 ¬P 中至少有一个可以被确证为真，这比说它们的析取式为真要更强有力。由于对于经典的数学家来说，排中律表达的任何陈述要么是可证实的，要么是可证伪的。在证明"存在着一个具有属性 p 的 n"这一点上，他可以间接地通过从陈述"对于所有的 n 而言，并非 n 具有属性 p"中演绎出矛盾陈述来做到。但当直觉主义者断言一个数的"存在"仅仅在于我们知道如何去构造它或者认为一个数学陈述的真等同于原则上的可证实性时，他实际上排除了所有对于"存在"的间接证明的有效性。直觉主义者会认为，从"对于所有的 n 而言，并非 n 具有属性 p"是假的，到"至少有一个 n 具有属性 p"这一转换并不是有效的。因为，就像布劳维尔指出的那样，"陈述'至少一个 n 具有属性 p'是不真也不假的"不可判定陈述。① 因此，就直觉主义逻辑在表述逻辑项的真值状态上，把"真"和"可被确定为真"相关联来论述推理式的有效性而言，它比古典逻辑更可靠。

其次，直觉主义逻辑是形式逻辑演算的典范。为了以数学上的精确方式对直觉主义逻辑进行形式化，就需要语义模型论和适当的证明论。在语义上的蕴涵关系忠实地反映语法对应物——推论关系或可推导性的条件下，语义对逻辑推理系统的研究是非常有用的。直觉主义逻辑公式的语法形式类似于陈述逻辑或一阶逻辑，但区别在于这些经典逻辑中的很多重言式在直觉逻辑中不再是可证明的。或者说，经典逻辑中的重言式在直觉主义逻辑中是无效的。这种无效性的典型例子与所谓的双重否定消除有关。在经典逻辑中，P→¬¬P 和 ¬¬P→P 二者都是定理。而在直觉主义逻辑中，只有前者是定理，而后者不是定理。按照直觉主义的逻辑规则，双重否定可以引入，但不能消除。因为在直觉主义逻辑中对否定的解释和经典逻辑中不同。在经典逻辑中，¬P 断言的是 P 为假；而在直觉主义逻辑中，拒绝 P，并不意味着断定了它的否定，即承认 ¬P。因为拒绝和接受一个命题是有区分的——对一个命题的拒绝不能被还原为对该命题否定的接受。拒绝和接

---

① 约翰·巴斯摩尔.1996.哲学百年 新近哲学家.洪汉鼎，陈波，孙祖培译.北京：商务印书馆：443.

受，或否定和断定，都是对待陈述的态度。存在着一个人相信或接受的特定陈述，也存在着他所否定和拒绝的特定陈述，当然也存在着他不去判断的其他陈述。排中律——对于所有的陈述来说，要么得到它，要么得到它的否定，并不成立，它的否定并不是一个矛盾。就¬P而言，它断言的是对P的证明是不可能的，或者说，不存在证明P的证据。这样，上面所列出的这两种蕴涵间的不对称在这里是非常明显的。如果P是可证明的，那么不能证明P的证据的存在是不可能的。简单地讲，就是证明没有P的证明是不可能的。所以，第一个蕴涵就是成立的。但第二个蕴涵不成立，因为其前提意味着无法找到不能证明P的证据或者对没有P的证明是不可能的。我们不能必然地从这种证据的缺乏得出存在着P的证明的结论，因为我们寻求证据的能力是有限的。在我们没有获得这种证据之前，认为这样的证据并不存在不免就显得有些武断。

二、达米特的反二值论证

正是直觉主义逻辑的上述特性，使达米特给予了直觉主义逻辑很高的评价。在他看来，直觉主义逻辑是正确推理的逻辑规则，应接受它为科学推理的一种重要形态，以此来给许多哲学观点提供一种逻辑上的支持。例如，哲学中的不确定性问题的解决就有赖于直觉主义逻辑。就命题"明天将发生海战"的真值而言，它一定是非真即假的吗？会不会有第三种状态的值？这两种情况显示了标准逻辑的一些不足。所以，只能拒绝给命题"明天将发生海战"和"明天将不发生海战"一个确定的真值。在达米特那里，直觉主义逻辑被认为是一个人能在形而上学争论中做出公断的有效工具，所以这种逻辑体系将必须在哲学家间被普遍地接受。其实他在《形而上学的逻辑基础》中回答了这一问题，即在构造和确证一种形而上学观点时，需要一种直觉主义的逻辑体系，通过这一逻辑的正确使用来解决形而上学问题。我们称这种逻辑优先于形而上学的观点为"逻辑第一"的观点。

达米特第一次提出直觉主义的思路是在《哥德尔定理的哲学意义》一文中。在这里，他指出了这样的事实，即在直觉主义应对悖论和反二值论证之间存在着特定的关联。可以说，直觉主义的论证就是一种反二值论证。哥德尔定理是继罗素的集合论悖论之后揭示数学基础有问题的另一个重要成就。该定理表明，如果数学是连贯的，那么它就是不完全的，不存在能完全表述所有数学的有效形式理论。这就打破了19世纪末数学家"所有的数学体系都可以由逻辑推导出来"的理想。达米特在对哥德尔定理的解释上，提出了这样的观点，在基础算术的任何连贯形式体系中，我们得到的只是一个在形式体系中可表达但却不能被证实的陈述。因为，所有的公设系统都不是完备的，其中必然存在着既不能被肯定也不能被否定的陈述。所以，存在着一个超越我们确定其真值能力的真语句。这样，哥德尔定理就意味着不存在能包括全部算术真值的形式体系。依照这种哥德尔式的技巧，我们可以构造出一个不可证实的正确陈述来。在达米特看来，这是一种悖论，因为它包含着三种并不一致的成分。它们分别是真值可超越证实的实在论假设，把意义等同于使用，存在着不可判定的真语句。这样，哥德尔定理就可被看做提出了两种不同的挑战。首先，如果一个人接受把意义等同于使用，并接受存在着不可判定的真语句，那么他就必须拒绝有关真值的反实在论假设；其次，如果一个人接受有关真值的反实在论假设，并接受存在不可判定的真语句，那么他就必须拒绝把意义等同于使用。在这一点上，达米特指出，至少存在着三种解决这些不一致的途径：①接受不可判定语句的存在及把意义等同于使用，拒绝有关真值的实在论假设；②接受有关真值的实在论假设及把意义等同于使用，拒绝存在着不可判定的语句；③接受有关真值的实在论假设及不可判定语句的存在，拒绝把意义等同于使用。笔者认为，达米特的回答都围绕着拒绝存在着不可判定的真语句这一点而展开的。这一回答建立在他对直觉主义观点合理性的确信上。为了对从哥德尔定理中得出的"教益"给出一种不同的解释，达米特使直觉主义者的应对顺应了这个悖论。他指出，哥德尔定理的"教益"在于直觉上可接受的证据类别是不明显可扩展的。在一种形式体系中，我们能够表明归纳的合理性只是这个体系中能被表达的属性。一旦体系被形成，我们使用它就能定义在这个体系中不能被表达的新属性，并且通过把归纳应用于这样的新属性，我们就能得到不能在这个体系中被证实的结论。这就表明，如果直觉主义者认为数学陈述的意义以一种在直觉上可接受的证据概念的形式给出，那么它就不能被等同于一种形式体系中的证据。

就哥德尔定理提出的存在着不可证实的正确陈述这一点而言，达米特认为它是一种主张数学陈述具有确定真值的古典逻辑观点。就这种逻辑的内容来看，它可以用排中律的普遍有效性来概括，即 A 或者 ¬A 这种二值的确定性，总是成立的。在他看来，排中律所体现的二值原则认为陈述的真值和心灵无关。这一点是不合理的，因为对陈述真值问题的阐述无法脱离语义学，而作为语义学核心内容的语句意义形成，又与人的理解等认知活动有关。这样，强调陈述具有超越于人类认识的真假值的二值逻辑原则就体现了实在论的色彩。和认为数学陈述具有确定真值的经典观点不同的是，直觉主义者认为，数学陈述本身表达了计算的内容，它的意义和证据条件有关。在数学领域内，语句的意义往往由它们的证据条件来确定。因此，他们以"可断定性"这个概念给出了逻辑常项的意义，从而形成了对逻辑关联词的意义给予说明的基础。直觉主义者对数学活动的分析和这个观点——我们指派给语言表达的意义在我们使用这些表达中显示出来——相一致。在达米特看来，这种显示性原则是非常可能的，因为言语者无法交流不能被观察者交流出来的东西。意义的显示原则表明，意义只能在它预言和解释了人类的语言行为这一意义上被确证。一般来讲，确定意义是否适合我们的语言行为是一个经验问题，而不是一种形而上学的事业。它将告诉我们逻辑常项的意义是什么。达米特认为，一个表达的意义就是它的使用。当他把这种维特根斯坦式的意义理论应用于逻辑常项时，他认为一个逻辑常项的意义就是它在一个证据系统中的表现。这样，我们对单个的推理表现的观察就被用来支持对一种逻辑理论的接受。通过这种方法，达米特认为我们就能在不诉诸任何形而上学原理的情况下，确证对一种具体逻辑体系的接受性。概括地讲，达米特是通过意义问题来处理逻辑的，用意义观点来确证对一种逻辑体系的接受。

  达米特把对意义的知识和语言活动中的显示性相结合，认为显示性表明了陈述真值的可知性。他提出显示性论证的基石就是有关不可判定语句的真值是否存在的问题。按照认识上受到限制的直觉主义观点，真值是一种只有在语句能被证实的情形下而赋予的属性。认为真值由证实来决定，就出现了这样的情形，即因为证据的不存在，就会使古典的推理实践不能在语言的任何可能语义理论中寻求到它的确证。这样，就应当由其他丢弃了"要么 A 要么 ¬A"这一排中断定的推理实践来修正和替代。在具有普遍间接证据的数学中，这对古典的推理实践产生了严重的修正后果。这就表明了真值条件的语义学观点和可证实条件的语义学主张之间是有差别的。这种差别就在于，采取一种实在论的概念意味着适用于相关语言片段的古典逻辑的推理实践不能得以确证和辩护。因此，逻辑的修正以及这种语言片段的本体论问题就是不可避免的。按照古典逻辑的观点，一个语句 S 是可证实的，如果 ¬S 的假设蕴涵着一个矛盾，就能推出 ¬¬S，然后通过双重否定消除规则来推出 S。这个推理在古典逻辑中保留了真值：如果 ¬¬S 为真，那么通过对否定的真值表定义，S 就是真的。然而，按照直觉主义的逻辑主张，真值与成真证据的存在有关。S 的真值是由 S 的证据的存在性决定的，¬S 的真值则由否证 S 的证据的存在决定。¬¬S 的真值构成了我们的知识，它意味着不存在对 S 的否证。双重否定消除规则并不是一种直觉主义的观点，因为它并没有保留可证实性。如果双重否定的逻辑规则在直觉主义这里不能受到保护，那么对排中律的坚持就是没有根据的，因为这一逻辑原则的古典证据是一种在本质上包括双重否定规则的间接证据。既然排中律受到了反驳，那么按照直觉主义的观点，就存在着不可判定语句的可能。这种语句只有在我们不能确定其真值的情形下才出现，断定一个具体语句不可判定就等于认为它缺乏真值。达米特在反二值论证中的主要观点就是依据真值的潜在可知性，认为存在着既不真也不假的语句，或者说，存在着二值这一逻辑规则失效的语句。

  直觉主义者对哥德尔定理所带来悖论的应对可能使我们消除二值原则的困难。

因为对于直觉主义者来说，拒绝二值的显示性论证是非常直接的。如果认为言语者通过他们在特定的条件下去断定那些语句的方式来显示他们对语句意义的理解，那么，"我们就可以把知道一个语句真值条件的那种可显示条件等同于认为当获得了语句的真值条件时，言语者就能识别它。或者当言语者不处于识别那种真值条件获得的状态下，就已对获得这种状态的程序有了一种实际的知识。"① 尽管我们不能直接显示我们对一个语句的真值条件的掌握，但我们能显示为了使某个人识别那个句子的真值而采取步骤的知识。这在很大程度上是一种口头能力，只要用于描述那种程序的语句将产生对其真假的识别是我们能显示我们对真值条件的掌握，那么理解就将被还原为说话者进行言语和实践的能力。

　　直觉主义者坚持认为在可证实性和可判定性之间存在特定关系，认为一个可判定陈述的"可判定"就在于能识别它的真值条件，一个语句为真的条件等价于它的可证实条件或证据。在他们看来，如果一个语句是可证实的，那么它就是可判定的。如果一个语句是可判定的，那么言语者就有能力判定它的真假，就有能力收集到它的证据。就证据的收集能力而言，可以把这种能力限定在"实际的人"身上，也可以把它限定在"可能的人"身上。"实际的人"的能力是有限的，对于一些关于某个事件的陈述来说，他并不一定有能力收集到它们的证据。而"可能的人"则具有很广泛的能力，比如超人，就有很大的能力范围。因此，在第一种情形下不可判定的语句，在第二种情形下就可能是可判定的。达米特着重从实在论和反实在论的角度讨论了这一点。他指出，"实在论者和反实在论者之间的根本区别在于，反实在论者把'能被知道'解释成'能被我们知道'，而实在论者把它解释成'能被某个假设的、其智力和观察力都可能超过了我们的人知道'"②。笔者认为，按照达米特的理解，可以把证据收集的能力区分为内在的能力和外在的能力。所谓内在的能力是人实际上具有的能力，这种能力的具备是不需要借助于任何器具的，而只需要运用我们的身体五官就能得到。而外在的能力是借助于工具的使用而获得的能力。在这一点上，把"可能的人"这一概念限制在那些其内在的证据收集能力和"实际的人"的能力是同延的，这似乎是可能的，因为这些能力能被经验地确定。当然，我们也希望给出特定的理论限制。例如，人们普遍认为同时确定电子的位置和速度在理论上是不可能的。人类能力的延伸将不能表明"在时间 t 时电子 e 处于 p 位置以 v 的速度运动"是可判定的。我们可以排除工具的应用结果是不可被人类的内在能力识别或理解的。例如，有些数学家假设的四色问题现在通过使用高速计算机得到了解决。然而，计算机产生的证据如此广泛，

---

① Dummett M. 2000. Elements of Intuitionism. Oxford：Oxford University Press：373，374.
② Dummett M. 1978. Truth and Other Enigmas. London：Duckworth：24.

超过了所有人"仔细检查"证据的生命期限,所以使用这样的计算机来解决四色问题并不能被看做是合理的。

具有不可识别的真值条件的语句在自然语言中到处存在,如有关未来的语句、虚拟条件句等就是这样的情形。对于它们来说,那种确定是否满足所论及语句真值条件的有效程序并不存在。就语言中的不可判定语句的来源而言,它的出现与人类的思维和语言的属性有关。首先,语言能指称时空上的不可达及领域,像过去和空间上的偏远之处;其次,对无限总体的使用,如对所有将来时间的极大量化的使用;最后,我们对虚拟条件的使用。人能以可能性的形式来思考,他们能想象出在实际世界中不能找到的事物的观点,并把这些假设的事物实体引入假设的情形下。人类思维的这些方面在语言模型中得以表达和体现。比如,语言使用者能反思"蓝鲸"以及"曾经存在的最大动物"这些术语的抽象内容。在这里,达米特以"不可判定"语句的形式论证了他在真值问题上所坚持的反二值立场。在他看来,"我们的语言包括很多甚至在原则上我们没有有效形式判定其是否有真假的语句;我们称其为'不可判定的语句'。如果认为真值隶属于二值原则,即每个语句确定地真或者假,语言也包括这样的语句,即对其而言,我们没有理由认为,如果它们真,那么我们一定在原则上能识别它们为真。"① 只有在没有人有能力确定语句 S 真值的情况下,S 才是不可判定的。达米特给出了这类不可判定语句的例子——"在这一块从来不会有一个城市建成"。这是不可判定的,因为没有人有能力确定它是真的还是假的。这里的主要观点是,语句只有在存在着"一种确定它们的真值条件是否达到的有效程序"这一情形下才是可判定的。相反,没有这样的程序,语句就是不可判定的。对一个语句要么是可判定的要么是不可判定的看法非常类似于认为一个语句有可识别的或不可识别的真值条件这一观点。对于任何一个这样的语句而言,即使能发现一种识别方式来确定该语句的真值条件是否得以满足,仍不能把识别该语句成真的条件等同于有关那种条件的知识。因为语句的意义的形成一定要和经验相关联,并且这种关联需要通过认识这一概念来达到。所以,达米特认为,如果我们想依据有关真值条件的知识来说明言语者对语言的掌握,那就不会获得对意义的真正解释性说明。比如,一个有关于太阳中心温度的语句的意义,乍看起来,似乎可以合理地认为存在着确定它的真值的程序,即到那里获得温度的读数。但由于我们的缺陷,我们没有能力去识别那种程序的结果。这个语句似乎是不可判定的。这样,就有理由认为并非所有的可判定语句都有可识别的真值条件。再如,当人们使用像"蓝鲸"或"曾经存在的

---

① Dummett M. 1995. The Logical Basis of Metaphicysics. London:Duckworth:314,315.

最大动物"这样的术语时,他们拥有的不只是这些生物在大脑中实际存在的例子,但他们并没有直接接近这种动物的认识方式。没有人知道这种普遍术语的外延是什么。这样,这些术语的意义就不能为它们的外延所穷尽。换句话,"蓝鲸"这个表达不能由诉诸这样生物的一个序列而被穷尽。

在达米特看来,上述困难是把二值原则应用到了不可判定的陈述上造成的,所以应当抛弃二值原则,为语言陈述建立一种不再依赖古典的真值条件和二值原则的语义学观点。我们认为,达米特并没有提议去预约有意义语句的范围,从而使其只包括可判定的语句,因为这是逻辑实证主义证实原则的一种形式。在这里,他只是提出对古典真值概念和意义的特定方面予以重新考虑,考虑它们逻辑的反响。"只有在意义理论有一个作为基础的二值语义学的情况下,真值才是这种意义理论的主要概念,这即表明,如果一个语句的语义值被等同为它真或者不真,真值才是这种意义理论的主要概念。"① 在一种能够替代古典二值语义学的新语义学理论的选择上,达米特对那种把直觉主义逻辑作为其逻辑起点的语义学表示出极大的兴趣。在他看来,有关语句真值给其意义以充分表述的所有情形都体现在由直觉主义语义学所获得的证实主义意义理论中。一种旨在对语句意义进行解释的新颖语义学理论应当把直觉主义对数学陈述的意义解释作为仿照的榜样。这样,达米特就认为直觉主义的语义学观点是正确的。数学上的直觉主义者认为,对数学陈述的理解并不依赖于我们必须知道数学陈述实际上的真假,而是依赖于我们具有一种关于任一数学构造的识别能力,即识别该数学构造是否构成有关某个给定陈述的证明。所以,一个数学陈述的论断不应仅仅被解释为一个认为该陈述为真的断言,而应被解释为一个认为存在着有关它的证明的断言。这并不意味着每个可理解的陈述都一定是可判定的,而是说我们对这些陈述的理解就在于,一旦出现了对这些陈述的证明,那我们就能识别出这些证明来。达米特认为,这样的理论可以推广到数学之外的情形。也就是说,数学上的直觉主义思想在他这里得以向自然语言推广。在数学中,确立一个陈述为真的唯一手段就是证明,而对于其他一般陈述来说,需要的一般概念则是"证实"概念。从一种证实论的观点看,理解一个陈述就在于能识别对该陈述的证实,或者说,在于能够识别决定性地确立其真假的那种东西。这并不意味着我们在每一种情况下都必须具有一种判定陈述真值的方法。但当一个陈述的真值得到确立时,我们一定能够识别这一点。这样,达米特就形成了以"证实"概念来取代"真值"概念的想法。在自然语言真值的阐述上,他给出了真值的最后定义:当且仅当存在着作为 S 的证据或证实,

---

① Dummett M. 1995. The Logical Basis of Metaphicysics. London:Duckworth:113.

那么"S"就是真的。这一观点影响了他对意义问题的看法。在他看来，证据这个概念恰好满足了可传达性和可观察性的要求，所以领会一个陈述的意义就是在它的一个证据摆在我们面前的时候，我们能够辨别出这个证据来。由于证实主义的意义主张认为真值由证实来确定。所以，它就可被认为是建立在对这一观点的拒绝上，即世界的某些方面在原则上不能为我们所接近，从而客观地否定了二值原则这一先验的逻辑设想。

达米特认为，这种想法的优点在于，一个陈述得到证实的条件和在二值性假设下该陈述的成真条件有所不同。前者是这样一种条件，即我们必须在这种条件成立的情况下被认为具有识别它的那种实际情况的能力。这种能力因我们的语言知识而形成，在我们的语言实践中就可以直接地显示出这种知识来。通过对语言知识的强调，达米特就提出了这样的认识：直觉主义逻辑符合"意义即用法"的要求，我们可以基于直觉主义逻辑形成一种新的语义学观点。

在对自然语言陈述的意义阐述上，达米特认为，应把直觉主义逻辑作为一种语义学的基础而予以重视。他在语义学描述方面的最为突出之处就是反对把二值逻辑作为一种语义学的逻辑基础，而是主张以直觉主义逻辑为基础。这无疑是科学的，因为直觉主义逻辑本身就是当代数学这一自然科学中的逻辑模型。就直觉主义和有关数学陈述意义的语义学观点看来，它们之间存在着缜密的关联。首先，直觉主义及其逻辑的基本论题能够正确地在有关数学语言的语义学这个哲学讨论中来论述。可以概括地讲，直觉主义者参与到数学的整个逻辑构造，都是以数学陈述是什么及它们意味着什么为基础的。所以，语义作为一种有效的表述手段，它在确定意义以及刻画与论证逻辑合理性方面具有重要的价值。其次，一种语义理论的确立也需要逻辑法则的支持与辩护。因为，从现实性上看，任何一种规范的语义理论的建构常常都要诉诸特定的逻辑基础。把直觉主义逻辑作为语义学的逻辑基础的一个更重要的原因就在于，在直觉主义者看来，能使我们演绎活动的证明变得明确的那种方法就是放弃经典的否定以及二值原则。再次，对我们的思想来说，直觉主义逻辑是正确的逻辑。由于我们的思想是非常复杂的，经典逻辑的确定性不能作为反映我们思想世界语义情形的逻辑基础。所以，我们必须以使古典逻辑的语义基础不能成立的形式来思考这个世界。而直觉主义逻辑的语义情形要比经典逻辑的确定性情形更复杂。以这种逻辑为基础的语义学要比以古典逻辑为基础的语义学在反映我们的思想世界方面更符合实际。达米特在建构其语义学的理论时把直觉主义逻辑看成它的逻辑基础，其影响是非常大的。因为，尽管直觉主义者提出了比经典推理规则更严格有效的精确规则，但还不曾拥有一种适用于直觉主义逻辑的规范语义学。达米特把直觉主义逻辑确定为建构一种规范语义学的逻辑起点，这给语义学的理论形成指出了一条切实可行的道路。

在达米特把直觉主义逻辑确立为其语义学理论逻辑基础的论证中,真值是非常关键的。因此有必要采用一种对意义给予解释的真值概念。如果采用一种证实论的真值概念,那就必须依据识别陈述为真的能力,而非依据超越人类能力的那种条件来对真值概念做出解释。虽然超越证据的古典真值概念是得当的,但它并没有解释意义,因此就得放弃二值原则。然而,采取一种证实论的方式来处理意义问题并不排除真值概念发挥着某种作用。相反,真值概念在这里依然是很重要的。在他看来,真值对于将作为基本的哲学努力去替代认识论的意义理论来说是根本的。达米特把一种能被接受但却平凡的真值条件语义学看法变革成决定什么为真的实质性规则,扩大了我们的真值讨论。这样,在对达米特的语义学观点进行理解时,就有必要对他的真值理论进行考察。

第五章 达米特语义学思想的核心论题

随着20世纪语言学的深入发展,语言学研究的方法影响到对真值、真理的具体阐述。在确立直觉主义逻辑以及反二值的论证中,达米特所使用的一个关键性的概念就是真值。可以说,这个概念是他在语义学阐述上的核心论题。从语义学的角度看,真值这一概念至少有以下四种含义:①塔尔斯基式的封闭公式或句子的真值概念;②陈述的真;③断定或判断的真;④与外在相对的那种实在意义上的真。就这四个含义而言,①是一个最低级的概念,因为它作为一个纯粹的数学概念,可由塔尔斯基的递归定义来确定。而④则是把外表和实际区分开来的真值概念,可以说是真值的最高概念。达米特在真值问题上的理解,着重是在②和③这两种意义上来进行的,即围绕着"判定性"来分析真值的本质。他对真值的论述,表现出特定的语境分析特征。在他看来,语义理论的基础应当是真值,但非经典的语义理论的特别之处在于它使用的不是绝对的真值,而是一种相对的真值。这是体现他依照语境来分析真值的重要依据。

第一节 达米特真值论题的 C、K 原则

真值概念是语义学的核心概念。长期以来,有关哲学的语义学探讨都把对真值的阐述作为语义分析的核心论题。就真值概念而言,它是对语言解释效用的性质表述,对能使语言符号起到各种不同社会作用的性质予以解释。因此,从本质上看,真值概念是一个语义学概念,它反映了语言陈述和世界关联时所表现出来的性质与状态,是构成意义理论的基本成分。任何语义论题的内容都包括真值。这就决定了所有关于语义学的专门研究无一例外地都要涉及对真值问题的论述。可以说,正是对真值的不同理解,决定着语义学上的争论。例如,在语义学的探讨上,弗雷格和戴维森作为真值条件意义观点的倡导者,都把真值看做是一个重要的语义学概念。他们在语义学上的核心论点可被归纳为:语句为真或为假的语义值情形表述了这个语句的意义。而持不同于此种观点的达米特,在其语义学思想的阐述上也不例外地把真值问题确立为他的核心论题。尽管他把真值保留为语

义学的核心概念，但他对真值的理解和经典语义学所持的真值概念是有所不同的。具体地讲，他对真值的理解是着重在"断定"这一意义上进行的，以证据或证实条件的形式来解释真值概念。主张真值必须一开始就附着于语言项，比如信念，因为拥有这样的语言项概念就已拥有了某种意义概念。就"断定"这个术语来看，它可以普遍地用于一个有关知识的观点中，或更具体地用于像"陈述 A 为真"这种形式的证实中。概括地讲，在真值问题上，达米特坚持这样的观点：陈述的真值是判定的结果，它依赖于我们的取证能力而存在。陈述自身并不具有独立于我们取证能力的真假值，真假必须是我们所获得的，一个不可判定的语句并不具有为真或为假的属性。

达米特是一位真之来源追问者，他对真值的研究源于他对意义的探讨。在讨论意义时，他提出了这样的问题，即在一个证实论的意义理论中，陈述的意义在于我们知道它的真假情形，那么如何解释"真值"这个概念就非常有必要。在真值条件的意义理论中，肯定一开始就涉及真值这个概念，因为对各种逻辑常项意义的解释都是以纯粹客观的真值条件形式进行的。然而，如果现在我们把作为基本概念的真值概念替换成证据的概念或者证实的概念，那么，我们将不再谈论真值，而是谈论证据或者证实了。尽管这样，情形还像达米特所想的那样：即使一个陈述的真值概念不再是作为其意义的基础性概念而存在，但我们依然会对如何理解它感兴趣，因为真值和意义是不能分开的。真值在陈述的意义解释中发挥着重要的作用，对一个陈述在何种环境下成真或成假的把握与了解就表明了这个陈述的意义。所以，达米特指出，在意义的阐明上，应首先解决真值的恰当概念，然后从这里得出实在的构成物。达米特指出，需要考察两个涉及"真"的重要论题。第一个探讨的是在符合论中什么为真这一问题。虽然他有时把这作为一个实在论论题引进来，但在实际上，他将之看成是一个对任何真概念都至关重要的调节论题。这就是原则 C，即"如果一个陈述为真，那么一定存在着使该陈述为真的某种东西。"[①] 或者说，使一个陈述真的"为真物"（truth maker）肯定存在着。

就达米特的 C 原则来看，他完全是一个实在论者。因为在他看来，"实在论就是这种信念，即对于任何陈述来说，一定存在着某个东西，因为这个东西，该陈述为真或者它的否定为真。只有根据这种信念，我们才能证明这种观点，即真假在一个陈述的意义概念中发挥着重要的作用，解释意义的普遍形式是对真值条件的陈述"[②]。他把这一原则以下面的方式和可判定性连在了一起。只有在我们能确

---

① Dummett M. 1976. What is a Theory of Meaning? (Ⅱ) // Evans G, McDowell J H. Truth and Meaning: Essays in Semantics. Oxford: Clarendon Press: 89.

② Dummett M. 1978. Truth and Other Enigmas. London: Duckworth: 14.

定一个语句真值的情形下，它才是可判定的；并且只有在存在着某个东西，由于这个东西它才为真的情况下，语句才能成为真的。这有时被看成是真值形成的原则，达米特和许多坚定的实在论者都坚持这一点。在我们看来，C 原则其实构成了真之符合论的基础，它是对符合论真值原则的一种明确表述和形式化。有关这一点，我们可回到亚里士多德那里去。它是如此基本，如果被合理说明的话，就可以认为它是正确的。比如，对于"我的自行车是蓝色的"这个语句来说，实际上存在着某种东西，由于这个东西这句话才为真。如果"我"的自行车真的是蓝色的，那么，在这种情形下，它就成为对那个陈述的真进行证实的东西，或者是使"我的自行车是蓝色的"这个陈述为真的东西。可以看出，以这种非常普遍的和纯粹的形式来理解真的符合原则，在某种程度上是正确的。不管是在以真值条件为基础的古典形式的意义理论上还是在以证实论为基础的直觉主义的意义理论上，这肯定都是正确的。

　　符合论的真理论给出了一个命题为真的条件，并且这个命题由明显依赖于那个语句意义的话语所表达。除了把 C 原则作为一个满足陈述的真值概念的原则外，达米特还提出了陈述或陈述的真值概念应当满足 K 原则。这一原则认为，如果一个陈述为真，那么原则上一定能够知道它为真。或者说，一个陈述不能为真，除非原则上可能知道它为真。如果存在着某种东西，由于它陈述才为真，那么在原则上，一些生物就能识别这些条件。命题的真值依赖于我们的理解能力。这样，当把真值理解为一种认识论状态，而非语言符号的某种性质时，"真"概念就离开了古典的符合论思想，不能再直接从日常的"真"这个词所具有的含义来理解"真理"这个词。在认识论的真值概念下，需要用认识论的谓词去替换"真"。这样的替换是将本体论问题转换为认识论问题的关键，因为，符合论真理概念就其固有的含义来说，对它的界定需假定独立的实在。因此它是一个有明确的本体论背景的概念。而认识论的真值概念则力图淡化或取消这个背景，使其成为一个不要假设实在也可自主定义的概念。概括地讲，K 原则表示了一个陈述的可知性问题，或者至少是某个和可知性相关的问题。这样，就可以认为陈述的真值将必须被潜在的、有根据的可断定形式表现出来。如果一个句子的"真"和对它的断定之间存在着密切的关联这一点成立，那么一个人就能合理地断定这个句子。这就意味着，在涉及可知性论题时，他能合理地断定一个句子，当且仅当存在着某种东西，因为这个东西该语句才成真，所以该语句是可知地为真的。依据这一点，就可以把达米特看成是一个反实在论者。他提出了反实在论的思想，把一切认为所有陈述都具有独立于人类认识能力之真值的观点都贴上实在论的标签而予以反驳。实际上，C、K 这两个原则在他那里构成了有关于真值的重要论题。它们间的关系是这样的：遵从 C 原则的陈述一定遵从 K 原则，而不遵从 K 原则的一定不服从 C 原则。

尽管 C、K 原则在达米特的著作中循环出现。[①] 但它们却有所不同。一般地，C 原则是易于被人们接受的。但当我们看到 K 原则时，立即会有些不安。因为在这一点上很少有一致性。我们常会提出这样的问题，即在条件从句下所得到的"真"能和在主语从句中所得到的"真"一样吗？要表明如果一个陈述是真的，那么从这可以得出在原则上能够知道它是真的，就像在条件从句下得到的"真"，这听起来有点奇怪，似乎有点不可能。所以，K 原则至少给我们留下了一些不安。这样，解决 K 原则中的困难，使它得以修正从而变得可被接受就显得非常必要。

解决 K 原则中的困难的关键在于明确一个命题的真值概念和一个断定或判断的真值概念之间的那种区分。首先，我们认为，不能单独地解释命题的真值和判断的真值这两个概念，因为它们是适合特定概念结构的两个概念。在这个结构中，也包含着其他的概念。如果想阐述它们，我们必须阐明这种概念结构或概念体系，以揭示各部分如何连在一起以及它们在其中起什么作用。概括地讲，这个概念结构的主要成分包括以下内容（图 5-1）。其次，可以看出，在这里，"命题"和"判断"是两个非常重要的概念。我们必须阐明它们，并且我们必须通过相对于一个判断的证据概念来阐明一个命题的证据概念。在这里，我们可能有充分的证据。因为我们拥有"证据"和"说明"这两个词，并且"说明"很显然和使某种东西变得明确有关。最后，我们必须阐明从命题的真值概念和判断的真值概念出发的那两个概念。如果有人认为把真值用在这两种情形下不方便，那么他也可以用和断定或判断相联系的"正确性"概念，这就是达米特所强调的。当然，这意味着在"真"和"正确性"之间已给出一种技术上的区分。

非认识概念	认识概念
命题	判断
命题的证据（证实）	判断的证据（说明）
命题的真	判断的真

图 5-1　概念结构

在正确回答"什么是命题"和"什么是判断"这些问题之前，有必要探讨一些有关"命题"和"判断"之间的区别。命题是对特定事物状态的表达，如果存在着事件的相关状态，那么命题就真，否则就假。所以可以说，命题是那些具有真或假的东西，是那些在其之上能进行逻辑运算的东西。而判断则是我们所说明

---

① 第一个原则出现在他 1959 年的《真理》一文中。这两个原则第一次一起出现是在 1972 年的《真理》的附言中，后来又出现在《弗雷格：语言哲学》的第十三章中，在《语言之海》的"什么是意义理论 (II)"中它们分别被标为"C"原则和"K"原则。

的，在每个推理或说明环节的步骤中，我们都要从先前已说明过的判断过渡到一个新的判断，这种过渡在前面的那个基础上会非常自然。这样的步骤是一个含有把以前给出的判断作为前提而把新给出的判断作为结论的推论。判断的形式总体上不同于逻辑运算。首先，我们有断定形式的判断，即"A 是真的"。在这里，A 是一个命题。这是在探讨过程中需要考察的唯一的形式判断，当然也存在着假设的其他判断，它们都有自己的独特形式。具体地讲，它们是这样的判断，即被用来表明某个东西是特定类型的对象，并且关键是特定类型的两个对象是一样的。其次，判断是一个认识性的概念，它包括知识方面的内容。对"什么是判断"这个问题的最简单回答似乎是：一个判断通过提出为了有权做出它就必须知道它是什么形式来被定义。在这一点上，可以用"断定"这个词来确切地表明"判断"的含义。"断定"是一个知识性术语。为了阐明"断定"，就必须阐明当某个人做出一个断定时他拥有什么样的知识。一旦我们以这种形式限定了"判断"这个概念，那么"判断"的说明性概念被以认为说明就是使一个判断为人所知或明确的东西来简单地定义。说明是推理的链条，它想做的就是使对那个链条的最后判断为人所知或变得明确。在这里，存在很多能够选择的词，如"为人知道的"、"明确的"、"说明性的"、"合理的"或"有保证的"。这些术语都是达米特所接受的。"断定"是有根据的，它在正确性上是有保证的。它的正确性和合理性就在于证据的存在。因此，证据隐含着一个判断的真或正确性，它先于一个判断的真或正确性而出现。

有了"证据"或者"知道"这些概念后，我们就可以定义一个判断的"真"或"正确性"。"正确性"概念似乎是这样的：如果一个判断能被知道或者变得明确，那么从定义上来看它就是真的，或者说是正确的。在真的标准问题上，笛卡儿指出，如果一个判断是明确的，那么它就是真的，因为真值是表明判断明确性的最高手段。[①] 从认识上看，"明确性"这个概念意味着能被知道，或者能被真正地知道。如果一个判断是可知的、可说明的、有证据的、可证实的或有根据的，那么它就是真的，就是正确的。这里的重要概念就是"可能性"概念，当然这种可能性是原则上的。因此，已知的、明确的、说明的与可知的、有证据的、可说明的之间的不同只是现实性和潜在性之间的不同。如果一个判断为真，那么在原则上一定能知道它真，即这种真一定是能为人所知的。这样，对一个判断的真值或正确概念的这种定义就确认了莱布尼兹的充足理由律。如果把充足理由律应用于"A 是真的"这种具体形式的判断中，那么我们得到的结果是，如果"A 是真

---

① Descartes R. The Philosophical Works of Descartes, Volume I. Cambridge: Cambridge University Press: 82~83.

的"这种形式的判断正确,那么这个判断就能为人所知。这样,就得到了在 K 原则中所发现的主语从句。然而,在条件从句中,这是有差别的,即它不再采用"如果陈述 A 是真的"这种简单的形式,而是采用"如果断定或判断,那么'A 是真的'就正确"这种更复杂的形式。这就意味着两个真值算子都包含在其中,即一个是给定命题的真值,另一个是判断的真值或正确性,它的获得是通过把第一个真值算子应用于给定陈述而达到的。这样,K 原则就被修正为,如果"A 是真的"这种形式的判断正确,那么命题 A 能被知道是真的。

对一个判断真值的这种定义就把知识看成是被确证为正确的观点。知识是由于确证而成为真的,或者在"真"的帮助下而成为真的。实际上,因为"真"和可证性相等同,所以被证明为真的观点就成为已被证实的观点。如果一个观点是已被证明的,就可说它能由充足理由律证实。这样,"可证实"就能从这个形式中被忽略掉,从而把知识简单地概括为被证明了的观点和被说明了的判断。事实上,说明并不是可靠的。因为说明就是让某个东西对于我们来说是明确的,这是拥有最好保证,但它并不是可靠的。有时真在我们的说明中出错。所以,如果把绝对可靠性包含进一个判断的真值中,那么从证据到真就无法进行。这样就必须对与绝对可靠性连在一起的知识概念进行修正,即把与绝对可靠性有关的知识概念转变为"判断的真"这一层次上。从断定的层面上来说明知识,就把知识看成是对所有与"判断"相关的认识概念的语义说明。因而,有关于意义的说明在这里是非常必要的。在真值条件的意义理论中,一个陈述的意义由它的真值条件来定义。而在证实主义的意义理论中,一个陈述的意义通过它的证据条件或证实条件定义,这就是陈述的证据或证实状态。达米特在论文《真》中谈到了这一问题。按照这一思路,对逻辑常量意义的说明的真值条件由断定条件所代替。断定条件概念在这里非常重要,它的作用就是确定一个断定或判断的意义,即表明要做出一个断定,我们必须知道什么。

在陈述的证据概念上,有必要对各种逻辑常量的意义说明的证据或证实和武断的证据或证实做出区分。布劳维尔-海汀理论对逻辑常量意义的说明,是按照这样的模式进行的,A∧B 的一个证据就是由 A 的证据和 B 的证据所构成的,对于其他的逻辑运算来讲,情形也是这样的。当然我们也必须允许证据不直接进入对逻辑常量的意义说明的形式,就像我们用最初的两个皮亚诺公理来定义自然数那样,"0 是一个自然数","如果 n 是一个自然数,那么 n 后面的数也是自然数"。对于"2+2 是不是一个自然数"这个问题而言,答案是肯定的。当给出一个归纳定义时,就像自然数那样,某种东西应当算做是一个自然数,即使需要一些计算才能得到它,也能隐含地被理解。在布劳维尔-海汀的说明中,在使它进入那些定义所探讨陈述的形式或形式中的一个之前,就可能必须计算出一个证据来。这样,我们就有了两种术语上的可能。我们可以把那些对逻辑常项意义进行解释的东西简单地称为"证据"。在这种情形下，我们将只有一种证据方法。我们也可以把那些由意义说明所描述的证据称为"正统的证据"或"直接证实"。如果以一个陈述的证据条件形式来定义陈述的真，那么"一个陈述的证据是什么"这一问题的答案就非常简单。因为一个命题能通过说明它的证据如何形成而得以精确定义。一旦我们理解了一个命题，那么我们就知道了它的证据是什么。首先是正统的证据，其次是非正统的一般证据。非正统的一般证据具有这样的作用，即当利用它时，就能获得作为结果的一个正统证据。如何定义"命题的真"这个概念，恰恰就是达米特所要解决的问题，即在一种证实形式的意义理论中如何解释真值概念。从下面的等式链形式中，就能看出答案来：

$$
\begin{aligned}
A \text{ 是真的} &= \text{存在着 } A \text{ 的证据} \\
&= \text{能给出 } A \text{ 的证据} \\
&= A \text{ 能被证实} \\
&= A \text{ 是可证实的}
\end{aligned}
$$

在这里，等号表明了意义的同一性。这样，原则上的可能性概念就出现了。它以前和一个判断的真或正确性这个概念有关，而现在和一个命题的真这一概念有关。这里的"证据"是在"正统证据"这个意义上被理解的，这意味着一个命题的真等同于提出它的一个正统证据或它的直接证实的可能性。由于"A 是真的"是一种断定或判断，它的意义由规定它的断定条件确定，即言语者为了有权给出"A 是真的"这种形式的判断而必须知道什么。在这种情形下，解释就成为为了有权给出"A 是真的"这种形式的判断，必须知道 A 的一个证据。

客观地讲，判断 A 为真就是能证实存在着 A 为真的证据，这其实是对真值做出的一种理解论表述。因为证实一定是体现理解的，并且真值条件也必须是证实的。实在论的真值条件包含了实在论的真值概念，它们是相关的，可把实在论的核心观点归结为实在论的真值。而把真值等同于我们的证实，就使得真值概念成为一个陈述在能被确立为真的情况下才是真的。这样，证实主义→反实在论，在这里"→"并不表示一种蕴涵，而是表示一种达到最佳说明的推理。所以，一旦接受了证实主义的真值概念，有关世界的最可能观点似乎就成为反实在论的。这样一来，我们就可以说，反实在论的观点源于语言的证实主义。离开证实，一个对象是否有特定的属性可能就缺乏依据。因为命题的真值依赖于我们的理解能力，在独立于我们对一个陈述真值识别的情形下，我们无法知道什么使它为真。基于此，达米特就提出了"实在是不确定的"——一个对象是否有特定的属性可能并不一定存在着事实依据。"从来没有遇到危险的人死了"很好地表明了这一点。因为就有关这个人的陈述"这个人是勇敢的"的真假而言，我们很可能无法找到这个人的任何与这个陈述有关的信息。在这样的情形下,这个陈述既不真也不假。

按照真值的证实主义定义,如果存在着一个命题的成真证据,如果把某个因其而使一个命题为真的东西称做这个命题的证据或证实,那么 C 原则就是对真值的定义。对一个命题的确证可能包括它的证据,或者对它的一个强有力的论证。这就意味着直觉主义或证实主义的真值概念实际上是真理符合概念的一种形式,真理就是和现实的一致。唯一新颖的地方就在于我们把那个东西称为现实,或者这个世界的存在,为了命题成真,它已经存在于那里了。不同的是,这看起来让人有点别扭。但可以把它用下面的形式来重新表达,即"A 是真的"正确当且仅当陈述 A 确实为真,只要我们接受了这个原则,问题就会清晰许多。实在论和观念论之间的唯一差别就是在这样的意义上,即它们给出了出现在这里的"确实"这个限定词。实在论者把这个概念看成是一个不能被还原为其他东西的原始概念。然而,按照达米特的分析,在这里出现的"现实"概念就是可知性概念。在所有情况下,这个原则都是为人所接受的。因此能通过说陈述 A 确实是真的、正确的来说明它是真的这个判断。

在真值的逻辑形式和认识论形式的相互作用中,有两个原则发挥着重要作用。一个是排中律,达米特把它称为二值原则。这在语义上可被表述为:BV)(∀S)("S"为真或"S"为假)。另一个就是达米特所称的 K 原则。这一原则是对认识和知识而言的,因此也可被称为可知性原则。这两个原则是矛盾的。它们之间的这种冲突同时被摩尔和布劳威尔认识到。摩尔是第一个在没有意识参与的情况下考虑"真陈述"的人,因此,他不可能考虑废除二值原则。而布劳威尔则选择了保留真值的可知性原则,从而限制了二值原则。在达米特看来,K 原则是对二值原则的一种逻辑挑战。它们之间的这种冲突和实在论的争论相关。就"第一只乌鸦是黑色的"这个陈述而言,实在论者认为,可能有人能确定它的真值。因此,它是可判定的。而反实在论者则不这么认为。在他们看来,对"第一只乌鸦是黑色的"这一推定的事态来说,并非存在着某个东西,如果我们知道它,就确立了那个事态的真。"第一只乌鸦是黑色的"这个陈述的真值是不能断定的。我们既不能假设第一只乌鸦的颜色是黑色的事态,也不能假设其颜色不是黑色的事态。也就是说,排中律是不适用于"第一只乌鸦是黑色的"这一陈述的。这一不可判定的语句设想了排中律的失败,不可判定性与二值的失效一致。对二值的拒绝与对排中律 LEM)(∀S)(S∨¬S) 的拒绝相一致,"一旦我们失去所有采取(二值)的理由,我们就没有理由坚持排中律"[①]。

---

① Dummett M. 1995. The Logical Basis of Metaphicysics. London:Duckworth:9.

C原则支撑了二值原则的成立，它为极端的逻辑实在论者如何解释"为真物"提供了典范。按照我们的理解，可以给C原则以这样的解释，即如果一个陈述为真，那么就必须有使其为真的依据。C原则可被看成是一种构造论的观点。因为它能根据一个陈述而设想出一种存在来。这样，C原则就成了一种还原性的原则。在达米特看来，能把意向属性归属给对象的陈述是那些如果真，那么由于它们的相关虚拟条件句的真值而真的语句。在这里，还原论具有两种形态：①强还原论，认为争论类中一个语句的意义还原为或者由它的还原类中的语句的意义给出。②弱还原论，认为争论类中语句的真值条件还原为或者由它的还原类中的语句的真值条件给出。"认为M类中的陈述可被还原为另一个R类中陈述的观点，采取了这样的普遍形式，即对M中的任何陈述A来说，存在着R中陈述的集合族。如果A为真，那么属于那个族的集合的所有陈述也都真就是必然的和充分的。只有在这个族所包括的全部集合都是有限的情况下，翻译才是有根据的。在这样的情形下，我们可以说，M中的任何陈述如果真，那么这种真一定由于R中特定的、可能无限多陈述的真才真。"① 通过这种弱还原论的概念形式，达米特把能"勉强为真"（barely true）的和那些不能为真的语句区别开。一个具体类中陈述的真值，以缺乏一种可接受的还原类形式来刻画。也就是说，对它的真值的分析并不包括提及一个还原类。在这里，达米特似乎认为一个为真的陈述是因为获得某种事态而为真的。另一方面，一个对其真值的分析包括提及还原类的语句是一个不为真的语句。按照达米特对意义理论的基本限制，对一个不为真语句的意义的知识在于对它的还原类中的为真语句意义的知识，而对为真语句的意义的知识在于使用那个语句报道观察的能力。"如果一个人能通过看来识别一棵树高于另一棵，那么他就知道一棵树高于另一棵树是怎么回事，因而知道语句'这棵树高于那个棵树'成真所必须满足的条件。"② 这最终还是知道事态，因为为真的陈述成为真的一定是可识别的，否则对其意义的知识就不能通过给观察以报告的能力显示。

在陈述的真值讨论上，达米特认为，反事实条件句（亦称虚拟蕴涵命题，它具有"如果P那么Q"的形式，其前件表达一个与现实不符的情况，这就是它的预设性）几乎不能成为真的。如果他的这一看法正确，那么它们的真值一定还原为反事实语句类别下的语句的真值形式。他给出了把反事实语句看成是几乎不能为真的三个论证。首先，他认为它们是自我否定的。如果它们勉强为真，那么它

---

① Dummett M. 1976. What is a Theory of Meaning? (Ⅱ) // Evans G, McDowell J H. Truth and Meaning: Essays in Semantics. Oxford: Oxford University Press: 94.

② Dummett M. 1976. What is a Theory of Meaning? (Ⅱ) // Evans G, McDowell J H. Truth and Meaning: Essays in Semantics. Oxford: Oxford University Press: 95.

们为真的原因在于获得某种非语言的事态。但由于和事实相反,即并不存在这样的事态,所以它们能成为真的。所以,反事实条件句是不能为真的。然而,实在论者给反事实条件句提出了一种"可能世界"的语义学观点,把合理的验证情形放在可能的而非实际的世界中。例如,他们认为,"如果琼斯遇到了危险,那么他将表现得勇敢"这个语句因在琼斯遇到危险的那种最可能的世界中的事态而为真。由于在某个可能世界而非真实世界中的事态,语句才为真。但达米特认为,这种语义学存在着一些实质性的问题。这一事实在这里是无关的——它只使得陈述成为一种反事实的,而不是非真的。类似地,也可以说过去时态的陈述因为非实际的事态而勉强为真。这样,达米特的论证就依赖于对实在论策略的一种先在拒绝。其次,他认为,设想反事实语句的真值和他对意义理论的基本限制相冲突。在他看来,对真陈述的意义知识,在于用这个语句给观察以报告的能力。这最终意味着所讨论的事态一定是可识别的。但可能世界而非真实世界显然在观察上是疏离我们的——我们没有能力识别在它们中获得哪个事态。"因为这个原因,认为反事实语句不能为真就非常令人信服,因为我们不能对反事实实在的直接识别是怎么回事的能力形成任何概念。"① 他的第三个论证是提出一个人认为反事实条件句几乎不能为真的唯一原因是主张二值适用于它们的那种事先假设,反事实语句几乎不能为真的唯一可能根据在于"认为反事实语句或它的对立面为真在逻辑上是必然的"②。在他看来,"P勇敢或P不勇敢"取决于"如果P面对危险,那么P将表现得要么勇敢要么不勇敢"这一点。然而,后者并不蕴涵"P如果面对危险P将表现得勇敢,或者P如果面对危险P将表现得不勇敢"。在这里,所包含的是从A→(B∨C)这种形式的虚拟条件到(A→B)∨(A→C)这种形式的虚拟条件的析取的转变。由于这里的条件句是被直觉地解释的,所以这种转变是无效的。如果把达米特的第一个论证概括成不存在反事实条件句为真的事态理由,那么第二个论证就可被看成我们是无法理解反事实语句的,我们无法把握它所涉及的事态。而第三个论证则着眼于对反事实语句采取二值假定进行质疑。我们认为,达米特的论证是合理的。因为,如果在说明某个语句的不可判定性上不允许反实在论者假定二值的失败,那么就不可能有实在论者为了说明某个语句的可判定性而假定二值。排中律或二值原则在我们的日常逻辑活动中如此地确定,以至于证据的任务就在于质疑它而不是接受它。如果实在论者能提供把性格特征归属给某个

---

① Dummett M. 1976. What is a Theory of Meaning? (Ⅱ) // Evans G, McDowell J H. Truth and Meaning: Essays in Semantics. Oxford: Clarendon Press: 100.

② Dummett M. 1976. What is a Theory of Meaning? (Ⅱ) // Evans G, McDowell J H. Truth and Meaning: Essays in Semantics. Oxford: Clarendon Press: 90.

人的间接证据而不是它的直接显示，或者说，如果实在论者没有理由认为排中律在涉及那种推定的证据上是失效的，那么把这样的性格特征归属给人的语句就不能被认为要么是真的要么是假的。

第二节　达米特语义学核心论题的语境特征

在对达米特语义学核心论题的探讨上，可以采取这样的思路，即从语言的整体规定性出发，把陈述的真值与语境紧紧地连在一起，通过语境来描述真值问题。首先，达米特在真值论题的阐述上受到了语形的影响。语形有其内在的结构，这种结构就是句法上的逻辑关系，而真值的形成要求形式上的一致性。这样，就可以通过语境来分析真值在形成上的逻辑性。其次，语用活动的恰切性要求与语境密切相关。语用活动必须适当，这种适当性正是真值在现实中的表现，即体现了语言解释的效用，从而具有了"可接受性"。因此必须通过语境来确定语用的适当性。最后，从语义层面看，真值意味着语句所意味内容和其所表述对象之间的一致。而语句内容即意义的形成与言语者有关，意义的发生要以言语者对语言的理解为前提，从而成为一种产生知识的构造活动。所以，真值就有了可被构造的性质。这样，就可以将达米特在真值论题上的看法具体为以下三方面：①语形蕴涵真值；②语用确证真值；③语义构造真值。所以，就达米特对真值的论述，体现出明显的语境分析特征。

一、语形真值论

在语言哲学研究上，作为先驱的弗雷格提出了重要的"语境原则"，这一原则表明语词的意义只有在句子中才能表现出来。这是一种坚持在意义上强调语句间关联的整体论主张，它为语言体系思想的形成奠定了基础。从理论上讲，把"语境"概念引入语言研究，对这一领域研究方法的优化是毋庸置疑的。首先，它适应了以非直观语言研究真值的趋势。语境思想的核心是分析决定语言意义的可能背景以及这种背景的现实规定性，强调意义与其意义场景的关联性。语境概念涉及语言的内外部要素，它具有特定的本体论性。劳纳在解决卡尔纳普与奎因的争论时指出，语境具有实体性的特征，这体现了当代把关联实在化的趋向。同时，语境又具有使语言交流得以合理发生的可能特性。因此，可以说语境在本质上构成了当代语言哲学研究的底基。[①] 其次，语境分析的本质是一种方法。这种方法体

---

① 郭贵春.2001.科学实在论教程.北京：高等教育出版社：250.

现了对语形、语用、语义研究所涉及的一切内容，是上述三者的有机、动态结合，为语形、语用、语义相互交汇互补、共同提升语言哲学的研究水平和理论层次提供了一个有效平台。最后，语境结构具有多样性、具体性、自洽性和动态性的特征。它不拘泥于一种范式性的静态结构，而是随着与之相关因素的变化而调节自身的内在要素，来实现结构与效用的自我优化。语境的特性及达米特对语境在意义形成上作用的认识，使得他对真值论题的解释表现出明显的语境特征。

通过语言获得真值，把真值问题紧紧地放置在语言层面上来考虑是达米特在真值论述上的主要特征。他把重点放在句法的研究上，提出了与卡尔纳普的"一个语句的真假根据语法规则就可以知道"相类似的"句法标准"（grammatic criterion），认为对句子的逻辑研究不能孤立地进行，而必须放到上下文的语句整体中即语境中，依照语境确定句子间的相互依赖性和合乎逻辑的复杂顺序就可以确定句法上的真，从而来识别句子的真值。

在具体的分析上，达米特对语言句子体系中那种关联的现存性和规定性十分重视。在他看来，陈述系统在形式上所表现出来的客观特征，即真理客观性的表征与体现。在语言中，也存在着和数学公理、定理具有相同功能的句法定理，因而在研究中可以借鉴这些形式与方法。借鉴的前提就是认识到语言是一个通过逻辑推理而相互联结的陈述系统，正像数学上那样人们必须清楚推理的内部结构，根据这种认识来确定某种合理性。这样，句子间便可以递归的形式互相推论。这类似于哥德尔的观点，即认为形式上的正确意味着真正的科学。语言正如数学那样，以一个或两个已知为真的陈述作为推理的前提，推导出来的结论就是一个新的真陈述，这个真陈述又可以与其他真陈述结合成新推理。"语言有其值域，纯观察语句无需中介，凭直接观察就可以证实。而在另一端却存在着这样的事物，它们完全由推论来确立。"① 达米特对后者给予了特别的强调与重视。于是，关于语句的形式理论在逻辑上就具有了合法性和可行性。它可被看成是由公理和推理规则构成的集合，由此可推导出特定的定理来。而"包含在句子中的定理常常被认为捕捉了整个句子的意义"②。可以看出，达米特立足于语境的逻辑确定性，力图在语言研究中从少数几条句法公理出发推导出一切表达真值的规则，使正如维特根斯坦在《论确定性》一文中所提出的"逻辑的门轴法则"得以体现。

概而言之，真值是可被形式化的。这体现在具体的推理中，通过推理形式表达出来。从结构上看，推理的实质就是句子单位之间的逻辑演算关系，其重点在于句子群的内在合理性和恰切性，即语形上的内在满足。真值就是句子系统反映

---

① 帕特陶特. 1998. 采访达米特. 哲学译丛，（3）：74-82.
② Gunson D. 1998. Michael Dummett and the Theory of Meaning. Aldershot：Ashgate：1.

在逻辑上的可行性，可通过语句系统的逻辑演算来研究真。因为用形式语言取代具体的语句、语词后，形式语言之间的逻辑联系是可以严格定义的。要推理首先要有推理的构造要件和推理语境。所以，达米特引入了"体系"这个概念。他强调"我们首先要收集大量已产生结果的实体"①。这里，他选择"结果"而非"真"是为了强调这些结果的纯概念特征，其动机在于从体系上来认识语形，借助构造方法，把真值变革为语形方面，即语句间的逻辑确证。这样做的必要性在于，"从语法的角度讲，理性不能存在于一个没有标准的开放语境中，因为在这里一切都向怀疑开放"②。这就有必要给出一个体系标准，在这个体系中认识单个句子对整个系统在环节上的"满足"。我们认为，达米特的语形真值论的实质就是运用数学上的递归方法，于句法体系的"满足"中来间接地定义真值。

　　从语形上的"满足性"来认识真值的做法由来已久。普拉茨（Platts）曾描述了由语形来定义真值的情形。他提出了三个步骤：①表明句子系统 L 的句法形式；②定义系统 L 中的满足性；③根据 L 的满足性来定义 L 的真值。普拉茨这里的"满足性"只是对命名与谓词连接在一起的结果进行陈述。例如，句子"x 是黄的"，其本质是一种基于事态的表征，因为这种"满足性"是从语义层面上进行描述而派生出来的。达米特则对此进行了改造。他基于语法标准，弱化了陈述的事实性，把"满足性"归结为内在的逻辑性，认为它只是观念清晰和系统性的代名词。因此，他的"满足性"是从形式上来进行的，它从属于方法和策略领域，而不指涉实际内容。在"满足性"概念的基础上达米特提出了两种语形观。首先，他承认语法框架的有机性。这种有机表现为句法结构上的分层。在语境这个大框架下识别句子的层次与确切位置，了解句子在逻辑链条中所起的连接作用，明确该句对框架的满足，便能体现出语形对真理在形式上的蕴涵。"语言有明确的结构，联系将句子作为一种整体，这种整体的结构决定了每个句子的位置，也决定了句子的真值。"③ 这种整体性语形便是达米特提出的复杂体系语形观或大语形观。其次，达米特还坚持一种小的语形观即分子论的语形观，他认为这是真值所依存的最低层次。分子论的语形概念是简单的句子体系，其构成成分之间的逻辑协调在整体上所表现的自洽性也表明了真值的存在以及对真值的蕴涵。

　　从语形学的角度解释真值，在语句体系和框架中来研究真值，使真值蕴涵于句法形式之中。这种方法的意义在于以下三个方面。①发展了传统的符合论真理观。语形真值论有其自身的优势，它对符合论的真理论有所超越，因为纯粹的语

---

① Matar A. 1997. From Dummett's Philosophical Perspective. NewYork：de Gruyter：29.
② Matar A. 1997. From Dummett's Philosophical Perspective. NewYork：de Gruyter：22.
③ Dummett M. 1978. Truth and Other Enigmas. London：Duckworth：377.

形真值观点在一定的意义上排除了陈述的事实性与经验性，从而克服了经验证实无法理解非外在于我们的语句这一缺陷。在这里，达米特对实证主义的分子论提出了批判。在他看来，这种思想实质上仍是原子论的成真条件的真值观。他反对停留在确定单个语词的真值来阐明真的层次上，而主张借助于语境的体系性观点，从形式上来说明真。②从语境结构的动态性来看，体现陈述真值的语形应是"自动的"（autonomous），这种"自动"就是要从系统上给出真的形式蕴涵是怎么回事。达米特指出，关于哲学的陈述只能由哲学上的陈述来翻译，语法"形式应是有机的……因为除了外围的句子外，有机理论将语言句子的理解看作必然地包含于它与其他语句的推论性的关系的理解中"①。按照有机的语形要求，要确定内涵于陈述群 L 中的真值信息，我们就不仅要理解句群 L 的内在逻辑 m，而且还要理解由其构成词 c、d、e、f、g……构造的其他句子。③语形真值论所要表达的一个思想就是，真值是语句体系在形式上的表现，其作用是使得真值的形式构造成为可能。从形式上讲，真值是依据证据的构造而形成的。这样，真概念就等同于句子真值的可判定性，从而使形成真值成为一种确证活动。这种思想认为一个有证据的句子即是真的。这样一来，一种新的真值图景便被构造起来，即从陈述 A 真（有正当理由）→陈述 B 真（因为 A 真）→陈述 C 真（有 B 这一证据）→……所以，可以概括地讲，推理成为形成真值的有效形式。普特南对真值的确证思想作了阐明，将其表述为"真的东西就是在最佳条件下能够得到辨明的东西"②。尽管在语义学的解释上，达米特提出了语句的真值由它的证据或证实来决定。但他这里的证实观点与逻辑实证主义意义上的证实原则不同。首先，前者的可证实性在很大程度上只是强调逻辑上的可证实性或者推理上的合理性，它要求在形式上有一个"正当的理由"。其次，逻辑实证主义那里的真值是古典的，即每个有意义的句子要么是真的要么是假的。相反，达米特的证实主义真值概念，偏离了古典的真值概念。

从上述分析可以看出，达米特在语境层面上体现的语形蕴涵真值的思想，突破了传统的真理观。语句体系所形成的语境使得句子系统有其自身的内在逻辑关系，依据这种关系来判定句子的形式真是对真理在形式上的泛化。语形真理或证实的真理作为符合论真理观的一个亚种，其核心即是确证。

二、语用真值论

从弗雷格的普遍逻辑"变元"到后期维特根斯坦的"意义即使用"观点，反

---

① Dummett M. 1978. Truth and Other Enigmas. London：Duckworth：382.
② Putnam H. 1983. Realism and Reason. Cambridge：Cambridge University Press：280.

映了语言哲学发展历程中对真值研究的切入点由一维的逻辑向多样的日常语用转变。这一转变的实质就是要在语言的具体使用中展现出语言对真值的特定传达。达米特对真值的另一种处理明显就是从这样的层面来展开的。从语用过程来看，真值是依赖于语境的，它是从真值的载体即语句的效用态上来解释真的。"当我终结证实时，我就得到了规则……那我就可以说它不外乎是我做的那样"，这种自信的处理方式使达米特更确信"语言的真值景象可被看做依赖于社会实践"[1]。语言实践与特定的社会联结着，这种联结表现为语言实践涉及言语者对语句的掌握与选择，即语言与人的意向、行为以及语言与语句的生成情境的错综复杂关系。而

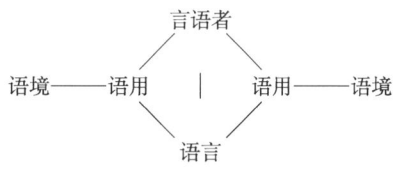

图 5-2　语用与语境的关系

这种关系归根结底是语用与语境的关系（图 5-2）。图 5-2 表明，言语者与语言紧密相连，言语者的实践即是语用，任何语用都是在特定的语境中发生的。一切语用活动都在语境这个平台上进行，因而语境决定了语用的边际。达米特在处理两者的关系上提出了"语言的形码理论"[2]，认为语用是语言的效用状态变元，语言的适用态是相对于具体的语境而言的，由具体的语境来决定。也就是说，语境决定了语用的规范性。另外，语境也需要语用，语用分析在本质上是一个烘托语境、揭示语境的过程。通过语用显现出来的语境其实质是语用变元的多重复合，因而能够建立起语用与语境之间的对应关系（图 5-3）。

语用 （变元为 X）	X 的主观性 主观渗透理论	X 的范围 相对经验收缩	X 的效用 是具体的	X 的形态 呈现为多元
语境（变元为 Y）	Y 是 X 的理论集合（呈现出客观的特征）	Y 具有发散、开放性（Y 有扩张趋向）	Y 是具体形态的一般形式（Y 表现出一般性）	Y 是多元的组合（即 Y 有单一色彩）

图 5-3　语用与语境的地应关系

这种对应关系从本质上使语用与语境得以联系起来，正是在这个层面上罗蒂认为，达米特赋予语用表征意义的解释。语用与语境的结合，语境便成为语用的

---

[1] Wittgenstein L. 1953. Philosophical Investigations. Oxford：Blackwell，217.
[2] 唐纳德·戴维森.1993.真理、意义、行动与事件：戴维森哲学文选.牟博译.北京：商务印书馆：87.

边际，以这种边际为背景，语言便完全成为一种具体的东西。另外，当语境作为语用场一旦形成后，语境就表现出特定的客观性，它在现实性上成了语用的界域。总之，语境成为语用时效的非缺失状态，语言表达式的意义就具体表现为它在语境中的使用。

可以看出，将语用纳入语境分析的视角，实际上是把大量的经验因素容入分析哲学中，从而提供了一种有效解决分析陈述与综合陈述关系的方法。依据语用集合，在语境 L_n 中所有的语句相对于另一语境 L_{n+1} 而言时，它们便从分析陈述变为了经验陈述，即对 Ln 语境中 $\forall xAx$ 而言，在 $L_{n+1} \exists x (Ax \rightarrow Hx)$，具体为 $(\forall x, x\epsilon R, Ax) \rightarrow (\exists x, x\epsilon Rn, Ax \rightarrow Hx)$。这种对应，实际上反映了语用集合与语境集合之间的映射关系。达米特的语境概念是从语用的可接受性提出的，所以，主体间的"普遍同意"使这种可接受的语境具有了客观性。

1. "普遍接受"的语用规约

莫里斯指出："'接受'是语用学的一个基本名词。"[①] 同样，达米特从语用学角度认为陈述的真值由一种具有客观特征的东西决定。他指出这种客观性源出于一种"普遍的可接受性"（general acceptance）。"普遍接受"是人在使用语句过程中使语言表现出来的一种相对特征，它相对于人而被外化出来。我们认为，这种"普遍的可接受性"是由"普遍同意"决定的，"普遍同意"渗透了人的作用，是人在行动上对观念的澄清与表决。在这一点上，马塔尔认为，"在达米特的元哲学讨论中，'普遍同意'有时替代了真值"。他力图把人对陈述的"普遍同意"作为陈述真值的标志与尺度。[②] 客观地讲，他把真视为"普遍的可接受性"的做法是谨慎的、小心的。首先，他没有忽视真在被使用过程中所表现出来的外在特征，即"普遍"性质。这种性质是以公共实践的服从规则作为语言活动的首要基础，因而他在"同意"前面加上"普遍"的限制，这就保证了他的真值理论在本质上是收敛的；其次，"普遍接受"的语用理论是从生活的"对话式"层面对陈述的真值进行论述的，它成为主体间性的理论规约，在相互性的规约中表明对真值的普遍认同。因而这一真值只是表明了类语句在被使用过程中所表现出来的"经常现象"，在一定意义上带有覆盖率式的真值倾向。这给这种真值本身的修正留下一定的余地。

根据人的普遍同意来界定真值，有其自身的优点。首先，因为以潜在的普遍一致性来定义真就会使人对这个词的应用有较少的模糊和疑问。同时，普遍同意

---

① 莫里斯.1991.意谓和意义.// 涂纪亮.当代美国哲学论著选译.第三集.北京：商务印书馆：195.

② Matar A. 1997. From Dummett's Philosophical Perspective. New York：Walter de Gruyter：20.

与一定的语境相联系，这本身凸显出语境的包容性特征，从而显现出语境对真的支持性。我们认为，这是以真值的外延（例如习俗）为起点向内涵缩进的做法，这种做法的实质就是对理论自身的细化。其次，"普遍同意"不能被看做是一个事实描述，因为真陈述被理解为"普遍接受"的那种形式并没有给我们明显地提供出与一个给定的客观实体相一致的东西。因此，这里的"普遍接受"显然不是表征性的，而是指一般可接受的行动准则。这就把真值和对真值的使用结合在一起，通过真值的使用情形是怎么回事来刻画真值本身。这样，我们就可以在另一种意义的"客观性"的接受上来解释达米特对"普遍接受"真值观的忠诚——可以将这里的"客观"表示为类似于内在的主观的东西，即言语者自身的认识。因为在这里"必然存在着某种永久性的东西，最终决定理性、知识、真理、现实、善与正义"①。

长期以来，人们对真这个概念的认识一直在两个层面上进行着：①真的性质分析；②我们与真的关系。达米特的一些阐述表明对于①，真是永久的、不变的，对于②我们是能够得到真的。② 然而从语用学的角度审视，达米特实际上否定了前者而肯定了后者。约翰·科克斯（John Kekes）在语境中对接受性的方法是否是由真指引的（truth-directed）进行了研究。他将"真指引的"这一实验分解为三个部分：①理论是否连贯；②对其主题的理解是否充分；③它能否经得起批评。"生存下来的理论就成为解决问题的方法……它就是合理接受的。"③ 一个能经受严格批评、通过其他检验而存在下来、战胜其竞争者的理论就是一种能被合理接受的理论，从而我们就可以知道我们的方法是由真指引的。达米特则对科克斯的这种实验提出了批评，他认为科克斯的真概念太抽象了，原则上没有考虑具体的时间和空间，即语境问题。可以看出，达米特的那种"普遍接受的"真值概念不是静态的，而是动态的。

2. 修正的真值

对真值的语用分析应是一种动态的语言实践，语境框架的变动决定了陈述的真值形态。语境本身是多样的、具体的，它随着时间、空间和具体的语言实践变化而调节、优化自身。所以，达米特主张把"普遍接受"放在动态的语境中来解释，强调具体历史情境中的语言应用的动态分析趋向，语境的变化决定了语用要发出相应的变化。"众所周知，确信特定的推理形式，尽管是被普遍接受，也是不

---

① Bernstein R. 1983. Beyond Objectivism and Relativism. Oxford：Blackwell：8.
② Dummett M. 1978. Truth and Other Enigmas. London：Duckworth：456.
③ Kekes J. 1980. The Nature of Philosophy. Oxford：Blackwell. 118.

合理的。"① 语境形式、内容的变化，以及言语者意向、情趣、文化价值、习俗的变动往往使普遍接受的真理不断地被修正。这是达米特把对真值的句法逻辑解释转向语用确证的标志。以具体的语用描述真值，"对真值概念的任何完整说明都必须将其与实际的语用交流相联系"②。因此，从语用的多元视角辨明真值形态的灵活性与超越性就成为达米特语用真值的一个鲜明特征。

在真值问题上，达米特虽然坚持了理性标准，但他在语用学领域并没有完全否弃经验的作用，这突出地表现在他认为理性不断地承受来自语境中的挑战。语境是变动的，这种变动性是由语境自身的结构决定的。语境的变动给"普遍的可接受性"提出了修正要求，"即使我们最深信的原则对其进行深思熟虑意义上的修正也是可以构想的"③。理性的方法并不能向我们保证每个被普遍接受的陈述是超越于批评的。这样，发现一个可接受理论并不意味着它是真的，只要一个被普遍接受的陈述开始被怀疑和受到挑战，那么它就自动地终止被认为是真的。对某类语句的"普遍接受"是基于常识的，而关于常识的陈述只是相对的。因此，常识意义上的真值概念不可能一劳永逸地被坚持。这样，在不同的语用形态和语用历程中，我们可能会得到一些形态与内容发生变化了的真。"在总体上我们可得到一种客观和经常进步的真值结果，但在具体时刻的真却具有暂时性的特征。"④ 因此，达米特立足于日常的话语经验，讲求一种动态的真，这种真与人的认识有缜密的联系。这就意味着，只要人的认识随着历史的进程而改变，那么真理就不断地进行自身修正。正如柯林伍德所主张的真理是一种历史观念那样，需要由后继理论对其发出挑战，以对其给予修正。可以看出，达米特的修正论的真值主张本质上类似于库恩的"词典理论"，即真只不过是由"普遍同意"所决定的"普遍接受"的收集与编撰。真就像词典那样不断地以新的版本变换形式，从而使具体语境都有自己确定的真理。

三、语义真值论

达米特对真值在语义学层面的界定是以人的理解和识别为基础的。在他看来，人应以理解的形式来获得陈述的真值，真值的语义标准应与我们的价值观念、习俗相融贯。

1. 语义真值的理解性

在陈述的真值问题上，传统的观点认为它与陈述的意义密切相关，陈述所表

---

① Dummett M. 1978. Truth and Other Enigmas. London：Duckworth：318.
② Wright C. 1986. Realism, Meaning and Truth. Oxford：Blackwell：341.
③ Matar A. 1997. From Dummett's Philosophical Perspective. NewYork：de Gruyter：21.
④ Matar A. 1997. From Dummett's Philosophical Perspective. NewYork：de Gruyter：41.

达的真的内容就是它的意义。或者说，给陈述的真值以支持的那种条件就是对它的意义的表述，一个陈述的意义也可被还原为它的真值条件。意义是依赖于指称的，实在的指称或观念的指称即表明了语句的含义。这种观点在真值的语义学上一直位于主导地位，弗雷格、卡尔纳普、塔尔斯基及戴维森等基本上都认同这一看法。塔尔斯基在语义上坚持真的等价原则，即"S 真意谓着 P"，作为元语言 S 的真要靠 P 来保证，因此 P 即是 S 的成真条件。持有这一理念的缘由在于坚信"真值＝意义"。例如"雪是白的"这句话的意义就在于"'雪是白的'为真"。说一个语句为真的理由在于现实中有一个客观的东西，这个东西使此陈述为真。戴维森以此为基础，认为真是非定义的，真概念是一个"初始概念"①，它在意义理论中处于核心地位，从而把成真条件的语义论发挥到极致。达米特认识到这种观点是一种纯粹静态的形式化的语义真理论，完全没有涉及真的认识问题，忽视了人在得到真值中的作用和地位，同时没有涉及真对人的价值问题。类似于"S 意谓 P"的指称论的失败就在于它求助于非内涵性因素的倾向太重了，语义必须与我们使用语言的意向有关。

达米特认为，从语义分析入手说明真值必须渗透说话者的意向因素。而戴维森方案的主要缺陷在于仅从纯粹物理实在入手决定语句的真值，消除了人的参与，忽视了言语者的言语意图，即用语言表达什么以及如何表达等问题，从而忽视了人对真的理解要求。比如，在解释下述情形时，戴维森纲领会显得内容贫乏，苍白无力。

句 1：雪是由结晶状态的水分子组成的；

句 2：白色是由一切具有波长为 X 的光波发射而形成的；

那么句 3："雪是白的"这个句子为真，当且仅当处于晶体状态的水分子发射具有一切波长为 X 的光波；

句 4："雪是白的"是真的，当且仅当"雪是白的"。

其中句 3 与句 4 所描述的状态是同一的，但句 3 完全是基于物理性质的描述，根本没有给出说话者的意图，因为他可能对水分子和光的波长毫无所知。这个语句给出的全部内容是成真条件，而这个成真条件却不能构成这个句子的意义，因为它并没有告诉我们这个说话者是如何表达这些成真条件的。达米特认为，戴维森对真做出的界定是一种超越语句真值的典型做法，它预设了一个具有时间特免权的神目观察者和判定者，忽视了人们的语言实践。在达米特看来，真值并不是终点，它本身要从我们的可接受标准中获得生命，因为正确理解和使用语言所需

---

① 唐纳德·戴维森.1993.真理、意义、行动与事件：戴维森哲学文选.牟博译.北京：商务印书馆：153.

要的事实不是独立自在的，而是必须能够被人发现、接近、研究和证实的。戴维森的失误就在于他违背了塔尔斯基所给出的真之语义定义的初衷，而执意用一个不能被言语者阐明的真来阐明意义。这样，在对戴维森真值理论的反驳过程中，达米特提出了借助于语义来构造"真"这个形而上学论题的观点。

2. 构造的真

达米特在语义真理论述上的一个突出特征是把"S 真意谓 P"换成了"S 真在于人能证明 S 为真"，从而对真值概念提出了修正，把真值条件法则变革为证实法则，认为真值是和证据、证明相关的东西。这样，真在语义上就等同于"可被构造出来"。从这一意义上讲，达米特的真概念是宽容的，他的目标就在于从一种不涉及指称的语义角度切入真值的认识问题上。在他看来，主张用"有根据的断定"这一概念来替代真的构造主义观点给出了一种实质性的真值理论。之所以从构造的视角认识真，就在于他坚持"意义渗透真值"的主张，突破了真值语义学中"真值条件"的核心地位，而将其表述为"真值以意义为内容，真值必须有意义的参与"。进一步讲，真值的语义构造在某种程度上体现出达米特的"真的附属性"(truth's secondary) 观点。① 真值形成的语义规则就是确证 (justification)，真值的语义构造实质就是通过确证来构造真值，通过研究的合理性结果来确定真。

与此相对的是，实在论在语句真的问题上一直坚持我们对语句无知时它也可为真这一观点。达米特认为这是一种独断论的口吻。因为，真只有在可断言的作用下才可以为真，真不具有相对于认知能力的独立性。直觉主义者认为"成真在于被构造"。这一观点紧紧地吸引了达米特，他认为一个语句的真不能超出我们发现它的能力，陈述的意义就在于我们所应用的能证明它为真的方式。只有参照我们对陈述加以判断的证据，才能决定它的真假，语句的真不能脱离我们知道它们为真的证据或我们判别这些证据的能力。这样，达米特的证据概念就在语义学层面上给出，即"S 为真的证据在于它可被断言"。所以，我们寻求的真就不是成真条件的知识，而是关于成真条件的隐含知识，即陈述这种知识的能力。由此可见，语句真的意义不在于真值，而在于我们对语句的理解。理解一个陈述就要知道什么是这个陈述的恰当证据，语句的真值取决于理解。这样，S 的真值条件就被达米特变革为 S 的真值条件是否得到确认，能否得到理解，从而使真值条件受到可被构造的束缚，将人的认识能力与真值条件绑在一块。其结果就是对句子意义的把握在于如何去做，即如何去构造句子的成真证据。达米特引入"确证"这个概

---

① 唐纳德·戴维森.1993.真理、意义、行动与事件：戴维森哲学文选.牟博译.北京：商务印书馆：87.

念,他认为"确证"一词不但显露了我们对真的默契坚持,而且与它的实用对象——效果非常适合。①

普特南指出,达米特的真之构造主张是一种"论证主义的语义学"。他以"'可断言性'取代真值概念,以内在于人的知识取代了关于真值条件的知识,从而使真值条件演化为某种'可理解的条件'"②。从本质上讲,达米特坚持从语义上对真进行构造的目的在于使真这个概念成为具体的、属人的,而非外在的,即在能被人感觉到的意义上去论述它。因此,戴维森认为达米特是一个"建构经验论者"和"认识论上的基础主义者","达米特赞同这样一个基本原理,即无论什么样的意义都必须以某种方式追溯到经验所给予的东西、感觉刺激的范型……"③

综上所述,达米特在对作为其语义学思想核心论题的真值理论的本质进行阐述时,所表现出来的一个明显特征就在于坚持对语句真值的语境分析方法。他分别从决定语句真的语句层次间的逻辑语境、人的语言实践对语句的普遍接受而形成的承载语句真的生活语境以及由人的思想构造所形成的语义理解语境三个层面探讨了真值的表现及其形式,强化了语境对真的决定作用、包容功能与构造意义,流露出他那种消解传统二值语义学中真值地位的倾向。传统的真值条件的意义理论认为,真值是意义的核心,一个和语句为真时相对应的那种存在就是对它的意义表述。在达米特看来,这种真值条件语义学的陈述是毋庸置疑的,然而却不是实质的。因为"P为真当且仅当P"这一真值公式并没有像阐明意义本质那样解释意义。因此,有必要修正传统成真条件意义论中的真值概念,将之变革为一种证实性的真值。达米特的意图在于提出一种新的意义理论,即构造的意义理论。这种意义理论把基于证据条件的真值作为表述意义的核心概念。把握这一点对我们理解他的语义学思想的实质具有重要的价值和意义。

---

① Matar A. From Dummett's Philosophical Perspective. NewYork:de Gruyter:2.
② 郭贵春.2002.语境与后现代科学哲学的发展.北京:科学出版社:109.
③ 唐纳德·戴维森.1993.真理、意义、行动与事件:戴维森哲学文选.牟博译.北京:商务印书馆:175.

第六章 达米特语义学思想的实质

达米特在语义论题的阐述上提出的一个重要思想就是认为意义理论的本质是一种理解理论,这种理论能够解释一个言语者在知道一门语言时他确切知道了什么。这样,我们就可以把他的语义学思想的实质归结为一种思想理论,它具体地通过探讨"语言的意义如何可能"阐释了"人的思想如何可能"这一问题。在这一观点的论证上,达米特认为语言哲学的研究无非是要给出一种有关意义形成的理论,有关意义的古典真值条件解释在对"掌握了一门语言和理解了一个陈述到底是怎么回事"这一问题的科学回答上还存在着很大的差距,因而不能成为回答有关意义是什么的一种合理论述。基于此,他提出了"意义在于理解"的观点,并提出了阐明意义归属的隐含知识概念。这一概念是确立意义理解理论的基础性概念,它决定了达米特在论证其语义学思想上的基本特征。达米特认为,要表明意义的归属性,隐含知识的显示是十分必要的。因为意义知识的显示性从言语能力以及言语行为等方面对意义理解理论的合理性进行了论证。在我们看来,达米特在其语义学思想的确立上,运用的一个重要方法就是构造。在这一点上,他发展了数学上的直觉主义立场,把意义的形成看成是言语者构造的结果。因此,从本质上讲,达米特的语义学思想其实就是一种基于构造的知识理论。就像他自己说的,"我们对语言的掌握常常以知识来表现"[①]。达米特对意义的这种描述产生了特定的影响。首先,修正和弥补了戴维森纲领在意义描述上存在的不足。这一点已得到戴维森本人的认可,他曾在 1989 年的《杜威讲座》中承认了达米特的批评是正确的。[②] 其次,达米特的意义研究给语言哲学以及哲学研究的风格带来了特定的影响。黑格尔曾说,研究哲学有两条道路,一条是"普通的道路",在这条道路上,人们是穿着家常便服走过的;但在另一条道路上,充满了对永恒、神圣、无限的崇高情感的人们,则是穿着法座的道袍阔步而来的。黑格尔以后的哲学仍然走在这两条道路上,但不同的是"普通的道路"更加宽阔,更加通畅。达米特的意义定位给我们的日常生活以很好的关注,阅读它将使你在自己的日常生活中获

---

① Dummett M. 1993. The Seas of Language. Oxford: Oxford University Press: 94.
② 戴维森. 1996. 真之结构和内容. 哲学译丛,(3): 72-81.

得这样或那样的好处。

第一节 达米特的意义理解理论

现代语言学转向的根本特征是强调语言的中心性，借助语言学的方法来解决人类的认识问题。从本质上看，达米特在语义学论题上提出的"意义理论"是一种有关认识问题的知识理论，对意义理论是一种理解理论的本质规定，要求它"不但要陈述言语者知道了什么，而且要表明这种知识在于什么"[①]。因此，从言语知识的内容及其显示的层面上分析达米特在意义上的看法是非常必要的。在他这里，理解的意义在理论形式上表现为一套意义规则和命题系统，它们构成了言语者的知识对象。所以，在言语者与意义理论之间存在着特定的认知关系，言语者的隐含知识（implicit knowledge）就是对这种关系的集中概括。

一、理解的意义理论

达米特在语言学上提出了与传统的意义理论完全不同的主张。他强调对意义理论进行阐述时，首先要弄清一个问题，即一个语句的意义在于它的真值条件这种说法的确切含义是什么，或者说一个句子的意义是否就在于它的真值条件，从而对古典真值条件的意义理论提出了一种批判。

1. 对真值条件意义理论的批判

在阐明所有表达的意义上，我们需要一种理论。这并不是因为我们不能确定我们语言的表达意味着什么，而是我们根本就不确定什么是意义。给出语言表达的一种意义理论，就在意义的获得上拥有了一种理论指导。因此，语义学思想的任务之一就是要建构一种合理的意义理论，以阐明陈述的意义。在这方面，阐述逻辑常项的意义是一项重要的内容。对经由语义学而指派给逻辑常项的意义来说，有必要以真值这个概念来理解，因为这个概念直接影响对意义的看法。在语言哲学上，弗雷格对判断的命题内容有深刻的看法。在他看来，亚里士多德式的"S是P"这一形式的判断可被"A是真的"这个更简单的形式所替代。在这里，A是一个命题内容。按照弗雷格的观点，命题和语句相联结。命题其实就是一个语句所表达的含义、思想。它的基本属性就是真假。表达命题和语句相关联的最为

---

① Dummett M. 1976. What is a Theory of meaning Ⅱ? // Evans G, McDowell J H. Truth and Meaning: Essays in Semantics. Oxford: Oxford University Press: 70.

自然的方式就是通过"'p为真'当且仅当p"这种形式的命题来进行。在把语句"p"和一个命题联结之后——不管这个联结如何进行，我们都可以通过规定"p"是真的当且仅当获得了它的那种真值条件来给语句p以"真的"的定义。也就是说，可以通过命题的真值条件来给出语句的意义。这样，"真假在一个命题的意义概念中发挥着重要的作用，解释意义的一种常见形式是对其真值条件的陈述"①。例如，"雪是白的"的意义就是"雪是白的"为真当且仅当雪是白的。假如"为真当且仅当雪是白的"的意义被单独地固定，那我们就可用这个命题来表达语句"雪是白的"的实质性信息。从而认为它是对把"真的"这个术语应用于"雪是白的"这个语句将意味着什么的一种解释。在这一点上，保罗·豪维驰（Paul Horwich）指出，这种方案能形成一个命题与其意义的结合，这具体地体现为真值条件的意义理论。

真值条件的意义理论是对那些在其之下语言的原子语句得以成真的条件的一种具体化表述。这种意义理论认为，在给定的语句类别中，语句的意义要依据真值条件加以说明。真值概念是一个核心概念。这种意义理论的确立基础就是真值概念。就真值这个概念而言，一种常见的直觉是，真值有时是能被识别的，有时是不能识别的。因为，并非每个陈述都被保证要么真要么假，"一个陈述为真仅当在这个世界上存在着某个东西，因为这个东西它才为真"②。按照这种看法，一个数学上的猜想的真并不必然地蕴涵存在着这个猜想的证据或者存在着识别这个猜想为真的任何其他形式。所以，在达米特看来，至关重要的是在真值总能在原则上潜在地被人类识别以及不能被识别这二者之间进行区分和把握。从语义学的角度讲，一种真值条件意义理论的强弱状态，取决于被使用的真值概念是形而上学的实在论真值概念还是构造论的真值概念。所谓实在论的真值，是指世界的真值属性独立于任何关它的知识或经验而存在的。因此，有关世界的语句也以事物在世界中的实际情况而确定为真的还是假的。在达米特这里，形而上学的真值条件意义理论并不确切，原因就在于那个古典的真值概念。按照这个古典的真值概念，陈述的真值被看成是一些独立于心灵的实体，它的存在超越了我们的识别能力，因而相当于有关该陈述类实体问题的实在论。这样，它所允诺的往往有可能就成为不可理解的，无法解释对它的理解是什么或对这个理解的证据是什么，因此古典的真值概念是一个非认识的概念。对语言意义的讨论不应抽象于人类的思想和行动。因为真值条件的意义理论强调把独立于人的客观真值作为意义阐明的一种方式，所以，它不是一种着眼于解释言语者如何构造语句的理论，并没有涉及听

---

① ② Dummett M. 1978. Truth and Other Enigmas. London：Duckworth：14.

者如何解释它的方式。而一种严格意义上的语义学观点,这种观点应当把语言的意义看成为一种密码,认识到对其内容的掌握其实是一种解码情形。

尽管真值条件的意义理论策略可能是自然的,但并不是必然的,它并没有把握"真值"这个属性,而且还使陈述的真值和对该真值的识别相分离,从而对它的归属提出了限制。如果语句 p 有那种成真的条件,那么这个条件就是 p 为真的,但这并没有告诉我们对这些条件来说拥有真值这种属性是怎么回事。也就是说,一个其真值可被指谓的陈述不能被识别为真。这就决定了一种真值条件的语义学主张并不总能确切地告诉我们意义的实质到底是什么。如果我们在语句如何为真上没有一个概念,那么我们就不能说我们掌握了一个语句为真是怎样的情形。因此,莱考夫(G. Lakoff)指出,一种真值条件的语义学是不可能的。真值条件的意义理论把语言中许多语句置于我们对其真假的识别能力之外,达米特对这一做法也提出了批驳。在他看来,一种合理的、能够阐明意义实质的语义学理论必须阐明言语者在知道一门语言时他知道了什么,而以真值条件阐述意义的语义学主张并没有真正地阐明意义的形成问题。基于此,他提出了一种构造主义的真值观点。按照这种观点,真值和我们构思实在以及在语言中描述它的方式有关。而以真值条件形式定义意义的传统语义学观点是事与愿违的,因为这在事实上是一种循环解释。在这种观点下,真值变成了一个不可定义的属性。这样,把形而上学实在论和主张一种强真值条件的意义理论相关联的原因就变得非常清楚。在这个图景的基础上,一个人就可以很好地得出"p 当且仅当 p 是真的"。或者说,正是在这样的意义理论语境下,出现了假想形而上学实在论真值概念的动机。在达米特看来,在现实中,存在着很多不具有真值以及其真值超越了我们识别能力的陈述。一个我们无法识别的真值概念不能充当一个目标[①],不能把古典的真值作为建构一种解释所有语言意义的普遍性理论。基于超验真值的意义理论,无法阐明知识与使用之间的关系。因为假如有关真值条件的知识指的是一种能力,即知道一个给定的语句在什么情况下为真或为假,或者说能识别语句的真值条件是否成立,那么这种能力可以把有关语句含义的条件与对那些语句所进行的使用联系起来。这样知识与使用之间就存在着联系,因而理解一个语句就是具备这种识别能力。因此,掌握一个语句的含义与可以对该语句所进行的使用相互确定。而对那些我们不能确定其真假的语句,就不可能把它们的真值条件同具备识别这些语句的真值条件的能力联系起来。因此这种意义理论的使用价值并不大。并且,对自然语言来说,这种意义观的适用性也是非常有限的。存在着很多无法用它说明其意义的自然语言。比如,

---

① Dummett M. 2004. Truth and the Past. New York: Columbia University Press: 102.

数学陈述的意义就不是借助其实体性的真值条件被赋予的。

客观地讲，真值条件的意义理论是一种实在论的语义学理论。它把语句的意义解释成为本体论的要素，认为语句的意义就在于它为真时所对应的那种条件状态。语句为真时所必需的为真物，即具体事物、事件或事实等，就表明了该陈述的意义。从本质上看，这种语义学认为语句的意义表现为语句中所表达的对象和实在。这就给了意义以"外在主义"的说明，即认为意义是外在于言语者的。陈述的意义是确定的，即使这种意义不能直接地从实际的语言实践中抽取出来，它也是确定的。这样，就很自然地认为有关这些实体本质的理论使用的概念和有关一个人如何知道这些实体的理论所使用的概念不同。也就是说，把意义理论和理解理论区分开来是非常自然的。达米特对认为意义要依据一种客观的真值概念加以解释的看法提出了反驳。在他看来，对作为意义理论基础的一种确切的真值概念应当这样把握，即能够知道一个语句的真值条件意味着什么。也就是说，真值的内容应当是为言语者所掌握的。而真值条件意义上的那种真值概念把语言中的许多语句置于言语者对它的真值的识别能力之外。所以，实在论的语义学观点提供的意义理论带有明显的形而上学色彩。它涉及意义的本质、存在以及意义的等同性条件，表明什么构成了意义以及什么和意义有关，从形而上学的层面上表明了意义是什么。正是在这一意义上，达米特指出，这一视角下的意义在本质上是一种客观的、独立的、失却了归属性的东西，因而存在着它的不足之处。更为重要的是，实在论的语义学观点需要阐明一个人如何理解陈述 S 的组成部分以及理解它们如何一起产生了一个为了真而需要特定条件的陈述。而语义上的实在论者诉诸任何和我们完全不同的力量，这将无助于解释我们如何获得或显示我们在这些陈述上的特定能力。同时，对应于真值条件的 T-语句（即语句"'S 为真'当且仅当条件'P'"。例如，"'雪是白的为真'当且仅当'雪是白的。'"）给出的意义对于言语者来说是毫无价值可言的。因为从语义学的层面讲，一个言语者在不知道这种双重条件句的左端或右端语句意义的情况下就可以知道它为真。所以，真值条件的意义理论只不过是以语句自身来说明它的真值的典型做法，因而在意义的解释上，表现出明显的循环性，并没有给出意义的实质性说明。因此，这一理论没有真正表明：当言语者知道一个句子的意义时他们到底知道了些什么，没有表明归属给言语者的语言知识的性质及内容。

消除真值条件意义理论的这种不足，有两种解决办法：一个是用其他的概念来取代在意义理论中处于核心位置的真值概念；另一个就是保留真值概念在真值条件意义理论中的核心地位，但不能像经典模式那样来理解真值。尽管真值和意义密切相关，但它们也存在着差别。比如，就不可判定的语句而言，即便不能确定其真值，它也是有意义的。不能从有意义语句的集合中把不可判定语句排除出去，就有必要修正古典的真值概念，即主张认识一个语句的意义便是认识该语句为真的条件。达米特指出，一种经过修正后的真值概念可以作为意义理论的基础。我们认为，达米特并不否定语句的意义形成和成真条件有关。他的观点并不是表明真值概念和意义理论无关。而是在他看来，需要一种经过修正的真值概念。就像赖特指出的那样，达米特并不倾向于完全否定真值条件概念，而是拒绝那种古典的真值概念。可以说，在达米特提出的意义理论中仍保留了真值概念的核心地位，正是这一点让他的那种意义理论变得令人满意。[①]

为了避免在意义解释上的循环，就有必要对把成真条件意义上的真和我们对语句的使用连接起来的那种真相区分。从而在形而上学的实在论真值概念和把真值等价为可证实性的构造主义真值概念之间进行选择。达米特认为，应把真值看做是我们在发挥那种确立真值的能力时所进行的证实过程的一种结果。用总能被识别的真值概念来操作意义的有名理论就是适合于数学中直觉主义的那种证据条件的意义观点。在直觉主义者看来，一个数学猜想的真能通过发现一个证据而得以识别。达米特发展了这一观点，认为陈述的意义是在发现其真值的证据后而获得的，在某种特殊条件的情形下，人们有资格对陈述的真值进行判定来获得它的意义。从而在哲学上提出了按照真值的可证实性或可断定性概念来构造一种体系性的意义理论。在一定的意义上，真值就成为意义理论中的附属概念，意义将给它的有效性以论证。

日常语言学派认为，在日常的语言活动中，句子的意义是复杂的、开放的。后期维特根斯坦曾指出，从语用的角度讲，意义是任意的、意向的。因为在现实中陈述的意义是不固定的，所以一种合理的意义理论不能是真值条件式的，真值条件不能实现对意义形成的完全刻画。达米特明显地坚持了与此相一致的观点，他主张不能仅从真值条件的角度去看待语句的意义。就像直觉主义通过寻求证据的构造来论述真值那样，达米特指出，要想对陈述的意义形成给出一种本质的说明，那就得描述语言的使用，因为意义的发生和使用是密切相关的。在这一点上，尽管他并没有直接论述"意义即使用"，但还是依赖了从"意义即使用"这一维特根斯坦式的口号中总结出来的原则，从而为他应用直觉主义观点在修改弗雷格的逻辑主义方案而形成的张力服务。通常情况下，言语者对意义的掌握并不仅仅局限于 T-语句形式。在具体的语用中，言语者往往表现出比这种形式更多的语言知识。所以，对句子的意义采取真值条件式的说明并不确切。意义理论除了要对说出一个语句的真值条件如何给出该语句的意义做出解释之外，还要对与真值概念有关的原则做出一种补充的说明，因为这些原则是任何人在他能由一个语句的成

[①] Dummett M. 1978. Truth and Other Enigmas. London: Duckworth: xxiii.

真条件推知该语句用法的情况下所必须掌握的。不管怎样了解一个语句的真值条件，都必须有赖于对构成那个语句的语词的理解和对这些语词之排列的意义的理解。这样，阐述"言语者在理解他们的语言表述时他们知道了什么"的标准就不能只停留在对语句真值条件的陈述上，而是要放置在了解我们如何掌握了一个陈述以及知道这个陈述为真是怎么回事的能力上。概括地讲，达米特在意义理论上的独创性就在于把实在论的形而上学问题和意义理论这一语义论题相关联。通过这种关联，就使形而上学的棘手问题转换为易于处理的意义问题。这样，对涉及一组陈述的实在论的证明，就有赖于能否以真值条件形式给那些陈述构造一个可行的意义理论。更具体地讲，实在论的问题就成为询问真值条件的意义理论是否能被构造给那类以古典二值语义学为基础的陈述。达米特认为这一点是不可行的，他通过对真值条件意义理论的批驳反驳了实在论的语义学基础，并在反驳的过程中确立了一种意义理解理论的论证。

2. 对意义的理解定位

由于事态一个陈述为真，并且由于事态，陈述的真才是可把握的。在陈述真值的问题上，古典的真值概念认为，一个让人满意的真值理论必须满足这样的限制，即"X"是真的当且仅当P。达米特提出关于真值定义的基本问题在于它是否能满足这个限制。在他看来，如果我们对知道陈述如何为真没有概念，那么我们就不能说我们掌握了一个陈述为真是怎么回事。所以，他提出了这样的主张，即必须从证实性上来给真值概念进行确定。一个陈述的真值属性由在各种情境下证实它和否定它的一种部署决定。或者说，陈述的真值由我们证实和证伪它的能力决定。这样，对真值的定义就成为，"S"是真的当且仅当存在着算做是S的一个证据或者证实。在这一点上，可以把直觉主义作为一个范例。它认为一个数学陈述是真的当且仅当存在着它的一个证据，从而以涵盖真值属性的证据形式给数学语言提出了一种真值理论。

由于对作为意义发生基础的真值概念理解的变化，对意义的哲学说明就应重新定位，有必要在另一种更趋合理的层面上给出意义的一般说明。在达米特看来，在对意义的说明上，诉诸证实主义的理解理论是充分的。他依据证实的方法提出了一种有关含义的概念，认为言语者通过获得了恰当断定的条件这一知识而获得了对一个陈述的理解。也就是说，言语者能通过可断定的情形进入到相关的语言实践中。他通过考察一种建立在真值概念基础上的意义理论"归属给语言使用者的知识并不是公开地可显示的"[①]，指出了这种知识是非常可疑的。这样，就对传

[①] Collin F, Guldmann F. 2005. Meaning, Use and Truth: Introducing the Philosophy of Language. Ashgate: 256.

统的哲学语义学观点提出了一种修正。他强调，应当这样解释语句的意义就是其真值条件这一基本假设，即语言使用者对语句的理解在于他对那个语句的真值条件的知识。例如，如果一个人思考"蓝鲸被看成是曾经存在的最大动物"这一表达，他的思想并不只是"蓝鲸"这个表达的外延，而是超过了外延并关注于抽象的概念内容或意义。这和"曾经存在的最大动物"这个表达的意义不同。在达米特这里，意义被看成是一个至为重要的概念，它是一种认知性的概念。他的这一思路给语义学理论的建构提出了限制，即认为语义学理论只有在它给语言的使用者对相关语言掌握的可能理论提供了一种基础时才是可接受的。这就是达米特在语义学上的主要论题，他把作为表述语义学研究内容的意义看成是通过理解而获得的。

在意义的解释上，达米特特别强调意义是通过"理解"而获得的。有关"意义"的哲学问题最好被解释为关于"理解"的哲学问题，意义理论就是一种有关于意义理解的理论。① 语句的意义是相对言语者的语言知识而言的，所以一切有关意义的理论应对言语者在掌握一门语言以及成功应用语言时所具有的那种理解给出说明。这样，理解的意义理论的核心观点就在于认为语言表达式的意义就是理解该表达式的人所必须认识的东西，意义理论的目的就在于揭示出这种认识，对言语者知道一种语言的含义时所具备的知识进行描述。意义理论是关于言语者隐含地具备陈述知识的一种理论表现，它必须表明那种知识如何使得言语者使用语言。如果真值概念被作为意义理论中的基本概念，那么意义理论就必须对关于真值条件的知识如何与实际语言使用相联系的方式做出解释。要弄清这种联系的方式，这样的要求是正当的。首先，我们必须能说出一个言语者如何显示他关于这种语言语句意义的知识。其次，意义是公共的，那么言语者在知道他们语言的情况下所具备的知识就是可观察的。而以超越识别的真值概念为基础的意义理论完全无法满足这样的要求。这正是达米特对一种以超越识别的真值概念为基础的意义理论提出异议的真正原因。在他看来，传统地提出的那种基于真值的意义理论，违反了可观察的公共性原则，因为他们要求语言使用者的理解可通过诉诸超越语言使用者能在其语言使用中所显示的那种知识来解释。这样的意义理论具有特别之处。①意义以真值的形式被详述，真值被看成是意义理论的核心概念。因此我们需要真值条件的语义学。②二值原则被认为适用于相关部分中的语句。这就意味着这个部分中的语句要么是真的要么是假的，而没有第三种情形。③语义实在论的观点只有在上述两点断定的语句要么被证实要么被否定的情况下才有力。即

---

① Dummett M，1993. The Seas of Language. Oxford：Oxford University Press：3.

只在不知道被断定的语句是否有效可断定的情形下,我们才有语义实在论。我们常常会遇到这样的语句,在那些包含着理论实体的语句中也会这样。如有关在大爆炸发生后第一个三秒钟会有什么发生这一陈述就是这样的。

在达米特这里,言语者在掌握一种语言和拥有一种思想时他所获得的是一种实际的运用知识,这种实际运用知识的一部分内容就是承认语句的真假。言语者的知识能够在他对语言的实际使用中显示。但知道一个语句为真的所必须的条件,既不是言语者所做的事情,也不是由他所做的事情直接显示出来的东西。虽然在某些情形下我们可把真值条件的知识归属给言语者,但在许多情形下,我们却无法这样做。如果依据真值条件来说明言语者对语言的掌握,那么我们就无法获得对这种语言掌握的一种真正的解释性说明。一般地,言语者"知道一个句子为真"与"知道命题的真由句子表述"是两种不同的情形。具体地讲,① "知道句子 S 为真"与② "知道句子 S 表达了命题'S 为真'的内容"在本质上不等价。相比于①,情形②在内容上更能说明言语者对语句意义的掌握,因为它突破了真值条件决定意义的一维性,强调意义与对真值条件的理解密切相关。在这一点上,迈克道尔提出了这样的看法,"倘如真值不独立于我们对它的发现,那么我们要么必须把世界看成为我们自己的创造物,要么把它描述为随着我们的探究而涌现出的东西。所以,证实论者对关于语义的真值条件概念提出的意义便具有深远的形而上学含义。"①

笔者认为,可以把达米特的意义理论本质看成是一种"思想理论"。② 在这一层面上讲,一种语言的意义理论其实就是对言语者的思想,即他知道什么的一种陈述表述,以及对那种知识如何在他使用语言的实际能力中得以表达的一种阐明。理解的意义理论假定语言使用者具有某种认识能力,即那种直接识别使一个句子为真的条件是否具备的能力。理解一个语句被解释为具备一种识别能力,对一个语句含义的掌握和对该语句的使用是相互确定的,知道意义和使用之间的关系是一目了然的。因此,阐明意义的理论的主要任务就是要阐明语言的实际使用到底是怎么回事。对言语者如何构造语句意义的理论解释关涉认知心理学③,涉及我们对意义的知识,体现为一种实际的语义认识论,而不是一种语义上的形而上学。在意义问题上,语义上的形而上学观点认为,意义理论和理解理论在外观上体现

---

① McDowell J H. 1976. Truth Conditons, Bivalence and Verificationism. // Evans G, McDowell J H. Truth and Meaning: Essays in Semantics. Oxford: Oxford University Press.

② Dummett M. 1993. The Seas of Language. Oxford: Oxford University Press: 154.

③ Collin F, Guldmann F. 2005. Meaning, Use and Truth: Introducing the Philosophy of Language. Ashgate: 206.

了它们涉及的不同问题。这就把意义理论和理解理论分离开来。而达米特则主张把意义理论和理解理论结合起来,认为意义理论应当是一种理解理论,为了理解一个表达或一个语句的意义,言语者和听者就必须知道这个表达和语句。在这里,他提出了"意义理论"(the theory of meaning)和"一种意义理论"(a meaning theory)的概念,并把前者对应于"知识理论",以它来表达理解理论在言语者意义知识阐述上的有关内容。从而客观地为意义理论就是一种理解理论的论证提供了可能。把意义理论看成是一种理解理论的观点,包括了两个方面。一方面,意义理论是有关语义认识论的理论,其中有认识论的轮廓。意义的理解理论认为意义形成的前提是言语者的心理思想。另一方面,意义理论是用来表明一个语句语义内容的理论,它告诉当我们拥有语义知识时,我们所知道的就是意义理论应当告诉我们所必须熟悉的东西。意义的知识其实就是关于语言的语义学阐述。

那种把意义理论和理解理论相结合,或者说把意义理论看成是一种理解理论的要求,使达米特对古典真值条件的形而上学意义理论进行了修正,提出了对一个句子意义的把握就是对该句子为真所必备的条件的认识这一观点。理解理论一定要把握真实语言实践的细节,给出意义正确表征的说明。认为意义的情形一定由认识论的形式被告知而不是以形而上学的形式归属给我们就是对这一点的实质性论证。在意义理论应给"意义"的正确表征以说明这一点上,意义的产生被看成是和言语者的内在状态密切相关的,这种状态就是言语者的"断言"以及围绕它而进行的确证。就"断言"这个概念而言,它呈现了言语者在意义上的清晰,因为断言一般都以具体环节被证据所充实的某一程序为依据。而证据的获得则体现了言语者对意义的掌握。意义就成为由一个人做出断定的那种确证来确定。达米特在意义上的观点就成为一种确证主义(justificationism)的意义理论。① 它以充分证明断定那些陈述的证据形式来解释它们的真值和意义,"对一个陈述的确证可能包括它的证据,或者对它的一个有力论证"②。在形式上,这种意义理论表现为陈述 P 是有意义的,当且仅当可用的证据足以断定 P 被证明是合理的。在这一点上,与真值条件的意义理论相比,确证主义更有可能为我们的语言理解和语言用法的掌握做出一种可信的阐明。按照确证主义的意义理论,意义必须以确证形式来被解释。它的全部意义就在于它解释了人们是如何理解陈述的。

按照确证主义的观点,可以对言语者的语言理解和语言学习做出这样的解释,即理解和学习一个陈述就是知道这个陈述在什么样的情形下是有根据的、可断定

---

① Dummett M. 2004. The Concept of Truth, In Truth and the Past. New York:Columbia University Press:1-28.

② Dummett M. 2004. Truth and the Past. New York:Columbia University Press:101.

的。语义实在论者没有理由否定这种解释。当人们承认语言行为只由为他们所掌握的证据而不是由外在于他们的真值条件驱动时,那么语义实在论者就必须给出断言真值条件是陈述意义的原因。假如实在论的语义观点能够嵌入证实主义的语言理解理论,从而说明一个人如何理解不可判定陈述,那么对于语义实在论来说,就不再有纯粹的理论障碍。这样,实在论语义观和确证主义理解理论之间的问题就只成为经验方面问题。它们涉及的意义探讨就只是对语言实践的探讨。说一个人怎样参与这样的活动就是说这个人怎样知道用语言来处理各种事情。一旦一个人获得了对理解的说明,那么他就说出了有关意义所能说出的东西,这样他就自动地获得了意义理论。因此,依据确证主义的观点,意义理论和理解理论就融合到一起。在意义的形成中,理解理论的分量超过了基于本体论的意义理论。所以,一种更为合理科学的做法就是把有关意义的理论称为"理解论的意义理论"或"意义的理解理论"。在研究语义理论的价值之初,所能说的就是意义理论一定要服从于充分的理解理论。确定意义理论和理解理论只是接受一种具体语义学方案的结果。

确证主义使我们断定了那些与我们识别其真值的陈述相联结的语句。言语者真正地知道陈述由语句表达这一情形对达米特来说将会更有意义。因为从语用的层面看,知道陈述可以由语句表达这一点表明:①语义是一个基本的、具有包容性的概念,它比语句的真值更基础;②意义决定真值,相对而言,意义更具有逻辑上的先在性;③意义与我们的意指、意向密切联系,句子意义的形成有赖于我们意向的扩张;④意义是解释的相关物,一个语句的意义是在对它进行解释时被表述出来的,而解释离不开理解,一个表达式的意义是我们在理解的层面上赋予的;⑤言语者的理解给一个句子的意义提供了边际,意义只能在理解的语境下产生,言语者理解一个陈述便是知道它的意义。这样一来,原则上,一个陈述的意义与我们知道这个陈述的意义就可以被等同起来。换句话说,可以把一个句子的意义与我们对这个句子的理解当成是一回事。达米特的上述区分着重是为了修正真值条件的意义概念,从而有利于把意义定位在理解的层面上,进而明确了自己所主张的意义内涵。具体地讲,他的观点就是把意义看成是对句子真值条件的理解,凸显出主体在意义形成过程中的参与性和决定性,赋予意义以归属的特征。他指出,"意义理论是关于理解的理论,意义理论必须表明当一个人知道语言时他知道了什么"[①]。诚然,上述思想的起点就是要求意义理论应是一种理解理论,或者是一种能产生理解的理论,以此来审视言语者对听到的语言和说出的语言的理

---

① Dummett M. 1993. The Seas of Language. Oxford: Oxford University Press: 3.

解方法，实现"详述一种显现知识的实际能力"的目的。因此，在达米特这里，"知道了一个句子的真值条件"就在原则上取代了"真值条件能正确说明一个句子的意义"。

"知道了一个句子的真值条件"对回答"当言语者知道一种语言时，他们知道了什么"这一问题至关重要。首先，这一视角使我们不再局限于真值条件本身，而是转到对真值条件的理解和把握上，意义的理解规定使得意义与言语者之间具有了缜密的关联。这样，对意义的分析就只能从言语者的使用那里着手。其次，知道一个句子的真值条件显然是关于知识的问题，因为理解与言语者的知识是紧密地联结在一起的，可以说，理解在原则上具有指涉知识的特征。这样一来，理解的意义理论在本质上就成了一种知识理论，它着重要表明言语者的语言知识是一种什么样的情况。因此，我们可以把是否对语言知识提供说明作为一种意义理论正确与否的判据。达米特在阐述意义问题时坚持了弗雷格的语境原则，认为言语者只有在掌握大量意义的基础上才能理解他们的句子，句子的意义来源于其构成部分的意义，从而使句子意义与句子结构及语义值相互关联。

把语义学的主要观点归结为意义理论是一种理解理论后，语义学上的问题就成为对有能力的言语者恰当地理解其陈述方式的探讨。语义能力包括那种以正确方式使用语言表达的能力，以及把外部条件和被以特定方式知道为合理的陈述正确地连在一起的能力。达米特的观点源于这一事实，即语言的本质是一种交流形式。这表明意义一定是某种能公开接受的东西，这样，我们就必须关注我们如何能学习一门语言以及是如何与别人交流的。一旦承认这些观点，达米特强调有关我们语言的意义理论一定是有关我们的以及有关我们能力的理论似乎就是正确的。因为如果一个人不能理解保证一个概念应用的那种恰当条件，那么他就不可能充分地掌握这个概念。这样，意义的理解理论就对有关世界的实在论产生了适度的承诺。一组对象以及它们情形的客观性程度能通过言语者根据语言的理解理论而被推断出来。合理断定的细节指向了一个假设的、独立存在的对象和属性，它们自身成了真值条件。为了更好地了解理解理论对语义实在论的作用，不妨在我们知道获得了特定的条件并且知道这些条件对一个给定的陈述来说是真值条件的情形下，考察这样的语句：（M）"雪是白的"意味着雪是白的。在这个例子中，被陈述的元语言包括被提到的对象语言。因此，知道（M）是无争议的。语义实在论者只在他对"雪"和"白色"有相关的熟悉性情形下，才能确定地说一个人知道"雪是白的"。显然，这种情形涉及证据。对此，语义实在论者和确证论者都会认同。语言学习使得我们更进一步，从而表明像"雪是白的"这一陈述和一个世界的结构相关联的属性，这个世界结构的作用就是它的意义。当我们对温度、连续性、位置以及那种环境下各种事物的颜色有确定的证据时，我们观察到的句子就像由有能力的言语者说出的那个句子。环境的一部分明显由使用"雪"和通过使用"是白的"而使其有一种属性而被挑选出来。这个理论使断定以及一个人在各种环境下对证据拥有的显而易见的感觉内容具有了意义。

一旦将意义的内涵确定在对句子的理解上,那么意义在本质上就会显现出组合性特征。确切地说,"一个句子的真值条件将构成我们对一个句子的理解,而对真值条件的知识则来源于对句子构成词的理解以及我们对它们的组合方式的熟悉把握……讲一种语言的人从他对语词的意义知识中理解由这些词构成的句子"①。因此,只有通过对大量意义的掌握,言语者才能理解他们的语言,才能以意义规则进行语句的组合来表达多样的意义。意义理论着重要表明的一点就是要揭示言语者在这一方面所具有的状态,他们知道了这一情形就可以被看做是掌握了他们的语言。这样,归属给言语者的知识就是知道如何从语词意义中形成句子意义的知识。或者说,这种知识就是对一种语义规则的把握。

二、对语义规则的分辨

通过以上分析我们可以看出,达米特在变革真值条件意义理论的过程中,着手从一个更抽象的层面上探讨意义理论的本质。坦率地讲,他把对真值条件的知识看做语句的意义,而这种意义又源于对语句中词的理解以及语词构成句子方式的把握,这一点体现出把句子真值条件语形化和把真值条件知识语义化的特征。从现实性上看,言语者只有通过掌握大量的语词意义才能理解句子,才能以此为基础进行意义的构造。这样一来,对意义的理解就必然地要从语义的组合性上去说明,而语义的组合性在本质上体现了语义规则之间的逻辑关系。所以,意义与语义规则之间存在着必然的内在关系。具体而言,意义的产生与语义规则的作用密不可分,或者说意义的形成过程本身就是语义规则作用的直接结果。在这一问题上,维特根斯坦曾指出,语法规定了陈述的意义。研究意义的本质以及语言知识表现为什么的意义理论,在达米特这就以意义的合成性所体现的语义规则为主要内容。B. 斯密斯指出,可以把达米特的意义理论概括为"力争表示言语者能识别句子的结构"②。这样,意义理论作为一种理论形态在本质上就成为一套意义规则,它以语形和语义的公理、定理形式表现在言语者面前。为了正确地使用一个语句,言语者就必须知道或者掌握它正确的使用属性和规则。在对达米特的意义理论的把握上,我们应该意识到这一点,即意义理论不但应描述由言语者所掌握

---

① Dummett M. 1976. What is a Theory of meaning? Ⅱ. // Evans G, McDowell J. Truth and Meaning: Essays in Semantics. Oxford: Oxford University Press: 69.

② Smith B. 1992. Understanding language. Proceedings of the Aristotelean Society, XCⅡ, 122, 123.

的语言规则，而且它本身也应被理解成按照言语者这一方构成了一个知识的对象，可以说，知道一门语言就是知道它的意义理论在意义问题上所提出的规定性。

达米特对语句意义的阐述产生了具有下述特征的图景。首先，以定理形式出现的意义理论陈述了这种条件，即在此之下任何随意的句子都为真。这种说明给一个言语者知道这类句子的意义提供了一切要求。这样一来，对"什么是知道了一个句子的真值条件"这个问题的一个可能答案就落到了对语形的组合性特征的描述上。其次，知道一个句子的真值条件，就是知道句子组成部分的语义值加上这些语义值构成整个句子真值条件的那种方式，从而使语言知识呈现出特定的构造特征。如果将这个构造性问题再推进一步，即从意义理论的公理层面看，认为语言知识就是对这种语言的正确意义理论的知识就具有了合理性。具体地讲，它是这种理论的公理知识，因为这些公理足以能产生句子的真值条件。对公理的知识被看做构成了句子意义的知识，因为言语者通过理解，获得了包含在理论公理中的信息，然后使用这些信息得到句子的意义。因此，从这一层次看，言语者就是根据意义理论的公理所表达的陈述得到他们的语言知识的。

可以看出，达米特意义理论中的公理与定理在本质上是从语形和语义层面对句子信息给予形码化（encode）的表现。所以，言语者的理解过程（在这一过程中，言语者获得了语言知识）其实质就是从公理与定理中重新派生句子意义的过程。这样，语言的意义理论归属给言语者的真值条件知识就是言语者如何在意义理论的公理或定理系统支配下，从语词意义形成句子意义的知识，即根据句子语法确定句子意义的知识。或者说，这种知识在本质上是一种包含句法结构以及语词意义的语义知识。我们需在此进一步指出，由于对语言知识进行语法分析是一种逻辑分析的表现，事实上达米特自己认为这种句法结构在本质上为言语者拥有。在他看来，知道一门语言就是知道它的意义如何形成。在有关理解问题的谈论上，达米特把言语者理解一个语句的情形归结为他能区分那些使其为真或为假的条件，从而提出了"隐含知识"这个概念，并认为它是那种有关"语句是否为真的"知识[1]，在本质上具有非详述性。这种知识是语句公式化概念替代内容的真值条件以后，言语者对意义理论的定理所形成的认识。这种认识表明了言语者在语言实践中对理论确定的定理以及规则进行应用时，就能从行动上体现出特定的掌握，但却对这种掌握无法给出说明。达米特提出这一思想的目的在于表明意义的理解性和构造性，借助于言语者的外在行动来说明他们对语言知识的拥有。这样一来，隐含知识就成为言语者的一种内在知识状态。语句意义形成过程的实质就是言语

---

[1] Dummett M. 1976. What is a Theory of Meaning? II // Evans G, McDowell J. Truth and Meaning: Essays in Semantics. Oxford: Oxford University Press: 89.

者利用固有的句法结构进行的构造，隐含知识将对言语者的语言活动发生特定的导向作用。乔姆斯基由此出发，认为达米特的隐含知识是内在的，把它看做是永久地隐藏在言语者意识中的原则和规则。①

就隐含知识而言，它包括以下内容：①对句子进行有限的可公理化（axiomatisable）；②对于对象语言的任意一个陈述句而言，它可以产生一个定理，这个定理能够反映出句子的可辨认结构，言语者以此来理解句子的意义。由于隐含知识是一种纯粹的语义知识，对它的操作完全以公理形式归属给言语者，从而需要一定的技术性。所以，这种知识在形态上就表现出特定的隐含性。我们认为，达米特提出隐含知识概念的意义在于五个方面。①阐明了他的语义学思想的形成基础，使得对意义的理解理论论证更合理。就像奎因那样，达米特试图经由隐含知识把他的意义理论建立在语言和世界之间的直接关联中。②在语言学的层面上深化了意义理论的内涵，突破了真值条件意义论的简单对应性，突出了意义的广泛性。③在意义形成过程中使人的主体性和意向性参与进来，表明了意义的语用本质，使得意义的发生形式更趋于合理。④按照理论的认识作用来说明言语者的语言知识，揭示了语言的认识论意义，这在对世界的认识上具有重要的启示性。⑤突出了隐含知识的基础性地位，从而为意义构造主张的提出奠定了必要的理论基础。概括地讲，达米特的隐含知识概念决定了他所坚持的那种语义学理论的基本属性。

三、对隐含知识的显示分析

一种正确意义理论的使命就在于它除了表明每个语句的意义外，也解释了当一个人知道任何语句的意义时他知道了什么。理解的意义理论就是这样的一种理论，它着重阐明言语者如何从理解的方法与特征上达到对意义的把握。所以，对意义的理解论证必然会提出一种行为主义的心理学和证实主义的认识论要求。在有关理解问题的论证上，达米特提出了"隐含知识"的概念。在意义理论中，这一概念是非常重要的，是达米特在论证其意义理解理论观点的基础。很多问题的解决都依赖于如何对它进行回答。为了表明隐含知识的合理性，达米特提出了显示论证或获得性论证。

它归属给言语者以特定的知识，这种知识就是如何根据已经内在化的句法知识去构造出他们所意欲的句子来。有关意义的知识是隐含的。因为，如果我们通过使用其他表达来定义或阐明某个表达的意义，那么一定存在着有关这些表达的意义知识。为了避免无限的回归，我们最终一定会有一个表达的意义是隐含的。

---

① Chomsky N. 1980. Rules and Representations. New York：Columbia University Press：128-134.

在我们看来，如果不寻求体现这种知识的实际方面以及我们对它的意识——语言知识的归属，那么把意义理论看作理解理论就是不可能的。所以，就必须从与"隐含知识"相关的"显示性"上来探讨隐含知识。"隐含知识不能在意义上被归属，除非能说出那种知识的显示是什么"①，显示性是对语言知识的归属所提出的要求，同时也是论证和辩护意义理解理论的一个基础。隐含的意义知识能被归属给一个人，只有它能在我们的行为或活动中完全可显示的情况下才会有这样的归属。在显示性问题上，达米特认为，"使得理解依赖于一种不能被充分阐明的数学结构的内在心理掌握就是使得它不能在那种弗雷格反驳对理解的心理主义说明的形式上来交流"②，这是他认为理解能够在使用中充分显示的原因。"一般地，用意义理论表示说话者的知识的目的不是把这些句子为真的知识归属给他，而是把理论所主张的句子表达陈述这一知识归属给他，在这一情境下，言语者知道什么就显得有些不够充分了……我们必须表明他对这种知识的拥有是如何显示出来的，即说出它是什么。"③ 这样，如何理解意义理论把握了言语者的语言知识，或者说什么是这种知识的显示，就成为意义的理解理论的一项重要任务。理解的显示属性决定了理解的意义论对言语者的知识具有明显的显示要求，它着重从言语者的语言能力、言语行为以及言语意向上凸显出归属给言语者的隐含知识。岗桑认为，达米特的意义理论归属给言语者的知识只有通过言语者的语言实践才能表现出来。④ 所以，从语用层面上对隐含知识做出分析就是非常必要的。达米特在隐含知识的论证上表现出强弱上的区分。

1. 隐含知识的能力显示

理解的意义理论所具有的一个鲜明特征就是突出了主体性，认为人在意义的形成中具有重要的作用。达米特在这里提出了一种获得性论证，它指向了公共的可确定条件。在其之下语句被恰当地说出，能使语言使用者获得它的真值条件的隐含知识，也就是说，语言一定被表明是可学的和可了解的。对语言的掌握主要是一种实际能力，它能和其他的实际能力一起以理论知识的归属形式得以说明。这样，从理解的层面分析言语者的语言知识在一定意义上就体现出意义理论对言语者的语言能力进行审视的要求。语言使用者在使用和理解语言中所表现的实际能力能以这样的方式来解释。首先，我们以所讨论语言意义理论的形式形成那种能力的一种理论表达。其次，通过提出这一观点，即每个人拥有能使他说出和理

---

① Dummett M. 1993. The Seas of Language. Oxford：Oxford University Press：217.
② Dummett M. 1993. The Seas of Language. Oxford：Oxford University Press：xiv.
③ Dummett M. 1995. The Logical Basis of Metaphicysics. London：Duckworth：104.
④ Gunson D. 1998. Michael Dummett and the Theory of Meaning. Aldershot：Ashgate：96.

解那种语言的相关意义理论的隐含知识,就解释了语言使用者理解那种语言的能力。达米特坚持这一假设,即语言使用者理解了那种语言中的一个片段必须能指向理解和语言使用者公开地可观察技能的相关性。在被断定拥有和没有那种隐含知识的言语者之间存在着一种公开地可被确定的差别,这就是显示性论证。这种技能就是语言使用者以别的词来产生一个语句内容的能力。语言使用者的隐含知识一定和当他被呈献给在那些事态下陈述真值条件得以满足时他识别语句为真的能力相关联。这样,隐含知识就表现为一种能力,它是能公共地显示的。

意义理论受到这样的限制,即一个拥有那种理论的隐含知识的人能够说出和理解那种语言。达米特认为,塔尔斯基递归的真值定义结构能成为言语者语言掌握理论的框架。他的论述是这样的,语言使用者能够言说和理解他的语言就在于他对一种语言的塔尔斯基真值理论的隐含知识。我们归属给语言使用者一种理论指称规定的公理和组合规则的隐含知识。这样,语言使用者就有了语句 S 的真值条件的隐含知识。这种论述是,能充当一种理解理论的语义理论蕴涵着一种重要的充分性限制,即不能归属给语言使用者那种原则上无法在语言使用中显示的语言知识。因为如果语言知识最终是隐含的实践知识,那么这种知识在他那里一定是可显示的。按照理解的意义理论,言语者在理解一个语句时他是有所知的,意义就是为言语者所掌握的,对意义的知识常常被称为知道什么。它是一种有关使用语言的知识,为了解释言语者知道什么,我们就必须解释什么样的使用有那种知识,即拥有它的言语者如何显示出它来。在意义的论述上,达米特指出:"一个陈述的意义不能是或者包含作为要素的任何在构成它的应用中不能显示的东西,只存在于理解了意义的单个人的心中;如果两个人在由那个陈述构成的应用上完全一致,那么他们就在它的意义上一致。因为一个陈述的意义仅仅在于它作为单个人之间交流的工具作用。"① "在某个据说有一个表达意义知识的人和某个没有这种知识的人之间一定存在着可见的差别。因此,对一个陈述意义的理解一定普遍地在于以特定的形式来使用它的能力,或者以特定的方式来对其他使用它的人进行反应。"②

达米特论证的核心就是一个陈述的意义必须由一个人知道其意义是什么这一形式来解释。也就是说,意义必须以"在一个人知道了一门语言时,他到底知道了什么"这种形式来说明。这意味着一种语言的意义理论要表明这种语言的言语者知道什么以及"什么算做是那种知识的显示"③。我们对意义的知识通过我们在语言行为和语言实践中的构造形式完全显示。在语言使用中,言语者的所知往往

---

① Dummett M. 1973. Frege: Philosophy of Language. London: Duckworth: 216.
② Dummett M. 1973. Frege: Philosophy of Language. London: Duckworth: 217.
③ Dummett M. 1993. The Seas of Language. Oxford: Oxford University Press: 71.

会被显示出来，这种知识的外化就表现为拥有特定的语言能力。这样，意义的知识就可被解释为实际的语言能力。"隐含知识的归属一定能以什么算做是那种知识的显示形式来被解释，即拥有某种实际的能力。"① 意义证实论要求，意义理论只有对言语者的语言知识予以表述时才正确，而且这种知识能够说明言语者的语言能力。因为言语者对语言知识的拥有通过特定的能力表现出来，意义的理解理论通过把言语者的能力与句子意义的给出定理联系起来说明言语者的知识。这样，就有充分的理由认为理解的意义理论能真正地担当给言语者的语言能力予以解释这一重任。在达米特这里，意义理论归属给言语者的语言知识就是言语者在理解语言过程中形成的知识。具体地说，就是陈述由句子表述的知识。那么，要知道由句子表达的陈述，言语者就必须理解出现在这些句子中的概念。而什么算做是对概念的理解，或者说什么能显示出言语者对概念的理解，达米特主张不应从概念本身着手，而应从概念外部来寻求答案。这就将对概念的理解放置在知识的显示层面上来考察，即从语言使用、语言学习与交流能力来对意义进行描述。其实，在这一点上，并非只是达米特一个人持有这样的想法。像斯特劳森、福斯特等人就曾对语言真值理论的知识和解释它的能力之间的关联问题进行了探讨。言语能力最终又可以通过人的理解（知识）来说明。比如，言语者使用一个数学陈述的能力可通过提及他对该陈述的那种理解（知识）来说明。这样，就在理解（知识）和能力之间形成了这样的关系：能力给理解（知识）以说明，理解（知识）给能力以辩护。这样做的原因在于直觉主义在真值上的观点是证实主义的，并且认为意义在于使用。对陈述意义的理解能在使用中显示出来，显示性由识别真值条件获得所穷尽。这就是认为言语者通过他们在特定的条件下去断定那些语句的方式来显示他们对语句意义的理解。

在对意义的阐述上，达米特把认识论和语义学相结合。首先，断定了"有关意义的哲学问题最好被解释为有关理解的问题；有关一个表达的意义是什么的断言一定要被解释成有关知道它的意义是什么的论题"②。其次，阐明了在我们知道一门语言时，我们理解或知道了什么。后期维特根斯坦认为，知道一门语言就是拥有一种能在人们的行为中得以显示的能力。达米特接受了维特根斯坦的这一提议，主张我们按照一种实际的能力来思考理解。理解一个表达就是知道如何正确地使用它，解释我们对意义或语句真值条件理解的唯一有效途径就是把我们对意义的知识和我们判定语句真值的能力相结合。以对"方形"概念的理解为例，达米特认为对"方形"的理解就在于：①能够区别"方形"和"非方形"事物；

---

① Dummett M. 2000. Elements of Intuitionism. Oxford：Oxford University Press：376.
② Dummett M. 1993. The Seas of Language. Oxford：Oxford University Press：35.

②从语用层面看，能将"方形"概念用在"方的"东西上，而不是用在"非方的"东西上。可以看出，这两种形式都与言语者在语用层面表现出来的能力密切相关。换句话，言语者对概念知识的掌握可以通过他在语用过程中彰显出来的特定能力来说明。我们认为达米特从理解的角度阐释意义理论的一般内容，其目的就在于从能力层面分析什么构成了言语者对他们语言意义理论的掌握。他坚信言语者的能力在语言知识的形成过程中具有不可或缺的作用，能够显示言语者隐含知识的事实在于他在语言实践中表现出某种能力，特别是在一定条件下对整个句子的内容进行判定时，这种能力就尤为明显地凸显出来。因此，乔姆斯基认为达米特其实把"隐含知识等同为一种能力"[①]。从语用角度分析，言语者是否理解了一个语句以及理解了什么，可以从使用它的能力中看出。同时，也可以从他对别人使用语句的反应中看出。因而，我们可以将言语者的语用能力看做是其语言知识的本质。达米特强调"一个人对某个词的理解必须通过正确使用它的能力表现出来"[②]。每个言语者都具有特定的语言能力，"这种实际能力在于他对一套陈述的掌握上"[③]。

我们认为，在达米特这里，言语者在运用概念或句子过程中所表现出来的特定能力是他拥有语言知识的一个标志。对一个表达的意义的知识在于以特定的方式使用它的能力。按照确证论的意义观点，对一个句子意义的掌握就表现在他对句子内容进行断定的能力上。因此，迈克道尔指出，达米特的主张不是着重根据言语者使用概念的能力去描述语言知识的，而是以言语者对待我们称为"方形"事物的独特能力的行动来描述语言知识的。[④] 可以看出，达米特从言语者外在能力的表现上突出对这种隐含知识的掌握，其目的在于避免心理主义对意义理论的渗透。言语者对隐含知识的拥有不通过他的内心状态表现，而由语言实践中的能力来呈现，因为以言语能力显示知识就能实现对心理主义的拒斥。达米特曾指出："理解的意义理论不是被用来作为一种心理假设，它的功能仅在于对构成掌握语言的那种复杂技能给予分析，即按照他说出他所知的东西表现出来。"[⑤] 总之，达米特的意义理论意在借助一种能力来显示言语者对隐含知识的拥有。"言语者的实际

---

① Chomsky N. 1980. Rules and Representations. New York: Columbia University Press: 110.
② Dummett M. 1995. The Logical Basis of Metaphicysics. London: Duckworth: 93.
③ Dummett M. 1976. What is a Theory of Meaning Ⅱ? // Erans G, Mc Dowell J H. Truth and Meaning: Essays in semantics. Oxford: Oxford University Press: 70.
④ Mcdowell J H. 1987. In Defence of Modesty. //Taylor B. Michael Dummett: Contributions to Philosophy. Dordrecht: Martinus Nijhoff: 61.
⑤ Dummett M. 1976. What is a Theory of meaning? Ⅱ. // Evans G, McDowell J H. Truth and Meaning: Essays in semantics. Oxford: Oxford University Press: 70.

知识被看做是言语者对意义陈述的掌握,这是一种实际能力,达米特的意义理论是在'如何用语言知识'的层面上来描述这种能力的。"①

隐含知识在言语者的语用过程中显示出来。具体地说,它通过言语者的语言能力表现出来。需要指出的是,正如我们前面分析的,言语者实际上知道包含在理论公理中的信息,并以这种信息去追溯句子的意义,以隐含知识分析言语者的语言实践能力,就表明我们在某种意义上已经知道这种意义理论。因此,可以把言语者的语言能力看做是从隐含知识中逸出的。这样一来,隐含知识在本质上就成了一种概括言语者实际能力的方式。从这一意义上讲,隐含知识实际上充当了言语者从事语言活动的基础,对言语者的语言实践具有特定的指导意义,这解决了这样的一些问题:①有限的思维怎么会拥有无限的能力;②语言为何是可以学习的;③言语者如何确定他遇到的奇特句子的意义。这些方面给言语者的语言实践提供了广泛的描述。因为根据对理论公理的知识、语词形成句子意义的知识以及句子陈述命题的知识,言语者就能够理解和获得奇异句子的意义。

当然,达米特的显示性观点在当前也遇到了挑战。对这一主张的批判着重指向了他的语言理解概念,因为这一观点强调言语者对一个语句的理解必须包含识别是否能获得其真值条件的能力。例如,伽德内尔就对达米特的显示性主张持反驳的态度。首先,他指出达米特的"可断定性"概念是模糊的。因为一个语句是可断定的,那就必须要求所有言语者都能应用一种能保证其真值的有效程序。其次,他从武断性的层面上否定了达米特给出的非有效断定语句的例子。最后,他得出结论,由于所有的语句都是可断定的,因而不存在其真值条件不可识别的句子。我们认为,伽德内尔的观点并非很有说服力。他对武断的非模糊性的赞成是以对最保守的非模糊性的拒斥为根据的,因为后者认为语句只有相对于具体的个体和时间才是可断定的。在这里,他忽略了两者中的那种适中观点。按照这一观点,一个语句对言语者来说是可断定的,因为只要言语者相对切近它就能展开一种对其进行断定的程序。所以,可以对伽德内尔的反显示性观点提出直接的反驳。虽然就像他所指出的那样,实在论赋予语句以不可识别的真值条件,在如何表现言语者对它的理解这一点上,并不存在与达米特的理解概念相一致的答案。但他并没有对达米特的理解性概念提出反驳,而是直接反驳达米特的显示性观点,这样的做法不免有些唐突。

2. 隐含知识的行为显示

理解意义论的一个明显特征是从主体的理解角度来阐述言语者对语言知识的

---

① Gunson D. 1998. Michael Dummett and the Theory of Meaning. Aldershot: Ashgate: 39.

把握，即从内在方面阐述隐含知识。因此它对知识的归属具有很强的要求。如果归属给言语者的语义知识没有在言语者陈述那种知识内容的能力运用中显示出来，或者说言语者不能通过语言表达显示这种知识，那么他们一定借助于别的能表明这种知识的方式来满足那种归属的要求。在我们看来，达米特进一步泛化了隐含知识的显示形式。他实际上涉及了言语行为理论，认为通过言语者对一种语言的了解与掌握显示出对隐含知识的拥有。这样，对隐含知识的掌握就可以通过行动显示出来。所以，言语者在顺利地完成一个语言事件，甚至可以更普遍地讲，只要他在行为上表现出对语言的成功使用，那么这些就可以被看做是隐含知识的显示。迈克道尔承认达米特提出的隐含知识阻止了外部的描述，但由于它的显示性要求又使其滑向了行为主义。他对隐含知识的行为分析具有现象学的特征，"如果一个火星人能说人的语言，或一个机器人被设计成按人的方式去进行语言活动，那么关于语言的正确意义理论的隐含知识就会以与人相同的那种方式归属给它们"①。这样一来，言语者对一套理论陈述的隐含掌握的能力，最终又被显示这种能力的行为得到进一步的分析。

意义知识的归属一定通过诉诸可观察证据的支持来完成，这种可观察的证据就是语言行为。如果从行为的层面分析隐含知识，一般地，在言语者 X 和意义规则 P 之间实际上存在着三种可能的关系：①X 在行为上表现出他知道 P 并有意识地运用它；②在行为上 X（确实）表现出应用了 P，但他却没有意识到这一点；③X 在行为上表现出好像应用了 P。其中情形①表明了这样一种观点，即有关意义的理论规则被从心理上提供给言语者，以供他们使用。情形②主张理论被内在地表示，但在内容方面并不能显示出理论规则给予言语者的指导。我们认为，达米特对隐含知识概念的引入与强调，首先表明了这一事实，即不能设想言语者能详细地陈述规则 P，显然这就排除了情形①。当然，情形②似乎也不能作为达米特的主张。因而，我们或许能以情形③来表明达米特对隐含知识的叙述，即在行动上"X 好像应用了 P"。实际上，假如正像我们所说的那样，达米特将意义理论归属给言语者的隐含知识标准定位在——言语者能讲这种语言，那么情形③就可以被看做是达米特对理论规则与言语者之间关系的正确解释。因此，达米特在行为层面分析隐含知识在本质上很少带有还原性的色彩。可以想象，有人在不能详述象棋游戏规则的情况下，仍然像那些能对规则非常熟悉的人那样顺利地下棋。所以，把隐含知识归属给言语者的目的在于设法使他们的行为与那些对理论有详细掌握的人的行为在本质上相一致，从而能在一种更具有普遍性的意义上描述这种

---

① Gunson D. 1998. Michael Dummett and the Theory of Meaning. Aldershot：Ashgate：39.

能力到底是一种什么形态。概括地讲,达米特借助于理论陈述与言语者行为之间的关系来叙述意义理论归属给言语者的知识。因此,戴维特和斯特雷尼认为达米特实际上提出了"言语行为的陈述假设"①。它以言语者对意义理论的陈述知识来解释言语者的语言行为,或者说把言语者的语言知识定位在对意义理论陈述进行运用的行为上。在他们看来,既然达米特的意义理论在本质上是一套语言规则,言语者根据这些规则正确地使用他们的语言,那么,从另一种意义上讲,言语者的隐含知识可以解释言语者的语言行为。不言而喻,隐含知识对言语行为具有必然的导向功能。

3. 隐含知识的意向显示

迈克道尔对达米特的行为分析提出了批判,指出其实质是一种还原论的主张。对隐含知识进行行为分析在本质上是一种强显示,它单纯地从言语者的外在表现上阐述他在语言活动中对语言知识的占有状态,没有涉及言语者从事语言活动的动机或要求,并不能完全地说明言语者的知识状态。因此,反对"可观察的"行为主义解释就在一定的层面上提出了对意义知识归属的弱显示。同时,斯密斯对达米特的行为显示也提出了异议,要求向弱显示或内在显示回归。他主张从言语者的内在语言技能上来探讨隐含知识的显示问题。在他看来,隐含知识不是随意地陈述言语者的心理状态造成了他所拥有的语言能力,单从行为层面看,"它是一种复杂技能的分析"。"如果意义理论对(言语者)掌握语言的复杂技能给予分析"②,那么它就是言语者的隐含知识理论。如果以言语者拥有的技能来分析隐含知识,那么意义理论就必须指涉语言实践。因为言语者的语言技能只有在语言实践中通过具体的语言行为显示。所以,如果在语言实践的境况下来分析隐含知识,那么一个潜在的结果就是隐含知识与言语者的意向有关。乔姆斯基认为,达米特的隐含知识在本质上属于意识的内容③,或者说,隐含知识在本质上就是对言语者自身的言语意向描述。后期维特根斯坦认为"意义在于使用",把意向内容看做是意义的中心,这为当代语言学中意义理论的合理建构指出了可试性的方向。在具体的语用中,言语者的言语意向是一个决定性因素,无意向的语言活动是没有意义的。在意向和语句使用的语言活动中存在着紧密的关联性。在达米特看来,一个句子的语力是其意义的重要组成部分。语力理论是关于语气的,明显地和语用

---

① Devitt M, Sterelny K. 1999. Language and Reality: an Introduction to the Philosophy of Language. Oxford: Blackwell: 137.
② Smith B. 1992. Understanding language. Proceedings of the Aristotelean Society, XCⅡ: 130.
③ Chomsky N. 1980. Rules and Representations. New York: Columbia University Press: 110.

相关。它在本质上涉及言语者的显意向方面①；同时，作为外层的含义理论是综合的、涵盖的，它具有衍生性，可被看做是言语者隐意向的一种表达和体现。因此，以言语者的意向来显示意义理论归属给言语者的隐含知识就可能成为一种合理的分析趋向。达米特论述的意义理论在本质上体现了较为浓厚的意向内容。

把言语者的言语意向看作隐含知识的显示方式具有它自身的优点。这一点涉及达米特意义理论的核心内容，客观地讲，理解意义论的实质就是把言语者作为分析的主要方面。首先，言语者从事语言活动的中心问题是意识上存在的言语意欲或言语意向。其次，意向本身是一个复合性概念，它包括的内容十分广泛。因此，意向分析具有综合性、包容性的特征，在本质上囊括了显示隐含知识的所有方面，它是隐含知识的能力显示和行为显示的深层部分，兼顾了隐含知识的内外方面。再次，隐含知识与意向具有许多相似的特征。它们都包含了言语者的因素，因而在两者之间可以产生特定的相互关系。当我们提及意向时，隐含知识就作为语言能力的支撑性背景而存在，因而能从言语者的言语意向上来对隐含知识的显示性进行解释。

通过以上分析可以看出，达米特从显示性上对隐含知识给出了一种间接论证。这种论证表明他在意义理解理论上所持观点的合理性，这是非常中肯的。意义理论成为一种有关于理解的理论后，就应着重对言语者的语言理解能力做出解释。然而，他的隐含知识理论却表明这种能力是理解的一种结果。这样一来，隐含知识所引发的问题在于，它与达米特认为意义理论不关涉支撑言语者能力的心理机制相悖。简言之，尽管他对意义理论是一种"语言学的能力理论"持否定态度，但对隐含知识的叙述却流露出与之相反的迹象。这表明了达米特在隐含知识上赋予的张力是比较弱的。同时，从行为的层面对隐含知识进行分析有其自身的内在困境。由于意义的理解规定必须涉及内在精神，那么单纯地对隐含知识在行为层面进行分析必然会在认识上导致心理感知对意义的理解形成这一观点给予支撑的缺失。因此，一种可行的视角就是把隐含知识定位在言语者的意向范围内，作为分析的切入点。因为一旦把言语者的语言能力归结为一种知识的拥有及其在语用过程中的某种呈现，那么在本质上就表明言语者的意向在意义的形成过程中具有重要作用。

第二节　达米特语义学思想的构造特征

达米特在意义问题上对传统的真值条件意义论点提出了批判，认为应从理解

---

① 言语者的表达语气，这一点可以被看做是言语者的意向外显。

的层面上解释意义,这为当代的意义研究开辟了一条新的路径。他的语义学思想的基本特征在于把意义与言语者联系起来,在语用过程中通过分析言语者的语言实践能力来揭示意义的构造内涵。因此,这种理论意在"详述实际能力,它认为言语者拥有的实际能力即是一种理论化知识的显示"[①]。在实际的语用过程中,言语者具有特定的隐含知识,这种知识将对言语者的语言活动具有某种导向功能,从而构成了言语者进行语言交流和表达意义的重要基础。在意义如何形成的问题上,达米特提出了一种构造论的主张。

一、意向:意义的本质设定

"理解"始终被达米特看做意义理论的中心概念,他力求借助语言实践这一平台对言语者的语言能力进行具体分析。因此,在很大程度上,他对后期维特根斯坦的"意义在于使用"思想给予了积极的认同和支持。概括地讲,达米特给意义理论以反柏拉图主义的定位,其本质就是主张把言语者这一要素包括进意义分析的具体过程,以形成一种探讨意义的新方法。

1. 隐含知识的预置

从理解的角度看,一个句子的意义必须在言语者主体介入的情景下才可以得到。那么,言语者的理解何以可能就成了达米特在意义如何形成上所要解决的中心问题。在这一点上,他的叙述与康德和布劳维尔对数学知识的看法十分类似,即倾向于从人的知识来进行分析。具体说来,达米特从语言的基本特征出发,认为语境原则的规定使语句呈现出某种合成性,因而可以把语句的合成性事实归结为语言的程式,即公理和定理。在他看来,这些公理和定理具有逻辑上的永真性,它们成为言语者形成意义的依据和基础。

在意义本质的研究过程中,达米特采取了一种类似数学上的方法。他认为存在于语句单元中的定理与公理在本质上与数学中的定理与公理相一致。一般地,我们对数学中的定理和公理可以通过直觉来认识。同样,在达米特这里,言语者依赖于直觉就可以对语言中的定理和公理给予把握。所以,语言中的定理和公理相对于语句的真值条件而言,便具有了自明性和先在性的特征,依据它们,言语者在意义的获得方面和表达方面就有了操作上的可行性。基于此,达米特认为语句中的定理和公理是言语者获得意义的重要依据和有效形式,从而在意义的阐述上提出了意义的构造论主张。这一观点认为,言语者在语言的表达和交流上拥有特定的能力,他获得了那些类似数学范式的语句公理和定理。换句话,可以通过

---

① Dummett M. 1993. The Seas of Language. Oxford: Oxford University Press: 16.

说明言语者对语句公理、定理的直觉性来解释他们在意义形成上的情形。例如，当我们谈到"雪是白的"的意义时，言语者便可在直觉上形成这样的观念："S 意味 P"，这一形式构成了言语者对"雪是白的"这个语句意义的理解。在达米特看来，上述形式发生于言语者自身内，或者说是在他思想上所进行的一种构造活动。坚持这一看法的前提就在于他认为"一个陈述的意义即是言语者拥有的知识，这种知识构成了这个陈述的理解"[1]。同时，达米特对"原始概念"的意义也给出了进一步的说明，认为它"只能被看做是赋予的，即通过言语者，使词和它的所指者之间发生的一种当下联系"[2]。这样一来，句子 S 的意义就可以用归属给言语者的某一状态 P 来表示。由此可见，意义和言语者是相互的，这种联结的实质表现为，在具体的语用中言语者依据对语句公理和定理的知识来形成语句的意义。由于这种知识的内在性，达米特赋予其以隐含性的特征。这样，在本质上它就和言语者的语言能力相互融通。概括地讲，言语者的能力即是这种知识在语用中的外在显示。

在阐述言语者的语言能力时，达米特提出了隐含知识的概念。我们认为，这一概念具有重要意义，它是达米特阐述言语者进行意义形成的基础，这一基础表明意义并不是由于客观的真值条件的支撑才呈现出来的，而是言语者内在知识或其能力的某种衍生。因此，有关意义形成的理论在本质上就把视角从获得观念的心理过程转向到分析观念的外在显示，即注重于语用现象的研究。一般地，语用包括两个方面的内容：其一是它的内在方面，即言语者的内在状况；其二是它的外在表现，即现象层面的某种显示。就达米特从"获得"到"显示"的视角转变来看，突出地表明：①达米特在意义的阐述上看重的是言语者自身所具有的能力，并赋予这种能力以自明性、先在性、基础性的特征，它能在语言实践中得到合理的使用，这就在一定的程度上确定了语言能力对于整个语用过程的统属性地位。②语用是体现言语者知识的有效形式。言语者的内在能力和隐含知识只能通过语言共同体的言语活动这一平台得以显示，语用过程的实质即是言语者知识的显示和能力的运用，而意义本身就是在这一过程中具体表现出来的。

2. 语用的意向本质

达米特引入隐含知识这一概念的目的在于要对语用过程给出实质性分析。就语用而言，它的根本方面在于言语者的意向性。意义理解理论所表现的一个显著特征在于从言语者入手来考察意义，它是对语言掌握的一种解释性说明，其中必

---

[1] Dummett M. 1995. The Logical Basis of Metaphicysics. London：Duckworth：82.
[2] McGinn C. 1980. Truth and Use. // Platts M. Essays on the Philosophy of Language. London：Routledge and Kegan Paul：312.

然包容了言语者的状态和因素。因此，对意义的说明有必要包括意向分析。具体说来，关注于语用实践的意义理论应当把人们所拥有的那种隐含能力显示出来，公开地向外运用一种跟实现目的有关的认知能力，确切地表明人们实际上具有的语言能力是如何使得他们能够正确地使用语言的。达米特的做法体现了把对语言的使用描述作为有理性的主体活动，即强调在语用中不可缺失人的动机、目的和意图性维度。因此，麦金（Mcginn）指出："根据达米特的论证，只有跟某种语言倾向相关的东西，才可以成为意义的知识。"①

意向是对心灵状态的一种概括性描述，表明心灵能够以各种形式指向、关涉（aboutness）世界上的物体和事态。按照胡塞尔的理解，意向的本质就在于它的指向性。在此意义上，它总是与"意图"、"想要"等那些表示意欲的状态相联系。意向的作用突出地表现在对对象的内在化（internalized）上。在语用中，可以将意向看做一种活动形式。由于意向，语用才具有了广泛而一致的基础，从而使语言交流得以顺利进行。从更广泛的意义上看，意向是连接言语者和其外在生活世界的一种有效形式，可以把它看作感知世界的一种途径。因此，塞尔指出："我们的主观状态使我与世界的其他部分相联系。"②

达米特在隐含知识及其显示的论述方面带有意向分析的明显特征。他指出，言语者具有特定的意向性，可以从其意指上显示他的隐含知识。受隐含知识作用的意义生成过程本质上伴随着意向的指向。换句话，意向的指向性即是意义的呈现过程，或者说意向是意义的赋予活动。这样，语用过程的普遍特征就被达米特概括为言语者意向的显示与表达。显然，在这里，意向标志着一种范式的转换，它把传统的知识获得问题变革成当下的知识显示。因此，在达米特这里，"没有什么比意向性更能说明言语者的语言实践了"③。在我们看来，意向的活动性特征以及由此而来的意义产生，使达米特认识到意义理论应成为语用的理论解释和理论概括，它的目标不是为了描述行为本身，而是要描述行为背后的意向。达米特一方面肯定了言语者知识的客观性，另一方面又强调了这种知识显示的可能性，这表明"意向不仅可以被看做是一种独立于我们而存在的事件状态。同时，它也可被看做一种可能的经验建构"④。就意向的指向性和涉与性而言，可以把它归结为

---

① McGinn C. 1980. Truth and Use. // Platts M. Essays on the Philosophy of Language. London：Routledge and Kegan Paul：29.

② 约翰·塞尔. 2001. 心灵、语言和社会——实在世界中的哲学. 李步楼译. 上海：上海译文出版社：81.

③ Gunson D. 1998. Michael Dummett and the Theory of Meaning. Aldershot：Ashgate：110.

④ Tieszen R. 2000. Intuitionism，Meaning Theory and Cognition. // Simons P. History and Philosophy of Logic（volume 21）. London：Taylor & Francis Ltd：186.

内在状态的外现化。因此"意向成了一种通向外延的方式"①,其结果是"为了能够被我们的意向状态所表现,对象并不需要实际地存在"。② 换句话,在对象不存在的情况下,也可以对它进行描述。基于这一点,在意义的阐述上,达米特提出了一种构造论的主张。

二、确证:意义的构造图式

一旦从意向的层面来解释意义,那么意义就凸显出明确性的特征。对这一点的强调是达米特在阐述其语义学思想方面的本质要求。受数学上构造主义的启发和影响,达米特在对意义进行理解式说明的总体要求下采取了构造的方法。这种方法就是以确证成真条件的形式来给出意义。因为意向的涉与性使他认识到在能力的拥有和能力的运用之间并不存在差别。③ 从他的主张来看,我们认为,他把构造归结为意向的上述属性,这不但可以给意向以科学的分析和说明,而且有助于我们深入地理解达米特对语用实践的描述。

1. 构造:意向的实现

构造主义从数学的直觉性出发,认为数学活动中的数学对象与人的精神活动密切相关。数学对象的意义在于人的心灵给它以意指,由人的心灵构造出来。就"构造"本身而言,它是一种意识形式或意识状态。具体地讲,它是在心灵的底印上所进行的模块选择、组合以形成对象概念的目的性活动。因此,我们可以基于反思行动的主体来刻画构造主义的一般特征。首先,就构造与主体意向的关系来讲,它们具有内在的关联性和趋同性,表现为以下方面:①两者在本质上都包含着意识的内容,都涉及心灵和精神的活动性;②从功能上看,两者都表现出"使有某种具备"的趋向;③作为对言语者主体的属性的反映,两者都依循主体的理解提出了明晰性要求;④两者都有涉与性特征,都以对对象的观念呈现或观念的实在化为最终结果。因此,我们可以结合意向性概念对构造做出说明。

构造主义的代表者海汀在对构造进行解释时认为,"构造"即是实现的(fulfilled)或者是可实现的(fulfillable)意向。④ 一旦从意向的层面来定位构造,就赋予了构造以强活动性本质。达米特立足于"意义在于理解"这一基础,坚持意义与言语者不可分离,从而把"构造"这一概念运用到对意义的说明上。在他

---

① Tieszen R. 2000. Intuitionism, Meaning Theory and Cognition. // Simons P. History and Philosophy of Logic (volume 21). London: Taylor & Francis Ltd: 191.
② Gunson D. 1998. Michael Dummett and the Theory of Meaning. Aldershot: Ashgate: 64.
③ Dummett M. 1995. The Logical Basis of Metaphicystics. London: Duckworth: 104.
④ Tieszen R. 2000. Intuitionism, Meaning Theory and Cognition. // Simons P. History and Philosophy of Logic (volume 21). London: Taylor & Francis Ltd: 179.

这里,"构造"成了言语者实现理解,把握意义并继而融合自我倾向来进行语用表达的复杂能力的运用。首先,构造是一种过程,在这一过程中进行着对原始符号的组合。构造的起点是言语者的内在知识,同时,它又以这种知识的呈现为结果。其次,构造包容了意向内容。它的发展方向基本上受意向的规定,按照意向的要求来进行,表现出可行的趋向。构造的特征是达到思想或意识观念明晰性。最后,构造是一种实现意向的活动,在这一活动中,意向在向能力演变。概括地讲,构造的进行成了获得意义的一种过程,言语者凭借构造而拥有了语言。例如,语言 L 的使用者具有构造和理解以前从未遇到过的语句的能力,即他能从语言 L 中有限数量的语词和对这些语词进行组合与使用的规则当中,构造并理解无限多的句子,从而获得语言 L。因此,构造和人类必须想象世界上的物体和事态的能力之间有一种本质的联系。坦率地说,在达米特这里,"构造"对言语者意向的实现具有特定的效用。首先,它是实施意向指向的活动,即在明确程序的作用下,从已有对象出发,在有限步骤内确定出对象的过程。其次,它是显示整个语用过程的一种有效形式。可以说,语用活动的实质即是意义的构造过程。正是形成意义的这种构造特征,言语者的知识、意向、能力以及意义才得到了有效的联结。这样,意义的形成模式即如图 5-4 所示。

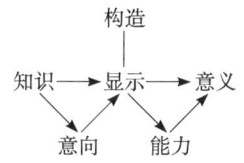

图 5-4 意义的形成模式

可以看出,一方面,构造是由言语者执行的、完成意向的认知过程。它是言语者知识的一种显示,这种显示伴随着意向的渗透;另一方面,构造又是由这一过程所获得的对象,即依循于言语者因素而表达出来的意义。这样,构造作为一种意义的实现活动就具备了完整性和充分性的特征。因而达米特认为,"依赖于构造我们可以在语言行为和语言实践中完全显示我们的意义知识"[①]。在语言实践中,意向的涉与和呈现是依赖于构造而实现的。换句话,意向的实现情景使我们获得了那种构造的意义,这可以被看做是我们参与语用、进行表达活动的前提和基础。我们认为,构造之所以被认为能满足语用者意向的实现,即能够完全显示意义知识,就在于它以我们实际拥有的证据来解释意义。例如,A→B 的一个证据由 C 给出,那么 C 就可以使我们把 A 的任一证据变成为 B 的一个证据,这一构造的实

---

① Dummett M. 1995. The Logical Basis of Metaphicysics. London:Duckworth:184.

质在于使我们通过证据来获得对 B 的理解。

在语用中，陈述往往表述了一种意向。如果意向能实现，也就是说如果存在着能满足特定条件的证据对象，那么陈述就是真的。这里的"存在"概念被理解成是通过构造而成立的。因此，构造就证实了陈述。这样，能用构造的这种证据给陈述的意义以系统的解释。例如陈述 A 和 B 的联言式 A∧B 就是把构造（a，b）作为它的证据的。在这里，a 是 A 的证据，b 是 B 的证据，它们都是构造行为的产物。因为从证据在通过它才知道陈述为真这一意义上讲，陈述为真这种形式的判断证据并不是一个对象，而是一种行为。因此，认为数学证据就是心理活动这一点就非常正确。达米特对知识的外在显示以及其他的命题态度，可被看成是对维特根斯坦观点的一种应用。一个人只有在已发现命题 A 的一个证据基础上才认为它的证据存在。当对这进行详细的说明时，就成为 a 是 A 的一个证据，它是在构造证据的行为中所发现的构造。这样，就只能认为在实际开展了构造行为的基础上找到一个构造后，这样的证据才存在。

在通过构造证据来理解陈述意义的论述上，达米特把数学上的构造思想看作建构意义理论的一种可能借鉴。在他看来，"数学上的理论构造应给出一种包括对逻辑常项的直觉解释这种目的的语义理论，显然这些对逻辑常项的规范的直觉解释决定了它们所欲想的直觉意义"①。对于每个给定的陈述 A 来说，构造中的证据关联被解释成一种日常的陈述功能，它是可判定的。它的哲学动机出于"当我们看到一个证据时我们就认识了它"。达米特是证据关联的可断定性的坚定坚持者。如果我们规定了什么构造构成了 A 的证据，即如果我们有一个构造 r_A，对任何构造 c 来说，如果 c 是 A 的证据，那么 $r_A(c) = 0$；并且，如果 c 不是 A 的证据，那么 $r_A(c) = 1$。这样，由语言对象 A 所表示的一个数学断定的意义就可以直觉地被确定或理解。

2. 确证：构造的实质

意向的实现过程表明构造即是某种认知能力的运用，所以，它与我们的主体情状和知识范围密切相关。在达米特看来，意义理论的首要任务是对言语者共同体的语言习惯给予说明，因为言语者的语用约定或知识形式是揭示他们信念的主要形式。一般地，从属于生活形式的语用过程，在本质上是言语者的信念、期望以及意愿的表述和传达，这种表达往往以陈述的形式给出。就命题而言，它是间杂着判定的陈述。换句话，命题是某种信念的语言断定，或者说命题是意向的语言外化形式。例如，命题"欧拉常数 C 是有理的"即是一种断定。首先，它隐含

---

① Dummett M. 2000. Elements of Intuitionism. Oxford: Oxford University Press: 231.

着这样的知识和信念，即期望有两个整数 a 和 b 可使 C＝a/b；其次，这一断定表明能够找到支持 C 的证据。"C 的有理性"在于事实上能够找到给予它以认同的整数，即证据的获得，从而使指涉 a、b 的意向得以满足。

客观地讲，一旦赋予语用过程以断定的特征，那么意义便清晰地呈现给言语者。因为从本质上看，断定遵循着一种程序，这种程序的具体环节被证据所充实，这就显示出它的合理性、可能性以及可信性。因此，达米特依据数学上的那种直觉性，认为意义可以由纯粹的直觉以一种明显的方式给予我们。这样，使用陈述的必然可显示实践就可以对陈述的意义做出解释，作为意义理论可选择的中心概念即是"根据言语者实际上对语句的使用来完全说明"①。这一概念便是确证。对构造意义而言，一个重要的概念即是"可实践的"程序，言语者正是通过对这一程序的掌握而表现出对意义的拥有。换句话，言语者知道一个表达的意义时，他所知道的是一种程序化过程的形成，即在思想上对程序化过程实现确证。这样，证据的获得在这里就至关重要，它是体现言语者掌握意义的一种有效形式。例如，我们说一个言语者知道"黄色"这个词的意义，必要的前提是在具体的语用中，他能够识别出黄色，能对黄色做出判断，即获得了识别黄色的证据形式。

我们认为，达米特这里的确证（justification）可被概括为依据程序谋求证据的活动。借助于确证，构造的意义就可以被解释为能被予以明察的证据。确切地说，这里的证据在本质上是被言语者所掌握的。达米特在意义理论中引入"确证"这一概念的原因在于他对语用分析的强调。首先，从语用的层面看，对意向表达的认识不能求助于真假概念，而只能归之于确证。其次，确证强调了机械程序和可行性，表明了意向的实现即是获得证据，认为意义的最大特征是依据证据而形成的概念明晰，从而给予意义以形式上的说明。因此确证给予了意向的明晰最好的体现。再次，构造的意义理论与别的意义理论所不同的是，它的明显特征是在不知道一个陈述的真假情况下，我们也可以理解一个陈述。具体地讲，在特定的经验阶段，即使我们没有一个陈述的指称知识，它对于我们来说也是有意义的。这样，就必须在"一个陈述（意向的表述）被理解时知道什么"和"陈述的真假被理解时知道了什么"之间做出区别，因为这是两类完全不同的情形。因此，达米特指出："证据力这条线可以说与指称那条线是不平行的……知道前者就是知道信念在语言中被表述。"② 这样，确证就被达米特归结为言语者能知道语言在表达信念，或者说确证即是言语者对语句所表达的观念的明确化。

为了进一步理解达米特的意义确证思想，有必要将其和实证主义做出比较。

---

① Dummett M. 1995. The Logical Basis of Metaphicysics. London：Duckworth：317.
② Matar A. 1997. From Dummett's Philosophical Perspective. New York：de Gruyter：102.

肯定地讲，两种主张的共同特征都在于对证据的强调与寻求。达米特的确证思想表明他在意义问题上，力图恢复实证主义的一些中心概念，重视感觉材料语言的使用。然而，两者在很多方面又有所不同，具体表现为四个方面。①两者的着眼点不同。达米特的确证思想把重点放在人的直觉层面，力求思想的清晰性。确切地说，达米特的确证主张更多地倾向于从人的内在方面来审视意义。而实证主义则把目光放在了意义的经验事实上，把能否从经验上得以确证作为一个句子有无意义的判据，因而实证主义的核心在于确定性。②两者的目标不同。前者的主要目标在于解释语句意义的产生，它从语用层面上强调了人的能力对意义的决定性，认为意义的构造根据是人的能力。因此，可以把达米特的确证论概括为对意义在社会层面的语用分析。而后者的目的则在于评判语句意义的有无。这一差异决定了它们以不同的态度来对待二值原则，实证主义虽然在具体的运用环节上对二值原则的坚持不够明朗，但在很大程度上，它仍然把二值原则作为自己的理论建构根据，而达米特的确证思想则是否定二值原则的。③两者的证据形态不同。前者认为语言表达的功能不是指称，而是在言语者心中引起特定的意义构造，即要求我们去构造证据，因此这一证据是潜在的。换句话，它所需的证据不是外在的、被给予的，而是要我们去寻求。它强调的不是证据的存在，而是谋求证据的方法。实证主义则认为证据是现实的、外在的、可用的。所以，在形式上前者要比后者更为原始、本质和深刻。④两者的证实原则不同。前者强调证实在技术上的可行性，而后者则看重的是证实在原则上的可能性；前者认为不存在间接的证实，力求言语者的直接证实，后者则强调一般证实，或者泛证实；前者把经验作为一个序列来看，讲求证实步骤的有限性，而后者则坚持持续证实。

纵观达米特在意义形成上的论述，我们认为，可以把这一观点的主要特征归结为言语者的构造性。首先，它强调言语者是意义的形成基准，认为人有直观的认识能力，借助这一能力就可以把握意义。可以说这一思想即是对人的语言能力的说明和概括。它把语用活动概括为言语者的意向活动，意义在意向的指向中得以呈现。同时，语用活动的断定本质赋予构造以按照程序寻求证据的特征，而这一证据是在意识中被构造出来的。因此，达米特的意义构造论实质是借助于一种内在的精神过程来说明意义的理论。它拥有形成确定性的基础。意义的构造即是程序化的实践，表现出明晰性的特征。它认为仅证明一个对象的存在是不够的，还必须把它具体地给出来，或者给出一个确定的方法。这表现出力求确信性和可靠性的倾向，因而在逻辑上获得了确定性的基础。罗蒂将此理解为一种纯语义理论，认为它是对句子之间推论关系的详述。同样，范·道恩据此认为"达米特的观点相对于布劳维尔的思想多了一些客观性"①。其次，它凸显出意义的经验维度。达米特力求在语言实践层面上说明意义，因而对言语者群体的语言习惯、信念和生活形式给予了充分的强调，这就表明他并没有将言语者的经验内容从意义的形成中剔除出去。戴维森指出："达米特同意这样一种基本原则，即任何意义必须回归到经验前提或感觉刺激的形式。"② 帕森斯（Parsons）和理查德（Richard）等也认为达米特的意义构造论强调了经验方面。③ 由于对经验的强调，构造的意义具有相对性的特征。尽管构造依赖人的理性，但人的理性是不断进化的④，加之时间的具体性、意向的偶然性以及构造的当下性，就使意义呈现出相对性的特征来。因此，达米特以此为根据提出了真理的历史性和修正性观点。另外，一旦将语言表达过程看做是言语者意向的实现过程，那么意义的构造就表现出特定的约定色彩。言语者总是根据自己的意愿来表达意义，构造的意义就表现出实用性的特征。普雷斯克（Placek）指出，达米特的意义构造思想由于实用主义而受到了限制。⑤

3. 达米特意义构造论的本质

达米特在意义形成上的构造主张其实就是通过阐明语言的意义形成，从而给出一种有关语言如何能够表达思想的理论。在他看来，有关语义学理论的实质就是寻求对所有表达的意义的一种普遍阐明。而这种普遍阐明的途径，能够借鉴直觉主义观点在数学陈述意义上的回答方式来给自然语言的意义形成提供一种统一的模式。我们认为，这样的原因在于，达米特希望从关于语言使用、语言学习与交流能力开始来对意义进行描述。基于此，他把意义理论的本质界定为理解理论，认为言语者对于语言意义的掌握一定能够通过他在言语表达方面的能力显示出来。由于直觉主义的语义学观点以我们实际拥有的证据形式来解释意义，因而它可被认为满足了语言的使用者一定能够完全地显示他的意义知识这一条件。在对直觉主义进行评述时，达米特指出："它实际上独立于任何与被讨论陈述的数学特征具体相关的观点。这个论证只包括一个高度普遍的意义理论中的特定观点，从而能够同样地应用于任何语言中的所有陈述。"⑥ 因此，可以把达米特在其语义学思想上的那种构造性观点看成是有关意义如何被授予语言的那种普遍方式的直觉主义

---

① Tieszen R. 2000. Intuitionism, Meaning Theory and Cognition. // Simons P. History and Philosophy of Logic (volume 21). London: Taylor & Francis Ltd: 183.
② Davidson D. 1986. A Coherence Theory of Truth and Knowledge. Lepore: 313.
③ Tieszen R. 2000. Intuitionism, Meaning Theory and Cognition. // Simons P. History and Philosophy of Logic (volume 21). London: Taylor & Francis Ltd: 192.
④ Matar A. 1997. From Dummett's Philosophical Perspective. New York: de Gruyter: 31.
⑤ Placek T. 1999. Mathematical Intuitionism and intersubjectivity. Dordrecht: Kluwer: 8.
⑥ Dummett M. 1981. Frege: Philosophy of Language. London: Duckworth: 226.

论证。从这一意义上讲，他的语义学思想的实质也可被看做一种直觉主义的语义学观点。他在意义的阐述上，坚持意义生成的构造性特征其本质就是对这种语义学观点的具体表达。

在达米特这里，直觉主义的语义学其实是一种语言的数学型语义学。可把这种语义学的发展看成经历了两个阶段。第一是它在数学上的形式主义构造；第二是用和语言使用有关的概念来对形式主义进行解释。在这一点上，达米特给出了逻辑结果的语义概念和代数概念之间的一种区分。他指出："语义概念以被看作和一门语言中的语句使用有直接关系的概念而形成……出于这个原因，对一个公式评价的语义定义……被认为给出了逻辑常项的意义。相对的代数概念则把一个评价定义为纯粹的数学对象……这和语句的使用没有本质的关系。"[①] 普兰廷加（Plantinga）把第一阶段的语义学概括为"纯粹语义学"，把第二阶段的语义学概括为"应用语义学"。要把纯粹的语义学转化为应用的语义学，关键在于把数学上的递归看成是对先前已被理解的语义属性拥有的那种充要条件的一种表述。一种旨在对各种语句连词的意义进行说明的语义学，其核心是对某种属性进行表征。这个属性的本质就是对在其之下一个语句包含着足以满足理解那种连词所意味的条件的掌握。这样，我们就可以从对属性 μ 的理解上来对连词的意义进行解释。语义学家所关注的就是属性 μ 和意义之间的关联。他们把语义学的数学形式主义和因熟悉语言使用而派生的、被理解的概念相关联。属性 μ 必须和语言活动相关联。这种关联是这样的，即对那些在其之下、包含有这种属性语句的理解对理解语句的主要要素来说是充分的条件的掌握。这就意味着在我们已对语义学的目标关联词的意义有所理解的情况下，就可以把纯粹的语义学转化为应用的语义学。在达米特这里，有关某种语言或语言片段的应用语义学观点就被看成是它的意义理论。从言语者理解了这种语义学并进而理解了那种语言或片段的意义上讲，就是这样的情形。概括地讲，达米特在意义的形成过程中强调构造思想的本质，就在于通过允诺直觉主义中的发现，来论证一种自然化的语义学和认识论，并且这种论证客观上也给直觉主义以非常独特的辩护。这些辩护能够潜在地和有关理性观点的证实相一致。这样，经过达米特的努力，对直觉主义来说，"非但没有付出代价，而且是大获全胜，因为逻辑、数学、认识论、语义学和形而上学终于都取得了和谐一致"[②]。

把意义理论定位为一种理解理论，并通过构造性来对其进行论证，这给当代

---

① Dummett M. 1981. Frege：Philosophy of Language. London：Duckworth：312.
② 保罗·贝纳塞拉夫，希拉里·普特南．2003．数学哲学．朱水林，应制夷，凌康源等译．北京：商务印书馆：27.

意义理论的深入研究开辟了一条新的方向。首先，这种观点把人和语言密切地结合起来，从语用层面审视了人的语言能力，确定了人在意义形成过程中的核心地位，变革了以往传统真值条件的意义理论，从而赋予语义学的理论以新的张力。另外，意义的构造主张从语义生成的角度给真理以科学的界定，在语用中把真等同为某种语言共同体的习俗，表明了真的历史性、进化性特征，这在方法上基本符合真与实践的内在关系。其次，对真值条件意义理论的批判以及对意义的构造说明，有利于我们深入地认识和理解那种与我们的实际能力、实践活动等没有密切关联的世界。因为借助于构造，除了可理解那种具有有效判定的陈述外，还可以在不可判定陈述的意义理解方法上更进一步。最后，意义的构造主张在意义实现的证据谋求中所表现出来的观念清晰性阐明了人类思想的形成过程，从一种确证主义的视角对思想、知识的本质进行了解释。

▶ 第七章 达米特对实在论论题的语义刻画

在概括某种哲学观点时,"实在论"是哲学家常常使用的一个术语。围绕着这一术语所形成的"实在论问题"是长期以来哲学上集中讨论的一个论题。这一论题包括实在论的本质、特征、演变、流派以及实在论争论的策略等。在不同的时期,这一论题常常会以不同的形式出现。同时,在实在论的发展中,实在论论题的使用范围、发展策略和论证界面也在不断地扩大,逐步地应用到了数学、时间以及科学及其理论等不同方面,并在这些领域内寻求论证上的支持。然而,在实在论的发展过程中出现的一个客观情形就是:在实在论是什么这一点上并不存在一个连贯的观点。广泛的论题使实在论的争论进入不可开交的状态,争论的双方都陷入了困境。可以用"我们在形而上学的深水中游动而不知道如何回到岸边去"这样的话来形容这一情形。① 所以,要解决实在论,就有必要对实在论论题给出科学的刻画。达米特从语义学的层面对实在论论题的刻画在实在论的探讨中产生了重要影响。

第一节 达米特的语义实在论

语言哲学具有特定的卓越性,在当代哲学思想交锋的起因分析及其解决方案的寻求上,语言哲学发挥了重要作用。在解决当代实在论与反实在论争论这一形而上学问题上,达米特把语言哲学中的语义学观点看成是一种最佳选择,从而在逻辑-语义的层面上对实在论论题提出了一种独到的见解。这一主张是20世纪最富有成就的哲学研究方案之一,它作为一种"纲领"为解决实在论的形而上学问题提供了新的平台。

一、实在论是有关问题类陈述的论题

实在论论题一直是人们比较关注的哲学议题之一。达米特对实在论问题的刻

---

① Dummett M. 1995. The Logical Basis of Metaphicysics. London:Duckworth:8.

画首先从考察实在论的有关特征开始。在他看来,"实在论"概念"总是一个相对的概念"①。它总要出现在某个具体的领域内。或者更确切地讲,实在论常常涉及特定的主题,具体表现为某一问题上的实在论。例如,唯理论、唯实论、柏拉图主义及科学实在论都是特定领域的实在论观点。特别值得一提的是,在达米特看来,实在论论题并不总是直接涉及某类实体。因为,在一些情形下,像有关过去或将来的实在性这一问题,并不存在恰当的对象。即使存在着某种有问题的对象类,但有关实在论论题的争论双方实际关注的并不是对象是否存在的问题,而是有关这种对象陈述的客观性,如作为数学实在论论题的柏拉图主义和构造主义之间的争论,可被概括为数学陈述有独立于我们断定能力的确定真值和并非如此的情形。因此,达米特认为,实在论的论题总和一组他称为"争论类"(disputed class)的陈述有关,它总是一种有关特定类陈述的观点。

达米特对实在论论题的讨论与他在语言哲学上的观点密切地结合在一起。首先,在他看来,有充分的理由认为语言哲学中的论点在实在论论题中发挥着重要作用。语言哲学家对实在论论题所采取的形式给予了很大的关注。他们之所以对此感兴趣,是因为在语言哲学自身内存在着实在论论题。自哲学的"语言学转向"以来,处理本体论问题的方法被等同于弗雷格提出的指称原则,即反对在完整的语句之外寻求子语句表达的指称。有关实在论的争论就被描述为有关特定的陈述——日常术语、物质对象的名称是否真这一在指称上的争论的语义论题以及意义理论的合理性问题。其次,有关在科学、数学中可以不受语言哲学中的论点影响而得以展开的其他实在论论题观点忽视了这种可能性,即在意义理论中一种成功的反实在论论证可以应用到其他的争论领域内。在达米特看来,实在论论题所关注的"争论类"陈述,可以是算术陈述、有关过去和将来时态的陈述、有关物质世界的陈述、有关伦理学的陈述以及有关可能世界的陈述等。所以,最好把实在论看成是"某种实在论"(a realism)而不是"实在论"(the realism)。可以说,他的目的就是把实在论争论限定在局部范围内。

要对实在论进行刻画,首先,要对有关特定主题的实在论争论进行讨论,"从而详细地描述它们之间的相似与区别"②。这样做的目的就是通过提出各种领域内实在论争论的共性,来寻求一种能涵盖这些争论的普遍形式和统一论题,从而给出判定这种争论的策略。就实在论的类别来说,可以从属性上把实在论分为形而上学实在论和认识论实在论。其中,形而上学实在论承认某些实体独立于我们而存在,其存在和我们无关。而认识论的实在论则坚持以下原则:世界上存在着独

---

① Dummett M. 1978. Truth and Other Enigmas. London: Duckworth: 146.
② Dummett M. 1978. Truth and Other Enigmas. London: Duckworth: 145.

立的实体，这些实体能被我们认识。这就意味着认识论的实在论承认事物的独立存在构成了知识的对象。达米特明确地强调他并不赞同传统形而上学中的实在论，不主张以形而上学的实在论形式来对实在论进行刻画。我们认为，尽管达米特对认识论的实在论没有什么论述，但这并不意味着他在讨论实在论时没有涉及任何认识问题。相反，他对实在论的刻画完全是以认识为基础的。

其次，达米特对实在论的刻画是他在挑战传统形而上学实在论观点的过程中完成的。他之所以这样做是因为他认为形而上学实在论有它的缺陷。在这里，达米特概括出了这种实在论的三个缺陷。第一，这种实在论忽略了不同实在论之间的真正相似性，而把一些非根本的相似性当成它们的相似性。例如，在有关"当前"、"过去"和"将来"的实在论上，形而上学实在论并没有很好地反映它们之间的正确相似性和错误相似性。实在论形而上学问题的传统方法缺乏解释性。它无法解释很多领域内的实在论问题。例如，关于过去和将来的实在论，数学实在论等都是实在论的生动问题。但这里的问题并非实体的实在性。例如，实在论者在不用承认过去实体的"当前"存在这一情形下，就能解释过去时态陈述如何被过去的实在以真值链而变得确定地真或确定地假。在达米特看来，这些领域的问题是关于真值的问题：存在于一类陈述是否服从二值原则这一点上。有关过去或将来的实在论和物理对象的实在论之间确实不同，因为，我们不能像形成物理对象那样形成有关存在于过去或将来的实体。第二，达米特认为，形而上学的实在论传统会使一个人认为实在论和还原论是相互对抗的论题，"这是一种误解"①。还原论并不和实在论相对抗，还原论本身不会是反实在论的，因为存在着很多并没有违反实在论的还原论形式。反实在论者认为，如果一个陈述为真，那就一定是凭借着某种如此这般的东西而为真的。也就是说，一定存在着某个使它为真的东西，这是一条不可质疑的原则。例如，有关物理世界的一个陈述，如果真，那么一定是凭借某种实际的或可能的感觉经验；一个数学陈述为真，凭借的是某个证明的存在；一个过去时陈述为真，凭的是记忆、证据。为了避免诉诸关于事实的本体论，反实在论者会提出另一类可称为"还原类"的陈述，并认为一个陈述若为真，就必然是凭借还原类中陈述的真而为真的。所以，达米特认为，反实在论总包含着某种还原论。而对形而上学实在论而言，也不得不面对当一个争论类陈述为真时，凭借什么为真的问题。由于传统的实在论拒绝还原论，它不可能提出任何有价值的答案来。按照还原论的观点，在实在论的研究上，我们可以探问是否真的存在特定类型的实体，也可以不问它们是否存在，而是问它们是否存在于实在

---

① Dummett M. 1978. Realism Truth and Other Enigmas. London: Duckworth: 147.

的最终构成中。这样来看，实在论就采取了还原论的形式。在这里，问题不在于探讨被考虑的实体是否独立于我们而存在，而在于它们是不是实在的最终构成。形而上学实在论强调，如果能把特定的实体还原为其他类型的实体，那么它就有可能并不是实在的最终构成。例如，与实在论观点相反的现象主义，并不否定物理对象的存在，但却认为物理对象能被还原为感觉资料，从而否定了物理对象是实在的最终构成。第三，对实在论论题的传统理解将使我们偏离对不同领域内实在论真正论题的那种理解。例如，在数学中，实在论争论的双方是柏拉图主义者和直觉主义者。如果按照传统的理解，即相信他们的争论是有关数学对象的本质的，那么就会歪曲他们争论的论题。这样，我们就可以认为对实在论问题的达米特式刻画胜过了对它的传统刻画，这一点至少在关于过去和将来时态的陈述上是这样的。

二、实在论是有关陈述真值概念属性的论题

1. 实在论的真值论题

达米特认为，实在论和真值是密切相关的。存在着不同的实在论和反实在论的真值概念，并且在实在论的争论中，一个人的观点是实在论的还是反实在论的就取决于他坚持哪种真值概念。所以，"关于给定类别陈述的实在论就是关于这些陈述的恰当真值概念的论题"①。达米特对实在论论题的概括，受到了数学领域内柏拉图主义和直觉主义争论的启发。在他看来，这一争论关注的焦点并非数学实体的存在问题，而是什么样的陈述行得通。"他选用的是'争论的陈述类'，而非'争论的对象类'，实在之为实在并不取决于什么对象存在，而取决于什么陈述行得通。"② 就柏拉图主义而言，它"并不是数学对象的存在问题，而是数学陈述的客观性问题"③。陈述的客观性其实是就它的真假性而言的，柏拉图主义对数学陈述客观性的关注是以对数学陈述真值的探讨为主要内容的。在这一点上，柏拉图主义认为，陈述的真值与那些使陈述为真的条件有关。而这些条件并不需要进入我们的识别范围。并且在意义的解释上，达米特认为柏拉图主义以真值条件的形式解释了陈述的意义。如果以柏拉图主义的形式理解真值，或者说用意义的真值条件观点来支持柏拉图主义，那么将产生超越我们知识或理解的意义概念。依据这一点，达米特把关于数学的柏拉图主义观点描述成一种数学实在论，认为在独立于我们知道它的方式的情况下，争论类陈述拥有客观的真值，因此这种观点是

---

① Dummett M. 1981. Realism. // Dummett M. The Interpretation Of Frege's Philosophy. London：Duckworth：434.
② 达米特. 2004. 形而上学的逻辑基础. 任晓明，李国山译. 北京：中国人民大学出版社：8.
③ Dummett M. 1978. Truth and Other Enigmas. London：Duckworth：146.

"不连贯的"、"不合理的"。直觉主义则是另外一种情形。它认为数学陈述只描述了我们的思想构造,使陈述为真的条件必须和我们的识别相关联,陈述的真假取决于我们认识这种真假的能力,而不能超过我们证实它们的能力。因此,数学上的实在论争论所面对的真正问题并不是一组实体的客观性问题,而是有关于这组实体的陈述的真值问题。更具体地讲,就是对使陈述为真的条件的态度不同:认为这些条件是独立于我们而获得的,还是依赖于我们而获得的。按照达米特的观点,数学上的这种情形也可在其他的情形下出现。也就是说,数学中柏拉图主义和直觉主义之间的实在论争论通过一种语义学上的转变,可被扩展到整个哲学中去。它们之间的争论表明了普遍意义上的实在论和反实在论争论在结构上所体现出来的类似的不一致性,这种不一致性存在于很多领域内。比如,有关物理世界的实在论与现象主义的争论,科学实在论与工具论的争论等,都涉及使一个陈述为真的条件以及为真的陈述是何种情形。

在实在论论题的刻画上,达米特并没有把陈述的类别局限于数学陈述中,而是把它普遍化到整个语言中。之所以这样是因为他不再把语言看做是一种理想的逻辑语言。即表达客观知识的一种理想工具,而是将语言普遍化到所有实际存在的、作为一种联系人和实在结构中介的自然语言上。这样,就可以说不同领域内的实在论并不像人们认为的如此不同,而是可以构造出一种能涵盖它们的普遍原则来。对于实在论来说,有关物理实在陈述的真值并不在于我们观察到物理实在的样子。那些与陈述相关且使陈述为真的条件并不需要进入我们的识别范围。同时,有关数学陈述的真值也不在于我们对它们的证实或证伪。这两种情形下的陈述的真值,都由一个独立于我们而存在的实在形成,因为陈述正确或错误地描述了一个独立于我们的实在。许多传统的哲学问题都可以归结为这样的问题,即哪些真语句因"事实"为真,哪些假语句因"事实"为假。陈述的真假形成依据于是否和实在一致,而独立于我们对实在的知识,和我们对实在的知识无关。这其实就是达米特从真值层面对实在论的刻画。"我把实在论刻画为这一信念,即争论类陈述拥有客观的真值,这种真值独立于我们知道它的方式;它们因独立于我们存在的实在而有了真或者假。"[①] 这样,依照达米特的描述,实在论是有关什么使得给定类中的陈述为真的论题。从这种层面上来理解实在论,它就可被看成是给定类的陈述和某种独立于我们的对其知识而存在的实在有关,实在使得这个类别中的陈述具有确定的真假。因此,我们认为,实在论的情形是这样的:对于实在论者来说,即使我们没有识别一个陈述为真的方式,它也是真的。更进一步地

---

① Dummett M. 1978. Truth and Other Enigmas. London: Duckworth: 146.

讲，对于一个争论类陈述而言，实在论承认在我们实际上不知道这个陈述真值的情况下，它也是要么确定地真，要么确定地假。"实际上，我们可以把有关给定陈述类的实在论刻画成假设这个类别中的每个陈述都确定地真或者假。"①

在有关实在论和真值的问题上，达米特提出了这样的看法，即实在论和真值是密切相关的，有关于实在论的问题其实就是争论类陈述的真值问题。依据这一点，戴维特指出，如果没有一种熟练的真值概念，那就不能成为实在论者。在语言哲学上，真值表述了语言解释的效用。就这种解释性的真值概念而言，它可分为两类，一类是纯属语义学的符合论真值概念；另一类是把"真值"理解为一种认识状态的认识论概念。就后一概念而言，它的典型表现有高度的确证性、有根据的可断定性（warranted assertability）、理想化的合理可接受性，这些都属于逻辑实证主义及类似的证实主义。达米特认为，存在着有关实在论论题的不同真值概念，在实在论的争论中，评判一个人的观点关键就在于看他坚持哪一种真值概念。这一看法的形成具有特定的历史背景。比如，历史上的"实在论"和"观念论"争论就源于我们知道"何为真"这一认识论问题。没有对知识与信念做出区分的人就无法提出这样的问题。为了做出这种区分，就需要真值概念。因此，在达米特看来，对真值的看法是形成有关实在论论题的重要基础。在实在论的争论上，反实在论者否定了争论类陈述的真值客观性，把断定的真值在概念上和识别这个真值的可能性相关联，表明了真值概念在认识上是受限制的。他们并不认为所讨论陈述的真值超越于我们对它的识别，即使陈述的真值可能超越了我们对它的实际识别，也不会超越我们对它的识别能力。所以，可以把"真值"概念看成是实在论争论的关键。就像弗雷格指出的那样，"当我研究整个问题时，有关真值的不同概念作为这个争论的起源就出现在我面前"②。

2. 实在论的语义论题

达米特指出，有关给定问题的实在论在于使它的相关语言接受一种具体的语义学理论。语义学理论并不只是逻辑类别的理论以及它们与世界中的什么东西相关的具体化。如果是这么回事，那么所有的语言将坚持同样的语义学理论。同时，语义学理论也陈述了表达的指称是如何被确定的。它给出了含义理论的框架。彻底的实在论语义理论认为，我们通过理解一个思想的构造和其构成部分的含义而理解了这个思想。我们通过确定构成部分含义的指称而确定了真值。具体地讲，我们必须先于确定语句的真值来确定命名的指称。

---

① Dummett M. 1995. The Logical Basis of Metaphicysics. London：Duckworth：93.
② Grundgesetze. Vol. 1. Psychologism and Idealism.

实在论论题探讨了真值概念的属性问题。实在论和反实在论都对这一问题给出了理解。实在论的真值概念具有这样的具体特征。①一个陈述是由于在世界中存在的东西而为真的。②真值可以超越识别。在独立于我们识别的情况下，每个争论类的陈述都会确定地真，或确定地假。例如，如果 A 是争论类中的一个陈述，其真值要是不依赖于我们的识别，同时也不依赖于我们的识别力，那么 A 就确定地为真或假。实在论真值概念的这种属性就和非真即假的二值原则有关。二值原则就和古典真值概念的那种超越识别的属性有关。如果 A 是争论类中的一个陈述，要是真值不依赖于我们的识别也不依赖于我们的识别力，那么 A 就确定地为真或假。达米特以二值原则来刻画实在论。"作为任何给定实在论构成部分的是适用于争论类陈述的二值原则。"① 这一原则是适用于这个争论类陈述的。所以，达米特把实在论教条的共同特征概括为接受二值原则，坚持古典的二值语义理论。而反实在论则认为争论类陈述的真值并不是客观的，它并不能超越我们对它的识别。我们的识别能力是确定这些陈述真值的基础。如果真值不是客观的，那么二值原则对争论类陈述来说就是不能适用的，因为还存在着我们不可识别其真值和没有其证据的陈述。这样，我们就可以把实在论论题的关键看成探讨陈述是否被认为能以一种潜在的超越于证据的形式而为真，把实在论的争论理解成二值原则对争论类陈述来说是否适用。真值概念作为表述实在论争论的一种重要标准，直接决定着排中律这一逻辑原则的接受情形。

达米特对实在论的刻画是与众不同的，他称这种刻画源于他对被称为实体实在论的传统理解的不满意而形成的语义论题。在他看来，实在论的观点就是对"给定类"陈述的说明。关于实在论的争论最好不要被刻画成有关某类实体存在的争论，而是有关陈述的真值概念本质的争论。既然把"真值"看成是评判实在论争论的一种标准，那么如果不知道它意味着什么，就无法应用这一标准。这就表明真值概念和意义概念是相关联的。"意义和真值的概念只能放在一起被解释。"②为了对真值这一概念有真正的阐述，就必须阐述"意义"的概念，回答句子拥有"意义"这个问题是怎么回事，这是回答一个句子为真是怎么回事这一问题的有效组成部分。在这里，实在论者认为争论类陈述的意义并不直接地和它们的证据密切相关，而在于其存在并不依赖于我们拥有它们证据的那些事态。而反实在论者则认为这些陈述的意义直接与我们算做其证据的东西相关联，即争论类陈述只能通过提及我们认为是那类陈述的证据的东西才能得以理解，获得它的意义。所以，实在论争论至少包括关于意义的论题。在这样的基础上，我们就可以看到达米特主张以语义形式作为实在论形而上学问题替代的倾向。因为既然否定了把实体实在论看

---

① Dummett M. 1995. The Logical Basis of Metaphicysics. London: Duckworth: 325.
② Dummett M. 1995. The Logical Basis of Metaphicysics. London: Duckworth: 158.

成是实在论的一种可行形式的可能性，那么就得给实在论的形而上学问题寻求替代。在他看来，如果把实在论的形而上学论题看成一种语义论题就能给它以很好的理解。陈述的真就在于我们知道某种东西，并且在我们把这种东西当成是它的真值证据后而为真的。这就把实在论的形而上学问题有效地转化为语义学的问题。实在论论题是一种语义论题，因为与争论类陈述的真值客观性相关以及与真值概念相关的论题本身就是一种语义论题。他在有关实在论的一篇论文中明确地表明了这一点。①

三、实在论的语义分析

把关于外部世界的实在论看成关于外部世界的语句具有潜在的超越证据的真值条件，就使实在论实际上变成了一个语义教条。这种教条其实是对实在论做出的一种语义刻画，尤其是对那些在直觉上是有关描述外部世界的语句的意义描述。按照实在论的观点，我们在语义上能获得关于世界的不可判定语句，我们对外部世界语句语义的理解就在于我们对它们潜在的超越于我们证据的那种真值条件的理解。接受任何思想和谈论的实在论观点，就是把它的独特陈述看成通过与在证据上未受限制的真值条件关联而被赋予了意义，这即是说，它满足的条件与它能被我们识别的可能性没有根本的关系。按照这种实在论，我们不仅能够拥有关于过去以及外部世界的可判定语句，同时也能拥有不可判定的语句。应用于给定陈述的真值概念是一个明显没有受到限制的概念，这是达米特提出的那种实在论者所渴望的。例如，弗雷格指出，一个能胜任的言语者对他语言中句子语义的理解就在于他对其真值条件的把握。这一点成为达米特与其反对者之间在形而上学上争论的起点。他根据弗雷格的主张形成了关于数学、过去和外部世界的语义实在论观点，并评论了一些旨在建立语义实在论的论证。在达米特看来，语义实在论其实就是坚持以二值原则形式来刻画的那种实在论。这种实在论坚持这样的观点，即认为所有关于陈述外部世界的语句，不管它们是可判定的还是不可判定的，都确定地真或确定地假。概括地讲，就是认为排中律在这里是适用的。

语义实在论的观点主张，对任何一类给定的陈述句来说，都存在一种独立于我们认识之外的实在，它决定着这些陈述的真或假，而不管我们能否发现这些真值。对于有关外部世界的不可判定陈述而言，它的真值条件潜在地超越了人们所拥有的证据。或者说，在这种情况下，我们不知道一种方法，正确应用它就能保证形成我们不能找到的证据。因此，从内容上看，语义实在论包括两个教条：一个是语义学的，另一个是形而上学的。② 语义学的教条认为，对于一个科学的语义

---

① Dummett M. 1982. Realism. Synthese，52.
② Scott A. 1995. Shalkowski，Semantic Realism. Review of Metaphysics，48.

学理论来说，真值是主要的，它能形成意义，陈述的意义就是它的真值条件。在没有对真值条件的本质予以描述的情况下，就不会弄清楚真值条件语义学是怎么回事。这样，就需要那种形而上学的教条。语义实在论的形而上学教条就是强调真值条件都是能让具体陈述为真的客观世界的结构。不能用任何明显的条件集合来给它们以确定，因为它们超越了任何相关的合理信念或断定条件。这种超越考虑到在缺乏任何证据的情况下相关陈述具有的真值，并在缺乏证据充分保证断定的情形下，也考虑到了一些陈述的真值存在。所以，这种结构就和使一个信念合理或使一个断定恰当的证明或可断定性条件不同。

如果从本质上给语义实在论以规定的话，那么就可以认为，语义实在论表述了一种这样的观点，即"反还原论，反证实论，反工具论的观点"①。比如，有关粒子物理学的语义实在论者确信，存在着有关世界的微观结构的一堆事实，并认为粒子物理学的研究对象就是揭示这种结构，从而为这种信念的正确性提供一种合理的表述和证据。同时，他们还会认为，不管粒子物理事实是什么，都不需要我们发现，并且不依赖于我们的方法论。这就是对有关外部世界的实在论和语义实在论之间关系的一种基本表述。关于外部世界的实在论和理解上的真值条件概念一起产生了语义实在论。如果语义实在论是不可接受的，那么关于外部世界的实在论者就面临着寻找替代真值条件概念的挑战。因此，就语义实在论和外部世界实在论的关系而言，达米特认为它们是关联的，并给出了它们如何关联的看法。首先，他认为我们不能对实在论论题给出一种严格意义上的形而上学概括。例如，他曾试图对关于数学上柏拉图主义这一实在论以及与它相对立的直觉主义给出一个严格的形而上学概括："我们如何确定关于数学对象本体论地位的争论？就像我已经评价的那样，我们在这里有两个隐喻：柏拉图主义者把数学家比作为天文学家，地理学家或探险家，直觉主义者则把他比作为雕刻家或富有想象力的作家；然而，哪种比拟都不太合适。这种不一致明显和数学家拥有的自由量有关。这样表达的话，两个都似乎部分地正确和错误，数学家在提出他引入的概念和描绘他选择研究的结构上拥有很大的自由。"② "任何形而上学的观点除了是已知意义概念的表述以外并没有什么内容。"③ 达米特同时指出，在评价实在论中最大的困难就是"理解形而上学教条的内容"④。这样，他就支持了隐喻论题，即认为任何以严格形而上学形式来刻画实在论的尝试充其量都是以图示和隐喻为结果的，并不清

---

① Horwich P. 2004. From a Deflationary Point of View. Oxford：Clarendon：8.
② Dummett M. 1978. Truth and Other Enigmas. London：Duckworth：xxv.
③ Dummett M. 2000. Elements of Intuitionism. Oxford：Oxford University Press：383.
④ Dummett M. 1995. The Logical Basis of Metaphicysics. London：Duckworth：10.

楚它们的非图示或非隐喻内容是什么。

当然，在这里使用隐喻语言并没有什么错。不管把隐喻用于哲学、文学或者日常生活常常都会帮助我们寻求洞见和理解。但如果双方都试图参与到一个争论中，就会出现这样的情形，即在某些点上，用来表述他们观点的隐喻要素常被表达这些观点字面意义的形式替代。也就是说，如果不了解运用隐喻给出的论证的字面内容，那么隐喻就影响到论证的效果。所以，在争论前，必须对使用隐喻做出论证的字面内容进行说明。在实在论争论中，双方需要了解彼此所使用的隐喻的字面内容，在此前提下，才能争论。达米特指出，要避免在实在论及其反对者之间争论时不出现这样的危险，我们就需要表明对实在论试图给出一种形而上学描述的那种隐喻的字面内容。

语义实在论和实在论有一定的类似性，从某种意义上讲，语义实在论是对关于外部世界的实在论的一种描述。实在论的内容就在于语义实在论的字面内容。这样，对实在论进行纯粹的形而上学概括，就是以隐喻为结果的。关于外部世界的实在论的字面内容由这个观点——至少对一些涉及外部世界的语句来讲——我们的理解在于我们对它们潜在的超越证据的真值条件的掌握来给出。或者更确切地讲，实在论依赖的就是对我们的语言所坚持的那种真值条件语义学。实在论和其反对者之间在形而上学上的争论就可被放在意义问题上，成为有关于真值、意义的争论。"实在论和它的反对者之间关于真值概念的争论对争论类陈述来说是恰当的；这意味着它是一种关于这些陈述的意义类别的争论。"[1] 达米特的隐喻论题显然是想在意义的理论中来把握这个争论，而不是替代那种形而上学的争论。

达米特把实在论看成是一种语义论题，它的核心是真值概念，能根据这一概念来形成关于意义的理论。所以，语义实在论是关于语句意义和真值本质的理论。在这里，交织着关于陈述的意义、真值间的特定关系。从语义学的角度看，实在论在逻辑上所表现出来的共同属性就在于坚持排中律，强调关于外部世界的陈述具有非真即假的值。达米特在语义实在论的探讨上，提出了陈述的真值独立于我们知道它的方式这一看法，这在很强的意义上使独立于我们而存在的"实在"得到了理解。所以，语义实在论有利于理解实在论本身。

第二节　达米特的语义反实在论

就达米特对实在论论题语义学刻画的内容来看，我们认为，可把它具体概括为语

---

[1] Dummett M. 1978. Truth and Other Enigmas. London: Duckworth: 146.

义实在论和反实在论两个方面。它不但从语言哲学角度对实在论进行了语义学表述，而且论述了实在论的语义情形就是坚持逻辑上的二值原则，以及由此而形成的意义观点。在这一点上，他着重对真值条件的语义学提出了挑战，这种挑战可被称为一种否定方案。然而，他同时也表述了与它相争论的反实在论的语义表现，这就提出了一个肯定的方案，这种方案采取了一种反实在论的语义学。反实在论的语义学观点主张通过诉诸和语言使用者使用这些语句而显示的能力相关的条件来解释陈述的意义。对实在论争论的这一刻画，打开了在所有争论类领域坚持一种广义反实在论的可能。因此，赖特指出，在达米特的努力推动下，"反实在论"已成为实在论的一个普遍流行的相对术语。语义反实在论就是他在语义学问题上的一种重要论述。

一、反实在论的语义学挑战

如上所述，语义实在论的最明显特征就是强调给定类陈述真值的客观性，认为每个陈述都具有要么真要么假的值。在这一观点下，二值原则被看成为实在论解释的试金石。这种真值状态和该陈述所描述的外部非亲知世界的情形密切相关。外部世界的状态决定了坚持二值原则的可能性。同时，实在论从客观的意义上说明了陈述意义的形成，把陈述的真值看成是其意义的决定者，把陈述的真值条件看成是对该陈述内容的最佳解释。这就表明，陈述的意义就在于该陈述成真时的那种条件，陈述所表达的意义内容由陈述为真时的条件给出。因此，语义实在论在意义问题上恪守了真值条件语义学的原则和观点，强调陈述的意义形成由它们的真值条件决定，而和我们以及我们的认识无关。

语义实在论涉及了语义问题，它的语义成分丰富了陈述的意义理论。然而，语义实在论是不完善的。因为，任何充分的语义学肯定都顺应了一种有关语言能力的理论——这种理论告诉我们凭什么理解了一种语言，这一点是毋庸置疑的。语义实在论的缺陷在于，没有描述一个胜任的言语者理解一种语言的能力，从而留下了和语言理解的可能说明无法相容的可能。语义实在论的明显困难就在于它的真值条件这一形而上学要素。在反实在论者看来，"争论类陈述应只通过诉诸那类我们算做为其证据的东西而得以理解"[1]。因为我们所能知道的只是我们是否有充分的理由断定一个陈述。所以，我们只能以确证的知识或断定的条件而非以真值条件来解释对语言的理解。因此，语义实在论者就遇到了这一挑战，即有必要解释言语者的语言能力，以阐明我们在实践中是如何理解语言的。

语义反实在论在陈述的真值概念上提出了这样的看法，即真值和我们对成真

---

[1] Dummett M. 1978. Truth and Other Enigmas. London: Duckworth: 146.

证据的拥有密切相关。这就把语义实在论所坚持的陈述真值的客观性概念否定了，否定了认为每个有意义的语句都是确定地真或假的二值性。达米特认为，对二值的所有拒绝都包含着一种反实在论的成分。① 为了阐明这一点，我们在这里引入一对隐现于他著作中的"可判定性"（decidability）和"不可判定性"（undecidability）概念。② 这两个概念都是对陈述真值的认识性描述。按照达米特的理解，"只有当 P 是一个我们在有限的时间内能合理地判定它或否定它时，它才是一个有效的可判定陈述"③。这样，就可以将一个句子是可判定的看法概括为：如果①我们真的有它为真或假的证据，或者②我们真的有这样的程序，如果对其正确运用的话，在有限多的步骤后就保证我们拥有它为真或为假的证据。可判定的陈述是相对于在各种条件下存在着一个有效判定它们真值的程序而言的。对一个可判定陈述的真值的无知总是实践上的，而不是原则上的。相应地，一个陈述是不可判定的，就在于：①我们没有它为真或假的证据，以及②我们不知道一个程序，如果正确地应用这个程序，在有限多的步骤之后，保证能使我们拥有它真或假的证据。这里的主要观点是，语句只有在存在着"一种确定它们的真值条件是否达到的有效程序"这一情形下才是可判定的。相反，没有这样的程序，语句就是不可判定的。因此，不可判定的陈述是相对于那些不存在这样的有效判定程序而言的，它们被认为给语义实在论提出了最紧迫的问题。例如，"哥德巴赫猜想"是不可判定的。因为我们没有这个猜想正确的证据，也没有它错误的证据，我们不知道一个对其给以正确使用就能保证我们拥有该猜想的证据或反驳的程序。而"109 087 655 是一个素数"则是可判定的。尽管我们没有它为真或假的证据，但我们知道一个程序，对它的正确应用能保证我们有"这个数是素数"的证据。这就把一个陈述为真的原因看成我们能对其真给予有效的判定。就"可判定性"而言，实在论和反实在论的看法是不同的。对"可判定"的实在论解释是：只有在一个人 P 时间 t 时能显示确定 S 真值的能力这一情形下，语句 S 才是可判定的。而反实在论的解释则认为：只有在存在着一个人 P，在时间 t 时能显示确定 S 真值的能力这一点可能的情形下，语句 S 才是可判定的。

按照语义反实在论的观点，"可判定性"等价于能对陈述的为真情形进行识别，如果一个陈述是可判定的，那么就可识别出它的真值条件。由于真值是一种只有在语句能被证实的情形下而赋予它的属性，所以，语义反实在论者强调，在陈述的可判定性和它的可证实性之间存在着特定的关系，断定一个具体语句是可

---

① Dummett M. 1995. The Logical Basis of Metaphicysics. London：Duckworth：324-327.
② Dummett M. 1995. The Logical Basis of Metaphicysics. London：Duckworth：314.
③ Dummett M. 1978. Truth and Other Enigmas. London：Duckworth：16.

判定的就等于断定它有真值。一个陈述的真值条件等价于它的可证实条件。如果一个陈述是可证实的，那么就有能力去判定它是真的。可判定的陈述被认为它们的真值条件并不是非常超验的，没有对语义实在论提出问题。因此，可判定的陈述并没有在它们的证据和真值条件之间留下认识上的间隙。这样，对可判定陈述来说，语义实在论是连贯的。即便认为它不连贯，充其量也只是在关于真值条件这一作为它的形而上学教条上有些问题。具体地讲，对那些镶入了一个超越真值条件概念的理论来说，好像出现了怀疑上的困难。这个困难包含了证据和真值之间的认识差距，即在一些情形下，证据并不能足以保证真值。所以不能认为，如果一个陈述是不可证实的，那么我们就能确定它是假的，因为还存在着一类不可判定的陈述。批评者可能对接受一个替换的认识说明或完全放弃真值这一点更可取予以反对。他们会认为，任一替换都要承受更强的怀疑。真值条件的知识最多是难理解的，最少是不可获得的。

  语义反实在论者认为，具有不可识别真值条件的陈述是存在的，这类语句就是不可判定的陈述。它们的不可判定性是指我们不能确定它的真值，或者说它们因我们在搜集证据能力方面的认识缺陷而成为不可判定的。在达米特这里，给不可判定陈述的情形以非常的关注。我们语言的三种属性导致了不可判定语句的出现：①我们能用语言指称时空上不可及的领域，像过去和空间上的偏远之处；②对无限总体的极大量化的使用；③对虚拟条件的使用。在确定一个人是否掌握某个语句 S 的意义时，可以提出这样的验证程序：①确定 S 的相关真语句；②把那个人恰当地放置进相关的事态中；③看那个人是否在为真时认同 S 或在 S 为假时否认 S。如果没有人具有确定 S 为真或为假的能力，那么 S 就是不可判定的。在语义反实在论者看来，只要存在着一个不可判定的语句，那么实在论的语义学观点都是站不住脚的。客观地讲，达米特提出的验证程序，是一种验证具体个人理解具体陈述的程序。如果一个陈述指称了不可达及的时空领域，那就不可能把某个人恰当地放置在那种不可达及的情形下，所以不能说明他对这个语句意义的掌握。就"恺撒越过了卢比肯河"这个语句来讲，按照达米特的解释，对这个语句的理解需要在它被放进一种恺撒通过卢比肯河能被观察到的情形下，对其予以认同的能力。也就是说，这种不可判定是能够显示出来的。如果对一个语句的掌握就在于对它的真值条件的理解，那么现在无人能使他自己处于那样的情形下，所以没有人现在能掌握它的意义。同时，对无限领域进行量化的经验陈述也是不可判定的。像陈述"在这一块从来不会有一个城市建成"就是这样的，因为没有人有能力确定它是真的还是假的。一个全称量化陈述（∀x）Fx 如果为假，那么就是可判定的，只要找到这个领域内一个否定它的成员或有限部分就行。而确定它的真值则要求查看整个领域，这种能力是任何一个人都不具备的，因此这个陈述为真将是不可判定的。而对存在的量化语句（∃x）Fx 而言，如果它为真，那么只要求查看这个领域的某个有限部分就行，因此它是可判定的。而对它为假的确定则需要查看整个领域，但这是不可能实现的，因此它为假是不可判定的。所以，任何对无限领域进行量化的语句，不管是全称的还是存在的都是非对称的、不可判定的。这样，反实在论的语义学观点依据于不可判定陈述就提出了这一看法，陈述 S 证据的缺乏并不能充分地确立 ¬S 来。从而反驳了古典二值逻辑的看法，如果不能确立 S 是真的，那么它就是假的。不可判定语句给语义实在论提出的难题，对我们来说是有启发的。

　　概括地讲，不可判定陈述给语义实在论提出了两种批驳。第一个批驳认为，如果语义实在论正确，那么有些陈述的真值超过了我们有效断定的能力。我们不会有充分接近使这些陈述为真的真值条件的机会。如果我们对决定真或假的真值条件不能充分地接近，并且意义就是真值条件，那么语义实在论似乎蕴涵着我们从来不能完全遇到的事物的知识，即不可判定的陈述的真值。这样，语义知识包括一个给定陈述的真值条件是世界情形的知识是不可能的。简单地讲，就是语义实在论不能对我们如何获得了不可判定陈述的语义能力给出充分的解释。第二个批驳认为，语义实在论遭受着充分解释的尴尬。如果所有相关的语义认识论通过诉诸证实条件的知识能被解决，那么简单性限制就使得证实主义比语义实在论更可取，因为语义实在论包括了对真值条件的无理由诉求。这样，真值条件就成为语义上的附缀，这使得语义实在论并不是简单的。

　　陈述的真值依赖于我们的断定，真值的确立是以认识为基础的，信念的正确需要证据的保证。语义反实在论的这一认识对认为一个语句的真值可超越我们确定它的能力的实在论观点提出了挑战。在达米特看来，说一个陈述是不可判定的，就意味着说一个人不能识别它，使他处于在其真值条件具备时他就能识别它所包含的东西是什么这一状态。真值条件这种实体是一种逃避了我们识别的东西。从字面上看，我们可以把它看成是数学领域内或外在世界中的某种可能结构。然而，达米特并不特别关注真值条件是什么，而是关注某个人知道真值条件时所包括的内容是什么。这样的原因在于真值的实在论观点与一种充分的意义理论，即我们如何获得和使用我们语言的事实不相容。这一点由言语者的语言学习和他们对语言的理解决定。他认为，我们不再以一个陈述组成部分的真值对该陈述真值的那种规定形式来解释它的意义，而是通过规定当它可能按照那种条件，即在其之下它的组成部分可被断定，来解释它的意义。这一变化的合理性在于它反映了我们如何在实际上学着使用这些陈述的。我们通过观察陈述被使用以及说话时可获得证据的语境来学着使用它们。这样，我们在意义上的看法就成为：可判定语句的意义就是我们能在有效识别的情形下认为它是真的；而不可判定语句的意义却是我们无法知晓的。或许意义根本不是本体论的观点，但语言使用的社会和语境限制属性决定了它在一个认识者那里的概念作用，所以必须以保留一种我们的意味和证据之间那种根本关联的形式来解释意义。这样的观点就对语义实在论提出了挑战。

可将语义反实在论的挑战概括为在意义问题上能否以言语者对潜在的超越证据的真值条件的掌握形式来刻画他们对陈述的理解。这就是达米特把实在论争论看成是一个有关于陈述所具有的那种意义争论的原因。关于意义的争论在达米特这里是非常重要的，因为这是所有哲学问题的基础。在他看来，形而上学的断定常常是包含着真值的语义概念的断定。"形而上学的问题……就是这样的问题，即我们推想哪些陈述有确定的真值。"[①] 理解了断定活动的人知道"断定 p"就是让他坚持 p 为真。因而，断定"物质对象存在并且独立于心灵而存在"就是让一个人坚持这个陈述的真值。试图证明它所包含的隐含内容都肯定是有关真值的特定假设，而这些假设本身依赖于被设想的意义模型。达米特主张的意义模型把陈述的意义看成言语者在使用中对它的理解。对言语者在陈述意义上理解的刻画不能以他们对超越证据的真值条件的形式来进行。在这里，"证据"就像海汀提出的那样，不是那种能成为不为人所知的东西，而是一定能为人知晓的。因此，把达米特所刻画的语义反实在论看成要求我们赋予客观性概念以能为我们所确定的明晰内容，似乎更确切些。这样，我们就可以把反实在论语义学的实质概括成一种证据条件的语义学。

二、对语义反实在论的论证

把实在论的传统形而上学问题表达成有关语言意义理论的正确形式问题所体现出来的基本倾向就是：否定语义实在论就足以破坏传统实在论的形而上学教条，即证据超验性的那种看法。有关这类问题的实在论能以表明语义实在论对论述的相关部分并不充分而被破坏，并且能通过表明语义实在论对论述的所有部分都不充分从而使所有的实在论被破坏。达米特给出了语义反实在论的论证，这种论证是否定性的。语义反实在论的确立就是对语义实在论的否定，因为语义反实在论的任何论证都潜在地构成了对实在论选择的普遍破除。在理解他对语义反实在论的否定性论证上，我们可以按照这样的思路来进行：他提出语义实在论的最终目标就是给它以否定；这一否定可通过对二值原则的否定来实现；通过对古典真值概念超越识别这一属性的否定驳斥了二值原则；而对二值原则的驳斥依赖于他对古典真值条件意义理论的否定。在对这种反实在论的辩护上，他论证策略的关键就是要表明真值原则的"可接受性"。从而使反实在论被看成是一种源于意义

[①] Dummett M. 2000. Elements of Intuitionism. Oxford：Oxford University Press：386.

问题的教条。因为，关于某类实体的语义反实在论依赖于对指称实体的那种表达的意义的考虑。这在实在论那里也是如此的。比如，潜在地超越证据形式的那种实在论就普遍地依赖意义的实在论概念的可行性。

1. 反实在论真值的语义学

在对实在论的反驳及对反实在论的确立上，达米特都是以语义学的观点为根据的，把实在论看成是有关一类陈述要么确定地真要么确定地假的语义论题。在此基础上，他给出了接受一种真值理论的条件。这种条件就是：一种意义理论的可接受性依赖于一种正确的语义学观点能否把真值看做是它的基础。对于达米特来说，如果意义的理论能解释我们对争论类中每个语句的理解，那么它就是正确的。实在论的问题在于把语义学的观点建立在超越识别的二值这一古典的真值概念上，这一概念的缺陷在于它不能说明我们对特定类语句的理解。例如，古典的真值条件意义理论，把对一个语句的理解看成是对这个语句的真值条件的知识。在这里，真值是超越识别的。达米特认为，真值条件的知识被等同于或者相关于特定的识别能力，即一种识别或者知道语句真值的能力。理解一个语句在于一种确定它的真值的能力。对一个语句的获得性掌握就在于获得这样的能力。如果某个人获得了一种他能借以识别语句的真值条件是否满足的程序，我们就可以说他具有一个语句的意义知识，即有关于它的真值条件知识。因为拥有这样的一种有效判定程序，真值就反映了一种实际的能力。通过它提供了对意义的知识和使用之间的必要联系。但当我们考虑不可判定的语句时，就出现了困难。我们没有任何判定不可判定语句真值的有效程序。这样，在这些真值条件的知识不能和拥有有效判定真值的方法相关联的情形下，给我们留下的是，这样的语句没有说明对它们的真值条件知识如何能被显示出来。正确的意义理论不能围绕一个超越识别的真值概念来形成，因此基于实在论真值概念的意义理论就是错误的。意义理论一定要围绕一个不是超越识别的或者没有和使用相分离的语义概念来形成。在这里，"使用"有两个方面的内容，断定的基础和断定的结果。其中，断定的基础就是证实条件。达米特提议，在这个概念基础上建立一种意义理论。如果意义理论建立在这个概念上，那么和古典逻辑相关的实在论就要经历一场大的修正。

在那些不完全放弃意义概念的哲学家中，以"实在论的真值"概念为基础的意义理论可以说是对意义的最流行解释。与达米特的理论相比，我们把这种意义理论称为基于实在论真值的意义理论。在这里，我们使用"实在论真值"这一概念的主要想法在于突出真值概念的两个具体特征：首先，一个陈述为真是由于在世界中存在的东西而为真；其次，真值可以超越识别。达米特并没有说这种意义理论是错误的，而是认为它面临着很大的困难。或者说，他并不只关注于陈述是否有和一个可能情形相关的属性或排除客观本体论问题的那种真值条件的语义问题。如果这样，那么经由语义学来处理实在论的传统问题就是无效的。达米特指出，以实在论的真值概念为基础的意义理论所面临的困难在于它不能成为一种理解理论，无法完成一种让人满意的意义理论所试图完成的任务，即它不能说明对任何语句的理解是什么的知识。这种意义理论的失败就在于它的实在论真值概念，尤其是它那种超越识别的属性。在表明古典真值条件的意义理论不能成为一种理解理论上，达米特指出，能够以一种归谬的形式来表明这一点。能从意义是真值条件得出我们能知道不可判定语句的意义这一矛盾来。在这一点上，他给出了反驳我们对陈述的理解在于我们能把它们和实在论的真值条件相关联这一观点的两个主要论证。其中一个就是"获得性"论证，它关注于我们如何能获得这样一种理解的困难；另一个是"显示性"论证，它关注于我们如何显示它的困难。在他看来，除非我们克服了真值条件意义理论遇到的这些困难，否则我们就无权说它是普遍有效的。这两个论证，都对实在论的语义学提出了无力招架的挑战。

首先，真值条件的意义理论在本质上是一种实在论的语义学，它不能成为一种理解理论，从而无法阐明对语句的理解是怎么回事，尤其是不能解释不可判定语句的意义如何获得。由于意义是某种可交流的东西，通过语言使用就能给它以完全确定。但真值条件意义理论认为存在着超越了使用的意义成分，这就使意义变得不可说，原则上不可交流。在那样的情形下，没有人有把握认为别人理解了他。这一结果和认为我们在使用语言时相互得到了理解这一信念是相悖的。因此，这是一种比较难的语义事实，任何关于意义探讨的理论都必须从解释这一点开始。达米特通过考察数学语言的获得情形具体论述了这一点。他认为，"当我们学习一个数学概念或数学表达，或者一种数学理论的语言时，我们学的是使用那种语言的陈述：我们学着它们什么时候可以通过计算来建立，以及如何进行相关的计算，我们学着从它们中能推出什么以及什么能从它们中推出，这即是说，它们在数学证据起什么作用，以及现在被应用于数学之外的语境时起什么作用，并且我们学着什么样的可能论证能使它们可能。当我们学习数学理论语言的表达意义时，这些东西都是被我们表明的，因为它们都是能够表明的"[①]。达米特进一步指出，数学语言是人类语言中的一种，因此有关于数学语言如何获得的问题能被延伸到所有语言。这就普遍地反驳了那种超越使用的意义概念。达米特的"获得性"论证表明，我们使用语言的实践教给我们接受在特定的环境下的陈述为真，并在其他的环境下拒绝它们为假。这必然要以我们能看作为获得的事态形式来进行。我们

---

① Dummett M. 1978. Truth and Other Enigmas. London：Duckworth：217.

认为,"获得性"挑战的实质是,要求解释我们如何把从本质上可以在这些陈述的意义被学到或被交流的过程中不起作用的事态这一真值条件指派给陈述。

其次,如果陈述的意义在于它特有的真值条件,那么理解它(即知道它的意义)就是拥有某种知识。这种知识通过那种对已获得真值的语句进行识别的能力显示出来,知道一个语句的意义就表现为拥有那种在真值获得时能识别真值的能力。对一个不可判定语句意义的知识一定也表现为那种识别其为真条件获得时的能力。也就是说,不可判定语句的意义,也是为我们所知的。然而,我们对不可判定语句的真值条件在事实上是不能进行识别的。这样,说我们知道和不知道不可判定语句的意义就自相矛盾了。所以,不可判定语句就对真值条件的意义理论提出了论证。因为在这样的情形下,在其真值条件获得时,我们是不能识别的。所以没有什么东西能使一个言语者完全显示他对这些条件的掌握。这是一个真值条件意义的理论家所承认的事实。这样,实在论的意义观点就遇到了维特根斯坦式的把意义等同于使用,并把理解等同于正确使用的能力概念所带来的麻烦。因此,古典真值条件的意义理论是不能成为一种理解理论的。

真值条件意义理论的上述失误是古典真值概念所具有的"超越识别"这一具体属性的直接结果。显示性论证提出了经验上而非形式上的不可判定语句,从而使得古典真值概念的那种具体属性就在显示的经验性上被否定了。对达米特来说,语义理论是由意义理论证明的。这样,真值条件意义理论就证实了古典真值概念的"超越识别"这一属性。由于古典真值的这种具体属性已被达米特用意义理论给以拒绝,二值原则就受到了挑战。因为语义学决定着逻辑原则的选择,对真值条件意义理论的反驳就确立了对作为这种意义理论逻辑基础的二值原则的否定。就自然语言而言,没有理由把二值原则看成是支配它们语义问题的逻辑法则。由于二值原则定义了实在论,对它的拒绝必然导致对实在论的怀疑与反驳。达米特对实在论真值基础上的语义学观点的反驳是非常重要的,这种反驳最终对古典逻辑提出了修正。

在对语义反实在论的论证中,达米特提出了这样的语义观点,即一种令人满意的意义理论将是一种理解理论,这种理论能说明对给定语句的意义的知识是什么。一般来讲,知识在原则上要么是明确的要么是隐含的。当一个人能说出他知道什么,即他能给那些表达他的知识内容的语句以断定时,这种知识就是明确的,这意味着他知道他所断定语句的意义。对语义的明确知识要求,除非一个人能显示出对某种东西的知识来,才能表明他知道这种东西。这一规则被达米特用于陈述的真值条件知识中。他认为,通过明确陈述某些情形下的真值条件是什么,就能给出那种显示来。这些情形下的知识是明确的,但并非在所有情形下都会这样。把所有的真值条件知识解释成明确的知识将必然是循环的,因为这样的解释都预设了以给出解释的形式来知道一些语句的真值条件。这样,达米特就提出了真值条件的知识在某些情形下一定是隐含的。对隐含知识归属的解释一定能以拥有某种实际能力的形式来实现,这种知识的显示一定在于应用这种能力。当它是所讨论语句意义的隐含知识时,构成隐含知识的实际能力本身就是一种语言能力。如果一个人在知道一个语句的意义时隐含地知道真值条件,那么实际的能力,也就是确定语句的真值条件已经获得了。

2. 弱反实在论的倾向

从总体上看,达米特对意义的描述使他陷入一种反实在论的境地。他的反实在论思想首先表现在他对真值的约定上。针对语言学转向这一具体现实,达米特认为应当把实在论和反实在论的争论表示为:涉及某类对象的语句,其真假依赖于或独立于我们的认识能力和认识方法。这一观点把传统的实体问题转换成了语句的真假问题。意义的确证观点表明,句子意义的重点与核心在于言语者对其证据的辨明和掌握。"我们通过说明陈述部分的可断定条件规定它何时被断定来说明它的意义。"① 这就把意义定位在可断定上,能否在观念上获得可断定条件,即证据就成为句子意义的唯一判据。换句话,识别句子的真值就成为确证论的主要内容。达米特反对在"拥有证据"和"知道真值"之间做出区分,认为掌握证据的本质即是有了断定句子真值的能力。这样,句子的真值并不是客观存在的,而是经过人的理解后被以证据形式给出的。这样一来,达米特就赋予了真值以约定性特征,它表明决定语句真值的不是某种先定的、独立存在的实在结构,而是人们所使用的规则的构造。概括地讲,句子的真值有待于我们对它的成真条件的断定,或者说,它总是伴随着我们对句子可断定条件的识别而产生。一般地,对判定程序的精通是我们掌握那种决定一个句子为真条件的重要表现。所以,句子的真值就与我们判定它为真的能力具有了缜密的联系。可以看出,意义确证的主张实际上否弃了真值概念对人的识别能力的超越,而是把它限制在人的能力上。"一个陈述得以证实的条件和二值性假设下该陈述的成真条件不同,前者是这样一种条件,即我们必须在这种条件成立的情况下被认为具有对它进行实际识别的能力。"② 如果从能力的层面来审视真值,那么句子的真值就成为约定的结果。这样,我们就可把确证概括为探讨可真性的活动。

其次,一旦赋予真值以约定的特征,那么真值就不是客观的、封闭的和已完成的无穷体系,在本质上它就成为对句子可真性的确证。因此,达米特指出"我

---

① Dummett M. 1978. Truth and Other Enigmas. London: Duckworth: 17, 18.
② Dummett M. 1976. What is a Theory of meaning? Ⅱ. // Evans G, Mcdowell J H. Truth and Meaning: Essays in Semantics. Oxford: Oxford University Press: 111.

们必须用确证的概念来取代真这个概念"①。意义的确证思想集中地表明了确证比真值更具有基础性和原始性。一般地，确证的根本方面在于对证据的获取，或者说就是句子的可判定性问题能否得以解决。围绕着这一问题，陈述就被自然而然地分化为两类：一类是可判定的；另一类则是不可判定的。在我们看来，达米特更注重对后者的研究，认为它有两种不同的情形：首先是不可能有任何能力来识别它们的真值条件的陈述，或者说存在着我们无法识别其真假性的语句。例如，哥德巴赫猜想："对于每一个大于 2 的偶数 n，总有素数 p 和 q 使得 n＝p＋q。"其次是正反两方面都缺乏证据的语句。例如，陈述"温斯顿·丘吉尔在攻击发起日抽他的雪茄烟"。达米特认为出现上述两种情形的根本原因在于它们涉及了无穷域。坦率地讲，如果我们把真值归结为一种能力作用的结果，那么在意义问题上，排中律就不能普遍有效。因为言语者掌握着一种关于语句真值的有效判定程序，这种程序能使他在有限的时间内识别出语句的真假，但实际的困难在于，语用过程中存在着许多不可判定的语句，无限域、不可测量域以及不可通达的时空区域的语句便是这种情形。

语言学上的实在论者认为，由于一些独立于精神的实在使得所有的陈述都具有确定的真值。在这里，真值是超越于我们的。换句话，语句的真值与我们对真值条件的理解和认识无关。迈克道尔由此指出，应把实在论的界定论题概括为"语句 S 可能独立于我们的认识能力为真或为假"。实在论所支持的二值原则坚持这样的教条，即在独立于我们认识能力的情况下，确定地有 S 为真或者为假。而达米特认为，从构造的角度看，对于"S"或"￢S"而言，只有在断定"S"与"￢S"哪个为真的情况下才能承认它是真的，而不能承认任何一个陈述非真即假。例如，陈述 A 为 R(n)，￢A 则为 ￢R(n)，其中 n 为任意的无限个体，那么对于不具有递归性的谓词 R 来说，排中律是不成立的。因此，我们不能无限制地使用排中律，排中律只在有限区域运用才合理。意义确证（justification）思想的提出，在一定意义上表明了达米特否弃排中律的倾向。

最后，达米特的反实在论思想还表现在他对意义的属人性的强调上。从构造的角度讲，意义是言语者观念活动的结果；同时，从确证的观点来看，言语者对意义的获得即在于他的观念的清晰，这就表明言语者所拥有的是证据的观念。总而言之，在意义问题上，达米特基本上把意义以及与意义相关的问题都紧紧地限制在言语者的观念领域，这些主张都与传统的实在论观点大相径庭。

客观地讲，意义构造思想的最大特征在于以某种理性的思想框架来解释和包容一切事物，或者说以思维来解释世界。因此，我们认为，达米特对真值的可构

---

① Dummett M. 1978. Truth and Other Enigmas. London：Duckworth：225.

造论述以及对排中律的语用范围给予界定的做法表现出明显的反实在论倾向，特别是对过去事件判定的说明上，这一倾向更为明显。在达米特的哲学论述中，对"真值"概念的讨论被还原为"普遍同意"，这表明他并不是一位熟练的实在论者。在过去事件的陈述上，达米特指出诸如"丘吉尔在攻击发起日抽雪茄"这样的陈述，我们是不能判定的，因为历史地讲，我们缺乏这一陈述的可获得（accessible）证据，因而这一语句是没有真值可言的。实在论则不同，它认为这一语句具有确切的真值，因为"实在论者企图站在整个时间历程之外进行思维，企图站在毫无时间方位的一点上对世界进行描述。站在这样一个享有时间上的特免权的点上，实在论者想要将所有的时间方位一览无遗"①。所以，在达米特看来，实在论认为过去依然作为过去而存在，正如它过去存在的那样。而反实在论则"更严肃地看待这样一个事实，即我们置身于时间之内，因此，我们无法超越于时间来构造关于世界的描述"②。可以说在达米特那里，过去仅存在于它对现在所遗留下的痕迹中，这表明了他注重从具体的语境层面来说明意义的倾向。

从达米特的整个思想主张来看，应把他归入反实在论者的阵营。然而就他的一些具体论述而言，我们认为，不能把达米特算做一个强反实在论者，毕竟他在自己的思想中包容了实在论的某些观点。首先，他对反实在论方案的选择保留了一定的余地，可以说这只是一种试探性的坚持。他指出，"我对意义不应依据真值条件来解释这一点并非很有把握"。他只是在认识上感到"确证论的意义理论比起彻底的实在论的意义理论，将是一笔更有可能打赢的赌注"③。其次，达米特对排中律的否弃并不是彻底的、完全的。在他看来，意义由真值条件决定的主张更适用于那些和实在有关的陈述。因为这时我们可以合理地假定，每个这样的陈述都具有一个确定的真值，它的真假不依赖于我们的知识，而以它是否与它所反映的外部实在相符为依据，但对某一类与外部实在无关的陈述来说，假定每个陈述都具有一个确定的真值便显得没有什么意义了。他强调"知道一个表述的意义即是知道任何相关于决定它的语义值的东西"④。这就表明他在一定程度上并没有否定外部世界的客观存在，而是把意义看做在言语者心中形成的词和它的所指者之间的联系。最后，他从语用层面来审视意义，把意义归结为句子的使用及其理解，并从确证的角度对意义的实现过程给予阐释，最终将证据看作为意义的标志，因而没有流露出强反实在论的痕迹。在达米特看来，当我们选出了一种正确的语义

---

①② Dummett M. 1978. Truth and Other Enigmas. London：Duckworth：369.

③ Dummett M. 1976. What is a Theory of meaning？Ⅱ. // Evans G, Mcdowell J H. Truth and Meaning：Essays in Semantics. Oxford：Oxford University Press：137.

④ Dummett M. 1995. The Logical Basis of Metaphicysics. London：Duckworth：123.

理论即能被延伸到一种起作用的意义理论语义理论后,就能立即得出有关于实在的形而上学结论。就实在的本质而言,达米特在其《真理》一文中给出了他对这一问题的看法。在这里,他认为他的结论得出了一种证实主义的意义理论的观点并不建立在对等着被发现的实在的否定上,他也指出这样的意义理论不但和认为世界是我们自由创造的东西相一致,也和把它理解为与我们的研究而存在的东西相一致。

概括地讲,达米特从语义学上的分歧复苏了传统哲学中有关实在论的争论。然而,他对实在论的描述太狭窄,所以当我们从总体上评价时,就会发现语义方法争论的焦点是含糊的。即便如此,达米特还是比较成功地抓住了实在论的重要内容。因此,需要明确这一点,即达米特对实在论的描述是以语义理论和意义理论之间的关系为依据的。在这里,他把语义理论看做是意义理论的基础。这样,对语义理论的选择就不受意义和理解的支配。然而,达米特认为意义和理解提供了在语义学理论中进行断定以及解决形而上学问题的主要途径,但很难论述这一点。这样,他对实在论的描述就受到了威胁,因而人们常常给他贴上反实在论者的标签。当前,有些哲学家把他看作为一种拒绝古典二值逻辑以及接受推理的直觉主义模式的反实在论的坚决倡导者。在我们看来,对达米特的这一评价,并没有表明他是一个强反实在论者。因为,坚持某种情形下的反实在论,并不意味着一个人一直总会坚持反实在论的观点。所以,把达米特看成是一个普遍的反实在论者并不科学。布莱维兹指出,不能认为达米特致力于反实在论。[1] 他依然坚持着实在论的观点,强调对哲学本身值得进行实在论的描述,并始终坚持用实在论的观点来看待哲学争论的特征。[2] 客观地讲,达米特并不是一个彻底的反实在论者,他并不否定世界的客观性,只是在方法论上采取了和反实在论相类似的观点。但在内容的陈述上并没有完全滑向反实在论的泥淖中,所以,达米特的反实在论只是一种策略上的表现,把他定位为一个弱实在论者将显得更客观、准确。

第三节 对实在论语义刻画的哲学意义及其批驳

达米特对实在论的语义刻画包括了两个方面的内容:一方面他表述了语义实在论的观点,另一方面也论述了语义反实在论的观点。这两种观点在实质上都涉及了陈述的真值及意义。它们从与真值相关的逻辑原则上给实在论论题提出了不

---

[1] Prawitz D. 1994. Mind, (103): 411.
[2] Matar A. 1997. From Dummett's Philosophical Perspective. New York: Walter de Gruyter: 19.

同的概括。因此，语义实在论和语义反实在论之间的争论其实反映的是在它们的合理推理形式是什么这一问题上的分歧。达米特认为，对这种分歧的研究将会给我们提供判定实在论和反实在论问题的策略，从而对推动实在论和反实在论的发展以及解决实在论的争论有重要的方法论意义。然而，这种刻画也存在着一些困难。有些人指出，达米特对实在论论题的语义刻画的合理性是值得怀疑的。

一、对实在论语义刻画的哲学意义

在实在论问题上，达米特提出了这样的看法，即在陈述的真值上的分歧是实在论问题的基础。这就把实在论的争论概括为一种源于语义学上的分歧而形成的争论。这一认识在哲学上具有很强的意义。

达米特质疑实在论的可能性时，提出了不同的论题。首先，他在主张把实在论论题描述为一种相关语义论题的同时，提出改变对实在论论题的看法。其次，他提出了真值理论的可接受条件，即只有当一个真值理论能被延伸到正确的意义理论上时，它才是可接受的。这表明了他试图把意义理论看成是哲学的基础。第三，他把意义理论看成是一种理解理论，认为正确的意义理论一定能说明我们对语句的理解。第四，达米特认为，对实在论者来说，解释我们理解语句真值条件意义的唯一有效途径是把我们对意义的知识和我们判定语句真值的能力相结合。这给不可判定语句情形下的实在论者提出了问题。我们必须了解达米特认为的在意义的知识和判定真值问题的能力之间存在着一种关联是否正确。

语义实在论的意义源于它对在一种可能的实在论世界观中把一种形而上学的理论和语义学理论结合在一起进行评价时所具有的意义。它认为，我们不能运用那个概念，除非我们对所探讨的实在论有严格的形而上学刻画。并且在一些情况下，难以取得严格的形而上学刻画。我们已经看到达米特怀疑这样的刻画是否能被提供给数学中的实在论，他也怀疑它是否能被提供给关于过去和将来的实在论。在一个具体领域内给出实在论观点的严格形而上学的刻画中，我们的意向是试图形成它，就像我们在关于外部世界的实在论情形下做的那样——作为一种关于一组实体的存在及其本质的论题。但"在一些情形下，例如，关于将来和关于过去的实在论争论——似乎没有任何对象"[①]。如果达米特在这一点上是正确的，如果它排除了一种对像有关过去的实在论的严格形而上学刻画，就会得出我们所提出的关于语义实在论和涉及过去的实在论世界观的可能性的关联不能简单地被利用。

---

① Dummett M. 1993. The Seas of Language. Oxford: Clarendon Press: 465.

首先，对实在论论题的语义刻画促进了实在论争论的解决。达米特对实在论探讨的语义刻画对实在论与反实在论之间的形而上学争论具有特定的指导意义。他对实在论论题的语义学阐述所带来的一个重要结果就是，找到了一种解决实在论问题的办法。他的结论是这样的：真值条件理论不能说明我们对所有语句的理解。因为这样的真值条件知识在原则上是不现实的。在达米特看来，当以纯粹的形而上学形式来表述实在论的争论时，实在论和反实在论给出了两种可供选择的不同图景，然而这两种图景谁也说服不了谁，没有一种可被驳倒。① 因此，要想在实在论争论上取得实质性的进步，就有必要把"实在论和反实在论间的那种形而上学争论的核心看成是在有关赋予句子以意义形式上的普遍看法"②。概括地讲，能够不用关于存在的纯粹形而上学术语来对实在论加以刻画，因为就实在论本身而言，它不但包含着"指谓"这一语义概念，同时也包含着"真"、"假"等语义学术语。在对实在论的语义刻画上，达米特着重是从"真值"这一点着手的。在他看来，弗雷格在意义上的看法导致了一种"外延主义"（extentionalism）的观点，真值条件的意义理论其实就是受这种"外延主义"的影响而形成的。在这一问题上，达米特对弗雷格的思想提出了不同的理解。这具体地表现在三个方面：①一个陈述是否就只是真的或假的，即二值原则是否普遍有效。②弗雷格区分了"意义"（sinn）和"意谓"（bedeutung），认为一个语句的"意义"、即语句指谓其"意谓"的方式就是它所表达的"思想"（gedanke），而"思想"所关涉的"意谓"就是它的真值。③ ③复合陈述的真假由其简单成分的真假决定，复合陈述的真假都是对基本陈述作真值运算后所得的结果。④ 这样，我们就能把实在论论题看成是关于外部世界陈述的意义和其真值的语义论题。达米特关于实在论的本质及其他与语义学之间关系的争辩表明，以探讨真值和意义为主要内容的语义学是所有哲学的研究基础。关于具体问题的语义实在论和关于这个问题的实在论本身之间是相关联的。达米特对实在论的语义刻画保留了它与形而上学争论的关联。也就是说，语义实在论的真值和意义概念与形而上学相关联。语义实在论是关于外部世界的实在论主张和意义形成上的真值条件概念相结合的产物。因此，它在给实在论提出一种严格意义的形而上学刻画上具有启示性。我们认为，尽管达米特所寻求的"真值"只是一个陈述的真值，但它却对形而上学问题的解决产生了重要影响。因

---

① Dummett M. 1995. The Logical Basis of Metaphicysics. London：Duckworth：4-15.
② Dummett M. 1978. Truth and Other Enigmas. London：Duckworth：xxix.
③ Guillermo E, Haddock R. 1986. On Frege's Two Notions of Sense. History and Philosophy of Logic，7（1）：31-41.
④ 弗雷格. 2006. 弗雷格哲学论著选集. 王路译. 北京：商务印书馆：114，115.

为把实在论论题看成是陈述的真值及其意义的语义论题,这就变革了以往实在论形而上学的研究思路和研究方式,扩大了实在论的讨论域面,将为摆脱实在论争论的困境以及实现这一问题的突破性解决指出一条可供选择的可行性进路。

其次,达米特对实在论的语义刻画能克服实体实在论面临的一些困难。就像达米特指出的那样,尽管对实在论和反实在论争论的语义刻画与关于普遍性问题的唯实论和唯名论之间的传统争论并不完全一致,然而它却有值得注意的哲学重要性。与实在论的传统争论不同的是,这种刻画认为,可以把实在论论题放在一种纯粹的语言观点下来讨论,而无需研究事物本身。达米特刻画实在论的方式表明,实在论论题一方面同真值理论有关,另一方面又和意义理论有关。语义实在论就是一种真值条件的意义理论,即一个陈述的意义就在于它的成真条件,而理解一个句子就仅仅在于知道能在真值理论中陈述它的真值条件。在以语义这种方式对实在论进行的刻画中,我们除了承认常见实体外,并不需要承认不便于使用的实体是存在的。因为就有关过去或将来时态陈述的真值确定而言,可以从语义学的层面否定它们中那些不可知或超越证实的真值存在的可能性。这样一来,达米特式的语义实在论并不需要承认难于使用的实体。从这一意义上来讲,它就克服了实体实在论者所遇到的那类问题。

在论述语义实在论的具体过程中,达米特指出,对实在论的语义刻画表明了这样的客观事实,即实体实在论面临着特定的困难。这种困难在于它必须承认一些难于使用的实体。例如过去的实体、将来的实体等。他通过提出了一种理解性的意义理论主张论证了这一点。理解理论为争论类陈述提出一种正确的意义理论的重要性在于这个事实,即这样的理论将给假定一种所指者提供了好的根据。从语义学的观点看,实在论和反实在论之间的争论焦点就是真值以及它的逻辑相关性问题。如果一个人拒绝一类陈述的古典真值条件意义理论,那么他就拒绝作为实在论核心的客观真值理论。假如实在论正确,那是因为特定的术语出现在属于"争论类"的陈述中;假如反实在论正确,那是因为争论类陈述的意义完全依赖于断定条件集合。这样,我们就有了一个被很好定义的"实体"——一种具体的子语言。客观地讲,子语言所关注的是我们经验世界的具体部分——我们能分析的和我们以其为依据来检查意义理论给我们提供逃离任一种纯粹的理论阐明将必然遭受的武断性非难的可能。这样,从语义学上看,对涉及日常语言的具体子语言等争论的解答,将不被它本身所涉及的、对应于出现在争论类陈述中的实体术语的本体论属性决定。因此,我们无需预设我们子语言特定部分所必须指称的实在的存在性。

二、对实在论语义刻画的批驳

尽管达米特对实在论论题的语义刻画有它的可能性和优越性,但就这种刻画的合理性而言，依然存在着一些质疑和反驳。概括地讲，在达米特把实在论论题刻画成一种语义论题的做法上，存在着这样的五种反驳。

第一，有人依据不能从语义上给出实在论的一种普遍刻画的观点，提出不可能给所有可能的实在论争论找到一种普遍解答的看法。布莱克本对达米特在语义实在论以及语义实在论和实在论本身之间关系上的看法提出了批驳。他认为，提出"语义实在论"这个概念是毫无意义的。"在实在论和反实在论之间有很多的争论。这个问题的真正恶根在于相信语言哲学。"由于语言哲学提出的有关于真值和意义的主张是语义实在论的基础，语言哲学的不合理性必然决定了语义实在论的无意义性。在戴维特看来，作为语义学内容的意义和指称与实在论的形而上学争论是无关的。因此，认为可以对实在论与反实在论之间的形而上学争论给出一种语义刻画是不合理的。"不仅语义学的教条不是实在论的形而上学问题的构成部分，而且它们几乎和实在论的评论完全无关。"①"实际上，实在论除了使用'客观的'外，根本对语义学只字未提，从而表明否定的观点，即我们的语义能力并不构成世界。"②

第二，有人并不认为达米特对实在论的语义刻画有什么优越性，由于达米特所刻画的语义实在论并没有免除实体，这就提出了一个自然而然的问题，即他对实在论的语义刻画如何胜于实体实在论本身？在他们看来，由于普遍的实体本体论问题可被还原为或者至少可被部分看作为有关一些恰当范围陈述的逻辑形式和它们真值的问题。也就是说，实在论的语义论题本身就是实体实在论问题的反映。所以，达米特偏向于以有问题的陈述而不是有问题的实体来刻画实在论争论的观点，与那种主要涉及特定类实体存在的争论相比，并没有重大的突破。在郎特雷（Luntley）看来，我们对意义的掌握是否显示了我们对一个超越识别真值的拥有与实在论并无关系，因为实在论的形而上学问题只是真值的客观性问题，而不是内容的客观性问题。

第三，对于实在论来说，最为根本的是一个语句的意义被看成以它为真时会具有什么样的东西这种形式来给出，并且这种给出是绝对的和无时间的。在这里，真值概念以客观主义的形式得到了理解。但通过那种机制就使得一个陈述的真值在这里被确定为是无关的。这样，就没有必要把指称概念包括进实在论的概念中。同时，达米特在对实在论的逻辑刻画上，把实在论的逻辑基础概括为二值原则是不合理的。不需要把实在论等价于二值原则，二值原则并不能作为实在论的评判

---

① Dummett M. 1991. Frege: Philosophy of Mathematics. London, Duckworth, and Cambridge: Harvard University Press: 50.

② Dummett M. 1995. The Logical Basis of Metaphicysics. London: Duckworth: 39.

标准。现象主义是与外部世界的实在论相对立的形式,它也是还原论的,但它合乎达米特提出的进行比较研究的那种反实在论刻画吗?达米特认为二值性是一切重要事例中的核心,但在历史上,它在有关现象主义的争论中没有什么作用。为了说明这种争论依然合乎笔者的刻画,我们论证二值性应该原本就是一个有关的问题,因为现象主义者原则上没有理由接受它。如果他接受了它,那也只是一种逻辑习惯。如果一个人接受了多值的语义学并把"错误性"等同于几种未被指定值中的一个时,那么他的理论就违背了二值原则,但却与实在论并不一定相悖。

第四,有人因达米特对实在论的刻画引入了使得实体和单称词得以联系的指称概念把它指责为一种形而上学论题而不是一种语义论题。我们在这一点上的理解是:尽管达米特式的实在论引入了指称概念,但它所考虑的是一种语义概念的指称概念,而不是形而上学概念。有关于实体的存在问题并不属于它的考虑之列。因而,这种实在论刻画能克服在某些情形下把这个问题给予歪曲而带来的困难。同时,在一定的意义上,形而上学和语义学是密切相关的。一种理论的形而上学或者本体论能从它的语义学论题中得出。例如,二值的真值理论从本质上和古典的二值语义学是相关的。根据古典的二值语义学,和一个单称词的每个专名相关的一定是一个对象。一个包括单称词的句子是真的,当且仅当它指称一个对象并且这个对象拥有由谓词所引入的那种属性。在现实中,这类语句是最为基本的,因此,整个古典的二值语义学就包含着指称概念。

第五,在达米特的语义反实在论论证上,有人提出了这样的看法,即使这种论证极其成功,也不可能确立关于外部世界的不可接受性。再有,达米特反对语义实在论的论证并不是普遍的。因此,在缺乏一种普遍的论证下,即使他的论证让人信服,但这种论证的合理性也是值得质疑的。我们认为,如果语义实在论是不可接受的,那么关于外部世界的实在论者就面临着寻找替代真值条件概念的挑战。这样,达米特的反语义实在论论证就有了它的现实意义,尽管这种意义对关于外部世界的实在论者和他的反对者之间的形而上学争论来说很有限。另外,达米特对语义反实在论的论证并不试图确立有关于外部世界的不可接受性。

综上所述,我们已经探讨了达米特从语义学的角度重新刻画了实在论论题并表明了实在论面临的挑战和困难。要克服这些原则性的困难,就要看语义反实在论的观点是什么样子。在这一点上,我们已给出了语义反实在论在意义理论、形而上学和逻辑上的表现。现在就应当决定:认可实在论还是反实在论?究竟把达米特看成是实在论的坚持者还是反实在论的坚持者?在达米特看来,他似乎提出了一种全面的反实在论。这种反实在论表现为一个单一的统一性论题,即认为意义的理解理论应该取代那个得到广泛承认的真值条件理论。其根据在于,把握一个陈述为真的条件这个总概念含糊不清,使得那个得到承认的理论没法为我们的语言理解和它的用法的掌握做出一个可信的阐明。要解决这个问题，反实在论的一般意义理论同实在论者所支持的、以二值经典语义学为根据的真值条件理论就必须进行面对面的战斗。尽管如此，我们认为达米特并不是一个彻底的反实在论者。因为他在以陈述的真值客观性形式来对实在论提出统一刻画的过程中，指出了他对实在论的概括不起作用的一些领域。① 其中的一个领域就是宇宙领域，其原因就在于实在论和反实在论在有关于宇宙陈述的真值客观性上没有争论。

---

① Dummett M. 1978. Truth And Other Engimas. London: Duckworth: 362.

第八章 达米特对时间问题的语义分析

时间问题是一个在许多学科领域内都得到了普遍讨论的论题。自休谟以来，许多哲学家都对"时间"给出了不同的哲学解释。其中一种比较流行的刻画就是把时间看成一种"瞬间"的连续统（闭合集）。达米特也是非常重视时间问题的。在他看来，时间问题带给我们一个很好的哲学论题，因此有必要回答关于事件时间的最精确详述将采取什么样的形式这一问题。"这个问题并没有通过说'我们都能知道在某事发生后如何很好地去说它'而被放在一边。"[①] 在《真与过去》(Truth and Past)、《思想与实在》(Thought and Reality)、《语言之海》(The Seas of Language)、《真值和其他之谜》(Truth and Other Enigmas) 以及近来的一些论文中，他都专门地谈到了时间的哲学问题。

我们认为，达米特对时间问题的阐述，与他在语义学问题上的观点密切相关。可以说，他对时间的看法其实就是对他语义学观点的具体应用，并通过这种应用来给他的语义学思想以论证。首先，在他这里，存在着这样的倾向，即认为可以把时间问题类比为语言问题，他甚至认为能把古典的时间模型看成是我们在时间语法上的一大部分。其次，他认为，时间问题的实质就是时态，对时间的阐述有必要从陈述的时态层面来进行。所以，通过对语言、陈述进行分析就能给时间以阐明，"作为事物图景的时间图景可以通过把时间看成是一个包含着对比的陈述库而得以很好的解决"[②]。因此，可以概括地讲，达米特考察了通过把时间和时态联系起来而出现的具体语义以及形而上学问题。

第一节 达米特对古典时间模型的批驳

时间问题是一个困扰达米特多年的问题。在这一问题上，他把那种强调时间由瞬间组成的连续统观点看成是"古典的"时间观点。在他看来，这种观点面临

[①] Rupert Read. 2007. Applying Wittgenstern. London：Continuum：88.
[②] Rupert Read. 2007. Applying Wittgenstern. London：Continuum：96.

着一些困难,以至于它的合理性受到了质疑。所以,可以概括地讲,围绕着"古典的"时间观点而形成的质疑与批驳就构成了达米特在时间问题上的主要论述。他想着重表明的就是"根据为古典数学家可接受的古典连续统而形成的物理时间模型并不是一种充分的时间模型"①。

一、对古典时间模型的阐述

达米特是从探讨物理量的"确定性原则"(determinacy principle)来着手对古典的时间模型进行分析的。在他看来,物理量的确定性观点是这种模型的形成基础。确定性观点主张,物理量具有确定性。在任何给定的情形下,物理量都有一个绝对确定的大小,这个大小相对于给定的单位,由一个实数表示出来。也就是说,所有量的大小都能由具体的实数相对于一个给定的单元在实在中得以确定。对"时间"这个基本的物理量而言,情形也是这样的。这样,就可以模仿数学上的方式来对时间概念进行构想。

所谓数学上的方式,就是古典数学提出的实数的函数问题,即实数的连续统(集)情形。实数的古典连续统认为:连续统由实数这一基本要素构成,连续统就是实数集。可将其类比为直线上的点的集合,它表明了集合中的元素在某个性质上具有连续的量变。这种连续性依赖于实数的次序,即受"小于号(<)"这一关系的决定。这样一来,连续统就具有了这样的属性:①它是线性的;②它是稠密的;③它是完全的。按照实数的古典连续统来构想时间,就可以把时间看成为由无持续的瞬间组成。这些瞬间就像实数那样是被连续地排序,通过一种稠密的线性序列来得以安排。和实数足够稠密以至于中间不存在其他的数相类似的是,时间也是连续的,在瞬间的序列上不存在间隙。由于瞬间是无持续的,在瞬间中不存在变化。达米特指出,这样的时间观点在我们的思想中是根深蒂固的,即使在那些不能给连续统的数学概念以很好解释的人看来,情形也是这样的。

依照连续统而形成的表述时间的模型被达米特看做是古典的。该模型认为能从无持续的瞬间形成持续性的时间片段来,这和坚持说能从无方向的点来形成一条有方向的线没有什么区别。在这一点上,达米特用了这样的隐喻,即按照连续统的观点,可把实线看成由无限的实数组成,看成是实数的全体。而且,就实线上的某个区间而言,它可被解释为所有大于 a 而小于 b 的实数的集合。在这里,可以把实数的功能解释成一种按照所有实数来进行定义的功能。例如,从实数形成一条线就给实数的真正无限性予以了定义和构想。这样,通过一类无限的点画

---

① Dummett M. 2003. How Should We Conceive of Time? Philosophy, 78: 388.

法就可以形成一个连续统来。对连续统的这种解释不是以其他功能的形式来达到的，而是由使用功能的一般观点来进行的。

在把实线解释为实数的总体这一点上，存在着特定的语境。在这些语境中，认为一条线是由点构成的并没有什么妨碍。例如，在理论几何的语境下，或者在一个人试图向学生解释如何测量一条线的情境下，就可以持这样的看法。但问题在于，我们如何解释从无方向的点形成一个有方向的实线呢？对"从无方向的实数中发展了一个有方向实线的连续性"进行解释，就成为古典数学所必须面对的一个挑战。① 直觉主义在批判古典数学时就指出，主张由一个随意大的无方向的点构成的集合真的能形成某个有方向的东西是荒谬的。达米特对这一点是比较认可的，并将其作为质疑古典时间观念合理性论证时的一个依据。这样，我们就可以把古典时间所面对的问题概括为：我们无法搞清一个人如何能从无持续的瞬间形成有持续的时间。

对时间概念的理解也依赖于语境，像"现在"就是这样的一个表达。如果更接近地将"现在"予以具体化的话，那么它就可以意味着"今天"、"今晚"、"这个瞬间"等时间上的指示性概念。但"现在"无论如何都不能成为一个时间单元。"现在"作为一个瞬间状态，其实质就是在所讨论的瞬间把物理量的大小赋给它的指派。任何具体的指派都决定了一个具体瞬间的宇宙状态，这些状态将一起构成了宇宙的历史。从这一意义上讲，时间不能成为像"现在"那样的非单元的序列。达米特指出，把时间看成是由无持续的"瞬间"组成的这一时间模型，意味着"瞬间"在解释上是基础性的，其他的时间概念都要通过它来解释。这样一来，时间间隔就被解释成由那些存在于两个作为端点的瞬间中的那些瞬间组成。给出变量的一个合理单位，它的大小就可以由一个实数来表示。相对性表明，存在着把时间化解为时间断面（cross-sections）的规范方式，相对于被选择的单元就使时间有了持续性。例如，给出一个起点和一个像"秒"、"分"等这样的时间单位，就可用实数来将"瞬间"这一时间表示出来。像函数 $f(t)$ 的一个项 t 表示某个瞬间，从某个被选择的时间起点开始以秒来计量，该函数的值就是以某个单元形式表现的大小，得到这个值就实现了对时间大小的构想。所以，时间的大小变化和有关于实数的函数是对应的，它在不同瞬间能被这个函数表示出来。瞬间构成在本质上是无方向的。在任何瞬间，像位置、质量等基本量的大小独立于它们在其他任何瞬间的大小。这样，依照古典的时间模型来考察物理实在，就会出现这样的情形，即任一瞬间的宇宙状态在逻辑上都会独立于它在其他瞬间的状态。这或

---

① Dummett M. 2003. How Should We Conceive of Time? Philosophy，78：389.

许因物理定律的作用而不可能成立,因为那些定律可能要求先前的状态给后来的瞬时状态有所限制。即使把这看成是一个碰巧支配宇宙进化的偶然定律问题,使每个瞬间状态在逻辑上都独立于别的瞬间状态这一休谟式的教条成立。但任何连续性的限制都将会违背休谟的观点,所以古典的模型并不属于我们对其大小必须连续地随时间变化的那种物理量的看法。综上所述,古典模型所主张的即使被物理定律所排除的东西在概念上仍然可能的观点并不合理。这就是达米特相信它带来了关于时间和物理变化上错误看法的原因。

二、对古典时间模型的批判

就古典时间模型的起源而言,达米特认为,它并不是从实在或从我们对实在的经验中推出的,而是直接把它赋给实在的。因此,这种时间模型和物理实在之间并不吻合。"以一个能容易在古典数学中被描述的数学函数以及试图描述能被这样的函数所表示的物理大小中的变化为例,是和时间的古典表示以及古典连续统模型的变化对应的;但结果被证明是无意义的,我就把这视为认为古典模型并非物理时间的一个可理解概念的好理由。"[①] 在对古典时间模型的错误性论证上,达米特给出了古典时间模型的三种问题情形。在他看来,这三种情形的共性就在于它们给出了物理量并不连续地变化大小的例子。这种不连续的变化可能被自然法则所排除,但在理论上却是可能的。

第一种情形。假如古典的时间模型正确,并且我们在每个时刻指派一个实数作为其对应点这一方面成功,那么现在我们来考察一个突然在 $t=1$ 这一时间关掉的灯。在灯亮以及随后的黑暗之间,并不存在任何的中间时间。但在这个时间,照明是有一个中间值的。也就是说,灯本身显示了在时间 $t=1$ 时的一种不连续状态。达米特并没有反对这种不连续性本身,因为他已论证了这样的情形在概念上是可能的。在他看来,这一点反映了古典的时间模型描述这种情形的两种方式。要么 $t=1$ 是终了的时间,在这个时间,灯亮了;要么是初始的时间,在这个时间,灯灭了。这就意味着变量 Q 在同一个时刻将既具有值 p 又具有值 q。这就是一个变动的非连续性,按照这个非连续性,Q 有在瞬间 t 处可以有大小 p,并在贯穿后于 t 和先于 t 的区间中有稳定的大小 q。但问题在于,这两种不同的描述"不能和物理实在中的任何区别相对应"[②]。因而,这就成为质疑古典时间模型的一个反例。

第二种情形也是以灯为例的。但这次设想它除了在瞬间 $t=1$ 时熄灭外,一直

[①] Dummett M. 2003. How Should We Conceive of Time? Philosophy,78:389.
[②] Dummett M. 2000. Is Time a Continuum of Instants? Philosophy,75:505.

亮着。在达米特看来，我们对物理量的看法并不排除这样的非连续情形，因为把物理量在一个瞬间的大小看成是一个从实数到实数的函数，就会形成古典模式和物理实在之间的不完全适合。例如，可以把函数 $f(x)$ 接近极限 q 所意谓的内容定义为 x 从左边接近 u，并把它接近一个极限 r 定义为 x 从右边接近 u。如果函数 f 在 $x=u$ 时是连续的，那么 $f(u)=q=r$。但假如 $q\neq r$，并且 $f(u)=q$ 或 $f(u)=r$，那么函数 f 就在 $x=u$ 处将有一个跳跃的不连贯性。达米特并不相信在物理量的大小上一个突然的不连贯性在概念上会有什么麻烦。相反，能够归属给常识感觉以这样的突然不连贯性。也就是说，如果我们在物理量上的看法允许非连续情形存在，是没有什么问题的。如果不这样，那么所描述的情形在概念上就是不可能的。现在，由于这样的事态是不可能存在的，所以这样的情形与我们对物理量的看法相冲突。"我们在物理量上的看法是明白的，因此这一设想是没有意义的[①]"。这样，认为物理量的大小应当连续地改变这一看法并没有理由，古典模型的坚持者在坚持古典的时间模型时就失去了根据，从而给古典模型带来了问题。

第三种情形就"汤姆森灯"（Thomson's Lamp）。[②] 考虑灯亮着，一直到时间 1/2，然后灭，一直到 1/2＋1/4；然后再亮，一直到 1/2＋1/4＋1/8；再灭，一直到 1/2＋1/4＋1/8＋1/16，如此等等。在任何包括 $t=1$ 以及比 $t=1$ 更晚的时间，这个灯都是灭的。由于灯开关转变的序列并没有像从底下靠近 $t=1$ 那样聚集，所以把灯的情况指派给每一时间的函数在那个点上并不是连续的。也就是说，灯在某个瞬间的状态将不会限制它在其他时间的状态，它的发生完全是随机的。这样，达米特就因 $t<1$ 时灯的状态并没有告诉我们任何它在瞬间 $t=1$ 时的信息，

[①] Dummett M. 2000. Is Time a Continuum of Instants? Philosophy, 75：503.

[②] 该问题是 James Thomson 在 *Analysis* 第 15 期中提出的，问题是这样的："一盏灯由开关控制。把灯开 1 分钟，再关 1/2 分钟，再开 1/4 分钟，再关 1/8 分钟……如此下去。两分钟后灯开着还是关着？"这一问题涉及无穷级数的求和，其疑惑在于到达极限和之前存在着无休止的阻尼振荡运动，这个运动不会终结，所以问题看似不可解。但实际上则不然，它只是一个简单的函数求值问题。我们用 $f(t)$ 表示 t 时刻汤姆森灯的开关状态，$f(t)=1$ 表示开，$f(t)=0$ 表示关。这样，原题就等价于求解 $f(2)$ 的值。$f(2)$ 是多少，我们不知道，因为原题只给出了 $f(t)$，$t\in[0,2)$ 的定义。也就是说，$f(2)$ 是没有定义的。我们可以随意定义 $f(2)$ 为 0 或 1。这样，无论 $f(2)$ 为何值，$f(t)$ 总能依上面的开关规则过渡到 $f(2)$。也就是说，$f(1,\infty)$ 既可以为 0，也可以为 1。确实是这样的。因为当 $t\in(1,\infty)$ 时，开与关的时间间隔已经减小到 0 了。既然是 0，那此时无论灯是开着还是关着，都可以在没有时间损耗的前提下切换到另一状态。$f(1,\infty)$ 的确既等于 0，又等于 1。这违反了单值函数的定义，所以 $f(t)$ 在当 $t\rightarrow 2$ 时的极限是不存在的。也就是说，$f(t)$ 在 $t=2$ 附近不连续。这样，我们得到汤姆森灯在 2 分钟这个时刻：①其状态数学上无意义；②既是开着的，也是关着的。两个结果任选其一，都是正确的，但含义不同。对于第二个结果，也许有人会问：一盏灯怎么可能既是开着又是关着？这有点超乎想象，因为现实中不会存在一种开关不需要时间的灯。但这在理论上确实是可能的。

从而对这个灯的情形进行了指责，强调"我们不能认为事件就如此这样地松散和分离"[①]。但古典的时间模式却承认了这一情形，因此，他想因古典的时间模式允许这一情形而对它给予指责。

如果讲得更具体些，那么我们可以把"汤姆森灯"情形概括如下：决定着先前事态给后来事态以解释的因果法则都不能决定汤姆森灯将在那个无限次序变动后的状态，这在概念上是荒谬的。因为它和我们对把原因看成先于它们的结果这一因果性上的看法背道而驰。汤姆森灯在变动结束时的状态不能是其他别的结果，而只是它以前的运动一种反映。而它以前的运动使得它在某个瞬间的位置完全不可确定，这是荒谬的。

古典的时间模型无法描述概念上的不连续变化，从而消除了对突然变化的各种描述之间的差别。按照达米特的论述，在 F 是一个给物理量 Q 在某时刻以大小的函数这一情况下，我们可在时刻 S 和 T 是重叠时刻以及区间 $F(S)$ 和 $F(T)$ 也将重叠这一意义上要求 F 是连续的。这并不是一个随意的限制，而是概念上的一种必然。可以通过下面的方式认识这一点。如果 r 属于时刻 S，那我们就可以说 r 是对时间在 S 处的一个可接受的估计。同样的，如果 q 属于 $F(S)$，那么 q 将成为 Q 大小的一种可接受估计。因此就可以自然地要求，如果 r 既属于 S 又属于 T，那么就应存在着既属于区间 $F(S)$ 又属于区间 $F(T)$ 的 Q 大小的一种可接受估计。不能要求对时间的一种可接受估计将决定对 Q 大小的一种可接受估计是什么。但如果对时间的同一个估计既在 S 时刻可接受，又在 T 时刻可接受，那么将存在着一些对 Q 的大小在两个时刻是可接受的估计，就需要满足产生了这一结果的要求，即在量 Q 上经历着 1qm/mn（在这里，达米特把"qm"（quintrum）和"mn"（minim）分别看成是量和时间的自然单位）的最大变化率。按照达米特的论述，我们可对其作如下论证：让 T 为时刻 $(m_r-1/2, m_r+1/2)$，并使 $F(T)$ 为 $(r_r-1/2, r_r+1/2)$。另外，再让 T' 为一个先于 T 的时刻，如 $(m_r-d-1/2, m_r-d+1/2)$，并使 $F(T')$ 为 $(r_{r'}-1/2, r_{r'}+1/2)$。假如 $r_{r'}>r_r$，在 $d<1$ 时，T 和 T' 将是重叠的。这样，$F(T)$ 和 $F(T')$ 也一定是重叠的。$F(T')$ 重叠于 $F(T)$ 的条件在于 $r_{r'}-1/2<r_r+1/2$，即 $r_{r'}-r_r<1$。这就意味着 Q 在 T 和 T' 之间的变化速度 v 就成为 $(r_{r'}-r_r)/d$。当 d 接近 1 时，v 将接近 $(r_{r'}-r_r)$，其最大值就是 1。如果让 T 先于 T' 并且如果 $r_r>r_{r'}$，也会得出这样的论证来。因此，1qm/mn 就成为 v 的一种极限，这一极限是能够获得的。让 T_1 为 $(m-1/2, m+1/2)$，T_0 为 $(m-3/2, m-1/2)$ 并使 T_2 为 $(m+1/2, m+3/2)$。假设 $F(T_0)=(r-3/2, r-1/2)$，$F(T_2)=(r+1/2, r+3/2)$，以及 $F(T)$ 以一个

[①] Dummett M. 2000. Is Time a Continuum of Instants? Philosophy, 75: 504.

相对于 T_0 和 T_2 间的常速 T 变化。这样，对于任何这样的 T 来说，$F(T)$ 将重叠于 $F(T_1)$。在 T_0 和 T_2 间的 $F(T)$ 的变化速率将是 1qm/mn。

达米特指出，量在一个瞬间是有变化的。达米特的这一看法和古典时间模型提出的一个量不能在瞬间中变化的主张不同。从函数 $f(t)$ 的导出函数 f' 在 $t=t_0$ 时的值给 Q 在每个瞬间 t 的大小并不为 0 这一意义上讲，它可以在 t_0 处变化。如果 f' 在 $t=t_0$ 的值为 0，我们就可以说 Q 在瞬间 t_0 处不变化。当然，这只意味着 Q 在那个瞬间获得了它的最大值或最小值，但在 t_0 的相邻范围内是变化的。可以按照类似于实在论的模型来处理这一问题。使 R 和 S 为不同的时刻，且 $R<S$；每个都有一个中间点，比方说实数 m_R 和 m_S。R 将成为实线中开放区间 $(m_R-1/2, m_R+1/2)$ 的有理数，对 S 来说也是这样的。Q 可能从时间 R 到时间 S 是变化的。函数 $F(T)$ 给出了 Q 在 R 和 S 间的任意时刻 T 的大小。当 m 是 T 的中点时，这由给出 $F(T)$ 中点的函数 $f(m)$ 来决定。Q 的变化速度由 f 的导出函数 f' 来给出，我们可以在当且仅当 $f'(m)$ 不是 0 时认为 Q 在 T 时是变化的。但能够以更富有成效的形式来看这个问题。在那里，$T=(m_r-1/2, m_r+1/2)$，Q 在 (m_r-1, m_r) 和 (m_r, m_r+1) 处可能具有不同的值。在这样的情形下，就可以说在时刻 T 中，量 Q 是变化着的。

达米特在对"古典的"时间模型进行批判时强调，"古典的时间模型栽在了自己的观点上，产生了甚至为它的倡导者也承认是站不住脚的结果"[1]。在他看来，古典时间模型的荒谬性主要就在于它强调基本量在瞬间拥有特定的大小。也就是说，这一模型强调物理量的确定性。然而，把这种确定性观点应用在连续量的大小上，就会存在着这样的问题，即我们无法在原则上知道所有连续量的确切大小。所以，达米特指出，"从事态的存在独立于我们对它们的知晓这一意义上讲，确定性原则体现了一种实在论的观点"[2]。这具体表现在：首先，认为对有关更精确的测量结果是什么的假设性问题有一个确定的答案。其次，认为一个无限的过程将产生一个确定的结果。概而言之，在连续量的大小上，确定性原则把物理实在看成是完全确定的，这种确定性独立于我们发现它的能力。对此，达米特给予了驳斥。他认为，"这种观点强调我们不能在原则上通过测量，把任何具体的实数确定为一种以指定的单位给量以大小，这是迂腐的"[3]。因为，当我们着眼于一个量的更大精确性时，我们可以在一个有效终点的区间中来确定它，这就以少量的误差阐明了这个量的大小。如果物理理论对一个给定类型的量进行量化，并认为量化

---

[1] Dummett M. 2003. How Should We Conceive of Time? Philosophy, 78: 388.
[2] Dummett M. 2000. Is Time a Continuum of Instants? Philosophy, 75: 498.
[3] Dummett M. 2000. Is Time a Continuum of Instants? Philosophy, 75: 499.

的值只是这些量的倍数,那么就有理由认为这样的量有确定的大小。一般地,量的大小是这个量与同一类型,像质量、长度等单位量的比率,通过有理数的形式就能给它自然地具体化。例如,"一个事件持续了3小时","某物重8公斤"等都是这样的例子。

古典的时间模型将会带来这样的结果:它允许从一个瞬间到另一个瞬间,基本量有完全独立的值,拥有在逻辑上独立于任何其他瞬间的大小。因此,可以把古典的时间模型概括成一种无时态的观点,它强调"在过去、现在和将来的实在中不存在差别"①。它认为对"x 何时发生?"这个问题总存在着一种完全确切的回答,即使这个回答在原则上超越了我们的认知能力,也仍旧是存在的。这样一来,就引出了在概念上似乎不可能情形的假定。也就是说,在有关时间的古典图景中存在着不可理解的东西。比如在原则上超过了我们视野的事态,像给定瞬间的对等物(coordinate)。所以,达米特指出,古典的时间模型具有深刻的"实在论"特征,体现着明确的实在论要求。② 它在解释我们如何获得时间这一物理量方面是有缺陷的。

由于在处理时间上的那种实在论图景中存在着某种不可理解的东西,所以达米特指出,古典模型对时间的实在论刻画是有争议的。它"给在概念上不可能、不允许描述的事态进行了描述"③,因而包含着应在纯粹的概念基础上被拒绝为不可能的现象假定。这其实从语义学的层面给我们提出了有关时间是无持续瞬间的连续统这一图景的不足之处。这样,一种可能"更令人满意的"或者是"更好的"做法就是认为存在着实在论的替换。④ 达米特在这里确实给出了一种取代古典时间模型的图景。就这些时间图景的优劣性而言,在很难知道一个人如何能实际给出判定这些图景的标准的情况下,这种替代古典实在论时间的图景会更经济些。

第二节 达米特的时间模型

在批驳古典连续统的时间模型时,达米特提出了一种"构造的"时间模型。这一模型的核心就是强调我们能以更确切的测量来对时间上的瞬间进行定位。这

---

① Mellor. 1981. Real Time. Cambridge: Cambridge University Press: 58.
② Dummett M. 2000. Is Time a Continuum of Instants? Philosophy, 75: 497.
③ Dummett M. 2000. Is Time a Continuum of Instants? Philosophy, 75: 503.
④ Dummett M. 2000. Is Time a Continuum of Instants? Philosophy, 75: 505.

一观点对时间包括着我们无法在原则上进行确定或意识的瞬间这一实在论观点提出了质疑。

一、构造的时间模型

达米特指出，像古典的时间模型那样强调瞬间，认为时间是瞬间的连续统，把它看成由与确定实数相对应的无持续瞬间组成。或者像实在论的时间模型那样强调构成性区间，认为时间是由小的构成区间组成的做法，"都不是试图给时间是什么以阐明"①。因为实在论的时间模型，主张给定量的每个构成区间都是不变的，即它们有相同的长度。在他看来，一种更好的时间模型就是把时间看成是一个连续统，承认它的构成性区间，并认为它在长度上是变化的。在对较短时间的阐述上，达米特认为可通过诉诸物理过程的起点和终点来进行。这样，就可以通过表明时间的大小中存在的一个区间而使其成为可描述的。这个区间表明了我们能通过测量它而获得时间的最佳近似值，就像它在实在中那样，构成了量的大小。

因此，在时间问题上，达米特提出了一种他称做为"构造的"新模型。他认为，这种模型"把时间看作一个我们能分解成区间的连续统，这个区间的两个端点就是物理过程的开始和终结。我们能将这些间隔的端点确定为它们自身是非常小的间隔，即我们接近于它们出现的那些瞬间。这样的瞬间实际上可由实数表示，并且在它们之上能使给出不同时间其他量大小的函数得到定义"②。在这一意义上，就可以像在古典模型下那样，认为时间具有由瞬间构成的。构造的时间模型不同于古典模型的地方在于从观念上给瞬间以分析，在概念上强调了时间由瞬间构成的可能性。

如果人们认为某个东西具有一种属性，那么在知道它有这种属性这一点上，可通过包括感觉、测量、实验和计算在内的，能确定它有哪种属性的形式来达到。也就是说，这种属性是在某个时间能被实际观察到的。这种看法是直觉主义的。达米特认为，坚持这样的观点显然就要在古典连续统的地方使用实数的直觉主义连续统。实数的直觉主义理论在无限序列概念上把它自己和古典的对峙者以及构造数学的其他竞争形式区别开来。根据构造的模型，函数的项是实数。对它而言，并不会出现所有按照实数定义的函数一定是连续的情形，时间流逝的正确测量序列是收敛的。这样，不管何种类型对象的无限序列，总被认为能通过关联法则从潜在的自然数序列中得到。从直觉主义的观点看，无限的序列并不被看成

---

① Dummett M. 2003. How Should We Conceive of Time? Philosophy, 78: 390.
② Dummett M. 2003. Is Time a Continuum of Instants? Philosophy, 75: 514, 515.

是完全的，或者说它们的每个项都被看成似乎是确定的。自然数的无限序列可通过确定某个项的值的所有有效规则或某个在其之下每个项的值都被自由选择的过程来给出。在被给予说明的情形中，对每个项的选择频繁地由某个经验事件来决定。按照构造模型，任何量的大小，相对于一个给定的单位，由被选择的序列所确定的实数构成，而这个被选择序列的项由它实际展开的或者可能展开的成功测量给出。例如，有理数的柯西序列产生了它收敛于其上的实数就是这样的情形。一个由满足收敛的柯西条件（Cauchy condition）的有理数序列 r_n 给出的实数，可被构造地理解成：对每个否定力 2^{-k} 而言，我们能有效地找到那个序列的一个项 r_n。

概括地讲，构造的时间模型的核心就是强调我们能以更确切的测量来对时间上的瞬间进行定位。实在论者认为，这一点是无法进行的。因为确定某个瞬间的确切位置是一个无限的过程。可以说，这是对我们在确定瞬间和大小上那种做法不完美之处的一个好表述。实在论的时间模型强调，尽管我们不能获得瞬间这一极限，但我们还应确信它在实际中是存在的。达米特提出的构造的时间模型则不同，它对时间包括我们无法在原则上进行确定或意识的瞬间存在提出了质疑。在这里，这种质疑可被简要地表述为：我们有什么理由相信不能为我们所认识的东西存在呢？

从本质上看，达米特所偏爱的、作为古典时间模型替代的"构造的"时间模型是一种反实在论的或反超级实在论的时间模型。他对时间问题的处理是和实在论争论以及语义学问题结合在一起的。我们认为，在对时间问题的论述上，达米特的思路是这样的：试图把时间问题转为陈述的时态。更具体地讲，就是把对时间指示词的分析转化成陈述的真值问题；然后依据真值问题引出确立真值的证据；再从证据得出形成证据的观察；最后由观察引出存在来。这一思路的合理性就在于，一个陈述的真值就在于证据的存在，而证据是具有时间性的，证据的存在就在于人能在特定的时间认识到或看到证据的存在。从这一意义上讲，可以把达米特的时间观点看成是对有关时间的形而上学论证。

二、"当前"的实在论

形而上学在达米特那里被看成是对实在论问题的一种回答。他对时间问题的考虑和他的反实在论观点相互交织。我们可通过阐明无时态的观点和实在论的真值概念之间的关系来使这一关联更加明确。如上所述，无时态的理论者否认在过去、现在和将来的实在中存在着区别。他们以语句的真值条件形式给他们所否定的时态差别进行了充实，过去、现在和将来这些时态间并没有差别的原因在于它们之间不存在本体论上的差异。真值条件总是无时态的条件，没有时间上的限制，没有过去的、现在的或将来的之分。世界历史中的任何事件，都能确立某个语句的真值和意义。例如，按照无时态的条件，语句"他第一次登上长城是在十年之前"为真就在于"他的第一次登上长城是在十年前"这一条件。在这一点上，达米特提出了有所不同的看法。他把事实等价为世界的当前状态，认为世界就是当前它所是的样子，真值条件就是当前的条件。"反实在论者更认真地对待这个事实，即我们沉浸在时间中，如此地投入，以至于我们不能对出现在一个不在时间中存在的人面前的世界提出任何描述。但我们能描述它现在所是的样子，即它现在的情形。"① 世界存在的方式和它现在所是的方式一致，世界的真实历史完全取决于当前的情形。例如，"他第一次登上长城是在十年之前"这一表述为真就是以当前的情形为条件的。达米特指出，由于登上长城的这种行为是一个过去事件，而非当前的事件，因而不能把它算做是那个语句为真的条件。按照他的理解，在过去、现在和将来之间存在着差别。这种差别就是只有在当前的情形下，事件或事态才能合格地成为语句为真或假的证据。这和无时态的理论者所否认的、在过去，现在和将来之间存在着本体论上的差异有所不同。把世界看成是当前它所是的这个样子，对当前时刻持一种唯我论（solipsism）的观点，就在认识上和形而上学上赋予了"当前"以特权。

达米特认为，"当前"的独特实在性是语言的一种属性，它属于语言可能性所预设的背景。只有"当前"的事件和对象能出现在决定所有陈述意义和真值的条件中。因此，诉诸"当前"的独特性就能对语言的意义和真值进行分析。"当前"、"过去"以及"将来"是相互区别的，这种区别就在于只有"当前"的条件才能充当真值条件。因为当前就是现有的，当前的对象、事件、事态是真实的。所以，在时间问题上，达米特的直觉就是"只有当前才是真实的"。对这一点的支持能从他下面的断定中得到，"我们无法对不出现在时间中的人那里的世界进行表述，但我们能以它所是、即它现在的形式来对它进行描述"②。在这个断定中，有一种明显被确定为现在的存在。当然，我们认为，达米特把"当前"看成是重要的，并不意味着他对过去和将来的完全否定。比如，我们可以谈论过去和将来的事情，记忆过去的事情，预见将来的事情。我们也可以谈论和体验事件的变迁。但当我们谈论过去和将来的事件时，我们所表达的陈述的意义和真值就严格地由当前条件给出。在达米特看来，不把过去和将来的任何讨论理解成从当前获得了它的意义就会让人不可理解。我们"在一年前做出的一个过去时态的陈述在现在是真的，因为在当前存在着一个情形，在这一情形下，我们现在能证明认为在一年前说出

---

①② Dummett M. 1978. Truth and Other Enigmas. London: Duckworth: 369.

的过去陈述是真的那个确证"①。这就表明，对有关在过去获得的、构成一个语句真值的条件的陈述，从当前的条件获得了它的意义和真值。尽管如此，我们认为，达米特并不极力主张现在被说出的语句的意义和真值完全只与当前的条件相关。例如，昨天说出的话语的意义与真值就和昨天的条件相关。如果对达米特的思想进行正确理解的话，我们可以把它看成：不管在何时说出的陈述，其真值与意义，都得由现在可用的证据决定，而不是由说出它时的证据决定。

达米特在对时间问题的探讨上，涉及"真值"这一概念。他在吉福德讲座中所持的"确证主义"语义学观点的核心概念就是"真值"。在他看来，一个陈述的成真状态只有在我们能确定它很好地成立时才出现。也就是说，真值依赖于我们能识别的条件，真值条件就是我们可识别其为那样的条件，或者说就是证实条件。就证实条件而言，它是一种当前条件，陈述的证实条件往往被还原为当前条件，因为往往只有当前的条件才能使得证实得以进行。所以，证实条件总是局限于并在事实上等价于当前的条件。例如，对"在9个月将出现一次月食"这一语句的正确性而言，只有通过当前获得的条件，如太阳当前的位置、月亮和行星、太阳系的当前图景，才能表明。由于真值有赖于当前什么东西可以为我们使用。这样一来，真值这个概念就产生了一个时态上的指示，对真值的讨论必然涉及时态概念。达米特强调，时态对我们理解和把握时间来说至关重要。可以说，时态就是时间的本质。由于时态，时间便有了过去、现在和将来之别。概而言之，我们认为，达米特的这一主张既由他在真值上的语义学观点促成，最终又给他在真值上的观点予以支持。

在当前，有关真值是什么以及真值如何产生的问题是实在论和反实在论之间争论的主要议题之一。按照达米特的确证主义语义学观点，陈述的真值是由为真物形成的。在过去陈述和将来陈述的真值上存在着为真物。比如，"存在着恐龙"这一陈述的为真物就是当前的"恐龙化石"。这种真值的当前论（presentism）观点是一种有关当前的实在论，但同时又是有关过去和将来的反实在论。就有关一个过去的陈述来看，如果在那个时间存在着支持它的可用证据，那么该陈述就为真；对有关将来时态的陈述来说，只有在与它们相关的时间上存在着支持它们的可用证据时，才会成为真的；如果现在存在着判定它们为真或为假的理由，那么它们现在就可能是真的或者假的。但如果并非这样，那么它们就缺乏当前的真值，只有在与它们相关的时间到来时才有真假可言。由于陈述的真值依赖于我们在某个给定时间的所知。所以，达米特曾一度指出"确证论者"一定是有关"过去"的反实在论者，因为强调只有当前的条件才能成为真值条件这一看法，否定了过

---

① Dummett M. 1978. Truth and Other Enigmas. London: Duckworth: 368.

去真值条件的存在性,因而是一种反实在论的主张。

确切地理解反实在论的观点有助于理解"当前"如何出现。反实在论观点构成了"当前时刻唯我论"的基础。对当前时刻的强调其实是达米特反实在论观点的一种派生物。所以,对这一时刻的理解有利于把握他的反实在论观点。达米特在认为"当前"存在这一点上,明显地受到奥古斯丁的影响。奥古斯丁认为,过去不再,将来未来。这样,问题就成为当前如何存在。当前的存在就在于它是过去和将来的分界。按照达米特的陈述①,"当前"具有独特的认识作用,这种作用就在于把它和过去以及将来分割开来。使得当前的情形或事态能成为过去陈述真假的证据。同时,将来的情形是那些我们现在能承认其存在证明了把真值归属给已知陈述的情形。在这样的情形下,过去时态陈述的真值被归结为当前的这一条件,即由于它们,我们现在能把将来的情形看成是对把真值归属给已知陈述的一种证明。例如,当鲁斯透过窗户看到约翰乘坐的航班在跑道上滑动时,她对旁边的琼斯说"约翰的飞机起飞了"。我们称这一句为鲁斯的当前时态语句,并将其标记为2000年4月5日下午6:00,"A"。达米特描述了A的真值和意义的两种解释:即实在论的解释和反实在论的解释。对实在论者来说,"我们对一个陈述的理解在于我们知道它为真的情形必须是什么样子。一个陈述的真值条件并不普遍地是那种在其获得时,我们能够识别获得或者是那种我们有一种判定它是否获得了的有效程序"②。反实在论则认为:"给予我们的陈述的意义,并不是以那些条件,即在其之下,这些陈述为真或假。这些条件不是这样的条件,即其获得与否独立于我们的知识或知识的能力,而是我们认为确立了陈述真假的条件。"③

当鲁斯标记A时,她按照两种解释标记了一个成真的语句。对实在论者而言,A为真的条件只是约翰的飞机在那个时间起飞。即使在鲁斯不能识别这个条件获得的情况下,A也为真。它的获得与它的被识别是无关的。对反实在论者而言,A为真的原因在于鲁斯的识别,或至少在于她能识别确立真值的条件,即她能识别约翰飞机的起飞。当实在论者和反实在论者在给定的语句拥有真值这一点上一致时,他们并不在这个真值是什么上存在分歧。并不会出现这样的情形,即在实在论者看来一个为真的语句,反实在论者却认为是假的。然而,他们在真值概念是什么这一点上的差别确实意味着在特定的语句是否拥有真值上存在着分歧。达米特认为,按照实在论的观点,"一个陈述为真的条件被看做是一个要么获得,要么没有获得的条件,不依赖我们的知识,就可以得出陈述要么是假的,要么是

---

① Dummett M. 1978. Truth and Other Enigmas. London: Duckworth: 368.
② Dummett M. 1978. Truth and Other Enigmas. London: Duckworth: 358.
③ Dummett M. 1978. Truth and Other Enigmas. London: Duckworth: 358,359.

真的。这同样独立于我们的知识"①。而按照反实在论者的解释,确立一些语句真值的条件被认为无法得到时,那么这些语句就缺乏真值。例如,现在是 2008 年 4 月 5 号,在距 2000 年的八年里,约翰出发时的所有痕迹都不存在了,所有的航行文献早已被丢弃了。约翰去世了,鲁斯以及所有其他的人都不记得这个事件。也就是说,对 2000 年 4 月 5 号下午 6:00 点,约翰是否乘坐飞机这一事件而言,没有任何证据。而实在论者认为,语句"八年前的今天约翰的飞机起飞了",我们称其为"B",有确定的真值。它为真的原因就在于约翰的飞机是那天起飞的,这样的条件也确定了 A 的真值。因此,按照实在论的观点,不管鲁斯或其他人是否能识别这个条件确定了 B 的真值,B 都是真的。

  对实在论者而言,给同一事件进行描述的殊型(tokens)肯定在真值上是一致的,这是一个基本的连贯性要求。他们认为,这样的"真值链"与 A 和 B 的真值相关,并普遍地与描述相同情形或事件的语句相关。考虑"2000 年 4 月 5 日下午 6 时,约翰的飞机正在起飞"这一个描述。我们称其为 T。如果琼斯在约翰离开一周前问鲁斯,鲁斯可以用 T 的殊型 T_1 来进行回应;她也可以提出他离开时的第二种殊型 T_2;在八年之后,她还可以提出第三种殊型 T_3 以作为那天的事件。显然,T 的所有殊型都有相同的真值,而不管它们在什么时间提出。在它们的真值间存在着一个体系的关联,这种关联依赖于这一事实,即它们报告了同一个事件。如果 T_2 真,那么 A,即"约翰的飞机现在正在起飞",与 T_3 被正确地表述的类似情形下,也一定为真。这样,T_3 与 T_2 之间的真值关联意味着 A 与 B 之间的真值关联。"从对真值链的理解中,我们就可得出对不管什么时间说出的过去时态陈述是什么的理解。"②"我们对时态化(tensed)陈述的理解的基本特征"就像是存在着某种东西,没有它,我们的语言就无法形成。③ 这就是他对真值链上的实在论看法的概括。对反实在论者而言,情况则不同。在 2008 年 4 月 5 号形成的 B 的一个殊型,为真的情形就在于那个时间存在着能被视为确立了其真值的条件。例如,如果找到了一个登机通道或者在鲁斯的日记中提及了约翰出发的入口,或者是鲁斯心中的一个简单记忆,但事实上却并不存在这样的痕迹。因此,对反实在论者来说,它不是真的,也不是假的。相反,它缺乏真值。这样,就表明了反实在论者并没有坚持真值链:A 与 B 描述了相同的事件,但 A 为真而 B 不为真,原因在于它缺乏真值。

  如上所述,T_3 与 T_2 间的真值关联蕴涵着 A、B 间的真值关联。否定这一关

---

① Dummett M. 1978. Truth and Other Enigmas. London:Duckworth:358.
② Dummett M. 1978. Truth and Other Enigmas. London:Duckworth:363.
③ Dummett M. 1978. Truth and Other Enigmas. London:Duckworth:363,364.

联恰恰就是反实在论者的解释所体现出来的。反实在论的时间观点认为，尽管 A 和 B 描述了同一个事件，但它们并不意味着相同的东西，因为它们是在不同时间做出的陈述。在不同时间做出的陈述并非总有相同的意义。例如 A，"约翰的飞机现在正在起飞"能使鲁斯跑到窗户边看约翰的飞机起飞。而 B，"约翰的飞机在 8 年前起飞"并不能使她这样做。所以，我们不能把 A 与 B 看做为具有相同的意义。按照这一点，鲁斯提出的当前时态 A 的殊型作为他看到飞机在跑道上跑动就是真的，因为用它表示，她识别确立其真值的条件得到了。但 8 年后，没有证据可用来确立 B 的殊型的真值。B 是一个过去时态的语句，它报告了和 A 完全相同的事件，但由于缺乏真值，因而不是真的。所以，达米特指出："对过去时态语句的反实在论解释显然与承认在不同时间说出的不同时态的语句真值之间的体系性关联是不一致的。"①"过去的"反实在论强调，只有当前的事件和对象出现在决定有关将来或过去事件陈述的意义和真值的条件中。反实在论者面临的问题就是表明他的理论如何克服了真值链。

第三节　对时间论题语义分析的评价

按照达米特的理解，实在论试图从关于时间的语言和实践之外来解释时间。而反实在论则因外在于时间的情形似乎并不能为我们可用从而试图给时间提供出一种新的解释来。达米特认为，以古典的或超级实在论的时间模型来思考时间并不连贯。如果清楚地对用数学方式处理时间的想法以阐述，那么即便它在本质上不是物理学家使用的时间模型，起码也是相对于任何给定指称框架的时间模型。而实在论者在并未给古典的数学连续统以解释的情况下认为古典连续统就是物理时间的模型。这会让数学家花去相当一段时间去形成他们在这一点上的确切看法。因此，如果要想正确地描述世界，就必须找到一种新的、在提供时间的理解上比古典模型更连贯的方式来。

一、达米特对时间论题语义表述的意义

1. 对时间问题的表述是达米特语义学观点的具体应用性论证

时间是变化的量度，时间本身以及时间的变化，将以瞬间和它们相对应的宇宙事态形式来解释。就像实数，以及定义于它们之上的函数的表现，被认为以单

---

① Dummett M. 1978. Truth and Other Enigmas. London: Duckworth: 363.

个实数作为其项的函数的值形式来解释。从而把时间的存在看成是给不同时间其他量的大小而赋予的函数值。这就是按照古典模型给时间做出的刻画。奥古斯丁认为,宇宙的历史由它在每个瞬间的状态构成。达米特发展了这一看法。他指出,世界就是成真的事态。而成真的事态由那些陈述什么存在或将在某个具体瞬间存在的语句表达,"事态对应于正确的陈述"①。把事实等同于真陈述是非常恰当的。我们知道事实的一个方面就在于我们能陈述它们。当我们给出了一个正确的陈述,我们就陈述了某个事实。当我们知道那些陈述普遍地为真,我们就知道了普遍地存在着什么样的事实。这其实是一种最佳说明的推理。"说时间是瞬间的连续统,或者说时间不是瞬间的连续统,并不是说明时间是什么的尝试。这就像说语言是把小的、被称为'词'的给定单元聚集成被称为'语句'这一大单元的体系,是回答'什么是语言'这一常见问题的尝试那样。"② 在《我们应如何构想时间?》一文中,达米特认为,在对"我们应如何构想时间"这一问题的回答上,一个比较成熟的答案就是"问这个问题并没有意义的",因为我们不能对时间的本质进行阐述。因此,达米特认为他在时间问题上并没有解释时间的本质,而只是从语义学的层面上对过去、现在和将来这些时间片段进行了分析,探讨了时间问题在语义上的哲学反响,即摆脱二值的语义学范畴,建立一种以直觉逻辑为基础的新语义学观点。

因此,达米特在时间上的论述其实是他语义学观点的具体阐述,以此来论证他的语义学观点的合理性。他认为,一个人不能把时间看成无方向的时间片段组成的连续统的原因在于它不是这样的情形,即言说成功地拥有了意义。达米特坚持了一种卡尔纳普式的语言图景。在这里,对时间片段的言谈方式被斥责为从事某个违反范畴的事。他反驳古典时间观点的主要论证就在于它的无意义性。在对古典时间模型的批判上,达米特着重使用的是"无意义"、"不连贯"等这样的术语。例如,主张能以古典数学中的函数来描述时间变化的看法是无意义的,因为这是不可理解的。在他看来,古典的时间模型并不是没有意义的,而是依据它所给出的意义讲不通;同时,这种时间模型并不是不连贯的,而是它产生的连贯性并不成立。概而言之,古典的时间模型是无意义的或者不连贯的原因就在于它没有阐明它是什么。

2. 对时间问题的阐述深化了当代实在论的哲学争论

达米特的时间观点主要是针对时间的时态问题而言的,尤其是针对过去的时

---

① Read R. 2007. Applying Wittgenstern. London: Continuum: 96.
② Dummett M. 2003. How Should We Conceive of Time? Philosophy, 78: 390.

态而言的。达米特认为，有关"过去"这一时间上的实在性讨论其实是一个实在论对峙反实在论的话题。实在论是一种本体论上的教条。这种教条是这样的，即有关 X 的实在论就是"X 存在，并且 X 独立于非 X，和非 X 无关"。可以把这种观点应用于时间上去，应用于"过去"和"将来"。例如，非过去和非将来的事物是那些完全是当前的事物。有关"过去"的实在论坚持这样的信条，即认为过去的事物是存在的，并且其存在和当前的事物无关。而将来的实在论认为，将来的事物是存在的，且和当前的事物无关。如果一个人断定过去的实在性，那么他就是有关过去的实在论者，如果他否定过去的实在性，那他就是有关过去的反实在论者。这一情形也对将来适用。反实在论也是一种本体论上的信条，这种观点对实在论的看法提出了反驳。达米特主张将它们看成为一种语义观点，认为有关动词本质的观点就是一种语义观点。有关过去和将来的反实在论者都否定存在着无时态的动词这类东西，或者认为它们是不可理解的。在这里，有关过去的实在论就像那种认为"存在着恐龙"的学说，把"存在着恐龙"与"言语者如何理解他们的恐龙讨论"看成是两个不同的话题。也就是说，主张不应把本体论的话题和语义的话题混淆。而有关过去的反实在论者则把"是否存在着恐龙"的本体论问题与"语言者如何理解他们的恐龙讨论"的语义问题合并为同一个话题。在作为某种题材的反实在论观点的提出上存在着两种方式。一种就是否定实在论的第二个联言项，认为"X 实际上依赖于非 X"。这一点就是有关于 X 的还原性反实在论。另一条方式就是否定第一个联言项，这一点就是消除性的反实在论。达米特的反实在论应该是还原论的反实在论，即以当前的形势来解释过去和将来。①

达米特在时间上的看法，深化了实在论与反实在论之间的哲学争论，为它们的论证提供了新的视角和有力根据。参与实在论争论的人试图表明，这种争论是有关于事实的。尽管问题不在于他们的反对者的观点是否连贯，而在于反对者的观点是否错误。然而，困难在于对我们这里处理的抽象观点的真假进行论证是非常难的。实在论和反实在论争论的双方并不希望他们的观点成为科学否定或嘲笑的牺牲品。但他们在相互的反驳上又想有所表达。所以，他们彼此不时地在"逻辑"或"概念"上提出了一些相互反驳的观点。例如有可能指责对方在时间问题上"试图排除时间哲学的内容和意义。"② 达米特在实在论和反实在论的争论上，通过与有关时间、数学等不可观察对象的类比来对这一问题进行思考，这是非常

---

① Parsons J. 2005. Truthmakers, the Past, and the Future, // Beebee H, Dodd J. Truthmakers: The Contemporary Debate. Oxford Clarendon Press.

② Read R. 2007. Applying Wittgenstern. London: Continuum: 87.

有意义的。就像 R. 瑞德（Rupert Read）指出的那样，达米特的这一想法是"了不起的"[①]。在时间的论述上，达米特倾向于把它表示为一个事物而非概念。或者说，他并没有严格地看待这一点，即把时间看成是概念的，而非我们在宇宙中能找到的东西。在"时间是什么"这一问题的回答上，他试图通过说出实在包括什么来进行。我们认为，他的时间哲学在本质上是对他为了"理解性"而创造了被构思的宇宙这一动机的反映。因此，他参与的是一种形而上学的争论。

3. 对时间的论述具有特定的方法论意义

达米特对时间这一话题非常感兴趣，他着重以形而上学的争论形式阐述了这一问题。尽管这种阐述要比对物理时间的思考更难，但这样的观点在实际上有助于我们理解变化是如何可能的这一问题，有利于深化物理意义上的时间概念。所以，从这一角度讲，达米特在时间上的研究对物理学家在对时间的理解和把握上具有特定的方法论意义。首先，他认为古典的数学连续统由实数构成这一点和古典的时间模型是一体的，主张能通过与古典的连续统的类比来给古典的时间模型构想的时间进行解释。这就把根据实数而形成的实线这一连续统看成是时间的形成模型，从而为物理科学家能生动地理解时间给予了启示。达米特在时间的理解上并没有否认时间是瞬间的连续统这一看法。[②] 在他看来，时间是变化的尺度，它只是作为给出在不同时间的其他量大小的函数而存在。因此，时间作为这些函数的可能项的总体而被给出：把瞬间映射在古典模型上，把构成性的间隔映射在实在论上。这些函数的项是基本的时间单位，通过它们时间才得以构成。其次，他指出我们对物理变化上的看法要求物理量的大小总是连续地改变并没有根据。就变化而言，可把它看成依据于实数的函数而成为模型的。但函数的连续性是一种与物理量本身的连续性不同的概念。同时，古典的函数并不到处需要，也并非到处连续。例如：

$$f(x) = \begin{cases} 2, & \text{如果 } x \neq 3 \\ 4, & \text{如果 } x = 3 \end{cases}$$

所以，达米特认为，在时间这一物理量的大小中也包括不连续性，它有突然的变化。依据古典的时间模型，把时间看成是连续的，就会使我们无法形成一种可理解的物理时间概念。古典的时间模型并不合理。他想表明的就是时间的古典模型与它所模拟的物理事实之间是不符的。他强调，从古典模型得出的荒谬结果有赖于它的第二个成分，即认为时间由瞬间构成。把瞬间看做是基本的，以所选的单元形式给出的物理量在具体瞬间的大小，将被看作为时间性间距这一实数的函数，

[①] Read R. 2007. Applying Wittgenstern. London：Continuum：92.
[②] Dummett M. 2003. How Should We Conceive of Time? Philosophy，78：387-397.

而该函数的值在逻辑上独立于另一个项的值。也就是说,以瞬间作为其项的函数的表现即函数值在概念上并不连续。然而,在现实上却不是这样的。例如,汽车在任何给定瞬间的速度一般并不独立于它在其他瞬间的速度,因为确定速度的方式就是由所讨论的物体从起点通过某个距离的瞬间来进行的。

客观地讲,古典的时间模型与物理实在之间的不吻合情形是促使达米特认为古典模型产生了时间和物理变化错误概念的原因。尽管很多人,如实在论者主张古典的连续统模型就是物理时间的模型,认为它就是物理学家所使用的模型。尽管达米特并没有根据对实在论的一种普遍反驳来给古典的时间概念以反驳。但他确信,当把这种模型应用于物理时间时,就会变得不连贯。例如,在越来越快的摆钟情形下就会这样。达米特的目的就在于让古典数学家和那些发现实在论是一种普遍可接受教条的哲学家确信,古典的连续统并不是物理时间的一种充分模型,它提供给物理时间的模型是不能令人满意的。所以,如果要想正确地描述世界,我们就必须找到一种比古典模型提供的理解时间的方式更连贯的新方式来。尽管达米特提出了一种替代者,但他并不确定他提出的替代者是否正确。他对古典模型的论述,只是为了向别人指出它的不足之处,从而激励人们提出一个更好于他所建议的替代来。因此,在古典连续统是否能被看成给出了一种物理时间的可靠模型上,达米特的讨论是至关重要的。

二、达米特对时间语义阐述的不足之处

尽管达米特并没有质疑实数的数学连续统这一经典概念,但他对这一概念的连贯性提出了怀疑,强调这种用实数的古典连续统来表述时间的模型包括不可能性。也就是说,古典的时间模型蕴涵着概念上的可能性事态实际上是"不可能的"。达米特在时间上的论述与看法促使人们提出了新的阐述,如 Y. 道尔福(Yuval Dolev)、U. 梅耶(Ulrich Meyer)、瑞德等人就针对他的时间观点进行了阐述。

按照达米特的理解,古典模型的问题在于它把自己看成是一个事件的模型,以作为我们谈论时间的一个确切反映。由对在时空中的日常谈话和生活方式的考察,就能相对方便地确定古典模型强调一个基本量(如位置、质量)拥有在逻辑上与其他瞬间无关的特定大小这一点是荒谬的。然而,在具体的操作中,达米特并没有诉诸我们的日常资源来论证古典时间模型的荒谬之处。其次,如果认为古典模型存在着某种荒谬性,那我们就会看到,达米特处理古典模型的方式将留给他自己的时间哲学一种潜在的荒谬前提。因为他并没有彻底放弃古典的时间模型,在形成他的时间观点时一定程度上保留了古典模型。

达米特并不认同别人对他做出的"多少有些否定地回答了时间是否是瞬间的

连续统"这一评价的合理性。他指出，实际上他并没有这样做，甚至认为古典的连续统是非常连贯的。① 在他看来，把时间看成本质上是连续的要比把它看成由无方向的瞬间构成更受人喜欢。因为把时间看成由连续统来刻画就会普遍地让人倾向于把时间看成由无方向的瞬间组成。但他在偏向于时间的一种连续论观点上并没有深思熟虑的理由。与休谟的"事件是松散而分离的"原子论教条不同，达米特给时间"连续论"这一理解以更大的偏爱，却在实际上没有给出这种偏爱的充分根据。

尽管达米特的讨论在确定古典连续统是否能被看成物理时间的可靠模型上具有特定的方法论意义。尽管把时间问题当成语义问题处理的做法体现了达米特在研究方法上的创新。然而，确立这样的方法论意义以及确定那种做法的合理性，却显得比较困难。这就给批判者提供了可能的理由。例如瑞德指出，达米特在时间的阐述上所提出的观点偏离了具体的物理实在，"并不清楚达米特的研究是否对物理科学家有用"②。

达米特认为，他和别人在时间问题上的分歧，最终在原则上可被归结为关于哲学本质或哲学方法论的争论而非关于时间本质的争论。③ 这固然是使那些对时间的哲学问题并不关心的人对之感兴趣的原因。但我们认为，达米特提出的他并未就时间本质做出阐述的说法，体现了他在时间问题研究上的不足。

---

① Dummett M. 2003. How Should We Conceive of Time? Philosophy, 78: 387-397.
② Read R. 2007. Applying Wittgenstern. London: Continuum: 96.
③ Dummett M. 2003. A Brief Concluding Comment. Philosophy, 78: 409.

结 束 语

达米特在语言哲学语义论题上的阐述,在当代产生了重要影响。他对真值、意义等语义学核心论题的有关表述,不仅有效地推动了当代语义学研究的进步和发展,而且也具有重要的方法论价值和意义。

首先,达米特在论述其语义学思想时所表现的特质,充分地体现了理性主义的色彩。按照斯图尔特·夏皮罗的理解,"理性主义的梦想是把已知的数学方法论扩展到一切科学和哲学知识中"[①]。达米特援引数学上的直觉主义和构造主义理论来对其语义学思想进行论证,以表明人类对于世界的知识形成情形,就明显地表明了理性主义这一点。就达米特哲学思想的渊源而言,可以把康德、弗雷格和后期维特根斯坦看做是他的思想先驱。他的语义学思想其实是形而上学实在论、传统哲学和分析哲学相互结合、共同促成的产物。它带有明显的启蒙色彩。因为在达米特论证其语义学观点的过程中,明显地可以看到他的这一信念,即坚信如果理性能正常地起作用,那么它将保证我们在一切方面取得进步。就此而论,达米特在其语义学思想的表述和建构上带有康德式的外观。他与康德的相似不仅表现在哲学纲领上,而且还表现在方法上。他在谋求一种合理的意义理论建构,把这种意义理论的精神实质看做为是对"语言如何可能"这一问题的回答,这一点显现着康德的背景。达米特同康德一样,坚持哲学的自律性,把哲学探讨的任务归结为谋取真理。他这里的"自律"是把哲学的本质看做是逻辑的、体系的,它提供了解决哲学问题的最终方法。达米特的哲学思想首先反映了方法论的变化,它的使命在于寻求对意义的理解,从而把形而上学问题的解决还原为一种对语义形成的讨论。因此,可以把他的哲学方法表述为体系性原则和清晰性原则。在他这里,理性成为思想清晰和体系的别名,它是形式上的,表现为方法、策略,而非内容。这一要求使得他的语义学思想不仅有创新性,而且有修正性,它所表现出来的一个独特之处在于把即便是最为确定的习惯和实践都放置在证明、批判的层面上。

就达米特对形式、体系的强调这一点而言,我们认为,他明显地受到了弗雷

---

① 欧阳康. 2005. 当代英美哲学地图. 北京:人民出版社:553.

格思想的影响。这种影响就是弗雷格坚持的那种柏拉图主义。就他对意义的阐述而言，在很大程度上，他受到了后期维特根斯坦有关意义和理解论述的影响。但他对于理性主义的坚持使其无法认可维特根斯坦的那种哲学方法，因为维特根斯坦强调的是分析我们提出哲学问题的原因，而不是解答它。他不赞同维特根斯坦将哲学看作为消除错误的那种观点，而是将之归结为求真。尽管达米特在一定程度上接受了后期维特根斯坦的经验主义，但他并不是一个完全的经验主义者；同时他也不是一个彻底的怀疑论者，因为他吸取了康德式的理论基础与弗雷格的理性主义。在其语义学思想的阐述上，达米特最为鲜明的气质就是敢于冒险和乐观主义，不断地质疑和反思那些基本的设想和观点。这具体地表现在他对传统真值条件意义理论的反驳上。在后期维特根斯坦那里，把意义看成使用，隐晦地否定了语义学和语用学之间那种传统的区分，这似乎破除了建构一种系统意义理论的可能。但在达米特看来，这表现了维特根斯坦在意义问题上所持的悲观主义态度。因为破除了语义学和语用学之间的区别就恰恰破除了把传统的真值概念作为一种意义理论的核心，从而为一种新意义理论的语义学观点的建立开创了道路。在对直觉主义和证据条件语义学理论的建构上，达米特表现了坚持反实在论和倡导修正主义的极大勇气。依据他自己的陈述，他的反实在论观点是从维特根斯坦的主张中获得的①，而他的修正性倾向则源于弗雷格的客观主义。② 从对其语义学观点的表述方式上，我们可以看出，在达米特那里，哲学被认为具有解释的功能，他以体系性来实现这种功能，让哲学活动成为体系化的理性活动。因此，基于这一点，不把他看成一个分析哲学家是合理的。因为他对超验主义和体系建构的坚持，使他带有大陆哲学家的典型特征。③ 另外，就达米特坚持真理这一点而言，可以把他看成是一个基础主义者。这样，就可以把他的语义学思想看成是传统理性主义和英国经验主义两种相反思潮的现代融合，因而在这种语义学思想中充满了各种问题。

概括地讲，达米特在真理、知识问题上的认识与康德类似。他把真理、知识的形式标志为内在于人的，把它们放置在人的理解范围内，从而在一定意义上修正了传统的真理论。同时，从意义问题的角度看，达米特的上述主张变革了戴维森所坚持的成真条件的意义论观点，在"意义即构造"的基础上提出了相对宽松的真理以及知识形成要求，泛化了真理的形态，将其收敛于人的理性中，从而兴起了当代语义学研究的另一种形态。达米特坚持逻辑批判主义，他在语用真理论

---

① Dummett M. 1978. Truth and Other Enigmas. London：Duckworth：452.
② Wright C. 1986. Realism，Meaning and Truth. Oxford：Blackwell：341.
③ Matar A. 1997. From Dummett's Philosophical Perspective. New York：Walter de Gruyter：47.

中为理性保留了一定的空间。从普遍接受的语用层面来界定真是他钟情理性普遍性的突出表现。在他那里,真和理性实际上是结合在一起的,语义真研究的一个重点就是如何通过人类理性这个中心来确定真值,这一点与启蒙运动和康德主义对理性概念的推崇一脉相承,因此可以说达米特是它的当代代表。从理性在真理知识形成中具有至关重要的作用这一意义上讲,"可以把达米特看做是当代康德主义家族中的一员,他致力于把弗雷格和维特根斯坦关于语言的作用观点放在康德思想的框架之下,通过当代的语言哲学这一面具来继续康德的事业"①。

其次,达米特语义学观点的核心任务就是用与现代科学相一致的方法去解释心智和语言的存在以及如何作用的问题。他在意义形成问题上的理解性表述,包含着浓郁的认知色彩,客观地促进了当代语义学研究的认知转向。达米特对语义问题的阐述是从语言学习和使用的考察开始的。语言在交流中的作用以及语言的学习表明,必须建立一种可断定式的通用语义学而不是真值条件的狭义语义学。要理解一个语句就必须掌握它的意义,学习一个语句要通过学习它的意义来进行。这样,意义模型就成为了理解模型。在达米特那里,一种自然的路径就是从"显示要求"走向真值的反实在论观点,然后从真值反实在论来实现对经典逻辑的拒斥。由于在数学中,一个公式的主要语义内容可被看成为它的可断定性条件,即证明条件。这样,达米特就按照这一点提出了一种不仅仅是数学专用的语义学观点。他在语义论题上的主张,可被看成是对语义的一种自然主义阐述。一般来讲,自然主义的解释是,给一套符号体系以意义的东西就是一种使用这种体系和外在现象之间的因果关联。在这里,真值条件的意义概括也可被看成是一种自然主义的解释。然而,真值条件概念并不是以作为引起和证明使用模式的东西进入这种解释的。就真值条件这种自然主义的意义解释而言,它常常在给出我们使用的那种表征的真值条件的可信解释中存在着困难。按照这种解释,在缺乏对对象的意识情况下,对所有表征体系的理解就能很好进行。一般地,我们对感觉上的说明物的理解与对对象的意识之间存在着一种强烈的直觉关联。这种关联是,为了理解一个使用那种说明物而给出的陈述,就必须意识到那个对象。因此,达米特提出了从言语者语言行为的可经验性来发展一种语义解释的必要性。他集中于意义的可交流性,把对语言及其意义的解释看成是解释语言及其外在对象之间那种因果关系基础上的推理的可交流性的一种方式。

达米特通过数学中的理论和方法来形成一种具有自然主义色彩的语义学观点。他的语义学观点的自然主义倾向,使他背离了弗雷格的传统而走向了自然主义的

---

① Matar A. 1997. From Dummett's Philosophical Perspective. NewYork: de Gruyter: 41.

道路，这是一种非常重要的观点。因为，从严格意义上的形式语言到自然意义上的日常语言转向，所带来的一个现实结果就是便于把个人从那种真值条件意义阐明机制的苛刻约束下解放出来。达米特在语义学上的主张，把"主体"嵌入语义学的内在结构之中，让人这个主体成为语义学观点建构的某种"灵魂"和基础。从而使语义学成为一种有鲜明"主体"的语义学，这不仅是对个人在意义形成中地位的强调与提升，同时也是对认知语义学的一种倡导，使之成为当代语义学的一个重要走向。这种语义学观点的意义就在于，"强化了意义的可通约性，进一步防止了不同语境下语义的断裂。"①

按照认知语义学的观点，言语者这一主体在语言符号与世界之间关联的意义决定上具有特定的必然性，其自身以不可或缺的语义"世界"和背景而存在。除了各种各样生动的特征之外，言语者主体是作为认识论的手段或途径进入语义学结构的，因而具有在可推论的界限内构成"世界"的重要意义。总之，在达米特那里，语义学的探讨被解释为"是对实体的可理解性的一种展示"。在这个基点上，意义表现了由理解来揭示对象的形式存在框架。走向理解，走向"主体"，是达米特的语义学讨论所体现出来的今后语义学研究的重要趋向。这一趋向可被称为语义学的"主体转向"。② 这种强调主体性的语义分析，突出地认为意义是从语言使用、语言交流的行为中得出的。从某种程度上讲，达米特在意义形成上提出的语义学观点，使得自然符号指称在符号化的意义上完全可被理解为不同符号系统之间的关联，从而形成了对复杂的符号系统的确认。客观地带来了这样的结果：既可坚持指称的确定性，又可避免传统实在论的那种指称意义的僵化性。

达米特在意义阐述上的语义学主张，在一定的意义上是对英国经验主义传统的一种倡导与重视。在这一传统中，其主要成员洛克提出的观念意义理论认为，词的意义在于语言使用者言说时在其心灵中所形成的观点。尽管可以把达米特的语义学观点看成是这样一种传统的继续，然而，在他提出的那种证据条件的认知语义学观点和旧的经验主义观念语义学主张之间存在着很大的差别。前者强调认知过程的体验本质，认为心灵的意义产生过程在很大程度上是无意识的。"由于话语具有内容……它是理性的显示；但我们不能把内容看作是由思想给予的，存在心中，而是在外在的话语行为之后。同时我们不应将它看做是从外部给予的，即通过话语的可观察实践；而是在应在话语中来看它"。③ 这就表明，他对意义问题的阐述完全是从语言使用的语义形成上来进行的。

达米特在语义问题上的阐述，修正了意义理论在当代建构中的反心理主义。

---

①② 郭贵春 . 2007. 语义学研究的方法论意义 . 中国社会科学：（3）：77-87.
③ Dummett M. 1982. Realism，Synthese，52：256.

首先，从理解的意义理论观点来看，有关于心智的研究将具有更客观、更基本、更科学的特征。因此，欲想获得概念的全面解释，就必须坚持心理和精神机制的作用。其次，对心理主义的理解和说明可以按不同的形式来进行。因此，就反心理主义的力度而言，在其倡导者之间就存在着争论。尽管他们一致要求应在逻辑与心理的内容方面做出区分，然而把分界线定在何处却显得不尽一致。在语义的阐述上，哲学家所面对的情形就是在柏拉图主义和心理主义之间进行选择。他们要么选择柏拉图主义的一些说法，要么把语义与理解结合起来说明心理主义，以避免进行这种两难选择。"受过训练的哲学家都会认为理解是一种心理过程，却不去说明这个过程本身，他试图在语义规则的形式计算中以派生的形式复制这个过程……从而在这些计算的研究中得出哲学的结论。"[1] 达米特对意义的理解性说明使他陷入对心理主义的包容状态。在他看来，思维是从事着一种思想的精神过程。从现实性上讲，不存在不伴随心理过程的思维。因此，在研究中就没有必要在它的逻辑对应物与心理对应物之间做出明显的区分。在这一点上，他批判了弗雷格和胡塞尔的观点："虽然他们都正确地批判了那时的心理主义，但两者的失误在于，严格地区分了逻辑概念与心理概念，这不可能期望有任何真正的进步，他们以逻辑与心理之间的严格区分剥夺了自己理解一种思想的解释方法。"[2]

对意义的把握被达米特解释为一种能力，认为意义的形成与个人语言以及个人的认知状态密切相关。因而在他的意义理论建构中包含着一种认知成分或认知因素。把心理内容看成是语义的构成部分，以此来给知识、意识和理解以解释。这样就把认知成分加到了语言的实际能力的表述上。对知识和真理的讨论部分就在于我们语言知识的语用方面：即分析话语的意义、动机、言语者的意向等。这样，认知成分的内容通过对语义学加以语用分析就可以得到。主张以证实来分析认知成分，恰恰延伸到包括语境、意图以及其他语用概念的范围，在语言交流中对它们的使用根据是它们的意味，更广泛地讲，是这些词在我们语言中的作用，而不是我们试图所想的东西。这表明了认知成分对理解的解释是必需的。所以，融合语义和认知已成为当代语义学研究进路的必然选择。

再次，达米特提出的意义在于理解，这对认知科学、知识以及其他具体科学的发展产生了积极的作用。语言哲学的基本观点是强调语言的中心性，认为关于概念和对象的判断主要由我们的语言来决定，而不能超越它。概念和判断不能独立于语言，通过语言学的客观方法能够解决特定的知识问题。这样，有关于语义的论述也就成为这一观点的核心。另外，语义学的观点和主张给具体认知过程的

---

[1] Baker G, Hacker P. 1984. Language, Sense and Nonsense. Oxford：Blackwell：161.
[2] Dummett M. 1991. Frege and Other Philosophers. Oxford：Oxford University Press：287.

发生予以了解释，因此，当代认知科学中很多问题的解决都是从语义学这一层面上进行的。以二值原则为基础的真值条件语义学认为，根据形成真值的指称物，就能完满地实现对语义概念的解释。但这种语义学的不足之处在于它只求得陈述句的真值条件，因而无法涵盖自然语言的所有情形。其原因在于，自然语言中有许多有意义的言语并不具有非真即假的属性，如疑问句和命令句。这样，真值条件语义学的合法性就受到了质疑和挑战。所以，在语义的表述和刻画上，就形成了其他的语义学观点。达米特在这一点上提出了意义的理解理论，认为言语者对于意义的把握就在于他能给出一种意义的确证性构造来。一般地，要求一种观点必须给自己提供以确证，这其实是理性主义基本准则的体现。因此，达米特按照确证主义所形成的那种语义学刻画的实质就可被概括为：按理性主义的基本要求来达到对语义学观点的重建。格雷林指出，认为一个陈述的意义就在于那种构造及证实它的方法，具有明显的优点，它并没有把意义预设为某种实体，而是把意义解释为一种寻求意义的方法，通过这样的途径来给出意义的本质解释。达米特在意义理论上提出的那种理解理论的规定以及围绕这种规定所进行的尝试，不仅能深化和丰富对语义学的研究，促进语义学的发展，而且对当代科学理论的建构、解释以及对科学知识的探讨具有重要的方法论意义。例如，我们通过构造蕴涵着被证实的假设的理论显示了对夸克的理解。

语义学的观点和方法常常被应用于科学理论的形成上，并在科学的领域内得到很好的发展，从某种意义上讲，语义概念的进化就是在科学的进步中实现的。尽管语义学不像语用学那样是经验科学的一个分支，它有可能并不提供涉及自然事实的知识。但语义学将对经验科学的方法论以及知识理论来说是非常重要的。它可被看成为一种工具，即为了获得知识并对其进行系统化而需要的逻辑工具中的一种。塔尔斯基就曾指出，语义学在方法上不但对经验科学有用，而且它在方法上对数学等演绎科学具有明显的适用性。① 因此，语义学对数学和逻辑这样的推理科学发展有着直接而实际的意义。达米特基于语义学观点而形成的那种直觉主义逻辑主张对当代复杂逻辑理论的推动就明显地表明了这一点。语义分析有时被称为对语言的分析和对知识的分析，它对科学研究的方法论价值逐步地变得清晰起来，越来越广泛地得到人们的承认。对科学陈述、科学命题的逻辑分析感兴趣的哲学家和科学家日益意识到，除了需要对语言的纯形式分析外，还需要分析语言的指谓理论。如果这种理论得到充分发展的话，我们就会看到它不仅包括指示的理论，同时包括真值理论以及逻辑演绎理论。按照夏皮罗的概括，语义学传统

---

① Tarski A. 1944. The Semantic Conception of Truth and the Foundations of Semantics. Philosophy and Phenomenological Research, 4 (3): 341-376.

的论题在于阐明至少有一些数学的基本原理是分析的，也就是说，那些陈述是由于意义而为真的。① 在现实中，一些情形表明，要理解一个语句，就有必要诉诸它赖以成真或假的情形。

在当前，随着科学研究对象向人类经验边界的逐步逼近，对对象的经验把握和测量分析难度越来越大，在这样的背景下，"可能世界"的理论和方法就得到了发展。究其实质而言，"可能世界"理论的形成基础在很大程度上就是基于语义学的。因此，关于理论的形成问题就在语义学层面上得到了进一步的体现。在科学术语的解释、科学理论的形成、科学理论正确性的选择以及科学理论实体的辩护上，语义分析和模型建构都是能够产生良好效果的重要方法。语义分析"已作为一种横断的研究方法，像血管和神经一样渗透于几乎所有的理论的构造、阐释和说明之中"，② 这一点日益受到人们的重视和认可。在当代科学实在论的争论中，语义学的概念、方法表现了特定的优点和效用。例如"最佳说明"这一语义学概念对科学实在论的辩护。语义学是一种有关于解释的研究，它探讨语言和世界的关系。可以说，语义分析和语义模型是对世界结构的一种还原，它通过构造语言概念体系来模拟思维世界，借以表达事物的意义。语义理论的目标在于建立一个可分析的语言世界，使知识的表达以语义内容及语义关系为基础，来提供一种接近自然语言的知识表达体系，从而解决主客思维的二元对立。作为一种知识的表达体系，语义模型将概念作为意义表达的基本结构，依靠使用概念的行为和概念间的关系来形成意义主体描述意义的情形。这些都是达米特在语义学研究中把意义探讨看作对人类思想和知识形成的一种刻画这一主张上所得出的。因此，从这一意义上讲，达米特的语义学思想对当代科学哲学的研究在方法上将具有特定的指导意义。他在语义学上的有关阐述表明，语义分析作为语言哲学的一种内在方法，具有统一科学知识和哲学理性的功能，使得本体论和认识论、现实世界与可能世界、直观经验与模型重建内在地联成一体，从而成为把握科学世界观和方法论的一种新视角。

就达米特在语义学上的论述而言，可以看出这一点，尽管他是一个强调理论的哲学家，但他实际上意识到了哲学中空洞理论化的危险，因此他在一定的意义上，以科学的理论化取代哲学的理论化。他的哲学其实是一种理解我们自己和我们表述世界方式的尝试。在这里，传统的形而上学问题被化约为经验的事实问题，强调方法的精确和明晰，消除在人类思想与反思经验的其他领域中出现的概念谜团和概念混淆。从这一意义上讲，哲学就被化约为科学的体系。在达米特看来，

---

① 欧阳康.2005.当代英美哲学地图.北京：人民出版社：553.
② 郭贵春.1995.后现代科学实在论.北京：知识出版社：125.

哲学的任务不是去质疑真理，而是去质疑某些理论家所谈论东西的可理解性，语义学的任务着眼于通过探究科学活动、科学研究是否有意义来追问它们的真理性。为此，他提出了一种证实主义的方法，把世界的内容还原为由一组认识活动所得到的东西。从证实主义的语义学观点看，陈述的意义就在于符号使用的语境，通过语言表达与理解的关系来呈现。这样，意义就被看成是言语者的一种知识状态，是言语者在知道一个语句时所知道的东西。这一表述是对以往意义形成论述上的总概括。就达米特在意义的探讨上强调确证性这一点而言，我们认为，它是科学的，显示了科学对于"确定性"的追求。

达米特的意义确证主义观点是对科学上确定性设想的一种表述。按照这一观点，如果存在着无限多的行星，那么它们的存在就是可证实的。这一点能被这样表述，如果"存在着无限多的行星"这个命题是真的，那么它就是可证实的。这能使用常见的工具来获得，即 $(\exists x)(x 是真的 \rightarrow x 是可证实的)$，或者以反实在论的行话说，"真值不是超越证据的"。类似地，从科学着眼于真理这个观点来看，这个观点可被具体为："科学家想让它成为这样的，即他们确信只有存在着无限多行星情况下，无限多的行星才存在。"在这里，真值概念并没有出现，也就是说，只是普遍化才需要它。因为为了得到一种可被普遍化的结构，就必须应用等价方案形成："科学家想让它成为这样的，即他们确信存在着无限多的行星，只有在这为真时，才存在着无限多的行星。"这具有这样的形式，"科学家想让它成为，他们确信 x，只有在 x 为真时，其普遍化才以常见的形式进行。"这就意味着，科学家想让它成为他们只确信为真的东西。

达米特在确证主义语义学上的阐述，可被看成对理论术语能否被观察术语和谓词明确定义的考察。这可被具体为以 b 和 c 的形式来对 a 进行定义。这一定义有两种优点。首先，a 的意义由 b 和 c 的意义得以阐明。因此，如果 b 和 c 有意义，那么 a 就有意义。其次，给出了 a 的明确定义，a 就能被系统地在任何语境下毫无遗漏地被它的定义项替代。诉诸经验主义来表明理论术语能在一个包括观察术语的表述下被明确地定义。对理论术语 Q 的明确定义具有这样的形式：(D) $\forall x (Qx \leftrightarrow (Sx \rightarrow Qx))$，这阐明了理论术语 Q 应用于一个对象 x，当且仅当 x 满足了验证条件 S，x 表明了可观察的反应 O。例如，"温度"这个理论术语就可以被这样表示，对象 a 有温度 c 当且仅当满足下述条件：如果 a 和一个温度计相关联，那么温度计按照它的刻度表明了 c。条件 (S→O) 就是"科学的表现者"，它表达了在一个术语的引入中被用作为定义的可观察事态。

最后，达米特对 20 世纪哲学的贡献在于他给实在论的争论以及意义理论的合理情状进行了详细说明。他的哲学并不在于对一个单独观点的辩护。实际上，它具有生活的对话形式。在其中，从事和发展着某种思想线路，直到源于一些对抗方向的批驳提出了一种不可抵御的影响为止。因此，在实在论问题上，不能把达米特看做为实在论或反实在论的一个坚定辩护者，在这一点上，应当注意到他自己的阐述："我本人并没有像在数学中那样坚定地坚持所有情形下的反实在论，我对反实在论主张的论证只是因为对我来说，在大多数情况下，哲学家不假思索地接受了实在论的观点，而没有注意到它是要求确证的：认为这样的观点是很自然的或者它是'我们有关世界理论的一部分'就等于什么也没说。"① 达米特和其他人一样，意识到了实在论预先假定了我们所探讨的大部分内容，但他也为特定类型的反实在论主张的明显说服力所感染。如果我们以实在论的视角对特定领域的论述证明，就不能只说这个角度是令人舒服的或自然的，因为反实论的论证明显具有说服力。达米特一度想以反实在论的各种表现来解决有关实在论的问题，从而留下了解决这一问题的策略。② 达米特认为支持反实在论的情形非常有力，因为真理与对真理的识别之间的鸿沟是不可避免的。由于古典逻辑是标准的，如果能给出一种证明该逻辑的意义理论，那么，这要比迫使去修改我们的实践产生更好的效果。然而至今，古典逻辑学家在这一点上还没有回应达米特提出的那种对他们偏爱的逻辑给予证明的挑战。直觉主义者在给他们的逻辑以非循环证明方面迈出了一大步，但这并不意味着达米特对反实在论的一种彻底辩护，因为对直觉主义真理的一些说明在性质上是实在论的。实际上，尽管达米特为反实在论给出了一个详细的论证情形，然而后来他又对实在论以重新定位。他总以开放的胸怀坦诚面对明显冲突的结论，在每个问题上都表现的饶有兴趣，所以不要期望在他的著作中找到一个关于反实在论的完全统一的教条。同时，这也不是他的重要性所在。他的重要性在于，对逻辑真理和理解之间的关系、演绎的证明、对实在论偏见的基础以及真理的概念提出了挑战性问题以及对这些问题的发展。总而言之，达米特在语义学上的表述以及独特的视角是非常值得关注的，这种重要性将随着语义学的研究以及语义分析方法的深入，不断为人们所接受。

达米特在语义学的阐述上所提出的意义概念具有两个主要的功能。①它具有认知的作用，出现在对语言使用者理解了什么的解释中。言语者对一个表达的理解就是他对那个表达表示它的指称模式的知识。他的知识就是那个表达的含义。②它具有语义学作用，是对表达和其指称间关联的调节。就这一点来看，显然达米特对语言哲学的反思不可避免地属于特定在认识论中还没有解决的古典问题。这些涉及在像理论自然科学、他心的存在等领域内我们知识的本质和可靠性问题。我们认为，不管达米特在对实在论所满足领域的划界上遇到多么大的困难，

---

① Dummett M. 1978. Truth and Other Enigmas. London：Duckworth；xxxix.
② Dummett M. 1991. Frege and Other Philosophers. Oxford：Oxford University Press；x.

他的挑战都有其特定的合理性。实在论者的责任在于向我们解释语言使用者如何能显示实在论者归属给他的语言知识以及这种知识是什么,这一观点依然是合理的。

当然,针对达米特的语义学观点,也有人给予了严厉的反驳。他们认为,只在数学和逻辑学中对可有效判定和不能有效判定的语句进行区分是讲得通的。而数学和逻辑中这种结论上的合理性是否在知识和语言的其他领域成立是有问题的。因此,在可有效断定的语句和不可被有效断定的语句之间并不存在一个明显的分界线。例如,就"冰箱中有牛奶"这个语句而言,什么算做它的证实?所有的证实程序都能保证评判我们知道这个语句是真的还是假的吗?我们可以打开冰箱去看看,当在架子上真的有一个箱子上面写着"牛奶"。那么牛奶真的在里面吗?打开箱子,从里面流出了一些白色的液体,那么它是牛奶吗?尽管在尝后,认为它是牛奶,但会不会是这样的情形,即它是一种为了谋得利益而生产的一种替代牛奶的合成物?就这种确证而言,它意味着必须接受对一个语句的真值证据和它的真值实现之间存在着一种不可根除的认识差距。从逻辑上看,即使最佳的证据也不会形成结论。而且,基于可废除证据上的真值条件的辩护产生了类似于最佳说明的推理的有趣观点。最佳说明的推理是推理的科学形式,其大意是理论实体存在着,因为这一设想认为它们的存在是最能有效解释直接感觉经验的东西。

这样一来,当达米特提出的关于意义的"显示性"主张在数学和逻辑之外被提出时,他的语义反实在论挑战就需要更改。这个观点一定是就语言使用者在语句的真值条件实现时能识别它为真不可废除的情形下,我们只能归属给他对一个语句的真值条件的隐含知识。这就给反实在论留下了来自实在论的下述反驳,如果一个达米特式的反实在论者在语句被注定"最终可证实"的情形下被迫接受可废除的确证,那么为什么在它的最终证实即使当前超越我们所及范围(如涉及无限领域或得出不可观察理论实体的推理)的情形下不做出同样的让步?其原因在于,现在在可废除确证的接受和在像归纳概括或得出最佳说明的推理这些领域内应用的非决定形式的推理在程度上存在差别。可废除性的解决将实在论者从在给问题类语句寻求满足显示性限制而陷入的困境中解救出来。另外,达米特把传统的那种对语义学的形式刻画的外延语义学观点转变为一种强调言语者语义知识的内涵语义学观点。这种语义学的命运取决于形而上学论题的解决。如果不和意义形成的外在世界相关联,那么这种语义学的张力就是非常有限的。为了揭示特定的真理,就得运用我们认知结构中最强有力的部分。比如系统的理论建构和数理逻辑的技巧。但达米特的解释着眼于从我们自己来理解我们自己,而不是寻求一种把自己看成是自然现象的理解。哲学上的尝试理解的不只是一个包括自我纯反思的事。尽管达米特建立语义学理论的目的在于确定"意义"的定义，然而，在这一点上，他的观点存在着一定的偏差，因为他把意义的形成完全归结为对言语者在语言使用过程中其思想的一种表述，而在实际上，能为语义学提供答案的不只是对精神现象如思想所作的科学研究，而且还得依赖于对语言指称事物所下的科学定义。

后 记

本书是在笔者博士论文的基础上修改、完善而成的，它是笔者几年来在达米特的语言哲学思想思考和研究方面的成果。在这里，笔者首先要向郭贵春教授致以诚挚的感谢，因为从本书论题的选择、结构的设计、内容的创作到观点的完善、文字的修改，他都倾注了大量的心血。他在科研上的敏锐目光，治学上的严谨态度，工作上的高效风格，生活上的仁慈胸怀，都是笔者需要努力学习的地方。浩荡师恩，铭记在心。

感谢山西大学科学技术哲学研究中心对笔者的培养。在这里，浓厚的学术氛围和高昂的团队精神深深地震撼着笔者的心灵。这种震撼及由此而成的启示，将成为笔者不断进步的强大动力。感谢殷杰教授在学习上给予的指导，以及就本书内容提出的宝贵意见。感谢张培富教授费尽周折委托西北农林科技大学的邵侃博士从剑桥大学图书馆帮笔者取得重要的研究资料。感谢高策教授、邢润川教授、成素梅教授、魏屹东教授、乔瑞金教授对笔者学习方面的具体指导，以及郭建波、郑红午、孙立真等老师的热心帮助。感谢刘杰、程瑞、康仕慧、赵丹等同学在交流中提出的积极建议和良好启发。

感谢达米特教授，能给笔者在创作过程中遇到的诸多问题以热心、详细的解答。感谢美国的 Peter Spotswood Dillard 教授、英国剑桥大学的 Simon Blackburn 教授和 G. Oliveri 教授，以及澳大利亚莫纳什大学的 Karen Green 教授给笔者在达米特语义学思想的探讨上提出的建议与帮助。感谢山西大学对本书出版提供的资助。在本书的编辑过程中，科学出版社的郭勇斌、邹聪、程风等编辑付出了大量的心血，他们精益求精，克服了书稿中存在的诸多不足。袁祖社、马养新等教授也给了笔者很大的鼓励，在此一并向他们表示衷心的感谢。

达米特教授于 2011 年 12 月 27 日不幸辞世，此时正是书稿即将交付出版社编辑之际。于是，笔者想，何不把这本书再进行一番充实、丰富，使之成为达米特语言哲学思想方面的一个比较体系的概括，以作为对达米特的纪念。这一想法注定了笔者在繁忙中度过 2012 年春节。在近一个月的时间里，笔者夜以继日，在明德门对原书稿进行了系统的充实、完善。笔者要感谢妻子、孩子和老人，正是他们的理解，让笔者拥有了一个良好的环境，使书稿的完善工作得以顺利进行。